三輩子。

聶華苓——著

序

我是一棵樹。
根在大陸。
幹在台灣。
枝葉在愛荷華。

目次

序 3
三生浪跡 9
第一部 故園（一九二五～一九四九）
（一）大江東流去 17
我所知道的一點兒民國史 30
再生緣 33
母親的自白 40
坐馬車，去看戲 47
爺爺的鴉片煙 53
真君 56
我的戲園子 66

乾三連，坤六斷 71
魂兮歸來 74
一對紅帽子 77
離別家園 84
【外一章】四十年後——姊弟返鄉 94

（二）流浪，逃亡 99

松花江上 108
也是微雲 111
在太行山上 115
嘉陵江上 122
黃河之戀 128
長城謠 132
玉門出塞 137
圍城 142
走向真空地帶 144
【外一章】五十年後話當年——尋找談鳳英 150

第二部　綠島小夜曲（一九四九～一九六四）

雷青天　178
一九六〇年九月四日　189
雷震與胡適　193
【附註】雷震的信（一九六四—一九七四）　199
母與子　208
愛情，鮮花，夢想的莊園——殷海光　212
誰騙了我的母親？　225
【外二章】再見雷震，一九七四　244
舊時路，別樣心情，一九八八　249

第三部　紅樓情事（一九六四～一九九一）

（一）執子之手　257
偶然，一九六三　282
小箋　290

從玉米田來的人——安格爾（Paul Engle） 312
結婚戒指呢？ 324
我倆和女兒們 329
我家的彩虹 339

（二） 那條小船 345

I. 大江依然東流去 373

又飲長江水，一九七八 398
尋找艾青，一九七八 408
林中，爐邊，黃昏後——丁玲，一九八一 415
壓不扁的玫瑰——楊逵，一九八二 433
踽踽獨行——陳映真，一九八三 438
母女同在愛荷華——茹志鵑和王安憶，一九八三 446
郭衣洞和柏楊，一九八四 454
鄉下人沈從文，一九八四 461
【外一章】秋郎梁實秋 469

II. 流放吟——二十世紀 477

櫻桃撒了一地（羅馬尼亞，一九七二） 491
我的錶騙我（伊朗，一九六九） 495
我在奧斯維辛集中營（波蘭，一九七二） 503
牆裡牆外（西德，一九七二） 506
而我沒有鞋子（匈牙利，一九七四） 514
橡皮擦和天堂（博茨瓦納，一九七七） 517
我沒帶機關槍（巴勒斯坦，一九七八） 520
黑色，黑色，最美麗的顏色（波蘭，一九八一） 522
湖中的姑娘（以色列，一九八五） 526
親愛的爸爸媽媽（南斯拉夫，一九八八）——三百個孩子最後的呼喚 529
命定的捷克人哈維爾（Vaclav Havel，一九八八） 536
遊子心（羅馬尼亞，一九八八） 541
【外一章】追求流放的詩人——吉增剛造 560

（三）紅樓即景　565
憶別　590
當我死的時候——一九九一，待續／安格爾（Paul Engle）　595
跋　596
附錄　597
聶華苓作品及其他　598
中文作家——「愛荷華大學國際寫作計畫」和「作家工作坊」（一九六一—二〇一〇）　603
放眼世界文學心——專訪名作家聶華苓女士／姚嘉為　605
中國歷史・美國愛情・世界文學——聶華苓印象記／劉　俊　616
蒼勁美麗，有情的樹——評聶華苓自傳文集《三生三世》／向　陽　624
個人創作與世界文學／聶華苓　626

三生浪跡

我今年八十六歲。

我流浪了八十六年。

父親屬於桂系，在武漢逃避特務的暗殺，躲在漢口日本租界，母親終於找到他，一家子就住在日租界了。兒時的記憶，是黃昏街頭高麗妓女的媚笑，醉醺醺的日本水兵的狂叫。家門深鎖，祖父捧著白銅水菸袋，抱怨一輩子也沒當過官。父親躲在書房裡寫字，奇形怪狀，說那是篆字。我就那樣子在自己土地上流浪到十三歲。

父親於一九三六年在貴州第五行政區專員任內，在平越被紅軍殺害。一九三七年，抗日戰爭爆發。一九三八年，母親帶著小兒女，從漢口逃到湖北三斗坪。在當年那閉塞的小鎮，我們是「漢口來的」。小鎮揹竹背簍的女人，在石板路邊叭叭抽旱菸杆的老人，對「漢口來的」，都好奇地多看兩眼。我們可真是三斗坪的「外國人」。

一九三九年，我十四歲，母親逼著我跟著一位親戚，在三斗坪河壩搭上小火輪，去恩施的湖北省立聯合女子中學讀初二。我哭著上船。母親在淚水中逐漸消失了。我也就從此流浪下去了。

抗戰中的年輕人，政府救濟學費和生活費，就是「貸金」。我們被稱作「流亡學生」。初中畢業，我和另外兩個女孩，嚴群強和田福堯，不管路費夠不夠，就上路去重慶，飽一頓餓一頓，終於到了重慶。我被教育部照顧流亡學生的機構分發到長壽的國立十二中。在那時的四川，我們是「下江人」，簡直就是外國人。

高中畢業，我考上重慶的國立中央大學。仍然是流亡學生，靠政府的貸金救濟。那「貸金」是抗戰時期極重要的德政，培養了那一代的年輕人。

一九四五年，抗戰勝利了，國立**中央**大學遷回南京，不再流浪了吧。（我要著重「中央」這兩個字：一九四九年新中國成立以後，原來有「中央」那兩個字的，就是國民黨了。中央大學就是國民黨的大學了。當年的同學，後來在新中國，是受歧視的，有些被打成右派。）但是，內戰開始了。一九四九年，解放軍節節勝利，馬上要席捲大陸了。我堅持帶著母親和弟弟妹妹離開大陸，到了台灣。那年，我二十四歲。到了台灣，我當然是外省人。

一九六四年，我從台灣到愛荷華大學，是作家工作坊的駐校作家。一九六七年我和安格爾（**Paul Engle**）在愛荷華大學創立「國際寫作計畫」，一九七一年，我們結婚。兩人有談不完的話，一天工作之後，各自一杯在手，在長窗前坐下，無所不談。有一天，談到中國的事，兩人辯論。我強詞奪理地說：「你這個外國人，不懂中國的事。」他大笑：「你在我土生土長的愛荷華，叫我外國人！」我笑著說：「我才是外國人。」

我活過的二十世紀，生活不斷變化，身分不斷變更。都離不了一個「外」字。

四十幾年以來，一千二百多位作家從世界不同地區到過愛荷華，兩岸三地的華人作家，就有一百多位。我得過全美州長聯會的文學藝術獎，近年被選入愛荷華州婦女名人堂。我應該感到自己是美國人了吧。也不是。美國人仍然叫我「中國作家」。中文是他們覺得「有趣的」符號。他們不知道我到底寫了些什麼。在我居住了四十七年的愛荷華，前不久，有個郵差送掛號信到家，問我：「你從越南來的嗎？」我甚至連中國人也不是了。

我一九六四年從台灣到愛荷華，已經出版了七本書。繼續中文寫作呢？還是用英文寫作？猶豫不決，非常困擾。幾年寫不出一個字。終於在一九七〇年，我在書桌前坐下，拿起筆，在方格子紙上，寫出五個字：桑青與桃紅。我就那樣子寂寞地，孤獨地，寫下去了。我的母語就是我的根，是我可以抓得住的根。這些年，小說，散文，翻譯，出版了二十四本書。除了幾本翻譯作品，其他的書，都是用母語寫出的。

感謝張曉卿先生給我「花蹤世界華文文學獎」，這個獎對於我，有特別的意義：肯定了一個流浪而堅持用母語寫作的作家。我就是「浪子歸宗」。

我在台灣開始寫作，流浪半世紀，作為一個作者，東兜西轉，又回台灣，出版我幾十年的浪跡生涯。那對我有特別的意義。

二〇一一年三月

愛荷華春雪初溶時節

第一部

故園

一九二五～一九四九

（一）大江東流去

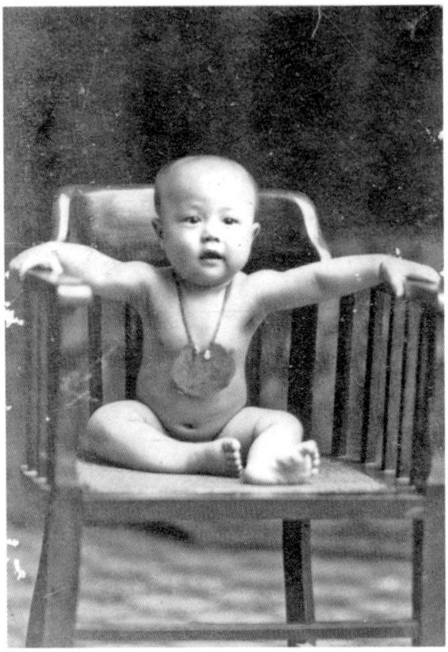

漢仲週歲那天，家裡大宴賓客。他戴著長命富貴的大金鎖，天庭飽滿。果真是武漢有名的星相家李少庵說的：壬騎龍背的八字。一個小嬰兒，四平八穩坐在太師椅中，彷彿已知道自己對母親多麼重要了。（1927）

母親抱著星相家預卜的「安邦定國，官至一品」的兒子漢仲，儼然一貴婦。她的母親一再挑選，終於選上一個樸實的好軍官。結婚後，才發現他已有妻兒。漢仲的出生，增加了她活下去的力量。沒有自殺，還生了八個孩子。（1926）

三歲的漢仲頭戴禮帽，小小的謙謙君子，守護嬰兒妹妹，不知為什麼，我卻是一副不服氣的神情。（1930）

母親剪掉那美麗的如意髻，戴上玳瑁眼鏡，要做開放的民國女子。二十歲出嫁，發現丈夫已婚，她要走也走不了，沉恨細思，含屈卻瀟灑。在我想像中，她還披了一條長長的白絲圍巾，閒閒搭在肩後。（1926）

母親拜乾媽結拜乾姊妹，磕頭，宴飲，照相，儀式完成。母親仍然捨不了如意髻遺留的那一抹瀏海兒，也抹不掉《女兒經》、《二十四孝》印痕。（1926，漢口）

爺爺寫詩，沒留下一首詩，喜歡做官，沒做過官，有過幾個相好，始終只有我奶奶。爺爺和朋友躺在鴉片煙榻上。我就知道他們要吟詩了，在門外偷聽。（1930）

1931年，父親逃避國民黨特務，全家去北平，聶家、鄒家一同逛頤和園。全體盛裝出遊，倒像是去赴喜宴。仍記得我那件黑絲絨鑲銀邊的小坎肩，紅底撒銀白碎花的旗袍。父親、母親在我和弟弟漢仲後面。這是僅有的一張父親模糊影像的照片。（1931）

1931年，我家在北平那年，不知是什麼隆重場合，我和弟弟、妹妹以及兩位世交大姊，擺著姿勢照相。兩個豆蔻年華少女，經過家園變故，已經作古。弟弟漢仲年僅二十五歲，飛行失事。只剩我和小妹，遠離故園，寄寓他鄉。

我和弟弟漢仲也站在那同一個背景前照了相，母親給他戴上搭耳皮帽，堂堂正正，以示鄭重。我們牽著手，似乎已預感從此我們必須為苦命的母親牽著手了。

1932年，漢口市立六小三年級的兩個小女孩，一個蹺起二郎腿，另一個捧著厚厚一本大書。兩人一本正經照張相，只為表示友誼長存。小學畢業，就再也沒見面了。她好像叫毛慧貞吧。（右：聶華苓）

大概是1931年吧。那年頭，照相是件大事。母親的乾媽一手挽著狐皮圍脖，一手牽著漢仲那個乾孫子。我這個小女孩自顧自站在另一邊。她年長的乾女兒斜依一旁，我年輕的母親站在後面。排演周到，輩分分明，福壽雙全，享受太平盛世的幻想。（右一：聶華苓）

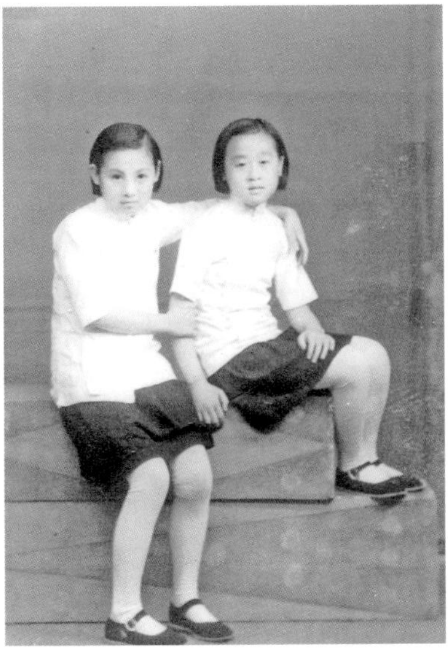

我和李玉蘭六小同班，她家開籐器店。市場裡有嬰兒的搖籃，死人的棺材。屠戶剁肉的刀聲，女人鬢邊的玉蘭花。兩個小女孩嘰嘰噥噥談我們瀟灑的國文老師。大人一來，就住嘴了，那是不能告訴人的祕密。（1934，漢口）

1934年，小學四年級，正是那個時候，那一身灰布長衫，一手提起一邊衣衩，露出西裝褲的國文老師，是我心目中最美好的男人形象。（漢口）

漢仲手搭季陽的肩，安撫他說：乖乖的，不要走，季陽噘著嘴不聽。就在那年，我們失去了父親，季陽在天井裡玩，突然倒地就「走」了。（1935，漢口）

母親那年三十二歲，民國24年（1935）過年，家裡特別喜興。堂屋布置得滿堂紅，大年初三，母親突然看到《武漢日報》粗黑的頭號標題：貴州平越專員聶怒夫殉職。（漢口）

1937年，我是湖北省一女中一年級的學生。中學生呀！得意洋洋，一臉不屑的神情。收到小學一個男同學的信，嚇得我扔進茅坑。那是我收到的第一封情書。（武昌）

中日戰爭（1937-1945），我家在漢口日租街的西式樓房，日本占領期間盟軍轟炸，炸出一個露天院子，剩下的外殼，日本人改造成榻榻米。景物全非，到底還是我們的家。抗戰勝利後，母親微笑著和么兒在院子裡照相留念。她就是那樣子灑脫。那年華桐十一歲。（1946，漢口）

弟弟漢仲在抗戰中投入空軍，1946年，勝利後回武漢殘破的家。兒子安全歸來，是一大喜事，母親滿足地說：我們母子照張相吧！（1946，漢口）

抗日戰爭鼓勵母親（前左一）去三斗坪避難的陳勉公舅舅（前右二），也在1946年回到武漢。原來他早就是共產黨。當年父親逃避國民黨中央的逮捕，而庇護他躲藏閣樓的日本護士中根（前右一），即將從武漢遣回日本。大家照張相吧！20世紀的一頁歷史翻過去了。華桐（後左一），聶華苓（後左二），王正路（後右二）。（1946，漢口）

華桐四歲時，在那牆後面抽菸。母親看見牆角冒煙，揪出他來罰跪。（1986，三斗坪）

三斗坪當年那條永遠濕漉漉的石板路小鎮不見了，只剩下一片空空的河壩了。我們終於找到山那邊小溪旁的文昌閣。當年的家只剩下頹坦斷壁和那寂寞的石墩子。（1986，三斗坪）

1986年，四十年以後，我和華桐一同返鄉，從重慶坐船沿江而下，尋找抗戰期間流落各地的家。從宜昌坐汽車去三斗坪，攝於途中。（1986）

就從那河壩，彎彎的河壩，我搭上小火輪，去恩施深山裡湖北省立聯合女子中學。從此就流浪下去了。（1986，三斗坪）

我所知道的一點兒民國史

清朝末年，因為甲午戰爭失敗，清朝政府命令袁世凱訓練新軍，地在天津附近的小站，即所謂的「小站練兵」。有兵即有權。袁為了擴充權力，在新軍中安置私黨，並設立幕府，羅致黨羽。此後控制北京的中央政權的，統稱「北洋軍閥」。其他派系也各據地盤，或自保，或奪權。主要的軍閥是直系、皖系、奉系。此外還有廣東、廣西、雲南、貴州、四川、湖南等省的派系。

從一九一一年辛亥革命清帝退位，一直到一九二八年北伐成功、消滅北洋軍閥，有十七年之久，軍閥割據，混戰不已。一九一五年十二月，袁世凱恢復帝制，成為「中華帝國」的皇帝。全國紛紛聲討。一九一六年三月，袁世凱被迫撤銷帝制，恢復內閣制。同年袁世凱憤懣而死。

一九二二年，孫中山大總統以陸海軍大元帥名義下令北伐。一九二五年七月，中華民國國民政府在廣州成立，中國國民黨中央執行委員會為最高機關，汪兆銘為主席。蔣介石本就是黃埔軍校校長，和北伐軍總司令。北方的北洋軍閥各自為政。國民黨和共產黨共同討伐。一九二六年，在國民黨和國民革命軍中的共產黨員就有一千五百人左右，其中有周恩來、林伯渠、鄧小平、林彪、聶榮臻，還有俄人顧問鮑羅廷。一九二六年九月，國民革命軍進軍攻打軍閥吳佩孚控制的武漢。武昌圍城四十天，城內糧盡彈絕，吳軍終開城門，國民革命軍終於十月十日全部占領武漢三鎮。武漢成了革命軍北伐重鎮。一九二七年年初，國民政府從廣州遷到武漢，以武漢為首都。唐生智在湖南已繳獲潰敗的軍閥軍隊的大批武器，革命軍打下武漢後，他又得到漢陽兵工廠管理權，軍力雄厚，兩湖、安徽三省全在他的威力之下。汪兆銘是武漢政府的國民黨領袖，但實際操縱政權的是唐生智。一九二七年四月國民政府和中央政治會議在南京宣告成立。寧漢兩政府對立。桂系早在一九二六年，便統一於國民政府號令之下，共同北伐。桂系將領多出身保定軍校，不是蔣總司令黃埔軍校的「嫡系」，蔣總司令對桂系貌合神離。湖北是共產黨早期組織的發源地之一，全國總工會在一九二七年年初由廣州遷往武漢，領導湖北等五個省的群眾運動，組織各種工會，連挑水的也有工會。工人店員開會遊行。武漢商店工廠倒閉。上海和其他城市也發生暴動。國民政府奠都南京時，即號召「清黨反共」。一九二七年六月，武漢政府從「容共」轉為「分共」。鮑羅廷回國，共產黨潛伏地下活動。同年八月，武漢國民政府遷往南京。寧漢合流。但於一九二七年十月，唐生智宣布和國民政府脫離關係。十一月國民革命軍攻下武漢，唐生智被迫下野，逃亡日本。

唐生智潰敗後，李宗仁的第七軍進入武漢。桂系將領胡宗鐸任武漢衛戍總司令，我的父親聶怒夫和他是保定軍校同學，又有同鄉之誼，就是在那時加入桂系陣營。蔣介石和桂系之間傾軋不已，決定了父親此後的命運，最後導致他的死亡。

一九二八年二月，國民黨二屆四中全會在南京召開，這是國共合作全部破裂後，國民黨召開的第一次中央全會。國民黨內部暫時調協，各派共同討伐北方軍閥。中央政治會議之下設立政治分會。李宗仁為武漢政治分會主席。同年六月，北伐成功，全國統一。

一九二九年二月，「武漢事變」發生，桂系首當其衝。

據李宗仁回憶錄記載：「事實上僅是蔣先生挾天子以令諸侯，志在消滅異己的許多戰爭之一而已……。在民國十八年二月初，蔣即祕密以大批彈械，取道江西，接濟湖南省主席魯滌平。這一祕密洩漏後，第四集團軍在漢將領夏威、胡宗鐸、陶鈞發生恐慌……。再者，此時蔣先生曾密遣湖北人，以同鄉之誼向第四集團軍中鄂籍將領，如十八軍軍長陶鈞、十九軍軍長胡宗鐸暗中遊說，促其脫離所謂『桂系』……。而何健於此時親赴武漢告密，說中央部署已定，對武漢用兵如箭在弦，第四集團軍似應採取自衛行動……。」

當時武漢政治分會主席李宗仁在南京。夏威、胡宗鐸、陶鈞擅自出兵湖南，改組武漢政治分會屬下的湖南省政府。此即「武漢事變」。李宗仁得到消息，知道南京不宜久留，立刻化裝離開南京，暫住上海法租界。「武漢事變」成為中央討伐的口實。蔣介石早於一九二八年十月就任國民政府主席。蔣主席下令「討逆」總攻擊，十萬大軍，直搗武漢。一九二九年四月，胡宗鐸等被迫下野，乘英輪到香港。第四集團軍瓦解。武漢政治分會裁撤，縮編所剩桂軍，繳收所剩武器。公安機關大捕桂系分子，有的執行槍決。我的父親逃到上海。為了徹底消滅桂系，中央各路大軍分水陸夾攻廣西。桂軍寡不敵眾。一九二九年十二月，桂軍被中央瓦解。

當時汪兆銘已出走香港，被國民黨開除黨籍並遭通緝。他和北方的馮玉祥、閻錫山，都反對蔣介石消滅異己、總攬軍政黨大權於一身的作風。他們和桂系聯合反蔣。一九三〇年，馮、閻和蔣之間戰爭爆發。馮、閻勢力終被蔣瓦解。一九三一年，九月十八，日本關東軍藉口突擊瀋陽，砲擊北大營營房，占領瀋陽。「九・一八」事變，各派和蔣共赴國難。

一九二九年初，共產黨從湖南的井崗山轉移到江西的瑞金作為根據地。一九三三年二月，蔣介石的軍事委員會委員長南昌行營成立，統一剿共軍事指揮。一九三三年十月，剿赤軍對共產黨發動第五次圍剿，達一年之久。一九三四年十月，紅軍突圍，退出江西根據地，開始二萬五千里長征。一九三五年一月紅軍攻占貴州遵義，後為剿赤軍收回。二月底紅軍回攻遵義，在婁山關以及遵義和剿赤軍戰爭激烈。一九三五年十月，紅軍到達陝北的延安。賀龍的一股紅軍在一九三四年五月即由四川進入貴州。一九三六年十月，北方情勢危急，日本侵略威脅西北，在貴州的賀龍紅軍和雲南、四川的紅軍在陝甘寧邊區會合，宣傳「槍口一致對外」，「中國人不打中國人」。該年十二月十二日，西安事變，東北軍領袖張學良在西安突然扣留蔣介石。二十五日，西安事變和平解決，張學良陪同蔣介石回南京。張學良受審，並遭扣留。一九三七年七月七日，日軍砲轟河北宛平縣城，中日在豐台盧溝橋發生衝突。抗日戰爭開始。

再生緣

母親一身黑緞旗袍，長長的白絲圍巾，圍著脖子閒閒搭在肩後。玳瑁黑邊眼鏡，襯出白皙的臉蛋。手裡拿著一本書。一腳在身後微微踮起，腳尖仍然點在地上，半轉身微笑著，要走又走不了的樣子。

抗日戰爭，流亡八年；一九四九年從大陸到台灣，一九六四年到愛荷華，我一直帶著那張照片。記憶中的母親，永遠是那個樣子。她斜靠在珠羅紗帳鏤花銅床上，看著手中的書，細聲吟《三笑姻緣》、《天雨花》、《筆生花》、《再生緣》。我靠在她身邊聽。我最喜歡《再生緣》的孟麗君：

芳年十五容顏美，
龍鳳之姿不等閒；
眉似遠山青淺淺，
眼如秋水冷涓涓。

還有那皇甫少華：

兩道秀眉分柳葉，
雙痕粉頰映桃花；
胸懷壯志承親訓，

腹有奇才報國家。

孟麗君，皇甫少華，連在一起，多好聽！更何況他們一個是天上的東鬥星，一個是執紼女，玉皇大帝下旨降下凡塵，滿卻前世夙緣。他們是天生的一對！母親沒有再唸下去。

我逼著問：後來呢？他們結了婚嗎？

母親把書扔給我：我要走了。妳自己去看吧！

看不懂。好多字不認得。

我唸妳就懂了？

嗯，妳的聲音裡聽得出人來。

母親笑了一下：這話我還沒有聽人講過，這樣吧，我乾脆把故事講給妳聽。聽完了，我去葉家打牌，妳留在家裡。

好。雲南昆明的孟士元，有個女兒孟麗君，有才，也有貌，芳年十五容顏美，龍鳳之姿不等閒。

我剛才唸的，妳就記得了？

我敷衍地笑了一下。講嘛！

好，雲南總督皇甫敬有一男一女。女兒皇甫長華，兒子皇甫少華……

皇甫少華喜歡孟麗君……

妳講，還是我講？

好，我不打岔了。

國丈劉捷有個兒子劉奎璧。兩家都看上了孟麗君，劉國丈託人說媒。孟士元不能決定，要劉奎璧和皇甫少華比劍射宮袍。哪個贏了，就得孟麗君。劉奎璧輸了。他不甘心，設計陷害皇甫少華和他一家。他好言好語把皇甫少華騙到他家過夜，準備夜裡放火把他燒死。他的妹妹劉燕玉知道了，放了皇甫少華，和他私定終身。

孟麗君怎麼辦？我急急地問。

妳說怎麼辦？

不理他了。

母親看了我一眼，笑了笑，繼續講下去：皇甫抄了家。劉奎璧逼婚。孟麗君改扮男裝逃亡，改名酈君玉，連中三元，後來又官拜兵部尚書，建議皇上懸榜招賢，酈君玉成了主考。皇甫少華應考，成了東征元帥，打敗敵人，皇甫父子封王。劉家父子裡通外國，全家入獄。皇甫少華四方尋找孟麗君，同時和劉燕玉成親。酈君玉和皇甫父子同朝，仍然不動聲色。

孟麗君真不要皇甫少華了嗎？

母親打開書唸：從今索性不言明，蟒玉威風過一生。何必嫁夫方妥適，就做個，一朝賢相也傳名。

改回女裝，嫁給皇甫少華嘛。我插嘴說。

那不好。女人要有骨氣呀，他有了劉燕玉，酈君玉就不要回頭了。

她真的沒有回頭嗎？

母親笑笑說：她認了父母，不肯改裝認皇甫少華。有人冒名孟麗君，她母親只好當著滿朝文武大臣，指出酈君玉就是女兒孟麗君。孟麗君還是當眾不承認。

我等不及了：承認嘛。

母親說：寫書的也是個女人，清朝的陳端生，了不起。

我說：姆媽，妳不像孟麗君，妳是孫太太，爹還有一個張太太，又都姓聶。我們住漢口，他們住武昌。

母親嘆了口氣說：妳少管閒事。

妳和爹也是再生緣吧。我上輩子呢？

母親指點我的鼻子：妳呀，妳是我的冤孽。

母親是半開放的女性。她的腳也是半放的，穿著青緞繡花鞋，玲瓏輕巧。母親談笑潑刺，豪爽不羈，戴著玳瑁眼鏡，很文明的樣子，好像五四女性，喜歡新鮮事物，也喜歡讀《增廣賢文》，聽她唸著：女慕貞潔，男效良才。她把《三字經》背得滾瓜爛熟。床邊小几上永遠擺著一疊線裝《紅樓夢》和《西廂記》。我要看的只是書裡畫的古美人。

母親拿起《紅樓夢》對我說：這是好書呀，我讀一句，妳讀一句：

花謝花飛霜滿天，紅消香斷有誰憐。
遊絲軟繫飄春榭，落絮輕沾撲繡簾。
閨中女兒惜春暮，愁緒滿懷無釋處
手把花鋤出繡閨……

我昏昏沉沉，聲音越讀越小了。

漢口本來分裂成五個租界。俄租界，日租界，德租界，法租界，英租界。後來俄租界、德租界、英租界相繼收回，留下了遺民和買辦，租界仍然是特別區。後花樓才是中國人的地方，也是最有趣的地方，飯店、商店、餐館、綢緞莊、首飾店、皮貨店，還有個「新市場」，那兒有文明戲、花鼓戲、漢戲、京戲、玩魔術的、耍猴子的，還有穿花花綠綠衣裳的姑娘，望著男人笑。

我最喜歡跟母親逛後花樓。綢緞莊最好看。夥計捲起長衫袖口，將一疊一疊綾羅綢緞，扔在玻璃櫃檯上，抽出一疋，撒手一扯，呼的一下攤開來。我一匹一匹輕輕地撫摸，柔軟潤滑。

我都要！

母親說：不行！只能要一段，做夾袍。

我賴在那兒不肯走。

好吧！母親說。買兩段吧！

夥計拿起長長的尖剪刀，對母親說：一匹剪下一小塊吧，小姐拿回去看看，看上的，再回來買。

我高高興興抱著大包小包回家。一塊塊料子攤在母親的大銅床上，我趴在床上，呆呆看著那一溜色彩。天青、湖藍、水綠、菊黃、粉紅，像彩虹一樣，從心裡歡喜。家裡的裁縫可沒好日子過了。天青描白雲華絲葛的夾袍，裁縫在兩天之內趕著做好了。我歡歡喜喜穿上新衣，對著母親房裡穿衣鏡左看右看，前看後看，蹬蹬跑下樓，跑到裁縫房裡。

我說：不行，下襬太大了。

好，馬上改。

袖子太長了。

剪短一點就是了。

肩太窄了。

哦，那就不好改了。

不好改，也要改！

小姐，肩寬了，好改。窄了，怎麼改呢？

窄了也要改！

裁縫苦笑搖搖頭：那只有再做一件了。

店裡只有那一段料子了。

怎麼辦呢？一定還有別的好看花色的料子。

我只要這天青的底子，別的都不要！

怎麼辦？怎麼辦？是我的錯，是我的錯。我找太太幫個忙，再到別的綢緞莊找找看。

當天母親就帶我去逛後花樓的綢緞莊。

母親到哪兒，我跟到哪兒。母親不看小說，就出去打牌。我找不著母親，坐在樓梯上嚎啕大哭。聽差張德三看也不看我一眼，抱著弟弟漢仲走過去，輕輕拍著弟弟，一面說，哦，哦，俺少爺好，俺少爺乖，俺少爺長大了，當大官，蓋大洋房。他說得有腔有調，也不結巴了。我哭得更傷心了，哭得暈倒在樓梯上，醒過來了，又哭。母親回來了，連連說：冤孽呀，冤孽。

母親去葉家打牌，我一定跟著去。葉老爺有正房夫人和兩個姨太太。葉老爺夫婦沒有孩子，賈姨進門，只是為了生兒子。那個老實人，一連生了三個，她在葉家就有了靠山。趙姨呢，唱漢戲正旦，葉老爺去捧場，終於花錢包下她，在漢口法租界長清裡有個小公館，後來老爺和太太說通了，她就進了門。她身上總是香噴噴的，衣襟上永遠別一溜茉莉花，說話細聲細氣，見到葉老爺，聲音甜膩膩的，眼睛會笑會說話。葉家三個女人，各守各的名分，分工合作，相安無事。母親去了，四人正好湊成一桌麻將。我不和他們家的男孩子玩，男女有別嘛。我偏愛聽她們講東家長西家短。李家的四姨太吞鴉片煙死了啦，為什麼呢？太太折磨她，老爺迷上了新市場唱京戲的金玉環，幾天不回家。王老太爺病了，老太太的丫頭春香，收成了姨太太，給老太爺沖喜嘛。老太爺早把春香糟蹋啦。謝家的五姨太和副官勾上了，老爺碰上了，拔出佩刀，兩人都砍死了。

軍閥呀，作孽，有人會插進這麼一句。

母親聰明剔透，仁寬而又豁達。葉太太、賈姨、趙姨，都對她講知心話。她們叫母親三個耳朵。

葉太太說：我這個當家人，要公平呀。兩個姨娘，月份錢都一樣，十塊錢。老爺在賈姨房裡兩夜，在趙姨房裡兩夜。

母親笑著說：妳這個老傢伙要三夜？

葉太太哈哈大笑：不管不行呀，他身子要緊呀，他要在趙姨房裡三夜。我說，不行，他就乖乖聽我的。

母親說：妳用什麼法寶把丈夫管得服服貼貼的？

葉太太說：我可不是用那個來管他。公平嘛。三個耳朵，妳聽我說，要把男人拴在家裡，只有讓他討人。要討人，可以，人進了門，就歸我管！

母親說：我看葉先生有些怕妳。

葉太太說：他怕我？他才不怕！他不依我，就不能討人！乾脆讓人進門，他在外面也少拈花惹草。三個耳朵，萬事不由人計較呀，一生都是命安排，我認命。

賈姨也向母親嘀嘀咕咕：他到我房裡來，不得已呀，說不過去嘛，兒子是我的，他能不理我嗎？一回來，人就不見了，就鑽到那個妖精房裡去了，有說有笑，別人會賣弄，會撒嬌嘛，我不來那一套，老老實實做人。

趙姨呢，她趁四周沒人，低聲說：三個耳朵，走，到我房裡去，我有好東西給妳看。

她從紅木五屜櫃裡拿出一個彩色錦緞盒子，打開來，一隻羊脂玉鐲子。她笑著說：他給我買的，遜王府裡的東西，也不曉得怎麼流失到外面來了，有人缺錢，要賣，他就買下了。趙姨又加了一句：瞞著家裡人買的。

母親笑笑說：我懂。

趙姨說：他還不知道怎麼報假帳呢？轉頭對我說：不准亂講話！

母親的自白

民國十二年，我二十歲，嫁到你們聶家。那個時代的姑娘十幾歲就出嫁了，哪有二十歲才出嫁的？也好，不然，你爹占的便宜就更大了，他大我十二歲。妳媽年輕時候，別人誇我明目皓齒，生得標緻。告訴妳，只要不醜不怪，年輕，就好看。妳家家把說媒的人都打發走了。妳家公不管事，遊手好閒。妳家家當家作主。她說，我這個姑娘呀，不能隨便許配人，一定要選個有根有柢、有出息的姑爺。

媒人又上門了，從荷包掏出一張照片。妳家家一看就說，嗯，濃眉大眼，天庭飽滿，保定陸軍軍官學校第一期，陸軍大學第五期，三十出頭就當上了團長。為什麼還沒有成親呢？媒人說，要革命，要打仗呀，命都拚了，哪顧得娶親？家家說，我孫家一兒一女，算命的說姑娘的命主貴，莫不是真遇到貴人了？家公躺在煙榻上，看了照片一眼，也說不錯。孫家的族長掌管族人的婚喪喜慶，三親六戚都來了。族上的人都說好，郎才女貌，天作之合。哼！天作之合，天作之禍！

妳說妳爹是騙婚，一點也不錯！妳爹是規矩人。我也不是絕代佳人。爺爺當年為太爺爺的墳看風水，找到一塊臥虎藏龍的旺地，注定聶家必出貴子。他只有一個兒子，一個媳婦，孫子是有兩個。他要兒孫滿堂，跟賭博一樣，多下幾份賭注，總有一份會贏吧。兒子總在外地，那就娶兩個媳婦吧。老子一聲令下，兒子馬上找媒人。

婚姻自由？當年宜昌那樣閉塞的地方，你根本不曉得自由不自由。我讀的是私塾，讀《三字經》、《百家姓》、《女兒經》、《二十四孝》、《論語》之類的書，《紅樓夢》是邪書，姑娘家，哪能看？我的腳纏了一下，民國時興放腳剪辮子，我辮子還沒剪，腳是放了，成了小號的大腳。妳說得對，那樣的腳細緻，穿繡花鞋特別好看。啊，妳還記得我有一頭油光水滑好看的頭髮。我做姑娘時候打兩條辮子，一甩一甩，沒有出閣的姑娘不能梳髻的呀。開了臉才梳髻子。開臉是件大事，黃花閨女是不修臉的，出閣的姑娘才開臉。挑一個有福分的人，用線把你臉上的寒毛一根根扯掉，臉顯得清爽一些。怕不怕？當然怕。我在家裡是個抓尖要強的人，妳家家、家公慣使我得不得了。出了嫁，就要獨當一面做人了。嫁的人，沒見過面，三頭六臂也好，潘郎再世也好，都是一輩子的事了。還要，還要跟他睡覺！花轎到了，我嚎啕大哭，像出喪一樣。妳家家也哭，教訓我：到了聶家，莫使性，夫妻和諧，孝敬公婆，妳要做當門抵戶的人了。我後來真是當門抵戶的人，裡裡外外，公婆子女，我都承擔下來了。告訴妳，應付那麼一個複雜的家庭，上上下下，裡裡外外，除了一個巧字，還有一個忍字。得忍且忍，得耐且耐，不忍不耐，小事成大。

老實說，妳爹對我是真好，百依百順，我無故生非發脾氣。有一天，我正對著梳妝台的鏡子梳頭，他掀開門簾子走過來了，站在我背後，看著我把玉蘭花插在如意髻上，對著鏡子裡的人說：妳真好看。不過——有時候，妳也不好看。我站起身說：不好看的時候，妳去找好看的好啦！

妳問我怎麼發現妳爹有了老婆兒子？我實在不想講這件事。我已經生了妳，妳有七、八個月了。有天早晨，傭人收拾妳爹換下來的衣服去洗，從他上衣荷包裡掏出一封信，她說，這個要不要？我拿過來一看，一開頭就是父親大人敬稟者，整整齊齊的毛筆小楷。再看下去，信裡還有母親掛念之類的話。一下子，天旋地轉，我倒在床上。他騙了我！騙了我的爹媽！騙了我孫家一族的人！我在他家算什麼？我能跟他再過下去嗎？我又氣，又恨，又傷心。我要死，只有死，才能整他一輩子。死，死，在他回家之前就死，吞鴉片煙，吞金子，龍鳳呈祥金戒指，就戴在我手上，取下來，一杯水，就了結了。妳坐在床上，揮著小手，向我笑，要我抱。我起身抱妳，在房裡走來走去，看到五屜櫃上我和妳爹的照片，我坐在椅子上，元寶領短襖，繡花長裙，我抱著妳，他一身軍裝，挺挺站在我旁邊。我想到他對我的好，離不了，也丟不下妳。告訴妳，要自殺，馬上動手，過了那一刻，就死不了了。哼！（母親笑了一聲，透著點兒嘲弄。）我沒有死，還跟他生了八個兒女！

妳一歲多，我們從宜昌回到漢口。民國十五年，剛好碰上武昌圍城。我們住在漢口，那一房住在武昌黃土坡。妳聽說武昌圍城嗎？革命軍打吳佩孚呀。吳佩孚是軍閥，那是個軍閥時代呀，有兵，就有地盤，就有權，就是在革命軍裡，也有軍閥。當時有直系、皖系、奉系，還有很多系。你打來，我打去。和和打打，一筆亂帳，算也算不清。保定軍校和黃埔軍校是兩個不同的系統，黃埔是蔣介石的嫡系，蔣介石和桂系反反覆覆，結果把桂系打垮了。妳爹就在那樣的政治鬥爭裡滾來滾去。軍閥吳佩孚是保定軍校的，妳爹也是保定的，吳佩孚控制武漢時候，妳爹是湖北第一師參謀長。革命軍打下武漢，革命軍第八軍軍長唐生智是保定軍校的，妳爹又成了唐生智的第八軍參謀處長。唐生智垮了，桂系控制武漢，武漢衛戍司令胡宗鐸是保定的，從民國十六年到民國十八年，他是武漢衛戍總司令，妳爹又成了胡宗鐸的衛戍司令部參謀長。

陶先生？華苓，妳還記得那個女人？對，那時候，她三天兩頭到家裡來……算了，不要談她了。

母親有個朋友，中學教師，家裡人叫她陶先生，陰丹士林罩衫，黑帆布鞋，短短的頭髮，攏在腦後，戴著金絲眼鏡，很有學問的樣子。她到家裡來，都是趁爺爺到武昌那個家去了。他不喜歡陶先生。傷風敗俗的女人！國之將亡，必出妖孽！爺爺說。她每次都會給我幾張香菸盒裡的畫片：唐伯虎、秋香、賈寶玉、林黛玉、薛寶釵、貂嬋、嫦娥奔月、鐵扇公主、梁紅玉、花木蘭，諸如此類的畫片。她看著一身武裝的花木蘭，教我木蘭辭：唧唧復唧唧，木蘭當戶織，不聞機杼聲，只聞女嘆息。她還教我唱葡萄仙子：高高的雲兒罩著，淡淡的光兒耀著。畫片放在一個描花小木盒裡。我把盒子裡的人物一個一個亮出來，擺在桌子上。每個人物都有故事。

陶先生是母親眼中的摩登女性。一天，陶先生來了，和母親咕咕噥噥了一陣子。母親對我說，走，到理髮廳去。我正在擺弄香菸畫片的人物，沒有跟去。她一個人回來了。我看著她攏在耳朵後邊短短的頭髮大叫：妳不像姆媽了，妳像陶先生！

我不喜歡母親的短頭髮，只因為她那個好看的如意髻剪掉了，梳頭的泰嫂子也不來了。每天早上泰嫂子來梳頭。母親對著鏡子坐在梳妝台前，泰嫂子將如意髻上的簪子一根一根抽下來。一溜黑光水亮的頭髮瀉下來，我就會伸手去摸摸。梳妝台上白瓷青花水盆、水盂，還有水粉、水胭脂、雪花膏、雙妹牌花露水那些玩意兒。五斗櫃上的水仙花在陽光裡香得發亮。泰嫂子先用木蓖子在母親頭髮上蓖呀蓖的，又用一把大木梳子將頭髮梳得油光水滑，將頭髮分成一綹一綹，盤成一個如意髻，插上細細的簪子，抹上刨花美人膠，斜斜插上一根翡翠簪。有時候她還為母親扯臉。母親先撲上一臉爽身粉，泰嫂子嘴裡咬著一根細線，將線繃在左手的兩根指頭之間，右手猛扯線的另一頭，在她額上嘴邊絞下一根根細細的寒毛。我直叫：好痛啊，好痛啊！泰嫂子又拔母親的眉毛，修成兩道彎彎的黑月亮。她一面梳頭扯臉，一面和母親聊天。張家長李家短，講個沒停。

不知打什麼時候起，陶先生不到家裡來了。我還等著她的香菸片。

陶先生來不來？我問母親。

母親狠狠回了一句：從今以後不准提陶先生了！

妳不喜歡她啦？

母親沒有回答。

民國十八年，武漢事變。桂系垮台。武漢衛戍司令胡宗鐸下野，妳爹當然也下來了。桂系的人有的逃到香港，有的逃到國外去了。公安機關抓了好多桂系的人，有的坐牢，有的槍斃了。我們一大家子人，怎麼辦？就搬到日本租界，像亡國奴一樣。不躲不行呀。我們和武昌那家人都搬到日租界的大和街。漢口的租界，除了日本租界外，都已經收回了，日租界成了許多政治犯的避難所。中國警察不能進日租界抓人。還有其他桂系的人也躲在日租界。他們天天祕密開會，商討怎麼對付中央。有一天，他們得到消息，公安機關的便衣特務要到日本租界來抓政治犯了。便衣特務可以混進日租界。你爹逃到同仁醫院的一個日本護士家的閣樓裡。對，妳說得對，就是中根舅媽。我晚上去找妳爹，妳爹要我留下來。我說，這裡低得頭也抬不起來，怎麼容得下兩個人？妳爹笑笑說，膩在一起嘛，地方越小越好。妳笑，笑父母也有纏綿的時候？當然，父母也年輕過的呀！也是有血、有肉、有情的人呀！

桂系垮台了，妳爹東逃西躲。賦閒八年，當上貴州行政專員兼保安司令。打共產黨，沒有兵。桂系嘛，中央抽後腿，把兵抽走了。只有死路一條了。妳爹就像八字不好的女人，嫁一個，死一個，嫁一個，死一個，他嫁的人太多了，又都是挨打的人。妳爺爺說大丈夫一怒而安天下，兒子就取名怒夫。安天下？妻子兒女都安不了，命也白白送掉了。

華苓，妳又問起陶先生。陶先生，人人叫她陶先生。幾十年了，華苓，我就講給妳聽吧。

大概是民國十七、十八年吧，她三天兩天就到兩儀街家裡來。她說不上好看，倒也清清爽爽，能說會道，逗人喜歡。那正是桂系控制武漢的時候，也正是妳爹在武漢衛戍司令部的時候。她一個獨身女人，無依無靠，我對她很照顧。衣料呀，首飾呀，吃的，喝的，她到家裡來，都是大包小包拿了走。我們成了好朋友。她告訴我外面很多事：合記蛋廠的工人罷工了。學生上街遊行了。日本水兵在日本租界打死了人力車夫。北伐軍勝利了，北京到處掛起青天白日滿地紅的國旗了。漢口衛戍司令部抓了好多共產黨，搜出一批一批手槍炸彈。她也談什麼男女平等呀、婚姻自由呀。妳爹跟幾個朋友有空就在揚子江大飯店吃飯打牌，太太們也去，另組牌局。陶先生一個單身女人，也去。獨立女子嘛，她說的。她不打牌，只是在我們牌桌之間看牌聊天。他們男人談天下大事，她也插上一兩句。我們太太們，對那些事毫沒興趣。天塌下來了，有男人頂著。

後來，桂系垮了。躲在日本租界也不安全，便衣特務進進出出，日本人也看不出來。特務跟上妳爹了。有一天，妳大哥看見鐵門空花格子插著一封信，拿進來給妳爹看。原來是封恐嚇信，威脅聶家絕子絕孫。

妳爹說：現在，非走不可了。

我說：老的老，小的小，妳一個人走吧。

妳爹說：要走，一起走，你們留在漢口，也不安全，先到上海看動靜，武漢穩定了，就回來。上海消息靈通，朋友們都在上海。他帶我們母子搭日本船去上海，爺爺帶著妳大哥去日本，奶奶和其他的人留在漢口日租界。後來我們又去了北平。

臨去上海的頭一天，箱子網籃都清好了，都是副官田清河清的。我在網籃裡找《天雨花》，在船上看。在網籃裡翻呀翻的，翻出兩頂雙人床珍珠紗帳子。一張雙人床，怎麼帶兩床帳子？我問田清河。他說，參謀長吩咐的。我到房裡去問你爹。他是敦厚人，臉色一下子變了。我靈機一動，問他：你外邊有人嗎？他不作聲。不否認，就是承認。我又問他：什麼人？他說：是妳認得的。我突然明白了。我問：是陶耀珠嗎？他又不作聲。我跑上去打了他一巴掌，就倒在床上哭起來了。

他走過來，坐在床沿，拉起我的手，握在他手裡。他說：我對不起妳。我對妳的心，妳是曉得的。我不是存心騙妳。妳聽我講這件事的來龍去脈。妳不聽？我也要講。我認識陶耀珠的時候，她只是一個十三、四歲的小姑娘。父親在武昌兩湖書院教書的時候，我在武昌南路高等小學畢了業，進了陸軍第三中學，和陶耀珠哥哥陶耀宗同學。我常常到他家去，覺得那小姑娘很可愛。她一見到我，就一甩辮子跑掉了。許多年以後，我才發現，她父母當時有意把女兒許配給我。我已奉父母之命娶親了。我二十歲那年，辛亥革命爆發，我和陶耀宗參加學生軍，在武昌、漢陽演說，宣傳起義宗旨，一批一批人參軍參戰，許多人捐錢支持革命。起義軍在漢陽打清軍，子彈打完了，我和陶耀宗把三十一標軍械庫打開了，裝了一船子彈，支援起義軍。我受了傷。陶耀宗犧牲了。辛亥革命以後，民國三年，我進了保定軍校，民國七年，我進了陸軍大學，一直在外地。我和陶家也失了聯絡。民國十六年，我接了武漢衛戍司令部的工作，突然有個姓陶的女人到衛戍司令部來找我，原來就是陶耀珠，她已經在師範畢業當教師了。我不願意她到司令部來，也希望妳認識她，才要妳請她到家裡來玩。妳對她也很好。大家都成了朋友，我也很高興。她頭腦好，很有思想，常常打電話到司令部找我談談時事。後來，也談她的生活和心情，後來，她告訴我，從小就許願要嫁我。我也就糊里糊塗栽進去了。

妳爹對我發誓再也不見她了。跟妳講，那個時代呀，男人買笑追歡，是天經地義的事。妳爹還不是那樣浪蕩的人。依我的辣燥性子，一走了之。走，走到哪裡？我也丟不下你們。再說，妳爹對我也真好。我也只好啞巴吃黃蓮，認命！我們去了上海。那是民國十九年。第二年，還是回不了武漢，桂系的罪名還是背叛黨國。為了你們讀書方便，我們又去了北平。

有一天，妳爹看完了武漢的一個朋友來的信，轉頭對我說：陶耀珠失蹤了，原來她是地下共產黨！難怪我在武漢衛戍司令部的時候，她用盡所有的魅力和心思來接近我。

母親沉默了一會兒。唉，想起來，做女人真沒意思。

坐馬車，去看戲

我家住在漢口舊俄租界兩儀街。俄羅斯洋房，冷冰冰的粗大石柱子，冷冰冰的大鐵門，永遠關著，隔開了外面的世界。我恨不得家在文華里、輔義里那種弄堂房子裡，人挨人，多熱鬧。那扇大鐵門，只有父親晚上回家，汽車兩柱刺眼的燈光射來，才大打開，燈光射得滿園子透亮。兩個腳穿馬靴身掛盒子炮的馬弁站在汽車兩旁。汽車在屋前兩根粗大的石柱子前停下，馬弁跳下車，打開車門，站在一旁，父親下車走進屋子。寬敞的樓梯，迎面一面大鏡子，照著樓梯格外長，長得叫人不想上樓。樓上咚，咚，咚，爺爺的枴杖敲在地板上，越響越近，突然矗立在樓梯頂上，像一座大石像。父親叫一聲爹，就鑽進母親房裡了。他們談話玩骨牌，我坐在一旁。他們談哪天在揚子江飯店有宴會呀，什麼人家遭綁票呀，程硯秋要來漢口大舞台呀。我睏得眼睛睜不開了，也不肯去睡覺，不為別的，只為喜歡聽他們講那花花世界。爹很少和人說話。他整天在書房裡，在那一疊疊小抽屜的高大紅木書桌前，用粗大的毛筆刷些奇形怪狀的符號。爹說那就是篆字。要不然，他就坐在一個紅色蒲團上打坐，盤著腿，閉著眼，人來了也不理。他也會在書房裡，像瞎子摸黑一樣，兩手晃來晃去，一摸老半天，那也算是打拳，叫太極拳。他在家裡總像是躲著人，只是在房裡和母親說說話。

那時正是父親在武漢衛戍司令部的時候，馬弁聽差晚上沒事，就在門房裡抽菸，喝酒，講笑話。我有時到門房裡和他們混在一起，聽不懂的話，就打破沙鍋問到底。姘頭？姘頭是什麼？姘頭是一種小毛蟲，咬人的，咬得人好痛好痛。我們園子裡有嗎？他們大笑，指著廚子楊寶三說，問他，問他。結巴急得更結了：胡——鬧，不——要胡——鬧。叫條子？條子是人嗎？不是，叫條子是叫狐狸精，叫來了要纏人的，纏得人要死不活。什麼是窯子？窯子是大人玩的地方，小孩子不能去的。為什麼？那兒有妖魔鬼怪。

他們都說自己是北方老粗，沒有念過書，當過軍閥吳佩孚的兵，國民革命軍打敗吳佩孚，他們又成了國民革命軍的兵。他們談打仗的事，他們會唱戲，他們會講故事。「楊延輝坐宮院，自思自嘆，想起了當年事，好不慘然。」唱戲的北方佬唱到那兒，突然顯得很悲哀的樣子。有人還會唱「一馬離了西涼界，不由人一陣陣淚灑胸懷，青的山，綠的水，花花世界，薛平貴好一似孤雁歸來。」他們比漢口大舞台的戲子唱得好聽，好像唱出了真人真事，唱的人真成了一孤雁，我也悲哀起來了。

我要聽故事。有人說：好，我給妳講牛郎織女吧。牛郎織女七七鵲橋相會、嫦娥奔月、呂洞賓、鐵拐李、張果老、何仙姑那一類好聽的故事，都是在我家門房裡聽來的。

他們賭博，玩牌九、擲骰子。我不懂，只聽他們叫叫嚷嚷。再來一張！好！二四！莊家通吃！莊家把桌上的錢全摟光了，對我說，明天請妳吃法國霜淇淋。我家在已收復的俄租界，和法租界相連，那兒的安南巡捕頭戴法國小帽，笑起來，一口黃牙，我一點也不怕他。英租界的紅頭洋人，手拿短木棒，一掄一掄，逗孩子玩，不像巡捕的樣子。德租界已經收回，德國買辦還在街上走得夸嗒夸嗒響，硬著脖子，看也不看人一眼。日本租界的巡捕，一看見沒人坐的人力車，拉著車夫就用棍子打，車夫哎喲哎喲地叫，拖起車子往租界外面跑。日本巡捕一腳踢倒車夫，扣下車子，「巴格亞魯、巴格亞魯」地罵。車夫跪在地上哀哀求饒。

我家門房的人還談什麼直系、奉系、皖系，還有很多很多系。吳佩孚、孫傳芳、張作霖、曹錕、段祺瑞，說他們是什麼北洋軍閥。一談一個晚上。軍閥打來打去。本來是朋友的，不知怎麼一下子變成了仇人。本來是仇人的，一下子變成了朋友，結合起來打別人。我問，那些人是流氓嗎？他們大笑說，他們可比流氓厲害呀，有兵，有權，有槍，說殺就殺，拖到刑場，砰砰幾下，人就去見閻王爺啦。閻王爺有一本生死簿。該死的，要你死。不該死的，放你回去。一九二六年八月，國民革命軍打汀泗橋。汀泗橋有山有水，容易守，很難攻，是武漢的前哨陣地，吳佩孚布置重兵死守。唐生智的革命軍第八軍，李宗仁的第四軍猛攻，打下汀泗橋。吳大帥大怒，退後的將領，全部槍斃！立刻執行！

講的人講完了，有人嘆了口氣說：中國人幾時才有太平日子呀。

有人接著說，北伐軍真厲害，五天打下兩橋：汀泗橋，賀勝橋。吳大帥親自帶大刀隊督戰，下令退後的官兵格殺不赦。北伐軍打下賀勝橋，吳大帥一槍打死幾個長官，砍下腦袋，掛在賀勝橋上，才坐車逃走。吳佩孚的第二師師長劉佐龍倒戈，幫革命軍做內應，占領漢陽和漢口，只剩下武昌孤城了。吳大帥派第八師師長劉玉春當武昌守備總司令。革命軍封鎖圍困武昌城。我們是劉玉春的軍隊，分途突圍，都給革命軍打回來了。關在城裡四十天呀，糧食完了，有人吃樹皮呀。城裡到處是難民。漢口商會派代表進城救出一百多婦女孩子。我們當兵的，沒去汀泗橋、賀勝橋送命，困在武昌城裡也要餓死了，還能打仗嗎？革命軍總指揮唐生智和劉玉春談判成功，放出三萬多難民，劉玉春開城，革命軍收編吳佩孚的軍隊。一眨眼，咱們又成了革命軍！又反過來打軍閥！滑稽不滑稽？民國這筆爛帳怎麼算？你說！

漢口俄租界兩儀街的三叉路口，有個上海理髮廳。無論什麼商店，招牌上有了上海兩個字，就時髦起來了。那理髮廳出出進進的女人，打扮得也格外好看，高高的領子，喇叭袖子，旗袍兩旁開一點兒小衩，衩口如意盤花，腳上是三寸空花高跟鞋，手一招，汽車開來了。理髮廳對面有一個白俄女人開的小商店，玻璃櫥窗裡擺著一把彩虹小洋傘，永遠擺在那兒，逗得我心癢癢的。母親說：妳有好幾把小洋傘了，不准再買了。

母親不給我買俄羅斯小洋傘，我一路哭回家，哭得不肯罷休。

打雜的小夥子金童說：小洋傘有什麼好？走，我帶妳去看戲！

我要坐馬車。

好！坐馬車去看戲！

馬車一顛一顛，馬蹄滴答滴答地跳舞。

下了馬車，金童把我扛在肩上，一面唱：小白菜喲，天地皇喲，兩三歲喲，死了娘喲。

我問：你的娘死了嗎？

金童說：我娘生下我，就死了，我爹娶了後娘，我就是小白菜。他又接著唱起來：弟弟穿的，綾羅緞喲，我穿的是，破衣裳喲。

我不要我的娘死。

那妳就乖乖的，不要哭，妳一哭，妳的娘就會死。

你騙人，我天天哭，我的娘也沒有死。

他搖搖頭說：我說不過妳。

走著，走著，突然砰、砰、砰幾聲，一陣血氣撲來，嚇得我嚎啕大哭大叫：我要去看戲！我要去看戲！

這就是戲呀！

這不是戲！是槍斃人！

槍斃共產黨！

從此我不敢看血。

一九二七年，母親生了弟弟。爺爺取名漢仲。

他出生那天，家裡可真熱鬧。我早上醒來，聽見樓梯上咚、咚的腳步聲。李媽說：快起來，妳要得弟弟啦，接生婆來了，老太爺在堂屋裡準備謝祖呢。我跑到母親房門口，門已經關上了，只有奶奶和接生婆在房裡。母親一陣一陣哀叫，我害怕她會死，站在門外哭，一面捶門大叫：我要姆媽！我要姆媽！爺爺走過來，舉起枴杖：妳再鬧，我就打！就在那當口，嬰兒哇的一聲，母親也安靜了。我也不敢哭了，站在她房門外等。奶奶打開房門，一陣血氣衝出來。奶奶微笑著往堂屋走，對爺爺說：點蠟燭燒香吧，謝祖宗保佑，又得了個孫子。

父親得到消息，從辦公廳回家。他沒進房去看母親和嬰兒，徑直走進書房，在他那一疊一疊小抽屜的大書桌上，用他那把刷子一樣的毛筆刷出杯口一樣大的字。奶奶說：產房的血有邪氣，男人沾不得的。

爺爺特地請武漢有名的星相家李少庵為漢仲算命。根據漢仲的生辰八字，李少庵說得爺爺拍桌叫好。漢仲是壬騎龍背的八字，安邦定國，官至一品。

漢仲週歲那天，家裡大宴賓客。堂屋八仙桌上供著祖宗牌位，一對大紅燭在古銅燭台上燃著兩道金光，古銅香爐裡的檀香，細細一線繞呀繞的，繞香了一屋。堂屋正中間一張大桌上撲著大紅氈毯，擺滿了抓週的東西：文房四寶、《論語》、《詩經》、玩具刀槍寶劍、銀元金幣、大大小小雞血石印章、錦緞盒裡的漢玉印泥盒、絞麻花金鍊子、長命富貴金鎖片、線春小袍子、花緞小馬褂。客人圍著桌子站了幾圈談笑。父親先謝祖宗，三拜九叩。嬰兒坐在桌子正中間，母親在一旁扶著他。嬰兒一坐上桌就樂了，揮動小手，要抓寶劍，抓不住。好，要當總司令，母親說。他抓住一塊銀大洋，往嘴裡餵。母親奪過銀洋，笑著說：不行，不行，發財也得要命呀。嬰兒又抓雞血印石。好，掌印的人。他又抓《論語》，抓起來就要撕，母親拿過書說：爺爺的寶貝呀，撕不得。他又抓起一支羊毫毛筆。好，有了《紅樓夢》，你就寫青樓夢吧，母親笑著說。有人說：青樓，有意思，有意思，《紅樓夢》好不好看？哎呀，寫一些亂七八糟男女的事，不要看。有人回答。

我要抓週！我對母親說。

妳三歲了，不能抓週了。

弟弟抓，我也要抓！

姑娘家，不抓週。
我要抓！我要抓！
滿屋的人全怔住了。
妳就讓她抓這桌子上的東西吧，父親說。
我看了一眼：不要！我都不要！
母親說：妳要什麼？
要那把俄國小洋傘。
母親笑了：她要的東西，非要到手不可。
我終於得到一心一意要的那把彩虹小洋傘。

爺爺的鴉片煙

爺爺是個詩人，沒留下詩，喜歡做官，一輩子沒做過官。有過幾個相好的女人，始終只有我奶奶。奶奶一九三五年夏天突然去世，爺爺堅持和孝子一起守靈。爺爺是晚清秀才，坐轎子上任當知縣，武昌起義，革命成功了，轎子半路打道回鄉，埋怨了一輩子。他捧著小宜興茶壺咕嚕：革命？這叫什麼革命？城裡扔幾百個電燈泡當炸彈，說是武昌城裡炸彈響了，城外的砲兵馬上響應打砲，革命就成功了。革命又有什麼用？民猶是也，國猶是也。革了命，剪了辮子，男不男，女不女。說話也不成體統，男女不分，長幼不分，統統叫同胞！我和我兒子是同胞？我和我孫子是同胞？哎？……

民初二、三年，爺爺在北京教書，奶奶留在武漢。爺爺在北京有一個旗人相好。民國四年，袁世凱恢復帝制，登基做皇帝，爺爺正在北京，和那旗人同居，生了一個女兒。春風得意，提起筆來寫了篇洋洋灑灑的文章，批評袁世凱登基。那還得了？那是個殺人不見血的年代。袁世凱下令通緝。我爹正在保定軍校，知道了消息，趕到北京，半夜在爺爺相好家裡找到他，帶著爺爺溜出門，翻北京城牆逃走，不敢坐火車，父子倆徒步逃到保定。躲了一陣子，爹又送他回湖北應山鄉下。爺爺憤憤不平，抱著水煙袋，走來走去罵：禍國殃民！憑什麼要抓我？哎？我就不能說話？我就不服你賣國賊！爺爺有話不能說，有氣不能出，慪得生了一場大病。那個旗人相好到處找爺爺。他和奶奶在武漢。她來了一封信，奶奶收到了，拿給我爹看。信裡說她為聶家生的女兒已經兩歲了，要爺爺趕快去北京。奶奶把信毀了，沒有給他，要爹寄了些錢去。從此他們就斷絕了。

爺爺在家裡當然不提她，但對她還是很有情的。民國二十年，我們住在北平，爺爺去了，到處打聽她的下落，沒有找到她。現在在北京，也許還有滿漢混血的聶家子孫。

爺爺脾氣暴躁，聶家的人，上上下下，全怕他，見到他，都不吭聲。尤其是我爹，爺爺咚咚走來了，他就鑽進母親房裡去了。有一次，他躲不了，爺爺和他說話，說著說著，就舉起枴杖跟著兒子追。我爹已是做官的人了。靈巧的母親倒是不怕他。她察言觀色，該順他的，就順，不該順他的，對他講道理，也可以把他說得服服貼貼的。

奶奶小個頭，細聲細氣，輕手輕腳，好像總怕驚動了人。奶奶有一雙纏了又纏的小腳，不聲不響走過來，一轉頭，才知道她在你背後，笑咪咪望著你。奶奶房裡有一個重大的雕花木錢櫃，上著一把大鐵鎖。家裡的日常開銷，兩個媳婦一人二十塊大洋的月份錢，廚師、奶媽、女僕、男僕的工錢，都是奶奶從那錢櫃裡拿出來的。姑媽帶著孩子們從武昌來了，奶奶從她襖子內兜裡摸出來塞給她的錢，也是從那雕花木櫃裡拿出來的。不論家裡遭受什麼變故，奶奶永遠靜悄悄的。風和日暖。福也好，禍也好，日子自有它不變的規律。奶奶是我們家的主心骨。她以柔韌穩定了家裡暗中躁動的不安。爺爺脾氣火爆，卻從沒聽見他對奶奶說過一句重話。爺爺在外面有相好。奶奶明明知道，也不露聲色。

爺爺高興就大笑，不高興就大罵，你無從防備。兒子，孫子，一句話不對，他就舉棍打來。他對孫女寬容一點。孫女是要潑出去的水，不必認真。我知道怎麼對付爺爺，聽見他呱嗒呱嗒的水煙袋響，我就跑，給他抓住了，要我臨帖寫九宮格的大字，就趴在桌上寫吧。爺爺站在背後說：腕抬平，背挺直，筆上可以頂塊石頭。他要我讀唐詩，背唐詩。管它懂不懂，就啃吧。

葡萄美酒夜光杯
欲飲琵琶馬上催
醉臥沙場君莫笑

聽起來是真好聽，一啨就記住了，背得朗朗上口。爺爺說：不懂，不要緊，以後就懂了。不是爺爺對我有期望，那是他的樂趣，像訓練小哈巴狗一樣。

爺爺有兩個詩人朋友。他們來了，是家裡最熱鬧的時候。他們在爺爺房裡談笑，吟詩，燒鴉片煙。爺爺的哈哈震動全屋。我躲在門外，聽他們大聲吟詩。什麼詩？我不懂，但我喜歡聽，他們唱得有腔有調。原來書上的字還可以變成歌唱，你愛怎麼唱，就怎麼唱，好聽就行了。他們不就是各唱各的調調兒嗎？

聽著聽著，一縷香味從門縫裡飄出來。我從鑰匙洞偷看，只見爺爺和一個客人，面對面斜躺在一疊花花綠綠軟緞繡花被上。兩人之間一盞玻璃罩古銅小油燈。爺爺用一根細細的銅籤子，從古銅小杯裡，挑起一滴糖漿樣的鴉片煙，就著一閃一閃的小油燈，在一根手指頭上滾呀滾的，滾成一顆棕色小珠子，嵌進長長的象牙嘴煙槍裡，在小油燈上叭、叭地抽。透點兒甜的煙香一絲絲飄來。小燈的火光，像天上的星星一樣，閃呀閃的。

有一次，爺爺打開門，發現我在聽他們吟詩，看他們燒鴉片煙。我嚇得拔腳飛跑。天呀，爺爺的棍子要打來了。只聽見爺爺哈哈大笑，對房裡朋友說：我抓住了一個偷聽詩的小丫頭！

真君

那是一九三六年春天，父親的靈柩還沒從貴州回漢口。

我跟著母親從漢口去武昌接真君。我挨著母親坐在渡江的輪船上。她沒有說話。父親死後，談笑風生的母親突然變得沉默了。你問一句，她答一句，就是那一聲回答，好像也很費力。母親一身灰布罩衫，灰布鞋，短短的頭髮，攏在腦後，瘦削的臉沒有一點血色，低著頭，不知在想什麼。從小我就怕母親死去。她到哪兒，我跟到哪兒，可以盯著她。冷風吹起江上的浪花，吹不平母親皺著的眉頭。她不說話，我就故意找話說。

真君是鄭家的丫頭嗎？我明知故問。

母親嗯了一聲。

爺爺要娶個丫頭嗎？

不娶她。只是伺候爺爺。

張德三也可以伺候爺爺呀。

妳不懂。少管閒事。

我懂。爺爺要個兒子。邱伯伯的丫頭就生了個兒子。

爺爺不要兒子了。

只要個丫頭？

嗯。

她跟爺爺睡覺嗎？

母親望了我一眼。姑娘家，不要管閒事。

我說：我明白了。凡是母親不正面回答我的話，就肯定我的話是對的。

母親又望了我一眼，笑笑說：妳就喜歡問長問短，打聽別人家的事。

真君好不好看？

妳看到她就曉得了。

母親沉默了，望著流去的江水。

黃鶴樓從一個小點子，逐漸變成一個影子，越變越大，變成一座褪色的樓台，越逼越近，逼在眼前了。

走吧。母親牽起我的手。

黃包車在黃土坡上一棟小屋前停下。

妳認得我吧？母親指著開門的人說。

她穿著綠底灑紅花棉襖棉褲，笑嘻嘻望著我們。嗯，嗯。她點點頭，然後向屋子裡喊。太太，有客。

請進，請進！鄭太太一面說，一面從屋子裡走出來。

我們走進堂屋。

母親說：不坐了。我就帶她走吧。什麼也不要帶，家裡都準備好了。

梅香！鄭太太大聲叫。妳跟她們走吧！

你久，我久。梅香仍然笑嘻嘻的。

她把走說成久，原來她是個大舌頭。不知道她為什麼笑。那麼空洞洞的笑，和她的塌鼻子小眼睛一樣，嵌在那張木頭臉上。

鄭太太說：我不走，妳跟她們走吧，妳從小就來了，我把妳當自己的姑娘。我養不起妳了。妳要去享福了。聽話，好好伺候老太爺。鄭太太聲音越說越小了。

梅香仍然笑嘻嘻的。

妳放心。母親說：不會虧待她的。老太爺一天到晚嘀咕呀。兒子死了，只要有個伴，日子也好過一點。什麼樣的人都可以。梅香年紀輕輕的。我這是作孽呀。

她跟我沒有望頭。跟你們有吃有喝，是她的福氣。只要她日後有個照應。

一定，一定，妳放心。母親轉頭對梅香說：走吧！又轉身對鄭太太說：老太爺給她取了個名字，叫真君。

妳不叫梅香啦，妳叫真君。鄭太太又大聲對她叫。記住！

她擺擺頭。不，我要梅香。

梅香不好聽，真君好聽。鄭太太對她說話總是扯高嗓門。原來她耳朵有毛病。

梅香好。她指指天井角上一顆盛開的梅花。那戲梅花，我戲梅花。嗯，你索的，嗯，你索的。

真君真有趣，以後可以逗她玩了。

改了名字，妳就有好看的衣服穿啦。鄭太太說。比妳這新棉襖還好看。走吧，走吧。

跟我走，有新衣服。母親的嗓門也大了。單的，夾的，棉的，都好看。跟我走，都是妳的，還有新的。

母親說話和真君一樣了，像三歲小孩的兒語。

好，好。她點點頭。

妳跟太太磕個頭吧。母親說。

她趴在地上磕頭。鄭太太扶起她，眼淚流了一臉。

在渡江的輪船上，我故意坐在母親和真君之間，和她說說三歲小兒的話。

真君，妳幾歲了？

她不理我，笑嘻嘻望著黃鶴樓。

真君！我大叫了一聲。

母親拍拍我的頭，指指船上的人，表示他們都望著我們。

真君這才轉過頭來。我湊近她耳朵：妳幾歲？

她擺擺頭。不曉得。

妳姓什麼？

她又擺擺頭。不曉得。她指著逐漸變小的黃鶴樓：好玩。嗯，好玩。她又指著流去的江水說：我死歡。

妳坐過船嗎？我指指我們坐的長條板凳。

她搖搖頭，接著說：我死歡。

妳到哪裡去？

有新衣服。她指指身上的花棉襖。

還有胭脂水粉。

好，我死歡。

我帶妳去買。

好，我死歡，嗯，我死歡。

我帶妳去公園玩。

她望著我，沒回答。

公園，公園呀，有梅花。

我死歡。

有小姑娘。

我死歡。

有糖吃。

我死歡。

坐馬車。

她仍然笑嘻嘻望著我。

馬車呀！

她擺擺頭：不曉得。

好大的車子，馬拖著跑，滴答，滴答。

她還是擺頭：不曉得。

我無可奈何。汽車呢？

母親沒等她回答，對我說：妳越說越不成話了。我耳朵都震聾了。好玩嘛。

我望了一眼真君的花布棉襖。父親死了，我們都戴孝，孩子們不能穿花衣服，只有她一個人穿花衣服。她是我們家的特權人物了。

漢口江岸一溜高高的石階。我們爬一段，就停下歇口氣。朝上看江漢關，和天一般高。真君昂著頭，張著嘴，看呆了。大鐘噹——噹——的響了。

真君這下子可真樂了，臉上那模模糊糊的笑，一下子亮開了，和嬰兒的笑一樣，純純淨淨的快樂。

她指著鐘樓上繼續噹——噹——響的大鐘說：我死歡。

我說：我死歡，我死歡。妳死歡死嗎？死歡。

死在哪裡？

不曉得。

我站在坡上笑彎了腰。

走吧，不要再逗她了。母親說：她成了妳的玩意。

真君就那樣子笑嘻嘻走進我家大門。

母親帶她上樓去見爺爺，掀開爺爺臥房的門簾說：爹，真君來了

爺爺坐在火盆旁邊捧著水煙袋，笑咪咪望著真君說：好，好。來了，好。

我從沒看見爺爺那樣子微笑。爺爺的笑聲和他的脾氣一樣，炸彈一樣爆裂出來的。他突然不那麼威風了。

母親說：真君，這是老太爺。妳在這裡伺候老太爺吧。

真君搖搖頭：我戲候太太。她指著母親。

母親也搖搖頭：不。老太爺有新衣服，有好吃的。母親指指茶几上的什錦果盒，走過去抽開五屜櫃最大的一個抽屜：妳看。這都是妳的新衣服。

我偷偷看爺爺的臉色。他仍然笑咪咪的，放下水煙袋，走過去抽開五屜櫃最上面的一個抽屜，拿出一個錦緞盒子，遞給真君。她拿在手裡，不知如何是好。

我等不及了，對她大叫：打開看呀！

她打開盒子。

金的！我一把搶過來看。一溜圈梅花。

母親指著戒指對真君說：這是妳的花。戴上吧！

我死歡。真君將戒指戴在右手的中指上，看了又看。我死歡。

向老太爺說謝謝呀！母親說。

謝謝老太爺。真君向爺爺鞠了個躬。

幸虧妳想得周到，打了個戒指。爺爺對母親說：從今以後，上上下下都叫她真君吧。她只管我這房裡的事。吃飯和我們一起吃。

母親吩咐廚房當天在老太爺房裡另開一份晚飯。我有點兒失望，不能逗真君了。

第二天是星期天，一大早，我就在樓上走廊上晃來晃去。爺爺的房門一開，就看見真君端著白底藍花搪瓷臉盆出來了，到樓下廚房去打熱水。

她看見我，臉笑開了，老朋友嘛。

我跟著走下樓，湊在她耳邊問：妳跟爺爺睡覺嗎？

嗯。

怎麼睡？

不講。

為什麼不講？

球戲。

什麼戲？你說像打球一樣？

她咯咯笑了。球戲。嗯，球戲。

哦，醜事。

嗯。球戲。

妳喜歡嗎？

不死歡。

為什麼？

痛。嗯，痛。

哪裡痛？

不講。

講嘛！講嘛。今天打撥浪鼓的來了，我買胭脂給妳。我那麼說，其實，我哪有錢？

這裡痛。她指著兩腿之間見不得人的地方。血，嗯，血。

血？到同仁醫院去！

她呆呆望著我，不懂我的話。我扔下她，跑上樓，跑到母親房裡。姆媽！真君流血了！帶她到同仁醫院去！

母親苦笑了一下。妳不要管閒事！好不好？

真君流血呀！

不會流了。再流，就去同仁醫院，好吧？

第二天，放學回家，我眼巴巴等著真君從爺爺房裡出來。她一出房門，我就攔著她問：妳又流血了嗎？

她搖搖頭。好了。

妳又和爺爺睡覺了嗎？

嗯。

痛不痛？

她又搖搖頭。我死歡。

你喜歡爺爺嗎？

死歡。

撥浪鼓得楞得楞在街上響過來了。

我拉著真君說：走，貨郎兒來了。妳一定死歡。

貨郎兒停下來，把背著的櫃子放在地上。櫃子頂上的玻璃面下，擺滿了好看的東西：水鑽別針呀，水鑽髮夾呀，玳瑁梳子呀，九連環手鐲呀，鵝蛋粉呀，水胭脂呀，印花手絹呀，還有我一直想要的鑲銀烏木鐲子，戴在胳臂上，掖條挑花手絹，多美！我把鐲子拿在手裡摸了又摸。沒有錢！

真君從絲棉襖的裡兜掏出一塊銀元，對我說：妳買。老太爺的。她指指手中的銀元。

妳呢？

這個。她指著水鑽髮夾。

貨郎兒從櫃子裡取了出來。

我給妳戴。我將髮夾別在她鬢角。貨郎兒連忙從櫃子底層抽屜裡拿出一面小鏡子。真君在鏡子裡看看，又轉頭給我看。

好看，好看！去給爺爺看。

我們倆，一個手戴鑲銀烏木鐲子，一個頭別水鑽髮夾，手牽手跑進屋。

真君成了我家的特權階級，孫子們有些不服氣。有一天，真君在門口買了一包糖炒栗子，三歲的弟弟季陽在樓上走廊和二哥玩，看見她上樓邊走邊吃栗子。

季陽向她伸手說：君君。

不，不。老太爺的。

仗義勇為的二哥說：老太爺的，也要給！

不，不。老太爺的。

二哥舉起手：妳給不給？

不。老太爺的。

二哥在她背上捶了一下。

打我，好痛。她哭著走進爺爺的房。

什麼人打？爺爺在房裡問。

二少爺打。

爺爺拿著枴杖咚咚走出來。二哥牽起季陽的手往樓下跑。季陽嚇得哭了。爺爺跟著二哥和季陽追。兩個孫子一哭一笑，從前樓跑到後樓，穿過樓下，又跑上前樓，跑過堂屋，又從後樓跑到樓下。爺爺的枴杖在地板上敲得咚咚響，響遍了整棟屋子。

母親從房裡走出來，看見那景象，忍住笑對爺爺說：爹，不要生氣。教訓他們一頓就是了。當著媳婦的面，爺爺也就不了了之。二哥躲著爺爺幾天沒見面。

我的戲園子

一九二九年，我家從俄租界搬到日租界盡頭大和街。一大片荒草隔開「鐵路外」，那就是平漢鐵路以外的貧民區。爺爺、奶奶、父親、他的兩個妻子、兩群兒女，三代兩室同堂。房子雖大，也擠得人不自在，牽牽絆絆，你躲我，我躲你。不躲的時候，暴風雨就要來了。西式洋房，鏤花鐵門。就是在夏天，也是冷清清的。灰色圍牆堵得人要跑出去，跑到哪兒去呢？不知道，無論哪個地方都比我的家好。牆角孤單單的一棵梧桐樹，樹上吱——吱——一聲聲蟬叫，叫得日子更長了。一個女人在街上拚命大喊：挑呀——牙蟲呀——！算命瞎子咿咿呀呀拉著胡琴。磨剪刀的癩子在我家後門口，呱嗒呱嗒打著一串小銅片，沒人理他，呱嗒呱嗒走了。貨郎兒打著撥浪鼓得楞得楞響來又響遠了。永遠有幾條喜頭魚在天井裡一個大肚子陶瓷水缸裡游來游去，也逃脫不了廚子楊寶三的大菜刀。小腳江婆坐在天井樹蔭下納鞋底，用一根大針和手搓的麻線，在一層層粗布糊成的鞋底上軋出整齊的菱形圖案。齙牙齒張德三在天井陰涼裡，拿著一把大芭蕉扇，搧著躺在竹床上的漢仲，哄他睡覺，唱起「小小子，坐門墩兒，哭哭啼啼要媳婦兒，要媳婦兒幹嘛？縫衣補襪，點燈說話兒。」後門口來了個討飯的女人，一塊破舊的藍布兜著背上睡著的小孩，伸出手裡的破碗：行行好吧，殘菜殘飯，賞一點吧，多福多壽。楊寶三在廚房裡咬牙切齒咚咚剁肉，拿了一缽子剩菜剩飯給她，一面關門說：好啦，好啦，走吧，再——再來就——就沒有了。

也許就在那當口，火車細細的汽笛在天邊叫起來了。

我家對面有一排小紅磚房子。有家人家姓黃。一夫一妻，一個兒子，兩個女兒。我多想要那樣一個簡單快樂的小家庭。大女兒大我一歲，小女兒小我一歲，缺一顆門牙，笑起來用手捣著嘴。我不理他們的哥哥。他也瞧不起女孩子。我們三個女孩子在一起跳房子、跳繩子、踢毽子。廚子楊寶三殺雞，揀最好看的雞毛，洗乾淨，晾乾了給我。我早存了一塊塊花布，揀一塊厚厚的，包上一個銅錢，插上一根根長短合適的雞毛，太短了，毽子踢不起來，太長了，又太重。踢毽子可以耍花樣，前踢，後踢，前後踢，左踢，右踢，左右踢，毽子落在臉蛋上，落在頭頂。

我最喜歡的是養蠶了。彩色錫光紙包著硬紙盒，鋪上綠油油的桑葉，那就是小蠶的家了。我們每天盯著蠶長大。三個女孩比賽誰的蠶又大又肥。蠶吐繭了，那是最興奮的時候。一個個雪白、桃紅、天青、水藍、翠綠各種色彩的繭出來了。女孩們開始交易了。紅的交換藍的，白的交換綠的。不等蠶破繭，便細心抽出蠶絲，輕輕繞在一塊小紙板上，再從紙板上取下來，做成扣花呀，髮簪呀，書籤呀。我們每人有一個連環戒指，一個圓圈圈，套著五個奇形怪狀的小圈圈，由一根細絲連著，拚成一個戒指，拆開來再拚攏，就要耐心靈巧。我們比賽誰拚得快，和賽跑一樣興奮。兩個女孩的哥哥呢，一天到晚看連環畫。他家巷口有個租書攤子，他看一套，換一套，《七俠五義》、《薛丁山征西》、《五劍十八義》、《封神榜》、《孫悟空》。他捧著書回家，很神氣的樣子。

我家和黃家相對，顯得陰慘慘的。武漢事變以後，另一房也從武昌搬過來了，和我們一起住在日租界。父親不大說話。我沒看見他笑過。他好像總在逃，逃政治的迫害，逃家庭的壓力，逃爺爺的嘮叨，逃兩個妻子的爭鬥。兩個妻子的房，隔一條走道，他從沒越過走道，永遠待在母親房裡。母親在他面前總占點兒上風。

父親另一個婚姻，也是父母之命、媒妁之言而結合的。她腳小身子重，太重了，那雙裹著的小腳負擔不起了，隨時要倒下的樣子。她和母親從沒說過話。看她慢騰騰走來了，我就跑。她說：跑，我又不吃你！

大哥是長子，一家上下都對他特別優待，尤其是爺爺。他以大少爺自居，處處表現大少爺的威風。母親靈巧解人，對他不即不離，只要他不過分，盡量迎合他的意思，倒也相安無事。他看到我，就會狠狠罵一句：死丫頭。

我家半圓形的陽台，就是我的戲園子。我天天在那兒看戲，可比大舞台咿咿哎哎唱的戲好看。我們的房子在日租界最後一個十字街口。爺爺教過我：寫字，手抬平，背挺直，筆畫有先後，寫十字，先寫一橫，再寫一豎。街口那十字，橫的一頭是舞廳，豎的一頭是妓院。太陽在鐵路外落下去了。天一黑，那十字一橫一豎的頭上就亮起來了，一閃一閃的彩虹燈。十字街口的燈也亮了，那兒的街燈比其他街頭都亮一些，就像舞台的照明燈。我站在黑色鏤花鐵欄杆前，看著一個個穿和服的女人蹬著木屐，呱嗒呱嗒走進舞廳。一輛輛汽車在舞廳門前停下，中國人、西洋人、日本人，有成雙成對的，也有單身男人。女人各式各樣的裝扮最打眼：撒彩色亮片的西式裙裝，插在耳鬢的碎鑽簪子，雪白的毛披肩，金絲絨的黑斗篷，沿著水蛇腰溜下去的盤花高領長旗袍。舞廳裡的女人唱起來了。日本女人幽幽怨怨的歌聲，叫人想到無母的孤兒，無家的孩子，就像歌中的小白菜。她們好像也是受欺侮的人。舞廳裡燈光暗了，樂隊湊起「蓬嚓嚓」歡樂的曲子。

十字街頭燈光下，另一齣戲上演了。三三兩兩的高麗妓女，頭髮挽在腦後，露出粉白的臉，唧唧哇哇邊走邊談，走到十字路口，等舊情人，等新顧客。不論是新還是舊，男人走過來，她們都會深深彎腰行禮，兩手向前搭在腿上，嘴裡不斷說著什麼，大概是謝謝光臨那樣的話吧。醉醺醺的日本水兵，穿西裝的日本平民，摟著妓女向妓院走。水兵高聲唱歌，大叫大嚷，聽起來像罵人。那時候，我高高站在陽台上，覺得很安全。日本水兵來了，有父親擋著。我看到日本水兵就害怕。我看見過他們在街上打黃包車夫，打得他跪著告饒。

十字街頭的戲還沒完吶。清早，只要來得及，在我上學之前，就到陽台上去看看。十字街口的妓女變樣了，頭髮披下來，好像沒有睡覺，渾身無力的樣子，對男人點點頭，招招手，也不彎腰行禮了。那些高麗妓女有家嗎？有父母嗎？為什麼到漢口來當妓女伺候日本水兵呢？

那時我已是個小學生了，讀漢口市立六小一年級。我不喜歡上學，每天早上賴在床上。母親把我從被子裡拖起來。坐起，下床，穿襪，穿衣，穿鞋，洗臉，漱嘴，吃早點，拿書包，走出門，上黃包車，每一個動作，我都故意刁難，胡攪蠻纏。江婆拿來白襪子，我要黑襪子。洗臉水太燙，加點冷水吧，又太涼。荷包蛋太嫩，再煎一下吧，又太老。書包呢？不知道放在哪兒？我不喜歡上學，不喜歡回家做功課。晚上趴在燈下做算術，只因為在學校看見老師揚起竹鞭子，啪啪打在一個男生的手板上，他哎喲一下，搓搓手心，又是一鞭子。他的罪過是沒交算術題。我也害怕那比我高一個頭的班長。她看見我的好東西就要，描花鉛筆盒，五彩蠟筆，花木蘭的連環畫，全奉獻給她了。母親說我在家裡是沒籠頭的馬，出了門就成了吃虧的啞巴。

小學四年級，我就樂了，只因為我喜歡教國文的級任老師，他剛從師範學校畢業，清瘦的個頭，一身灰布長衫，走起路來，一手提起一邊衣衩。後來讀到徐志摩的詩：

……悄悄的我走了
正如我悄悄的來
我揮一揮衣袖
不帶走一片雲彩

我就想到那位瀟灑的老師。他在課外看到我，一根指頭點點我的鼻尖，在堂上講課，望著我的神情，就像是專為我講的。他問：懂了嗎？我點點頭，他笑笑。

我和另外一個女孩李玉蘭，有時到教室旁邊他那小房間去。他拿出我們的作文本，毛筆蘸著紅墨水，一段段批改。廢話！是他常用的評語，他看你一眼，一根指頭點點你鼻尖，好像說：下次要小心。我的作文好起來了，他常要我在班上唸給同學聽。

李玉蘭的家在租界外一個菜市場裡，她家開籐製家具店，離漢口市立六小不遠。我常到她家去，我喜歡人擠人的那種親密，也喜歡滿屋籐條的清香。兩個小女孩唧唧咕咕談國文老師，大人來了，就住嘴了。那是我們倆的祕密。我們猜想他的女朋友是什麼樣子，她應該美得像白水仙，母親梳妝台上水晶盆裡的白水仙。兩人打賭誰敢去告訴老師，誰也沒去，可我們談得咯咯笑，開心極了。

他一直是我心目中最美好的男人形象。

乾三連，坤六斷

一九三五那年過年，母親忙得特別喜氣，把堂屋裝飾得滿堂紅，八仙桌鋪上了龍鳳呈祥繡花桌圍，兩邊靠牆的椅子搭著紅緞繡花椅披。八仙桌正中間供著祖先牌位。牌位兩旁描金彩畫的紅燭亮閃閃的，古銅鏤花爐裡的檀香繚繚繞繞，堂屋正中間白銅寶塔爐裡碳火紅透了。那樣的色、光、香，只有大年夜才有，叫人樂得要大叫，要放鞭炮，要賭博，要把壓歲錢全掏出來，牌九、押寶、撲克牌、擲骰子，全來！玻璃窗外飄灑著雪花。爺爺穿著黑花緞狐皮袍，坐在爐旁一張高大的太師椅上，捧著張德三擦得亮晃晃的水煙袋，用紙撚子指點著寶塔爐鏤空的八掛圖對我說：來，來，來認八掛，妳看，乾三連，坤六斷。震仰盂，艮覆碗。離中虛，坎中滿。兌上缺，巽下斷。

母親在一旁輕聲說：爹，過了年，再教她八掛吧。

母親一大早就囑咐過孩子們：過年，不准打破東西，不准說不吉利的話。

斷，離，虛，缺，都是不吉利的話，尤其是那個斷字，也就是斷命的斷，是不能說的，我懂。

頭兩年奶奶過世了，戴孝期間，過年也只是應景。那年冬天，母親生了最小的弟弟華桐。父親已在夏天去了貴州平越。爺爺很高興，兒子是貴州平越專員兼保安司令，身兼文武兩職呀！自古以來，名將出自武將，今年雙喜臨門！父親從貴州來信並不熱中，信上說：天無三日晴，地無三里平，人無三兩銀。保安司令也只是個空架子，中央把兵都調走了。若非嫡系，好官難為。父親要母親留在武漢，也許春天局勢可以穩定了，開春以後帶著四個兒女去貴州。父親還沒見過剛出生的華桐。

孩子們跟著大人敬神，拜祖，磕頭。爆竹劈哩啪啦響起，壓歲錢到手了。吃過年夜飯，就是咱家的天下了，可以賭博了，誰也管不著，就是爺爺也管不著。廚子、聽差、老媽子、奶媽、裁縫，都得到紅包。

母親興致特別好，要他們全到堂屋來擲骰子。母親做莊，不賭籌碼，全賭現錢。大家圍著桌子，坐的坐，站的站，準備守歲賭個通宵。寶塔爐裡珊瑚一樣的碳火跳得樂得很，爆竹在四周火辣辣地爆開來，迎春接福。屋裡一陣一陣叫嚷：六點！六點！老天爺！來個六點！三點！三點！么二三！四五六！好！莊家通賠！

我坐在漢仲對面。張德三不賭，站在椅子背後保護少爺。少爺贏了，他就收錢，輸了，他悶聲不響。我面前的錢越堆越高。弟弟一連輸了幾把，他在椅上站了起來，兩臉通紅。又輪到弟弟擲骰子了。弟弟拿起三顆骰子。

吹，少爺，捧在手裡吹！吹！再吹！張德三說話一點也不結巴了，眼睛冒紅絲。存亡關頭。

一屋子的人全望著弟弟。

母親對他笑笑：輸了，不會還給你。

嗯。弟弟點點頭。一把骰子扔了下去，一雙大眼睛盯著碗裡溜溜滾的骰子。

四點停下了，六點停下了，最後一顆骰子滾呀滾的，滾得每個人好著急！四五六！四五六！四五六！

啊！四三六！全屋的人大叫。

弟弟不聲不響坐了下來，眨眨眼。

張德三在一旁不服氣：俺少——少——爺氣——氣魄大，不——不——不在乎。

母親笑著將他面前一塊亮晶晶的袁大頭撈了過來。

初三那天吃了午飯，我跟著母親出去拜年。

拜年呀，母親走進葉家大門，就叫了起來。

屋子裡靜悄悄的，不像平常那樣，母親一到，葉伯母、賈姨、趙姨都湧出來了。

拜年呀，母親又叫了一聲。

趙姨出來了，沒精打采地說：恭喜，恭喜，百事順遂。轉身喊了一聲：三個耳朵來啦！

葉伯母、賈姨從各自臥房走出來，互說恭喜之後，四人一道走進客廳。趙姨搶先一步，將茶几上的《武漢日報》扔在茶几底下。

母親在茶几旁坐下說：要打牌，就趁早，今天我是來打牌的。

葉伯母、賈姨、趙姨沒回應。母親掃眼看了看她們說：妳們今天神色不對，出了什麼事？

賈姨說：什麼事也沒有，過年太累了。

母親站起身說：妳們休息休息吧，我還可以去兩家拜個晚年。我改天再來。

就在那當口，她看到茶几下面地毯上的報紙，彎身拾起來，趙姨一把搶了過去說：打牌吧，今天不要拜年了。

母親盯著她說：出了什麼事？

趙姨說：什麼事也沒有。

我不打牌了。母親轉身對我說：走，回家！

葉家也住在日租界，和我們家在一條街上。母親一路上低著頭走路，沒說一句話。一走進家門，母親就找《武漢日報》。報紙在堂屋的茶几上，原封未動。母親攤開報紙。粗黑的頭號標題：

貴州平越專員聶怒夫殉難。

那是一九三六年，農曆正月初三。長征的紅軍已在一九三五年十月抵達陝北。另一股紅軍還在貴州，經過平越。

魂兮歸來

大江滔滔流去。漢口江漢關鐘樓掛著白布橫幅，上面是爺爺寫的氣勢雄偉的顏體：魂兮歸來。沿江一溜白色帳篷。一排排白布輓聯，在寒風中招展。

父親的靈柩從貴州回到漢口。迎靈的追悼會在江漢關上舉行。吹鼓手坐在最大的一個帳篷外，一有客人來弔喪，就唧哩哇啦吹打一陣。

最大的一個帳篷裡，迎面一幅很大的父親半身像，大約四十歲左右吧，身穿軍裝，斜佩皮帶，和那溫和的眼光很不相稱。照片下停著一具朱紅楠木棺材。大哥、二哥，一身粗麻孝服，披著粗麻頭巾，手拿哭喪棒，站在棺材一邊。另一邊是八歲的弟弟漢仲、三歲小弟季陽，也是一身粗麻孝服，披著粗麻頭巾，手拿哭喪棒。白白胖胖的奶媽抱著身裹麻布的嬰兒華桐，站在季陽旁邊。棺材兩邊陣線分明。奶媽抱著的小嬰兒聽到吹鼓樂，樂得揮動小手笑。

爺爺一身黑布長袍，拄著的枴杖上纏著白布，露出彎彎的黑木杖頭，坐在棺材旁邊，自顧自說：孝當竭力，忠則盡命。好兒子。

真君笑嘻嘻站在老太爺身旁。她永遠那麼恍恍惚惚地笑。問她笑什麼，她說好熱鬧，指指嗚嗚喇喇的吹鼓手。她手裡拿著一杯熱騰騰的蓋碗茶，揭開蓋子，遞給老太爺。老太爺擺擺手。她轉身將蓋碗茶放在帳篷邊的長條木桌上，走回老太爺身邊，站在那兒，又望著吹鼓手嘻嘻笑。

年輕的母親一身白布孝服，白布鞋，頭上披了條粗麻布，露出兩鬢黑亮的頭髮，耳鬢簪一朵白絨線花，坐在棺材旁，趴在棺材上哭，哭一陣，就對著棺材裡的父親低聲說：你怎麼這麼忍心，丟下我就走了，你還有小兒女呀！你丟下我，叫我怎麼過？怎麼過呀？我對不起你，你百般依我，我還要罵你。你和我也沒過過一天快活日子，小心小膽，怕我受委屈，怕我尋死。我受不了，日日夜夜打牌，冷落了你，你也不在乎。你回來了，我再也不鬧了，我也不打牌了。我一天到晚在家裡伺候你，那就是福氣。

大哥、二哥的母親坐在棺材另一邊，和母親一樣的白布孝服，白布鞋，頭上也披著粗麻布，團團厚實的臉，小拳頭巴巴頭，紮紮實實貼在腦後，趴在棺材上哭泣，數數落落，是怨？是悲？聽不清。

幾個弔喪的父輩談論著：

怒夫不該去貴州當個什麼專員。

賦閒這麼多年了呀。

去打共產黨嘛！

打共產黨要兵呀。他是個空頭保安司令！中央把兵全調走了。一個空城。怎麼打？

城在人在，城亡人亡，中央的命令。守吧，沒有兵，只有死路一條。打吧，也沒有兵，也是死路一條。

有人拿來一套舊布褂褲，要他化裝逃走。他頓腳說：走，你們走吧，不要管我了。

出殯的那天，靈柩在馬車上沿江緩緩進行，供人擺香案悼祭。靈柩後面，白布幕幃裡，爺爺拄著手杖，帽子上纏了塊白布，蹣跚地跟在兒子靈柩後面，佝僂著背送了一程。真君笑嘻嘻扶著老太爺坐進馬車。幾個孝子拿著哭喪棒，頭上披著的麻布搭下遮著臉，大哥捧著靈牌，老僕張德三牽著三歲的季陽。走過街上擺香案悼祭的人，孝子全都跪下磕頭答謝。季陽看哥哥們都跪下了，也連忙趴在地上。他走了一程，哭喪著臉說：張張，走不動了。張德三說：走不動，也得走。

母親帶著我坐在搭白布的馬車裡。兩個奶媽抱著兩歲的華蓉和三個月的小弟弟華桐，坐在另一輛馬車裡。馬車顛呀顛的，這個噩夢顛也顛不完。

墳場在一座小山上。爺爺花了幾個月的時間看上了那塊福地。墳場四周砌著矮矮的磚牆，兩旁種了修整的冬青樹。力夫們將棺材放下土，我們全都跪下了，爺爺站在墳前，一手拄著手杖，低頭流淚，那是父親死後我看到他第一次流淚。母親跪在靈柩前面哭泣。我一面哭，一面盯著母親，我怕她會撞棺跳進墳裡。從我知事起，我總怕失去母親。三歲的季陽受了感染，也抽抽搭搭哭了，張德三為他揩眼淚，摀著臉哭了起來。錢紙、金幣、銀幣、金山、銀山、聚寶盆、汽車、洋房，在墳前熊熊地燒起，灰燼飄起了，圍著火向上旋轉，然後漸漸消散了。一隻無形的大手撈去了，送給父親在天之靈。

一對紅帽子

季陽還沒出生，馮奶媽就來了。她乾淨利落，又有心竅，母親特別喜歡她。她們談話，不像主僕，倒像是好朋友。她們談嬰兒出生的事，搖籃呀，小衣服呀，小包被呀，都準備好了，她還幫助母親張羅一些家務事。她每天把自己的奶一杯一杯擠出來，說她的奶漲得痛。擠出的奶，母親就送到隔壁邱家去。邱伯母剛生了個兒子。

馮奶媽和母親說話，常常像謎語，叫我摸不著頭腦。

好。一切都好。母親對馮奶媽說：妳莫到隔壁去。千萬莫去。

這個像不像那一個？

那一個一生下地就完了嘛，邱太太就昏迷過去了，從來沒有看見那一個。

太太，我只要看一眼。

不行，要出人命的。

我嚇了一大跳。我問：看一眼剛出生的娃娃，就有人要死嗎？

不要管閒事！母親對我說。

凡是母親不要我管的閒事，必定是大人不讓小孩知道的事，也就更神祕，也就更有趣。

我聽母親對人說過：邱伯母生了一個女兒，邱老太太要孫子。再生一個吧，又是個女兒。再生一個吧，又是個女兒。再生一個吧，又是個女兒。一連生了五個女兒。一天夜晚，邱老太太領著丫頭小桃送到邱老爺的書房。小桃留下了。第二天早上，小桃扣著短衫領扣溜出老爺書房。老太太對她說：從今以後，妳就是邱家人了，下人就叫妳桃姨太吧。

小桃十九歲，圓滾滾的身子，一張滿月的臉。桃姨太居然為邱家生了一個兒子。那是邱家大喜的日子，放爆竹，送紅蛋。邱伯母向母親哭自己命苦，一個兒子也生不出來。女人好像只是為男人生孩子。邱伯母又要生孩子了。這次她可生了個兒子。邱伯母卻兩天兩夜不省人事。母親天天去看她，很緊張的樣子。就在那幾天，馮奶媽到了我家。

馮奶媽說要去看一眼，就是要看邱伯母吧。看一眼就出人命？好在邱伯母平安無事。接著母親生了季陽。邱家兒子做滿月的那天，母親還在坐月子，不能出門。母親拿出一個小小的玉羅漢，叫馮奶媽一大早就送過去，一再囑咐她送上門就回來。我要跟著去。馮奶媽換了一件漿洗得亮淨的陰丹士林罩衫，臨出門，還在頭上刷了一刷刨花美人膠。邱家就在隔壁，她只是去送個禮，打扮得那麼漂亮，好像是去吃喜酒的樣子。到了邱家，道過喜送上禮之後，她說太太吩咐的，要她去看看小少爺。我瞟了她一眼，她也不理我。我們跟著邱家的奶媽走進她的房。

一進房就聞著我熟悉的氣味，奶、血、尿混合的氣味。我每一個弟弟妹妹一生下來，就是那個氣味。人就是奶、血、尿混合成的吧？嬰兒裹著黃底灑綠花的小棉被，躺在搖籃裡。馮奶媽彎著身子看。紅通通的臉，像紅苕一樣，有什麼好看的？

小少爺哭了，臉漲得更紅了。

哦，餓了。邱家奶媽彎身去抱他。

我來抱吧。馮奶媽說。

她抱起小少爺，擁在懷裡。小少爺不哭了。

哦，哦。乖乖的，聽話。長大了，好好孝敬爹媽。馮奶媽一面解衫子鈕子，一面對邱家奶媽說：我來餵他吧。他一生下地，就是吃我的奶，一杯一杯擠了送過來。

邱家奶媽說：太太說的，她幾天不省人事，虧得妳在隔壁，小少爺吃妳的奶，比奶粉養人。

馮奶媽盯著懷裡的小少爺，一隻手兜著漲得滿滿的奶。小臉蛋貼在她的奶上，一口一口吸得叭叭響，好像要把馮奶媽身子裡的奶全吸進去。

走吧，走吧。我等得不耐煩了。

馮奶媽不理我，對邱家奶媽問長問短。乖不乖呀？夜晚睡得好不好呀？吃幾遍奶呀？臍帶掉了沒有呀？

我懶得聽那些婆婆媽媽的話。走嘛！妳看，他吃得沒有勁了，奶都流到他臉上了。走吧，姆媽說的，送了禮就走。妳還不肯走。

馮奶媽這才將小少爺放進搖籃，盯著眼看他飽得小嘴咋咋響。

馮奶媽在僕人之中，高人一等。她不但是季陽的奶媽，也成了母親的心腹，常在一起唧唧噥噥，不知道說些什麼。每天晚上，她照顧我上床睡覺，我喜歡聽她講孟姜女萬里尋夫的故事。

妳的老闆呢？我問。

她笑了笑說：妳真愛管閒事。

死了嗎？

死了倒乾脆。他抽大煙、賭博、借錢，還不起，我才來當奶媽呀！

妳的兒子呢？

好啦！好啦！打破砂鍋問到底！妳不睡，我就不陪妳了。

我的弟弟季陽，長得好看，又很乖巧，人見人愛。他白白淨淨，眉清眼秀，小小的年紀就像個文弱的白面書生。爺爺說他將來必定是文人，不但傳種，還是他那個詩人的接代人。他常常要季陽到他房裡去，給他吃蜜餞呀，冰糖蓮子呀，房裡傳來一陣一陣笑聲。

母親和父親自不必說了，他生得嬌弱，對他也就特別疼愛。但是父親有些擔憂，對母親說：多一個兒子，多擔一分心，兒子絕不能做亡國奴。

季陽在一九三二年出生。一九三一年九一八事變，日本占領東三省。父親講的就是做日本人的亡國奴。漢口日租界街上到處是日本水兵。日本陸戰隊常在街頭演習巷戰。那幾天，父親不要我們上學。我正好在家裡餵蠶抽蠶絲，和對門黃家兩姊妹跳房子，也不去學校受那個高我一個頭的班長的欺侮了。

邱家小少爺和季陽同年同月生，好像雙胞胎，只是長得不一樣。季陽清秀白皙，結實粗壯。兩家的奶媽成了好朋友。春夏時節，季陽和邱家小少爺坐在籐編幼兒車裡，兩個奶媽推著車去日本公園看日本孩子打球，站在鐵欄杆外面看，門口掛著「狗與華人免進」的木牌子。冬天，邱伯母不准孩子出門，怕孩子著了涼，馮奶媽就帶著季陽到邱家去。季陽三歲那年冬天，馮奶媽用母親織毛衣剩下的紅絨線，給季陽織了一頂紅帽子。

母親說：再打一條紅圍巾吧。

馮奶媽說：再打一頂帽子，送給邱小少爺吧。

母親對她笑笑說：也好，一對紅帽子。

她們倆總是那麼神神祕祕一說一答。

季陽三歲那年，父親正在貴州。大年初三，母親突然在報上看到父親的死訊，哭得栽倒床上，一動也不動。我嚎啕大哭。奶媽牽著戴紅帽子的季陽走進房來。

我指著攤在桌上的報紙說：爹死了。

馮奶媽一下子愣住了，不斷地說：老天爺，老天爺，啊，老天爺。

她看見暈倒床上的母親，立刻用她大拇指的指甲使勁掐母親的人中，一面對我說：不怕，不怕，有我在，不怕。

季陽乖乖站在床邊，一聲也不響，好像知道有什麼大事發生了。

馮奶媽掐著母親的人中，流著淚說：太太，醒過來呀！太太，老的老，小的小，一群兒女，都靠妳呀，要想開一點呀。妳倒了，他們怎麼辦？太太呀，妳不能倒呀，還有一群兒女呀。老天爺，老天爺，怎麼辦？太太，太太。啊，人中掐紅了。妳莫哭呀。她轉身對我說：妳哭，哭得太太更傷心了。

我不哭了，不住地叫：姆媽，姆媽，姆媽呀。

母親人中血紅。

馮奶媽仍然使勁掐母親人中，掐得她自己臉紅撲撲的，眼淚淌了一臉。太太，太太，妳不能走呀！老天爺，怎麼辦？老天爺！

母親慢慢睜開眼，看見季陽，指著他的紅帽子狠狠地大叫：脫下來，脫下來！趕快脫下來！

季陽哇的一下子哭了。

乖，乖，莫哭。我再打一頂好看的帽子，我季陽年年戴新帽子。馮奶媽一面說，一面取下他頭上鮮紅的帽子。他一下子就是個小孝子了。

武漢各界在江漢關追悼父親那天，季陽也和哥哥們一樣披麻戴孝，用小哭喪棒在地上畫著玩，吹鼓樂響了，他連忙跟著三個哥哥撲通趴在地上，向弔喪的人叩頭。鑼鼓嗩吶，敲敲打打。和尚唸經有腔有調。小孝子對弔喪的人說：爹在天上。馮奶媽教他說的。他站在香案旁邊，和他八歲的哥哥漢仲，奶媽抱著的三個月小弟弟華桐，三人一排。大哥和二哥站在另一邊。兩邊對立，三比二，分起家產來，母親占了上風。女兒是不算數的。

母親房裡咚的一聲捶桌子響。

大哥在母親房裡大叫：把所有的帳目和房地產契約全交出來！兩邊平分！

我站在門外，不敢進去。

爺爺交給我的，所有契約，我交給爺爺。母親說。

我是長子！現在是我做主了！

長子也要服家法！爺爺是家長！

妳算老幾？又是咚的一聲捶桌子響。妳還談家法？妳是什麼東西？聶家沒有妳說話的份！名正言順，不是妳！是我媽！

滾出去！母親大聲說：從今以後，不准進我的房！

要滾，是妳滾！妳滾！妳滾！我開門！滾呀！

混帳！放開你的手！

轟通一下，桌子倒了，唏哩嘩啦，杯子茶壺摔在地上。

我衝進母親的房。

死丫頭！大哥橫了我一眼，走了出去。

黑夜。小雨。薄霧。稀落的街燈。母親帶著我坐在人力車裡。披著簑衣的車夫拖著破舊的車子。打補靪的帆布車篷和車簾，濕漉漉的一股霉氣。車旁一盞小油燈，閃呀閃，隨時要熄滅的樣子。在那個潮濕幽暗的車篷裡，母親摟著我，沒有威脅，沒有咒罵，她的呼吸撩在我臉上，她的心貼著我跳動。我們沒有說話。

唉！母親突然嘆息了一聲。華苓呀，快點長大吧。

我一定要長大。我一定要長大。那一刻我就下了決心要長大。

我說：姆媽，我們搬出去嘛？

嗯。

住哪裡呢？

輔義里錢家樓上。兩間房。

他們來了，怎麼辦？

錢家住樓下。錢家老太爺說，他們來鬧事，他來擋。華苓呀，人在人情在。你爹一死，就是聶家的親戚也變了。他們以前到家裡來了，我給他們大包小包提出門，如今都湧到那一邊去了。只有錢家老太爺肯站出來說句公道話。

姑爹呢？

姑爹是個老好人，狠不起來。

爺爺呢？

他們不怕爺爺了。有了真君，爺爺也管不了他們了。

怎麼辦？

不要怕，妳媽死不了。

一天，我那三歲的弟弟季陽，在天井裡玩，倒在地上就死了。

離別家園

一九三七年我考進湖北省一女中初中。家在漢口，學校在武昌，我在校住讀，週末回家。我們搬到輔義里錢家樓上以後，母親彷彿有了點兒保障，至少樓下還有一戶人家。每個星期天我從漢口坐輪渡，到武昌旁紫陽橋的一女中，星期六才回家。看見漢口的江漢關，武昌的黃鶴樓，一往一返，我就一喜一悲。流去的江水，也流不去母親愁苦的臉。

那年七月七日，日軍在盧溝橋挑釁，抗日戰爭開始，接著是八一三，日本在上海以公共租界為根據地，發動戰爭，全面抗戰開始了。日本在漢口的僑民早在八月初已完全撤退了，國民政府在年底從南京移駐重慶。上海南京相繼失守。我們那些小女孩也排山倒海地參加抗日活動，去醫院慰問傷兵，唱歌給他們聽，代他們寫家書，分送慰問品，上街募捐。幾個同學一組，舉著小旗子，去機關、商店，去住戶人家，去酒館飯店，攔阻汽車。我們也演王瑩的街頭劇《放下你的鞭子》，演得聲淚俱下。

八一三淞滬戰爭，國軍全線撤退時，留下一營人，由副團長謝晉元和營長楊瑞符帶領指揮，堅守四行倉庫。女童子軍楊惠敏冒著槍林彈雨，送國旗給堅守的戰士，讓國旗飄揚上空。這個英勇行為轟動一時。

上海、南京失守後，武漢成為抗日重鎮。日機日夜來轟炸，無處可躲，只有聽天由命了。母親早晚拜佛，求菩薩保佑。父親死後，母親唯一的保障就是菩薩，每天早晚拿著佛珠唸幾十遍心經。有一次，緊急警報響了，嗚——嗚——一聲聲像哭喪，母親拖著四個子女往桌子底下。日機一群一群在頂上轟轟飛過。母親把我們一把拉過去摟在懷裡，用身子罩著兒女，反反覆覆唸心經。

觀自在菩薩。行深般若波羅蜜多時。照見五蘊皆空。度一切苦厄。舍利子……

母親的心經在炸彈此起彼落爆裂的轟聲中淹沒了。

無眼耳鼻舌身意。無色聲香味觸法。無眼界。乃至無意識界。無無明。亦無無明盡。乃至無老死。亦無老死盡……

母親聲音微弱而堅持地唸下去。

依般若波羅蜜多故。心無罣礙。無罣礙故。無有恐怖。遠離顛倒夢想……

轟──的一聲，劈哩啪啦爆裂開來，又是轟──的一聲，劈哩啪啦爆裂開來，爆得更近了，母親摟著我們更緊了，心經停止了。一片沉靜，死亡一樣沉靜。

解除警報終於響了。原來母子五人半截身子都露在桌子外。

一九三八年八月，武漢危急，駐漢行政機關全部撤到重慶。親友紛紛逃難。母親帶著我和弟妹不知逃到哪兒去。上重慶吧，簡直是外國！人生地疏，怎麼活下去？母親有位遠親，我們叫勉公舅舅，留德的醫生，在武漢很有名。他一撇八字鬍，一身筆挺西裝，提著醫療皮包走來，「夸嗒夸嗒」，很像日本人。我背後就叫他日本人。他最恨日本人。小時候，他抓起我胳臂就扎一針。他來了，我躲在床底下，他眼看著母親把我拖出來，又抓起我胳臂扎一針。我一撒潑，有人說：勉公舅舅來啦！我就老實了。他在我家有至高無上的權威，祖孫三代全靠他治病解痛，一家人也靠他制伏我。

母親帶著我去找勉公舅舅。他一家人即將回三斗坪老家。他極力主張我們去三斗坪。那是母親兒時常去的她外婆家。

妳——妳絕不——不可以在日本——日本鬼子底下討——討——討生活。到——到三斗坪去！我們都——都可以照——照照顧妳。勉公舅舅結結巴巴地說：那裡山青——青——水秀，人——人——人親，土親，沒有人敢——敢欺侮妳。擺——擺脫這裡——一切——一切煩惱。在三斗坪，妳一定一定過得很快活。

多年以後，我才知道，勉公舅舅那時就是共產黨。

我們母子五人、母親的後母、張德三、胡媽和她的女兒小秀，九口之家從武漢坐輪船到宜昌，再從宜昌坐木船逆水而上到三斗坪。

清晨離開武漢，江漢關在晨光中逐漸遠去，我一點兒也不留戀。母親不再含冤負屈過日子了。苦也好，樂也好，獨立了，自由了。江水帶我們去一個新天地。從此我就在江水、海水、溪水上漂流下去了，再也回不了頭了。

現在，我就在愛荷華河上，看到我和母親弟妹坐在激流險灘上的木船上。母親說：撐船人，一面朝天，三面朝水。我在大江上看到的縴夫不朝天，也不朝水，卻朝著奇形怪狀的石崖，在懸崖上躬著腰，拖著粗大的縴繩，哎呵一聲，拖一下，再哎呵一聲，再拖一下，拖著我們的船過了一灘又一灘，船在咕嚕咕嚕的灘水上，不倒翁似地顛簸搖晃，顛得我好開心，恨不得就那樣子一直在灘上顛到三斗坪。但是，過了一個灘，又是風平浪靜了，只有兩岸逐漸逼近的冷面無情的山崖。

鬼門關就要到嘍！船老闆在船篷外向篷裡大叫。

母親只對孩子們說了一聲：坐好，不要動。

鬼門關，哪有鬼門關？我說。

不要講話！

鬼門關，我不信。

叫妳莫講話！

那是迷信。死不了。我說。

不會，不會。有菩薩保佑，長命百歲。母親故意不說那個不吉利的「死」字。

縴夫們在山崖上哎呵哎呵起來了。灘聲轟轟，越轟越大了。

母親緊緊抓著我的手。

我問：怎麼啦？

莫講話！

為什麼？

不要問！

縴夫們突然靜下來了，只有凶惡的灘聲，在我們四周。忽然聽見縴夫們大叫大罵起來，好像是吵架，又好像是罵灘。母親的臉繃得緊緊的。縴夫的咒罵和灘水的怒吼，震得小船歪歪倒倒，顛上顛下，隨時隨刻都會翻倒。只聽得船轟通一聲，就在灘窩裡陀螺似地旋轉，船裡人摔得七倒八歪。母親一把將四個孩子摟在懷裡，不斷唸著：南無觀世音菩薩，南無觀世音菩薩，南無觀世音菩薩……

船咕嚕咕嚕越旋越快。水嘩啦嘩啦濺進船艙，活像蛟龍在船的四周打滾，要把船絞到河底。

縴夫們在山崖上對著鬼門關狂叫，也不知叫什麼。船老闆和船夫們粗大的槳砰砰打在灘石上，要把陷在一灘亂石裡旋轉的木船撐出來。

船老闆對山崖上的縴夫們大叫：拖呀！你媽的！拖呀！

「南無觀世音菩薩。南無觀世音菩薩。南無觀世音菩薩。南無觀世音菩薩……」

鬼門關，好長啊。我小聲說。

「南無觀世音菩薩。南無觀世音菩薩。南無觀世音菩薩……」

這裡翻過船沒有？我問。

「南無觀世音菩薩。南無觀世音菩薩。南無觀世音菩薩……」

不說話，更害怕。我輕輕問：過了鬼門關，還有什麼關？

母親摟著我們的手在我頭上敲了一下。「南無觀世音菩薩，南無觀世音菩薩。南無觀世音菩薩……」

我只好不做聲了。

「南無觀世音菩薩。南無觀世音菩薩。南無觀世音菩薩……」

船底又是轟通一聲。船突然平穩了。浪也靜下來了。

過了鬼門關啦！船老闆在船頭大叫。

母親長長啊——了一聲，鬆開摟著我們的手臂：菩薩保佑，一家人活過來了。走遍天下路，過不了鬼門關呀。我一直擔心這一關，沒有講出來。好多船在這裡翻了呀。該活的，死不成。該死的，活不成。如今亂世，平安就是福呀。

三斗坪河壩停著大大小小的木船。因為水淺，輪船不能靠岸。那些船全是從下游的宜昌，經過許多險灘，到達三斗坪。木船運貨，也載人。力夫們從船上卸下大包大包的棉花布匹，或是抬上一捆一捆灰布軍裝。也有力夫從船上抬下躺在帆布架上呻吟的傷兵。壩上人人背著竹編背簍，男人背著在鎮上買的雜貨，女人背著孩子。新到的船一靠岸，全湧上來，看稀奇古怪的下江人。

一個女人站在一條船上抖著一條濕淋淋的花褲子，對著另一條船上的男人大叫大嚷：狗雜種，你占老娘的便宜！得不到好死！

三斗坪山坡上長長一溜土砌階梯，從河壩走上去，就是一條石板路，那就是三斗坪鎮。外地回來的一個花紗行老闆蓋了一棟兩層樓的房子，本地人叫洋房。石板路兩旁一溜茶館，麵攤，小飯館，雜貨鋪，肉案子，縴繩鋪子，花紗行，來來往往的人，踩得石板砰砰響。吊著一隻胳膊的傷兵，穿著漿硬白竹褂子的船老闆，一肩挑兩個水盪盪的木桶，叼著長旱煙袋的花紗行老闆，拿著棉花糖流鼻涕的男娃，打兩條辮子的女娃。石板路盡頭有個小學，傷兵醫院，還有個舊祠堂，天井裡常常停著一口薄木棺材。三斗坪有一股特別的氣味，太陽，泥土，青草，霉腐混合的氣味。

那年我十三歲。一九三八年秋天。

母親的外婆家就在三斗坪。陳家是當地有名的大家族，母親還是小時候去過。現在只剩下兩個舅媽和兩個表弟兩個表妹了，仍然住在鄉下田間老屋裡。三斗坪的人多半姓陳，見人都沾上親戚。她還沒到，三斗坪的人都知道孫大姑要來了。他們都叫母親孫大姑，我第一次聽到，非常不習慣。可是那一聲孫大姑叫得母親變了樣，愁眉鎖眼的母親變得喜樂爽朗，和父親在世時一樣了。

我們在三斗坪暫時住在許多陳家之中的一個陳家，就在那棟洋房裡。花紗房老闆姓楊，和妻子姨太太住前面幾間大房。三斗坪逢人不是姨爹姨媽，就是舅舅舅媽。楊家姨媽的獨子死後，楊家姨爹討了柳姨，剛生了個兒子。第一次見到柳姨，她正抱著懷裡的孩子餵奶。嬰兒咂咂吸奶，踢著胖嘟嘟的小腿，小手打著白皙豐滿的奶子，奶水流在柔藍衫子上，柳姨抬頭對我一笑，我就知道楊家姨爹一定喜歡她。陳家住正屋後面幾間房，那家人也是剛從漢口來的，母親早在漢口就認識，陳大夫隨漢口市立醫院撤退到長沙，家人回老家三斗坪。他們土灶裡永遠煨著淌糖漿的紅薯。樓上是湖南來的一個護士和她丈夫。護士在鎮上傷兵醫院工作，大嗓門，爽快利落，醫院的軍醫護士川流不息到她家來，大聲談笑。

陳家有兩個兒子，三個女兒。大女兒娟娟和我同年，小巧細緻，羞答答的。我的驕縱，她的柔媚竟能調和在一起，大談大笑。兩個十三歲的小女孩，對護士家那些年輕軍官最有興趣。有一位軍官，一身軍服，偏偏叫我想起小學四年級那位穿灰布長衫的級任老師。他一進門就向樓上大叫大嚷，看也不看我們一眼，三步兩步跑上樓梯。

我們終於搬到文昌閣。從三斗坪步行十幾里蜿蜒不平的石子小路，翻過一座山，就聽見潺潺水聲。溪水清澈，流過奇形怪狀的岩石。溪邊一棟古舊的二進房子，方大爺三代人住在那兒。他居然騰出後院一邊廂房給我們，只因為母親是漢口來的陳家外孫女孫大姑。土牆黑瓦，門檻很高，坐在門檻上，可以看見清亮的溪水，對面山上青翠的樹林。晚上，桐油燈兩三根燈草，撥一下，亮一下，人若隱若現，陰森森的。房子雖大，沒有窗子，大白天也是黑幽幽的。一間空屋子放著一口楠木棺材，方大爺特為自己準備百年之後用的。天一黑，墳墓裡就是那樣靜吧。我不敢走出房門一步，就是困在房裡，也緊緊挨在大人身邊。

方大爺很像我爺爺，大塊頭，一撮濃厚的灰鬍子，兩條濃厚的灰眉毛，走路大搖大擺，說話聲音宏亮，滿臉紅光。那口倒楣的棺材不知哪年才出得了門。

方家三嫂是三斗坪最美的女人，纖瘦的身材，不老實的大眼睛，說話聲音沙啞，有點兒嗲味兒，我就喜歡聽她講話。方老太太一年四季躺在床上哼哼唧唧，至今我也不知道她究竟是什麼病，那時候她彷彿隨時會死去，我就想像過她躺在那口棺材裡的樣子：僵硬蒼白的臉，嘴裡銜著她手上戴的珍珠戒指。他們有兩個兒子。大兒子在下江娶了個離婚的女人，老頭子不贊成，小倆口住在另一個地方。小兒子就是三嫂的丈夫（我不知道為什麼要喊她三嫂），抽鴉片煙，矮個兒，哈著腰，蠟黃的臉，卻有一對清秀的眼睛，他若身體健康，應該是個漂亮男子。

抗戰勝利後，我才聽母親說，方家三哥死了，三嫂已剃髮為尼，給母親來過一封信，拜託母親照顧她的兒子。方家三哥死後，傳說三嫂和一位地方官相好，準備和他私奔。那人有妻子，又是個地方官，要和三嫂私奔，不是件容易事。沒等他們走掉，他就因為販賣煙土的罪名而被槍斃了。

我在三斗坪最開心的事，是不必上學了。那兒沒有中學。我不必在課堂上打瞌睡啃數理化。我不必離開母親，每個星期天從漢口坐輪渡，到武昌紫陽橋的一女中。星期六才回家。看見漢口的江漢關，武昌的黃鶴樓，一往一返，我就一喜一悲。因為母親的愁苦，我總要守著她。現在，家庭的恩怨，戰爭的災難，都遠在大江之外了。溪水，山野，人情，都那麼單純自然。

母親完全變了。閃亮的銅床，半開的百葉窗，乾皺的佛手，水晶盆中的水仙，長長的念珠，繚繞的檀香，流不盡的眼淚，哀哀的嘆息，全消失了。現在，房間裡一張木桌，兩條板凳，兩張薄薄的木板床。母親盤腳坐在床上，呼呼吹著紙煤子，咕嚕咕嚕抽著白裡泛黃的水煙袋，粗線襪子縫了一層菱形圖案的白布襪底，和她的舅媽、姨媽、表姊、表妹、表嫂談笑，講她打小辮穿大花襖來外婆家的事，也談三斗坪的是是非非。哪個老頭和哪個小表妹偷情呀，哪個表嫂的丈夫在重慶有了女人呀。諸如此類的事。原來山青水秀的三斗坪也有「七情六欲」。那幾個字是父親死後我跟母親去廟裡聽法師講佛聽來的。母親有時走十幾里路到三斗坪鎮上去，和親戚們聊聊天打幾圈麻將，或是和哪個表嫂表妹過溪到對山的人家，紅薯呀，黃瓜白菜呀，包穀呀，提一袋回來。當然，又攀上一家親戚了。

母親對我說：這是我這輩子過得最好的日子。你爹死了，受人欺侮，季陽也死了，又打仗，我活不下去了。三斗坪救了我。以前的苦日子，就是好日子，我也忘記了。

我和娟娟形影不離。不是她來文昌閣，就是我去鎮上她的家。我們赤腳在溪流中一個石頭一個石頭跳過去，再一個石頭一個石頭跳過來，坐在溪邊草地上，談著鎮上的年輕軍官，評頭論腳，拿他們來取笑，給他們取綽號：大耳朵，齙牙齒，大喇叭，湖南辣子，下江油條，武大郎，孫悟空。書生那綽號，就給了那個身穿軍裝瀟灑得像我級任老師的軍官。有時候我們也跳過溪水濺得嘩嘩響的石頭，跳到對岸，爬上山，在樹林裡找野花，爬上樹摘橘子。到了鎮上，又是另一種玩法了。我們喜歡打麻將。母親和她奶奶打牌，我倆各自站在她們身後等著，一有機會，就馬上坐下來代替，樂得咯咯笑。我賭博是孤注一擲，她卻謹慎小心。

我在三斗坪瀟瀟灑灑玩了半年。

母親說話了：不行，妳一定要上學讀書！

我兩手一攤：怪不得我呀！那口吻有些幸災樂禍。

湖北的中學都搬到恩施了。妳一定要去恩施上學。

我一個人去嗎？我威脅母親。

一個舅舅帶妳去。

到處是舅舅，又是哪來的舅舅？

恩施高中的學生，回來看他媽，馬上回恩施，後天就走。

母親顯然早已安排好了。

我不走！

妳非走不可！

我不走！

妳非走不可！

妳走，我就走！

我走不了！

妳走不了，我就不走。

我走到哪裡呀？沒有錢呀！一家人活不了命呀！

天矇矇亮。跨過那幽暗卻溫暖的莊家大院的高高門檻，我就流浪下去了。母親送我到鎮上上船。娘兒倆流著淚，在連綿起伏的山路上走，母親頻頻叮囑，冷暖小心，多多寫信，不要掛念家，專心讀書。我恨不得就在那崎嶇的小路上走下去，永沒盡頭，和母親一起走下去。

母親擦乾眼淚，對我斬釘截鐵地說：妳捨不得媽，媽又何嘗捨得妳？不捨也要捨！我就靠你們以後為我揚眉吐氣了。

那最後一句話，決定了我的一生。

【外一章】四十年後——姊弟返鄉

一九四〇年六月，日軍占領宜昌。母親帶著華桐華蓉從三斗坪逃到萬縣，還有我們叫家家的母親的後母。弟弟漢仲在重慶黃角椏讀完初中，一九四二年也進了國立十二中。一九四三年我和漢仲到萬縣去看母親和弟妹，大哥也一同去了。他正讀重慶大學。母親他們住在鄉下農家。我已經四年沒見母親了。遠遠看見母親帶著小弟妹在田埂上走來，我只叫了聲姆媽，就說不出話了。

兒想娘，扁擔長。娘想兒，流水長啊。母親淚眼盯著我和漢仲。我睡不著，吃不下，一天天數著日子等呀。母親望著我說：嗯，變了，嗯，然後笑了一下：家家燉了一鍋紅燒肉，先用糖炒了，才加醬油蔥薑酒紅燒，燒得通紅通紅，就是妳要吃的那紅燒肉。那一笑，是笑我當年挑么挑六，紅燒肉一定要燒得通紅。否則，我不吃。

只要有飯吃，就好。我說。

我好久沒吃肉了。漢仲帶笑說。

戰爭，逃亡，昔日的恩怨也在戰火中摧毀了。大哥好像也和我們一同回「家」了。昏暗的桐油燈中，當年滿堂紅的盛景也模糊了。現在，在夕陽空曠的穀場上，我們談著戰爭，談著家鄉的祖父，談著各自的經歷。

一九八六年，我和弟弟華桐一同從美國回鄉。從重慶坐船沿江而下，尋找當年流落各地的家。他從沒見過父親，是我最小的弟弟。一九三七年抗戰爆發，他只有兩歲。我們的記憶，有的交錯，有的重疊。

船到萬縣，我們尋找高升堂的家。一棟古老房子，天井很大，房東萬老闆租給母親側面兩間房，很高的門欄。我那時正在四川長壽的國立十二中，暑假回家。母親靠典當過日子。我回家吃了兩天魚肉，又只有白菜豆腐吃了。小華桐坐在門墩上，哭著要吃肉。母親哭笑不得：好！給你討個屠戶姑娘做媳婦！天天吃肉！華桐哭得更傷心了：我不要屠戶姑娘做媳婦！

現在，我對華桐講起那件事，他仰頭哈哈大笑說：不記得了。

那時戰爭吃緊。一夥一夥被拉夫的壯丁在街上走過，神色頹喪。有些民家成了臨時兵營。有夥壯丁住進我們那天井。整天在天井裡操練，早晚軍號，沒有一刻安寧。一天晚上，我家房門突然給闖開了，一個人影衝進房來。我嚇得大叫。昏黃的燈光中，一個瘦小的人影不斷地搖手。我仍然歇斯底里大叫。一個軍官衝進房來，抓住那壯丁大罵：逃！你逃！要不要命！他抓走那逃兵。一會兒，天井裡傳來陣陣哀叫，和鞭子啪──啪──的抽打聲。

那樣的一個家也不見了。

我和華桐又去尋找純陽洞。山崖上的一棟小木屋，屋前一個小菜園。純陽洞山崖上的小屋，也不見了。

我和華桐一面尋找，一面談著那小屋中母親愁苦浮腫的臉。抗戰末期，大弟漢仲瞞著母親加入空軍。他在四川銅梁入伍受訓時，不得不寫信求母親允許。丈夫死於非命，不要榮華富貴，只求兒女安全，平凡就是福。但愛子心切，母親不忍違拂兒子的心願，只得咬牙同意了。

我和華桐繼續乘船沿江而下。到了宜昌。

四十年前，一九四六年，抗戰勝利後還鄉，我們姊弟倆在宜昌見到張德三。多年往事，那時突現眼前：

人人說張德三是個忠心耿耿的好聽差。直系軍閥吳佩孚的軍隊，在一九二〇年直皖戰爭時拉差，在河南拉去張德三，後來隨軍輾轉到武漢。一九二五年，革命軍圍城，他正在守城的軍閥劉玉春的部隊裡。革命軍取得武漢，收編吳佩孚的殘軍。張德三說：俺不幹了。一九二七年，他到我家當聽差。

他個頭瘦削，像根牙籤，尖削的高鼻子，兩旁瞇著小老鼠眼，下巴稀稀一撮小山羊鬍，青竹布褂褲，紮著綁腿。他從不和人聊天，結巴說話太吃力。他也不喜歡聽別人談軍閥蠻橫殘暴的事。狗—狗—不—不—咬主，俺就是狗！

他到我家那年，我們正住在漢口俄租界的兩儀街。一溜很長很寬的樓梯，迎面一面大鏡子，他筆直向鏡子裡走，砰的一下把鼻子撞紅了。他每月工錢三塊大洋，每天洗地板，開飯，跑街，打些小雜。我不喜歡他。他看也不看我一眼，看到弟弟漢仲，小眼睛就笑開了。他老說我欺負弟弟。他和麻子奶媽鬧權力鬥爭。少爺哭了，他可以哄得服服貼貼的，麻子奶媽只好讓他接過手。他把少爺的頭按在肩上，輕輕拍著：哦，哦，俺少——少——爺好，俺少——爺乖，俺——少——少爺長——長——大了，當——當總司令。再唱幾句〈王大娘補缸〉、〈小毛驢〉之類的小調，唱一句，點一下少爺的小鼻子，少爺咯咯笑。他唱小調的時候一點也不結巴。少爺餓了，煩躁起來了，麻子奶媽從他懷裡一把搶過去，一面咕嚕：有奶就是娘。

我和漢仲上漢口市立六小，一起坐黃包車上學。冬天，弟弟戴著咖啡色厚絨帽，臨出門，張德三一定要看看他帽子的耳搭繫好了沒有，無論如何，他得再繫一遍，牢牢貼在弟弟臉龐上。張德三每天中午送飯到學校，提著一疊藍色塘瓷飯盒，包著棉套子。大雪紛飛。他走過日租界，走過德租界的六碼頭，五碼頭，走到四碼頭的市立六小。他坐在門房等，和老工友聊天，不用說，聊的全是他少爺的事。下課鈴響了。他立刻去飯廳擺好碗筷，看見我和弟弟跑來了，兩眼望著弟弟笑成一條縫，把飯盒從棉套子裡拿出來，先把弟弟喜歡吃的榨菜肉絲呀，粉蒸肉呀，擺在他面前，說一聲吃吧，才把我那一份菜放在我面前。

我要嚐嚐弟弟的菜，他瞪著眼一手擋著我：妳——妳又欺負他！

六小舉行演講會。弟弟代表一年級演講。張德三比父親母親還得意，逢人就說：俺少爺小小年紀，就像大帥一樣上台講話。寒風一陣陣吹，他站在禮堂窗外聽。弟弟穿著藏青絲棉袍，看看窗外的張德三，才走上台。張德三的嘴張成了個「O」字。

從前，有個孔融，他四歲的時候，嗯——嗯——打破了缸，打破了缸，嗯——打破了缸，嗯——嗯——。弟弟哇的一聲哭起來了，用他嶄新的絲棉袍袖口揉眼淚，一面說：忘記了。

張德三衝進禮堂，衝上台，把弟弟一把抱下台，狠狠瞪了校長一眼，一面咕嚕：這麼一個小——小——不點兒，要他上——上台演講。他牽著弟弟的手走出禮堂：走，咱們回家，俺——俺——給你講武——松打——打虎。

抗戰勝利後，一九四六年，我才又見張德三。我在重慶沙坪壩的國立中央大學。漢仲高中畢業後，抗戰末期已參加空軍。母親已將張德三介紹給三斗坪的花紗行老闆家打雜，勝利後花紗行搬回宜昌。母親已先行回武漢，我從重慶坐木船過萬縣，接了華桐經宜昌坐輪船回武漢。

我們在宜昌找到張德三。

他一頭白髮，一把小山羊鬍也白了，一手抱著花紗行老闆的小兒子，一手摸著華桐的頭，眼淚汪汪：哦，高了，大——大了，跟少——少爺一個模樣了。少爺當——當空軍了。好，好！俺要回——回——來伺候少爺，走不了，老闆不——不准走，要——要照顧這小子，我抱——抱他，老把他當——當少爺。

張德三，你回來了，弟弟給你蓋大洋房。我對他說。

謝謝小姐。他說那話充滿了前所未有的敬意。

他抱著嬰兒到碼頭送別。輪船漸行漸遠，張德三在煙霧濛濛中逐漸消失了。

他沒有回來，也沒有再見漢仲。

又過了四十年，一九八六年，我和華桐從萬縣到宜昌，張德三早已不在人世了。我們坐汽車去三斗坪。那條永遠濕漉漉的石板路小鎮不見了，只剩下一片空空的河壩了。我們終於找到山那邊小溪旁的文昌閣。當年的家只剩下頹垣斷壁，和那寂寞的石墩子。

華桐突然在一面斷牆後笑了起來：就在這裡！就在這裡！姆媽看見牆角冒煙，走過來一看，我在這裡抽菸！打了我一頓。他說完哈哈大笑。

小華桐那年四歲。

我獨立大江的河岸上，在那空盪盪的一片沙土上流連回想。當年我十四歲，就在那兒，母親流著淚，看著我搭上小火輪去巴東。從那兒搭汽車去恩施，又坐滑竿翻山越嶺，才到屯堡的湖北省立聯合女子中學。那年，我讀初中二年級。

連連招手的母親孤立河岸上，在我淚水中越來越模糊了。

從此我就流浪下去了。

（二）流浪，逃亡

1937年抗戰爆發，湖北的省立市立中學集中在恩施，女校在屯堡深山裡。1940年夏天，初中畢業，和田福垚、嚴群強三個十五歲的小女孩，搭上木炭車去重慶。到了黔江，因為戰爭，沒有車了。碰上第六戰區司令長官陳誠，他沒法幫我們偷渡到重慶，特派副官陪同，到重慶後，還給我們每人一份伙食費。那年我十五歲。（田福垚，右：嚴群強，左）

屯堡有個名叫聞立武的女孩，黑溜溜的眼睛，穿著草綠粗布衣，在她身上有素白絲綢的飄逸。有天晚上突然有人大叫打倒貪污，打倒校長。那是我參加的第一次學生運動。多年以後，才知道那時聞立武就是地下共產黨。1995年在北京見到，談起往事，照了一張照片。（1995，北京）

抗日戰爭，一群女孩流亡到四川長壽梔子灣的國立十二中，好勝，好強，好玩，好吃，愛唱歌。歌中有「國」，有「家」，也有「我」獨立的個人。自以為放蕩不羈，去橘林偷橘子，吃了還兜著走，再摘一朵野花在頭上。居然還留下這點兒遙遠的青春。（聶華苓，右一）

梔子灣的女孩子都崇拜老師李英瑜（後右一），「五四」女性，孤傲倔強。抗戰結束後，她是武漢一個中學校長，另一女教師要當校長，丈夫是市裡高官，誣賴她貪污，她立刻昏迷倒地，悲憤而死。（聶華苓，後中）

七個女孩在長壽梔子灣的國立十二中高中，自稱「竹林七賢」。七賢之一的李瑞玉，卻是洋味十足，又是畫家。後來在藝專同時愛上兩個人。三人君子協定：兩棵樹遙遙相對，兩個男子各自走到樹下，李瑞玉站在中間，走向誰就是誰勝利了。那是個浪漫時代。（1942，四川，長壽，國立十二中）

1943年，高中畢業，我和宗志文、李一心、李一林相約十年後重聚。1980年我從美國回鄉，李一心已離人世，臨終時將丈夫托付給妹妹一林。一林的前夫當年是風流才子，50年代被打成右派，勞改二十多年，杳無音訊，終於潦倒而死。（聶華苓，前左；李一心，前右；宗志文，後左；李一林，後右）

「竹林七賢」中的談鳳英，抗戰勝利後，從昆明的西南聯大復員到北京大學，正值國共戰爭，參加共產黨地下工作。1949年，從北平逃到解放區。鄭直去尋找她，她已改名方靳了。1980年，半個世紀以後，我終於在北京見到談鳳英了。照片是地下工作時的方靳。

我和王正路抗戰時期在重慶的國立中央大學同學。勝利後學校回到南京，常到玄武湖去划船。他生於長春，說一口流利的日語和英語。妹妹說他比姊姊漂亮，長輩誇他一表人才。（1946，南京玄武湖）

抗戰勝利後。中央大學在1946年從重慶回到南京。外文系同班好友特在學校大禮堂前留影。彷彿當時已知此情可待成追憶。內戰已開始了。（聶華苓，前左。依次：段永蘭、侯寄雙、章寶娟、鄭林欣）

我們常去南京雞鳴寺。1948年畢業後，分道揚鑣。鄭林欣留在大陸，吳訓淑到美國結了婚，解放前趕回大陸。段永蘭和我去了台灣，後來她到美國繼續讀書。她在南京時就寫一手好文章，出奇地詼諧幽默。（吳訓淑，中；聶華苓，左；依次：鄭林欣、段永蘭。）

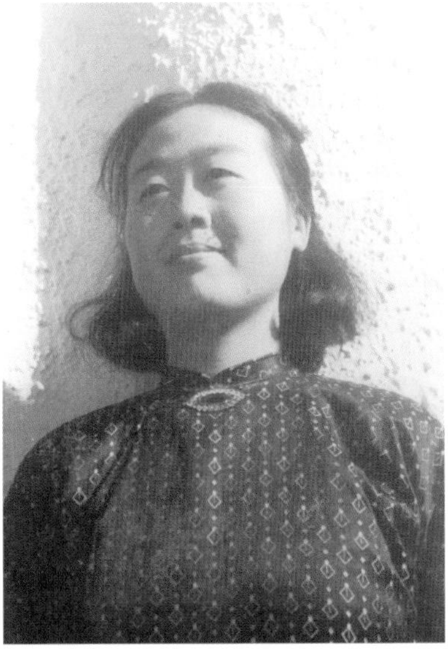

1949年2月3日，我看著解放軍從從容容走進北平城。我和王正路已在解放軍圍城時結婚。四月，偽裝鄉下人離開北平回武漢。一到上海。我又穿上黑底銀白碎花旗袍，戴上碎鑽藍寶石別針，死不悔改的小布爾喬亞。

1949年4月，我和正路從北平到武漢。我們和母親以及弟妹，利用好友李一心、劉光遠夫婦的眷屬票，擠上粵漢路最後一班火車到廣州。華桐十三歲，拿著母親一個金戒指去市上換金圓券，背回一包米給全家活命。

松花江上

我的家在東北松花江上，那裡有森林煤礦，還有那滿山遍野的大豆高粱。我的家在東北松花江上，那裡有我的同胞，還有那衰老的爹娘。九一八，九一八，從那個悲慘的時候，脫離了我的家鄉，拋棄了無盡的寶藏。流浪，流浪。哪年，哪月，才能夠回到我那可愛的故鄉？哪年，哪月，才能夠收回我那無盡的寶藏？爹娘啊，爹娘啊，什麼時候才能歡聚在一堂？

松花江上／張寒暉詞曲

屯堡在恩施縣城東南角。清江的水永遠是清亮的，繞著一條石板小路，兩旁原有一溜小鋪，正好作為教室。湖北所有省立市立女子中學全聚集在那兒。那就是抗戰時期的湖北省立聯合女子中學。

小街和清江之間有個河壩，學生集會、上體育課都在那兒。下午課後，農民帶著雞蛋、花生、橘子、地瓜那些土產到河壩上去賣。三三兩兩的女孩在那兒散步、買東西吃，在河裡洗衣服、打水漂，坐在河邊石頭上看書，寫信，想家。人人眼巴巴盼望家信。許多女孩的家在日本占領區，收到一封家信，有的笑，有的哭。晚上自修課，兩人共一盞桐油燈，兩根燈草悠悠閃閃。萬里長城萬里長，長城外面是故鄉，高粱肥，大豆香，遍地黃金少災殃。一個東北女孩唱著〈長城謠〉，一面做功課，一個個女孩跟著哼起來，有的趴在桌上哭了，有的大聲唱起來，歌聲透著哭泣。

不想家的時候，還是挺快活的。一天三餐，加上粗布連衣裙，全是政府貸金供給的。讀書重要，要也重要，吃也重要。每桌一小桶八寶飯，糙米、稗子、石子、沙子的八寶飯。八人一桌，每桌選一個桌長管飯，平均分配，一匙也不能多。永遠有一兩條狗在一旁等著。一顆飯也沒留，餓狗只好拖著尾巴喪氣地走了。早餐一大桶一大桶稀飯，一小碟炸黃豆。吃到最後，木桶刮得呱呱響，此起彼落。桶外滴了幾滴稀飯，餓狗必定舔得乾乾淨淨。我們說那是天女散花，花落狗嘴。

我和田福垚、嚴群強常在一起，她們也只比我大一歲，卻像大姊姊一般照顧我。我們也另有各自的朋友。河壩在上午冷冷清清，你在那兒愛怎麼耍，就怎麼耍。有一天宗志文和一個同學在河壩上，看見一條野狗嘴裡叼著一塊肉。她倆窮追不捨，終於從狗嘴裡搶了過來，原來是一塊醃豬肝。兩人到農家，將豬肝洗淨，爆炒辣椒大蒜，痛痛快快吃了一頓。第二天，有人說小街盡頭訓導組長袁猴家屋檐掛著的醃肉、醃豬肝不見了。居然偷到訓導組長家裡去了！不開除也得記大過！宗志文聲色不動，趴在桌上解代數題。小街西頭有個賣麵條的小鋪，她和同學去吃麵，趁人不備，打開熟食櫥子，一人塞了一大口肥肉。

學校廚房日夜有廚子監守，還有學生輪流監廚、監飯，也監熱水。晚飯過後，每人熱水兩杓。不准偷飯，不准偷熱水。就是那個偷字叫人躍躍欲耍。我、群強、福垚三人一到晚上肚子就餓了，只要有一搪瓷缸的冷飯就行了，拌上在農家做的辣椒油，其香無比。快要下自修課了，先下手為強。我們三人在廚房外晃來晃去，癩子一走開，群強趕忙下手，我和福垚在門外把風。群強狠狠挖一大缸飯，三人拔腳飛跑，樂得格格笑。有一次，給癩子碰上了，他一面罵一面追，追了一條街，我們鑽進宿舍，他才罷休。那晚的宵夜吃得特別香。宗志文監廚那天，眼看著當時還不認識的談鳳英拿一大碗熬好的豬油走了。她理直氣壯，明目張膽拿了就走。宗志文沒說話。逃亡在外，同甘共苦，哥兒們講義氣嘛。

姜德珍不做這一類調皮搗蛋的事。你吃什麼，她吃什麼，而且吃得有滋有味。她一天到晚啃數理化，和人有點兒格格不入，也不像我們鬼精靈主意多，招風惹雨。她本在農村讀私塾，哥哥給她惡補了一陣子，來到屯堡，一下子跳到初中二年級。她腦子只有一根弦：讀好數理化，將來上個好大學。

清江水流湍急，過河得往上游走一段路，才坐小木船順水而下，到達彼岸。幾個女孩跟一位老師從恩施城回屯堡，坐船過江，船在灘上翻了，一船人都淹死了。傳說那老師在船上和女孩們調情，鬧得翻了船。不知是真是假。反正沒人證實，你愛怎麼說就怎麼說。凡是有關情的事，就有女孩編出有聲有色的故事，在那乾巴巴的生活中，那也是一種耍法。

小街河壩那一段清江較淺，可從水中一堆堆大石上跨過河。那也是我們愛耍的遊戲，膽小的人是不敢耍的。我們一個個跨過了河。姜德珍不甘示弱，一面叫，我也來了！一面跨到石頭上，搖搖晃晃，大叫一聲，跌到河裡去了。同學們大喊救命。河壩上一個農夫跳下河，將她救上岸，沒出人命。人們圍著她問長問短，她也不作聲，神色惶惶回到宿舍。有人在外面大聲叫喊，她的濤哥從恩施城裡來了。她這才嚎啕大哭起來。

也是微雲

也是微雲，也是微雲，過後月光明，只不見去年的遊伴，只沒有當日的心情。不願勾起相思，不敢出門看月。偏偏月進窗來，害我相思一夜。

也是微雲／胡適詞，趙元任曲

在那與世隔絕的山窩裡，唱唱也是微雲的歌，就很浪漫了。有個高個頭、寬肩膀，戴黑邊眼鏡、年輕的物理老師，在我們單調的生活中抹上一點兒浪漫色彩。他在小街上走過，兩旁教室的女孩都會看他一眼。

有一個名叫聞立武的女孩，比我們高一班，黑溜溜的大眼睛，不大說話，看到你只是笑笑，她也穿著草綠粗布衣，但在她身上就有素白絲綢的飄逸。據說她和聞一多是一家。她不像其她女孩有三朋四友，但也不是孤芳自賞，她的眼和笑，是那陰暗山窪裡一抹春光。

女孩們一身草綠粗布連衣裙，在石板路上一顛一顛地走，只因為渾身長滿了疥瘡。眼巴巴望家裡寄來了錢，買一塊豬油，在農家熬了盛在搪瓷杯裡，拌在八寶飯裡，可以醫治疥瘡，加上辣椒油，吃得有滋有味。

吹燈！吹燈！趕快吹燈！一天晚上，有人沿著一溜教室大叫。

教室裡的人連忙吹了桐油燈。為什麼要吹燈？山裡從來沒有日本飛機來轟炸呀。

打倒貪污！打倒萬大勺！打倒袁猴！一群學生大叫，一面向小街盡頭萬校長和袁教官家跑。萬校長高頭大馬，一身黑大衣，在街頭一站，像警察監督犯人似地，兩旁教室裡唧唧喳喳的聲音立刻靜止了。袁教官瘦巴巴的，到處巡邏，不准遲到，不准早退。你溜出教室，他準站在街頭，大喊一聲：「站住！」記下你的名字，再加一頓訓話：不讀書，浪費國家的錢！你上課偷看小說，打瞌睡，一轉頭，他準站在窗外盯著你。他是至高無上的權威。

有人說，校長和教官苛扣我們的伙食費，一定要把他們趕走。

打倒貪污！打倒貪污！那一陣叫喊，野火一般燎遍了小街，大家一哄湧出教室，在黑暗中跟著人跑。黑夜山谷迴響著石板路冷硬的腳步聲和憤怒的吼聲。

校長家門緊閉。

萬大勺跑了！他一家人都跑了！有人大聲叫喊。

打倒貪污！打倒貪污！我們在門上拳打腳踢。

沒有回應。

打倒貪污！打倒貪污！叫喊聲逐漸微弱了。

回到教室，大家嚷著要向教育廳抗議校長教官貪污。也不知道哪兒突然來了一張簽名單，稀稀疏疏的名字，圍了一圈，看不出誰是帶頭的人。女孩們都圍著那個圓圈簽了名。打倒貪污，誰也不肯落後。

過了幾天，校長又站在街頭了，兩手插在黑大衣口袋裡。

那是我參加的第一次學生運動。

一位音樂女老師，水紅的嘴唇。音樂課上，沒有風琴，她手拿教鞭，偏著頭，指點黑板上寫的樂譜和歌詞，她唱一句，我們唱一句。黃河奔流向東方，黃河萬里長。水又急，浪又高，奔騰叫嘯如虎狼。她突然沒來教音樂課了。從此就沒再見到她。有人說她被捕了，因為她是共產黨。國共的政治鬥爭已暗暗滲透我們的生活了。

四十年後，我從愛荷華回到久別的故園，在作家歡迎的酒宴上，主人微笑著舉杯對我說：我要敬妳酒，有個原因。妳在恩施時，我也在恩施。

是嗎？

他得意地點頭笑笑：來，乾杯！我去過屯堡。

我們趕校長，妳知道嗎？

當然。那就是我們的工作呀。

啊。當時有人大叫吹燈吹燈。

在黑暗中看不清誰是帶頭造反的人呀！那都是預先計畫好的呀！我的第一個愛人是地下黨，她就是在恩施被國民黨殺死的。她常常去屯堡。你知道聞立武嗎？

當然。大美人，誰都知道她。

她也是地下黨。她的姊妹兄弟全是地下黨。

啊！她不像。只是一個天真美麗的女孩子，誰都會喜歡她。

主人哈哈大笑。我們就是吸收那種年輕人！

她後來到哪兒去了？

解放前大概去了延安吧。

現在呢？

不知道。來！再來一杯！老朋友！

一九九六年，我終於在北京見到聞立武了。半個世紀以後，她仍然風姿秀逸，脫俗出眾。談起當年屯堡的學生運動，我問她：妳在屯堡是共產黨吧？

她點頭笑笑：後來不是了。

為什麼呢？

我離開恩施的時候，組織沒給我任何暗號，只是叫我等著，自然有人來找我。幾十年了，也沒人來找過我，我的黨籍就沒有了。

我們根本不知道屯堡有共產黨地下組織。

有。我們那撮人吃飯用左手拿筷子。聞立武突然笑了。

真的？女孩兒家的革命。

我們還是挺認真的。有兩姊妹，都是地下。後來國民黨抓了很多人。姊姊跑掉了，妹妹被抓了。她承認將要入黨，但還不是正式黨員。那麼，誰和她聯繫的呢？那個人必定是黨員囉。她為了保護那個聯繫她的黨員，故意招出一個已被處死的黨員的名字。她招出一個死黨員，後來也成了終生叛徒。

在太行山上

紅日照遍了東方，自由之神在縱情高唱。看吧，千山萬壑，銅壁鐵牆，抗日的烽火燃燒在太行山上，氣焰千萬丈。聽吧，母親叫兒打東洋，妻子送郎上戰場。我們在太行山上，我們在太行山上，山高林又密，兵強馬又壯。敵人從哪裡進攻，我們就要他在那裡滅亡。敵人從哪裡進攻，我們就要他在那裡滅亡。

在太行山上／桂濤聲詞，冼星海曲

我在恩施屯堡的湖北聯中讀初中，從一九三九年春季到一九四〇年夏天畢業。屯堡窩在深山裡，太陽照不著。日子單調平板，這一輩子就彷彿那麼過下去了。

重慶是戰時陪都。一九四〇年夏天，我和嚴群強、田福垚在屯堡初中畢業後，不管盤纏夠不夠，也不管蜀道有多難，在恩施搭上木炭車到重慶去。那年我十五歲。

木炭車氣喘吁吁地，繞著一座一座荒山，爬上又爬下。一陣陣塵土撲來，我們顛得灰頭土臉，但是，幾對少女企望的眼睛是閃亮的。老爺車常常嘆一口氣就停下了，再也不肯動了。我們推車，司機掌車。就那樣子推一段路，坐一段路的車，在崎嶇的山路上，行向下一站，找個小棧房歇一晚。第二天濛濛亮，又繼續那艱辛的行程。好不容易到了四川邊境黔江，在那兒轉車可直駛重慶。沒有車！車子全被政府徵去運軍火了。日軍發動鄂西戰爭，宜昌已失守，巴東危急，湖北與四川之間的長江水路已截斷了。

三個小女孩只好在黔江找個棧房住下。福垚迷迷糊糊，但聰明絕頂，湯裡來水裡去，愛玩，愛吃，愛享受，天塌下來了，她照樣活得瀟灑；考試到了，別人啃書本，她蒙頭睡大覺，也許看小說，一目十行，每門功課都好，尤其是作文，靈巧清爽。群強呢，能耐利落，天不怕，地不怕，遇事都是她一馬當先，隨機應變，她照顧我和福垚，像個大姊姊，也只比我們大一歲。我有花招，但很靦腆，好吃好玩。碰上好玩的、好吃的，我和福垚一拍即合；有什麼問題，反正有群強去解決。

沒汽車去重慶了，我們滿不在乎。什麼時候有車呢？天天去車站打聽。一問三不知。一個星期過去了。陷在屯堡那山窩裡四五百個日子，人都發霉了，黔江的天似乎藍一些，亮一些，每餐還可吃包子餛飩，每天還可逛街，看櫥窗裡花花綠綠的布料。只要是有色彩的，三個土包子全喜歡，指指點點嘆賞不已。群強說她會剪裁縫紉，到重慶去總得有件好看的衣服亮亮相吧。三人決定每天只吃兩個我們叫作「炸彈」的硬饅頭，也有幾顆花生米，美其名叫人參果，省下錢每人各買一段花布。群強剪出三件時裝——直統統的布口袋，她又教我和福垚絞邊、編釦子、縫釦子等等縫紉細節。（群強教我的那幾手簡單的針線活，我用了一輩子。幾十年後，Paul看見我拿起針線縫顆釦子，就讚嘆不已：了不起！妳會針線活！他想起了他的母親。一根細線串聯了半個世紀、兩個世界的記憶。）我們三人趴在床沿，一針針耐心地縫。晃晃蕩蕩的花布袋，喜孜孜地穿在身上，美得很！餓肚子也值得。

棧房來了幾個大兵，住在我們隔壁房，隔著甘蔗板的牆壁。一天夜晚我們睡得正酣，只聽群強大叫一聲：眼睛！

我睜開眼，什麼也沒有看見，轉身又睡著了。福垚根本沒有醒。

管他的！有群強，用不著怕。

十天過去了。三人的錢湊起來，盤算一下，糟了，再等下去，付不起房錢，飯錢也沒有了。好，一天啃一個「炸彈」，人參果也免了吧！群強說不行，得想辦法，車子仍遙遙無期。怎麼辦呢？向親友寫信借錢吧，縱令肯借，至少也得一個多月才有回音，遠水不能救近火。一天傍晚，三個女孩有氣無力地在街上蹓躂。一個中年軍官走過來和我們搭訕。他是後勤部人員，從重慶運米到恩施。知道了我們的處境，說他也許可想辦法，約我們喝茶談談。誰知道他葫蘆裡賣的什麼藥？我和福垚不知如何回應，群強卻一口答應了。她決定一人單槍匹馬去和那軍官約會，叫我們在棧房裡等。我們連連說：小心啊，小心啊！

等，等，等。桐油燈的幾根燈草燒盡了，又加了幾根。群強還沒回來。我和福垚坐立不安。群強被軍官拐走了嗎？群強被軍官強姦了嗎？我們猜測著各種可怕的事故。

將近午夜，群強回來了，眉飛色舞。

好啦，好啦！絕路遇貴人！我明天搭後勤部的車回恩施借錢。聶華苓，妳不是有個親戚在恩施開書店嗎？我回恩施向他借錢。群強對我說。

那是個朋友的親戚，怎麼好意思開口借錢？

跟妳說，在家靠父母，出門靠朋友。你寫封信，我去死皮賴臉跟——跟——妳那親戚姓什麼？姓潘，潘金蓮的潘，對不對？我跟他去磨蹭。磨不到錢，我就不走！

妳怎麼回來呢？

那個姓吳的說，他想辦法！

可靠嗎？

可靠，可靠。他很好，很誠懇。我們談了很多，很多。回來晚了。

我們急死了，怕妳出了事。

告訴你們：不入虎穴，焉得虎子？群強出口成章，老氣橫秋指點著我和福垚。

妳膽子太大了！談了一個晚上，哪有那麼多話可談！福垚說。

真的只是談話，沒有別的事。放心！我不會上當！

群強給我和福垚留下一天兩個「炸彈」的錢，就上路了。

群強走了，我和福垚失去依靠，有些膽怯。正在那當口，我病倒了，忽冷忽熱，冷得蓋兩床棉被仍然抖得牙齒咯咯響，熱起來渾身滾燙，蹬掉被子說胡話。奎寧丸可治瘧疾，即令在黔江買得到奎寧丸，我們也沒錢。一天夜晚醒來，只見一對陰森森的眼睛在黑暗中，從甘蔗板頂上盯著我。我不敢做聲。害怕的時候，自己的聲音更可怕。我眼睜睜望到天明，那對險惡的眼睛還在甘蔗板背後。第二天，我們搬到另一個房間。日子也不好過。隔壁房間住進幾個流亡學生，夜晚的威脅更大了。他們嬉笑叫鬧，嚷著要衝進來。房門沒有鎖，我和福垚將房間裡的桌子和兩條薄薄的板凳架起來抵著門，鋪蓋捲和寥寥幾件衣服也堆在上面了。聽天由命吧！

十天了，群強還沒回來。我們擔心她的安全：路上土匪出沒無常，還有那個姓吳的軍官，不知道他對我們的群強懷有什麼鬼胎。一天兩個「炸彈」的錢也快完了。

快！快！快收拾行李！下午就走！群強還沒進門，就大叫。

我和福垚可把群強等回來了，兩人搶著說話，妳一句，我一句。妳瘦啦！妳黑啦！怎麼去這麼久呀？怎麼回來的呀？借著錢嗎？吳軍官呢？

慢點，慢點！妳們要聽我說，還是聽自己說？群強去了一趟恩施，突然神氣起來了。妳們要聽好消息，還是壞消息？她故意賣關子。

借到錢了嗎？借到錢了嗎？我急急地問。

當然！馬到成功！

妳真神通廣大！沒有妳，我們只有餓死黔江了。

車子仍然遙遙無期呀，我們天天去車站打聽。福垚說。

車子也有啦！而且——群強故弄玄虛，頓住了，望著我們笑。

而且什麼呀？

不用買車票！

真的嗎？我和福垚同時叫了起來。

她抿著嘴，點點頭，很有把握的樣子。

嚴群強萬歲！萬萬歲！我們舉手大叫。老百姓歡呼萬歲的年代已經開始了。

你們要聽壞消息嗎？

沒興趣。我和福垚搶著講我們的驚險遭遇。

妳走了，我們好害怕，我又打擺子。我說。

我在恩施也病啦！幸虧有吳先生照顧。那個人實在好。

我和福垚互遞了個眼色。

他是不是愛上妳哪！我說。

不，不！他結過婚的。

這就是妳的壞消息吧。福垚笑著說。

老實說，我們轉好運啦，根本沒有壞消息，我嚇嚇妳們的。

免費車子是他找的嗎？

對，他找到軍車。第六戰區司令長官陳誠到恩施開會，現在回重慶，隨行有幾輛卡車。吳先生和他的副官認識。但是軍車不能載女孩子，抓著了他就要坐牢。他說只要陳誠不知道，就沒關係。吳先生說，一切由他擔當。三個湖北聯中的學生，陳誠是湖北省聯中校長。學生搭校長的車子，天經地義！快！快收拾行李！

所謂行李也者，就是個鋪蓋捲，被子、枕頭、衣服，裹在一床破舊的厚毯子裡，捲在一起，一個人坐在上面，使盡渾身力氣把鋪蓋捲壓得結結實實的，另外兩個人用粗麻繩左繞右繞捆起來。流亡學生打鋪蓋捲可是真有功夫。上路的時候到了，吳軍官把風，等陳誠的小汽車開走了，我們才鑽進卡車。吳軍官也坐進車子，捧了一包包子。許久沒吃一頓飽飯了，那一頓包子勝過山珍海味。

我們心安了，吃了包子，就左歪右倒地打瞌睡。

快到彭水啦！吳軍官說：在那裡過河。我們到的時候，司令長官的車子已過河了。不過，還是小心一點的好，在那裡妳們最好彎著腰趴在腿上，不要讓車子外面的人看見了。

車子到了彭水，我們連忙彎身哈腰，不敢吭聲。

糟了。吳軍官轉身望著河邊。司令長官站在那裡，好像是等我們一起過河。怎麼辦？他頓了一下：我乾脆向他報告一下吧，不能瞞他。吳軍官下車走向陳誠。

我們直起身，抬頭只見吳軍官啪的一下，他那姿勢乾脆得可傳聲。他向陳誠敬了禮，說了一陣子話。又見陳誠點了一下頭。

好啦！他回來對我們說：過河吧！校長說，流亡學生，例外，可以搭車。

這個人真好！我湊在群強耳邊小聲說。我們沾妳的光。

群強用肘輕推了我一下，瞟了吳軍官一眼。他正好和司機說話。

車子在一陣陣揚起的黃土中顛簸。我們離開屯堡山中只有二十天，但屯堡的日子好像是很久以前的事了。我看著身邊群強的側影，突然覺得她長大了，胸脯鼓鼓的，像兩顆水蜜桃，晶黑的臉，暖和的眼。那時我們不知道什麼是性感，只知道她能吸引男生，甚至同性戀的女生。我和福垚懵懵懂懂，她對男性已躍躍欲試了。我瞟了對面坐著的吳軍官，大概三十左右吧，文縐縐的，只有那一身軍裝透著武氣，也不知怎麼當了軍人，他應該像我那位小學級任老師一樣，穿一襲長衫，走路微微撩起衣衩，輕輕吹起口哨。他也許討了個鄉下老婆，現在迷上了這個二八年華的女學生吧。群強和他怎麼辦呢？到了重慶，還有好戲看呢！

當晚到南川，離重慶不遠了。我們在棧房收拾停當。吳軍官來了。

司令長官要見妳們。

我和福垚都說：嚴群強去吧！我們不去。

不行，他說要見妳們三個人，妳們都去。

陳誠和他的隨員住另一個地方，吳軍官帶著我們去他房間。還有幾個軍官在那兒。其中有一位姓黃的參謀長和陳誠的副官。陳誠問我們的家在哪兒？福垚和群強的家都在日本占領的武漢。我母親帶著弟妹剛從三斗坪逃到萬縣。到重慶去幹什麼呢？去考國立高中。吳軍官叫我們報上姓名。

你認識聶怒夫嗎？黃參謀長問我。

是我父親。

啊！真巧！他轉頭對陳誠說：我們是陸軍大學同學。共產黨長征，他在貴州專員任內犧牲了。

他對我立刻熱絡起來，問我母親可好、弟妹有多大，這一類的家常話。

絕路遇貴人。絕路遇貴人。群強在回棧房的路上自顧自說。

第二天就可到重慶了。我們正準備出門上卡車，陳誠的副官來了。他說是奉司令長官之命來的。重慶入境檢查非常嚴格，三個女學生坐軍車，絕對通不過。他另準備了一輛車子，他和吳軍官一同護送我們去重慶。他一面說話，一面掏軍裝上身口袋，掏出一疊鈔票：司令長官說，你們到重慶，身邊應該有點錢吃飯。

我和福垚望著群強。

那——那——能說會道的群強也感動得結巴起來了。那怎麼好意思？

收下吧。吳軍官說。

我們上了車，不必再躲躲藏藏了，現在可以長驅直入重慶城了。我們在車上興奮得唱起歌來。〈可憐的秋香〉、〈燕雙飛〉、〈到敵人後方去〉、〈小白菜〉、〈黃水謠〉。吳軍官和我們一起唱起來。

嘉陵江上

那一天，敵人打到了我的村莊，我便失去了我的田舍家人和牛羊。
如今我徘徊在嘉陵江上，我彷彿聞到故鄉泥土的芬香。
一樣的流水，一樣的月亮，我已失去了一切歡笑和夢想。
江水每夜嗚咽的流過，都彷彿流在我的心上。
我必須回到我的家鄉，為了那沒有收割的菜花，和那餓瘦了的羔羊。
我必須回去！從敵人的槍彈底下回去。我必須回去，從敵人刀槍叢裡回去，把我打勝仗的刀槍，放在我生長的地方。

嘉陵江上／端木蕻良詞，賀綠汀曲

我到重慶後，通過考試，被教育部分發到長壽桅子灣的國立十二中。田福垚和嚴群強去了國立二中。十二中的校舍是桅子灣一個大戶人家的房子。大門內一棵高大的銀杏樹，前院幾間屋子做教室，院子裡有棵大桂花樹。高高的門檻擋開後院，正房和兩邊的廂房是我們的宿舍。

一班四十三個女孩，生活全集中在那小小的甘蔗板教室裡：上課、看書、做習題、織毛線、寫信、啃地瓜、打瞌睡。常常有人無意輕聲哼起一首歌，細細一線流水漫開去，一個一個女孩哼起來了，唱起來了。一支一支歌唱下去。〈追尋〉、〈初戀〉、〈遊子吟〉、〈在太行山上〉、〈開路先鋒〉、〈熱血歌〉、〈燕子〉、〈嘉陵江上〉、〈夜半歌聲〉、〈黃河之戀〉、〈義勇軍進行曲〉、〈念故鄉〉，我們的歌中有國家，也有我這個獨立的個人。那是個充滿各種歌聲的時代。

我和姜德珍、宗志文、談鳳英、李瑞玉，還有兩個女孩，都是從屯堡的湖北聯中到四川長壽桅子灣的國立十二中讀高中。長壽在嘉陵江上，二、三十里外的桅子灣沾不著水，卻有四季長青的竹林。我們自稱「竹林七賢」，清湯掛麵的短髮，往上一摔，眼睛朝天，說話也不看你一眼。

國立十二中教室晚上自修課。一盞盞如豆的桐油燈。喜歡演戲的曹承韻抓著她的同座女孩，學著張瑞芳在轟動重慶的舞台劇《家》裡嗚咽：覺新，我不離開你。要死，我和你一起死。她也喜歡唱歌，擺出音樂家管夫人的姿態，兩手握在胸前，扯起嗓子唱〈海韻〉：我不回家，我愛這晚風吹……

神經病！吵死人！今天我非把這道幾何題解出來！姜德珍坐在桌前咕嚕著。

她省了末尾「不可」兩字。多一字，少一字，沒關係。數、理、化可不能馬虎。X就是X，Y就是Y。她是全班理科頂好的學生，她要當居禮夫人第二！拚命往理科鑽，要上第一流大學，做第一流科學家。什麼《紅樓夢》！你去讀吧！不幹我的事。她把我們喜歡文科的人沒放在眼裡。那鄉下姑娘腦子的一根弦，繃得緊緊的，弦外之音，她不懂，也不聽，你和她講理也講不清。多年以後，她對革命和愛情，也就是那一根弦畫得清清楚楚，她選擇了革命。

宗志文似乎冷若冰霜，但她忍不住，感情春水一樣要瀉出來。她的文科理科都好，她愛的是文科，但理科好就高人一等。她就是要高人一等，凡事非要爭個她是你非。但事後，她會偷偷遞你一張小字條，寫著友情、忠誠那一類動情的話，也許還會道歉。不是她輸理，而是珍惜友情。她作文寫得好，寫的全是母愛、孩子、月亮、星星、大海。桅子灣連個水塘也沒有，她也沒看見過大海，卻把大海寫得令人神往。我們叫她小冰心。她要當小兒科醫生，海濱的小兒科醫生吧！她挺秀的個頭，細緻明淨的臉，叫人想到湖上悠悠的柳絲。日後她的情事最多，精神風騷得別人心神恍惚，她卻突然冷靜了，甚至有些迷惑：她對他的好和情有什麼關係？

談鳳英是「竹林七賢」的良心，她比我們都站得高一些，看得清一些，是非心裡有數，很少說長道短，到節骨眼上才輕描淡寫點一下，十分中肯。她對人對事有一分早熟的穩健，我們的天塌下來了，她也只是笑笑。抗戰時期，話劇盛極一時。十二中全校公演話劇，我們班上代表女子部演出田漢的《回春之曲》，談鳳英演梅娘迷戀的那個男子。她在台上可真是個英俊瀟灑的美男子。戲演完後，有女孩真把她當男子，對她說話軟綿綿的，她只好無可奈何笑笑。多年以後，她的思想和行為，影響了宗志文和姜德珍。她從北平逃到解放區，也是男裝打扮。

李瑞玉是「竹林七賢」中的畫家，純真的大眼睛，一隻手摀住嘴笑，咯咯笑個不停。我們同座，我享有特權：圖畫課上，我看小說，她替我畫，隨手幾筆，自有風格，我拿去向老師交卷。她人緣好，班上許多人找她代畫圖畫應付老師，有求必應。她會做各色各樣好看的書籤，畫的多是有點洋味兒的女孩，隨手分送給班上的同學。當然，我有特權選我最喜歡的。班上的壁報，全靠她設計，我們自以為圖文並茂。她沒讀完高中就去了藝專。她在藝專愛上兩個人，最後必須攤牌了，沒法決定，三人君子協定：兩棵黃桷樹遙遙相對，兩個男子各自走到樹下，頗有中古武士鬥劍的氣概。李瑞玉站在兩樹之間，她走向誰，誰就是她要終身相守的那個人。她走向杜琦。一九八〇年，我在成都找到她。一打開旅館房門，只見李瑞玉仍然摀著嘴笑，杜琦仍然站在她身邊。

我們都是靠政府貸金吃摻雜著糙米、沙子、石子、稗子的八寶飯。同命運，共患難，又是國難當頭，自有一分生死與共的義氣，都是要獻身救國的人嘛。我們那一夥人，各有各的個性，誰也不服誰。但我們是情深義重的哥兒們，並不是要做男子，而是欣賞我們想像中哥兒們大義凜然的氣派、豪邁不羈的風度。男生嗎？去他的！你喜歡我，可以，我可不要你。情書嗎？你愛寫，我也看。小心，寫得不好，扔進糞坑。寫得情意脈脈，文字俏皮，拿在班上傳觀，落得大家開心，自己也有臉面。回信嗎？也許。冷冷幾句，那就算傳情了。他大概是個翩翩才子吧，最好在那遙遠的地方，愛你愛得死去活來，天長地久，兩人從沒見過面。那才是愛情。結婚嗎？天下頂俗的事，沒出息的人才結婚，生兒育女是她們的事。

那是浪漫的一代。

一位同學的母親在東新村開了個小店賣豆絲、豆皮，一個高大粗壯的男人在店裡打雜。任伯母對她女兒的同學特別熱絡，總在我們豆絲碗裡多加一杓。「竹林七賢」家裡寄錢來了，星期天一定去東新村打牙祭，大吃一頓豆絲、豆皮，在那唯一的小街上遊遊蕩蕩，也許爭辯，也許唱歌，也許開心大笑，反正是目中無人，覺得活著實在好。我們去田裡偷野菜，順便摘朵花插在頭上。我們也去橘林偷橘子，一面偷，一面吃，吃不了，用衣襟兜著走。不是沒錢買，而是偷得叫人心跳。偷到了，又有一分成功的喜悅。就像演了一場好戲，不同的角色，不同的演技，配合得很好，雖然沒有觀眾，自我感覺良好。

每個星期天，我們在東新村還做一大瓦缽蘿蔔炒肉絲帶回學校。有一次，在回學校的路上，走過男子部操場，正好碰上他們籃球賽。我們將滿滿一缽蘿蔔炒肉絲放在路邊墳頭上，轉身去看球賽，和男生一起大叫大跳。

看完籃球，只聽姜德珍大叫：狗！狗！

我們一哄而上，一面叫罵，一面跺腳，狗掉頭飛跑，只剩下一個空空的缽子。那幾天，每頓飯都會有人念叨那一缽蘿蔔炒肉絲。

天涼了，我們更想吃零食。花生最解饞，吃了那人參果，最好再來幾個甜蜜水靈的橘子。但是，「竹林七賢」窮得刮不出一文錢。

姜德珍終於說話了：我在裁縫店做了件棉襖，還沒做好，工錢還沒給他。

宗志文一向點子多：我家從湖南寄了錢，錢到了，妳去拿棉襖，先用棉襖錢吃一頓吧。

我們全叫好，歡歡喜喜去東新村，走過校門外的裁縫店，宗志文對著店門招招手說：對不起，閣下的錢，先借用了。

我們大笑，只有姜德珍哭笑不得。一個星期過去了，錢還沒到。又一個星期過去了，錢仍然沒到。天冷起來了。姜德珍沒有棉襖穿，也不敢走出校門。一出校門，必過裁縫店，老闆必向姜德珍招手大叫：喂！來拿棉襖呀！

這時，談鳳英說公道話了：妳們欺負老實人！姜德珍凍病了怎麼辦？

宗志文一聲不響，拿出她的棉襖披在姜德珍身上。

國立十二中的女生宿舍的天井，永遠濕漉漉的，每天晚上，走廊上一排馬桶。女孩們下了自修課，去廚房向廚子討一杓熱水洗腳，洗腳水嘩啦一下潑到天井裡。潮氣混合臭氣，刺激了我們枯燥的生活。喜、怒、笑、罵，和洗腳水一股腦兒傾瀉出來。要哭就哭個痛快，要罵就罵得狠狠的，要吵就跳起腳來吵，要笑就仰天大笑。那是盡情發揮個性的時候。洗臉的搪瓷盆也就是洗腳盆。講究的，另備木頭洗腳盆。李一林、李一心兩姊妹有兩個搪瓷盆子，一個洗臉，一個洗腳。搪瓷盆洗腳呀！她們就很神氣了，特許幾個人用她們的搪瓷洗腳盆。我是其中一個。還有宗志文。

宗志文的作文寫得好，可她偏要在理科上和人拚。老師交下一道幾何題，可用圓的辦法證出來，但老師要我們用另外的辦法證出來。她和姜德珍同座，坐在教室窗邊。她一面哼〈飄零的落花〉，一面證幾何題。她突然不哼了，咬著鉛筆。每逢她咬筆的時候，就是有解不出的難題了。

就在那關口，姜德珍舉手大叫：我證出來啦！我證出來啦！

沒人回應。也不肯喝采。宗志文不服氣，皺著眉頭，咬著鉛筆，看也沒看她身旁的姜德珍一眼。下晚自修課的鈴響了，她仍然沒證出來，只好回宿舍。

寢室裡幾排上下兩層床，每間寢室二十幾人。老屋高高的門檻，可坐在上面洗腳。人在門檻外，看不見門檻裡的腳盆。兩個女孩洗了腳，還沒來得及潑水，宗志文一腳跨過門檻，濺了一身臭腳水，倒在床上，嚎啕大哭。闖禍的人一連氣兒道歉，為她脫鞋子，脫襪子，脫衣服，自己幾件乾淨衣服全捧給她。宗志文不理會，一股勁兒哭，哭得睡著了。

半個世紀以後，「竹林七賢」中的四賢在愛荷華重聚，宗志文告訴我們：一身臭洗腳水有什麼關係？我哭，因為沒解出幾何題！她坐在搖椅上，搖著一頭好看的銀髮，仰天大笑，笑她愚弄了我們幾十年。我恍惚又看到桅子灣窗邊哼〈飄零的落花〉的一頭晶黑頭髮的姑娘。

她呀，傲氣沖天！姜德珍坐在另一張搖椅上，搖呀搖的。

妳又錯啦！宗志文還沒說完就仰天大笑：臭氣沖天！哪有什麼傲氣沖天？

追兵來了，可奈何，娘啊，我像小鳥兒回不了窩，回不了窩！
做賊嗎？不！我是一個大丈夫，我情願做黃河裡的魚不願做亡國奴。
亡國奴是不能隨意行動啊。魚還可以作浪興波，掀翻鬼子們的船，不讓他們渡黃河！不讓他們渡黃河！

黃河之戀／田漢詞，冼星海曲

李愷玲走路大搖大擺，脖子圍著一條白色粗毛巾當圍巾，啃著手裡拿著的地瓜。眼睛發亮卻瞧不見人，不屑於瞧。說話和她眼睛一樣，透著譏諷，咄咄逼人。她的朋友只有一個沈曄。她也可真服她，常聽她指指點點談人情世故。沈曄很好看的娃娃臉，也遮掩不住她的雋智練達。她比我們都懂事一些。李愷玲我行我素，她那玩世不恭的神情，拒人於千里之外。她「不恭」是做到了，「玩」還「玩」不到「世」上去。她玩的是排球、籃球、演戲、演講。她投籃姿勢很帥，兩肩穩穩不動，兩臂夾著身子，兩手有把握地向上一揚，球就唰的一下進了球籃。她最認真的還是文學，是寫作。還有，辦壁報。我們常常通宵不睡覺，只為趕著將壁報按時貼出去。我們的壁報是全女子部編排最出色、內容最豐富的。李愷玲是我們之中未來的作家。她的母親周老師在十二中教國文，住在山坡上教師宿舍裡。周老師大家閨秀，年輕守寡，兒子得了肺結核，戰時生活艱苦，即使有錢醫治，藥物缺乏，也無處投醫。兒子只好投佛，跪在路旁小土地廟前哀求：老天爺，讓我活下去吧！我還有母親。

有一天，山坡上教師宿舍門外，兩條板凳架著的木板上，躺著死去的周老師唯一的兒子、李愷玲年輕的哥哥。

李一林和李一心兩姊妹同班。開學第一天，她們一人捧著一個木盒子，兩人一排，一本正經，正步走進教室，好像小學生第一天離開媽媽上學堂。「竹林七賢」看在眼裡。閒得無聊，耍點兒什麼呢？那兩個木盒子實在礙眼，而且，那兩姊妹寶貝似的捧著，裝的到底是什麼？她們坐在教室門口第一排，趁她們走出教室那當口，我和宗志文隨手拿起桌上的兩個木盒子，跑到教室外的天井裡，打開盒子一看，大失所望，只有紙墨筆硯和針線釦子之類的零碎什物。兩姊妹走進教室，大叫東西不見了。我們連忙把盒子放在一棵黃桷樹下，不露聲色走進教室。兩姊妹左看右看。

一林大聲說：什麼人？偷東西！手腳這麼快！報告學校！

一心心平氣和：先找找再說吧。

妹妹說：妳去做好人！妳找妳的吧！我去報告！

宗志文連忙問：妳們找什麼？

李一林說：兩個木盒子。

我們幾個人七嘴八舌，有的問盒子裡裝了什麼，有的假裝不平。

宗志文說：我們走過天井，黃桷樹底下好像有什麼東西。

兩姊妹跑到天井，一人又捧著一個寶貝盒子走進教室。我們忍不住笑，只好大聲唱起歌來：轟！轟！轟！哈！哈！轟！轟！我們是開路的先鋒！——哈——哈——哈——借勢真個大笑起來。

她倆姊妹在教室裡正好坐在我前一排。我和她們常常在一起。一林文科好，我們有共同興趣。一心理科好，解不出的數學難題，我就問她。她溫柔敦厚，我寧可向她求救，不找「竹林七賢」的姜德珍，受不了她那一股傲氣。李一林大眼睛，黑白分明，聰明倔強，口齒伶俐，作文、唱歌、演戲、演講，是班上出色惹眼的人物。一曲〈浪花〉唱得情哀意切，全班黯然無聲。她是我們那一夥人之中第一個戀愛的女孩。一個風流而又自負的男子，情書寫得纏綿動人，沒接到李一林的信，「莫愁湖也愁了」，諸如此類的情話。兩人愛得死去活來，一九四八年終於去了台灣，結了婚。一九四九年，兩人突然坐飛機回重慶了。半個世紀之後，一林告訴我：

關於他的情況，我不甚了了，只知道一個大概。他對個人經歷絕口不提。兒子問他，他也不說。他也許覺得往事不堪回首。我所知道的情況是這樣的：抗美援朝時期他就開始停職接受審查。因為他是從台灣回來的，別人認為他在台灣生活很好，居然飛回來，肯定是有某種目的和任務。他一回來就託一位親戚找工作，被認為是與這位親戚接頭，接受這位親戚布置的任務。有關人員命他老實交代他回來的任務。他只能實話實說。他回來的原因是他姊姊多次寫信，說母親病了，要他回來。他要回來盡孝，也要回來參加新中國的建設。這個交代不符合要求。於是他被調到幹部學校學習，學習結束，問題仍然沒有解決。他又被調到與國民黨的黨政軍特人員一塊學習。學習了幾年，那些黨政軍特人員先先後後不斷調出去工作，他仍留下來學習，不知哪年哪月才能結業。他質問領導，沒有答覆。他氣憤不過，跳樓自殺，結果未遂。一九五八年被押送去勞動教養。從此我就和他基本斷絕了聯繫。一九七八年，黨和政府提出落實政策，平反冤、假、錯案，我為他寫了申述報告，交給他原單位。原單位受理了這個案件，派人去調查。一九七九年初冬，他被遣回重慶，單位派人給他安排了住處和吃飯的地方，每月給他生活費，一九八〇年給他正式平反。這時，他的腦子已經不行了。他的悲劇是時代造成的，當然也有他個人的因素。他不懂政治，不懂社會，他以為人生就像寫詩一樣，憑幻想憑感情用事。他的遭遇嚴重地影響了我。這是我罪有應得，誰叫我偏偏選中了他？

他平反幾年以後，孤獨寂寞地死去。李一林將他埋葬在重慶的南溫泉。她哭著說：那是他一輩子最好的時候。

那正是他們初戀的時候。

長城謠

萬里長城萬里長，長城外面是故鄉，高粱肥，大豆香，遍地黃金少災殃。自從大難平地起，姦淫擄掠苦難當，苦難當奔他方，骨肉離散父母喪。沒齒難忘仇和恨，日夜只想回故鄉，大家拚命打回去，哪怕賊虜逞豪強，萬里長城萬里長，長城外面是故鄉，四萬萬同胞心一樣，新的長城萬里長。

長城謠／潘孑農詞，劉雪庵曲

國立中央大學一年級在嘉陵江畔的柏溪，自成一體。校本部在對岸的沙坪壩，遙遙相對。年輕人千辛萬苦流浪到四川，咬緊牙關考上大學，前途有望，也有飯吃了。有人沒考上大學，跳了嘉陵江。那一群新大學生，突然跨進一個自由無羈、生動活潑的世界，讀書，救國，戀愛，春風吹野火也擋不住。

柏溪清澈的流水旁，一溜小茶館。說話的，讀書的，取樂的，都去泡茶館。三三兩兩，談天說地，拉二胡，吹口琴。也有人捧著一本書，一碗蓋碗茶，一泡一下午。你也可以找幾個人，在那兒討論系會同學會之類的事。牆上貼著毛筆刷的幾個大字：莫談國是。

抗戰時候，學生們有句流行的話：華西壩是天堂，沙坪壩是人間，古樓壩是地獄。人間比天堂踏實，比地獄有人味。更何況還有嘉陵江的流水，還有沿江的鴛鴦路。沙坪壩的冬天就像江南的早春。一走進中央大學校門，就可聽見音樂教室清脆的鋼琴聲，就可看見松林坡上穿灰布棉軍裝的年輕人。軍裝本是政府發給男生的，許多女生偏偏愛穿，穿上灰布棉軍裝，人人知道她有了男朋友了。女孩子把軍裝當外套，是很時髦的打扮，軍裝套在陰丹士林長衫外面，領口別個竹編別針，夾著講義，翹著鼻子，在松林坡上走下來，一臉正經。

松林坡兩旁是教室和女生宿舍。我有件棉軍裝，幾年以後，給我軍裝的那個年輕人王正路，成了我的丈夫。每天傍晚，坐在窗口，就聽見窗外小聲叫喚，我就抓起講義，穿上灰布軍裝往外跑。我們在鴛鴦路上走著，談著。一條小路繞著松林坡，一邊是女生宿舍，另一邊是圖書館。繞來繞去，又到了女生宿舍，又到了圖書館。最後只好走進圖書館去讀書。

我本來讀經濟系。那時中央大學經濟系是全國最有名望的，而且經濟系畢業的學生可以找到高薪工作，我可以供養母親和弟妹。原來我對經濟竟是白痴！別說經濟學那門學問，就是數字，我一輩子也搞不清。讀了一年經濟系，便轉進外文系了。

中大外文系當時有幾位很有名的教授：樓光來、柳無忌、范存忠、俞大絪。外文系的課程逼得很緊，尤其是俞大絪老師的「英國浪漫派詩人」，逼得人透不過氣。她讀詩可真好聽。她在堂上讀起雪萊、拜倫、濟慈，聲音清脆純淨，鐵面色厲的俞老師也顯得浪漫起來了。她對學生可是毫不留情的，每堂必有口試，背幾節詩，或是回答問題，答不出來，就得吃鴨蛋。一九四四年，政府號召十萬知識青年從軍，外文系的許多男生從軍當翻譯官。一九四五年八月抗戰勝利，他們回到學校。那些人最神氣，穿著翻譯官的長統靴，昂頭夸嗒夸嗒走進教室。俞老師的口試，他們對答如流。

我剛剛轉系，心裡惶惶的。英國浪漫派詩人可把我和章葆娟整苦了。她也是剛轉系。大統艙的寢室，一排排雙層床，書桌在兩排床之間。章葆娟坐在我斜對面。不論是外文系的什麼課，英國文學史、散文、小說、浪漫派詩人、莎士比亞，她必定一個個字讀出聲。有天晚上，她讀了通宵濟慈的「希臘甕頌」，身子前後搖晃打拍子，嘴裡念念有詞，介乎天津話和英文之間的一種語言，每個音節自成一體，不分輕重，一律平音，而且是天津調，偶爾還夾句評語。

盜。死，地，耳。來，飛，西，德。阿，福。快，也，地，勒，死。要命！就是記不住！盜。死，地，耳。來，飛，西，德……

我躺在床上聽著很喪氣，因為我自己也背不出，想到第二天課堂上俞老師的鐵面孔，不由得嘆口氣：天哪，這樣的日子何時了？

第二天早上，每個女孩子拿著碗筷去食堂搶稀飯。所謂搶，就是滿滿一碗稀飯唏哩呼嚕喝完了，趕緊又去大木桶裡再滿滿舀一碗，去遲一步就完了。有人不甘心，用鐵飯杓在木桶底上刮呀刮的，刮了小半碗，回到飯桌上，花生米和鹹菜只剩下兩個光盤子了，便從口袋裡掏出一小包鹽巴，撒幾顆在冷稀飯裡。

我們吃了那樣一頓稀飯，回到寢室，章葆娟仍然在那兒搖搖晃晃讀她天津調的英國浪漫詩。

滑，地。沒，德。拍，耳，訴，特，滑，地。死，抓，鍋……

上課啦！我推推她。

嗨，記不住，要命！她向我揮揮手，示意別擾她。

盜。佛，死，的，兒。且，兒，德。阿，福。賽，能，死……

上課啦！再不走就遲到啦！俞大絪的課呀！我又推推她。

她不理我，拿起筆記本和講義，披上灰布棉軍裝，和我一同走出寢室，走到松林坡上，邊走邊讀。

滑，地。門，俄，而。卡，子。啊。帝，死……

她突然停下來對我說：妳說，俞大絪今天會叫我嗎？我可背不出來！她叫我，我準暈倒！

沒人答腔。自身難保。

她只好又向教室走，背也有些駝了，又咬著一個個音節啃下去。

這時候，松林坡上走來一個女孩，兩條長長烏黑的辮子一甩一甩，給她那細挑身材添了幾分瀟灑，給她那渾圓的臉又添了幾分稚氣，她下巴微微翹起，一隻手閒閒抱著一疊雪萊、拜倫、濟慈的浪漫詩。霧從嘉陵江上升起，升到松林坡上，升到樹頂上，升到她背後的灰藍天空。她像是從霧裡走出來的。松林坡上的青年全有了感應，有的轉身愣愣看著她，有的找個理由停下來，只為瞟她一眼，有的乾脆跟上去：喂！張素初！然後問個無關緊要的問題，只是為了和她說說話，和她一起走進教室，即使走進俞大綱教課的教室，也是一臉的得意。

章葆娟對松林坡上來來往往的人全不理會，一走進教室，又趴在桌上啃濟慈去了，薄板桌子隨著她搖晃的身子咯吱咯吱打拍子。

俞老師一陣風似地進了教室。

一片肅靜。只有咯吱咯吱桌子搖擺的聲音——章葆娟啃浪漫詩從有聲變成了無聲。

蜜斯章葆娟！俞老師的聲音像喪鐘一樣響了。

咯——吱——咯——吱——桌子仍然不停地打拍子。

蜜斯章！

她終於站了起來。

灰布棉軍裝背後支著一個木衣架！

教室裡哄堂大笑。俞老師也笑了。

章葆娟毫無表情，慢條斯理把身上的衣架抽了出來，放在身後椅子上，不等俞老師開口，就自顧自背起詩來。

盜。死，地，爾。來，飛，西，德。不，來，德。阿，福。快，也，地，勒，死……

桌子咯——吱——咯——吱——照樣打拍子。

教室裡悶不住的笑聲此起彼落。

蜜斯章！俞老師要她停住，看樣子，她本要問章葆娟問題，不是要她背詩。

盜，佛，死，的，兒。且，兒，德。阿，福。賽，能，死。安，得……

咯——吱——咯——吱——桌子打拍子打得更有勁了。

教室裡有人打起哈哈來了。

蜜斯章！俞老師忍住笑，招了一下手，示意要她坐下。

章葆娟撲通坐下了。

蜜斯章！

章葆娟彈簧似地又彈了起來。我們全笑得前仰後合。

蜜斯章！俞老師笑得說不出話來了。我是要告訴妳，今天妳免了，下次再問妳。

一九八〇年，我在北京見到她，一九四九年，丈夫去台灣，她將帶著小孩後走一步。一別就是三十一年。她正設法尋找台灣的丈夫。我沒鼓勵她尋夫。尋到了，又怎麼辦？兩個世界，兩家人。

玉門出塞

左公柳拂玉門曉，塞上春光好，天山融雪灌田疇，大漠飛沙旋落照。
沙中水草堆，好似仙人島，過瓜田碧玉叢叢，望馬群白浪滔滔。
想乘槎張騫，定遠班超，漢唐先烈經營早，當年是匈奴右臂，將來更是歐亞孔道，經營趁早，經營
趁早，莫待碧眼兒射西域盤雕。

玉門出塞／羅家倫詞，李維寧曲

一九四四年抗日戰爭節節失利。日軍竄入貴州，獨山失守，逼近四川。許多男同學響應十萬知識青年從軍。我的弟弟漢仲不顧悲苦的母親而加入空軍。國家是存？是亡？不知道。

一九四五年八月十日晚上，我和王正路、許石清、員霖就在那種惶惑心情中，在重慶兩路口南區公園遊蕩。他們談著國民黨和共產黨，談著何去何從。是左？還是右？那時許多年輕人都在左右的岔口上。我家在民國政治浪潮中，翻騰得家破人亡。眼看著又一次浪潮要來了。霧夜濛濛，我想著山崖小屋裡的母親，掛念在印度接受空軍訓練的弟弟。

轟的一聲，樹梢閃出一道道亮光，一片片爆炸聲此起彼落。

什麼事？

日本飛機又來了嗎？

拉過緊急警報嗎？

這兒有防空洞嗎？

我們四個人站在公園小路上，互望著問了一連串問題，卻沒人回答。叫嚷潮汐一樣泛來，夾雜的爆炸聲也逼近公園了。

我們愣愣互相望著。

聽見了嗎？外面大叫日本鬼子投降了。

開玩笑嘛。

聽！日本鬼子投降啦！聽見了嗎？

別做夢了。

不可能！

聽嘛！勝利了，勝利了。

出去看看吧！

走近公園門口，叫嚷聲更大了：勝利啦！日本鬼子投降啦！勝利啦！

四人跑到大街上，只見漫天彩紙，人們狂跳歡呼，敲鑼打鼓，追著一列列美國卡車，車上廣播日本宣布投降的消息。車上的美國士兵也狂歡叫嚷，對奔跑歡呼的人用食指和中指做勝利的手勢，撒下大把大把彩紙。我們四人也隨著人潮奔跑高呼，跑了一條街又一條街。

午夜已過。

可以回老家了！今天不睡覺了！買酒喝他個通宵吧！

到哪兒去呢？

回南區公園去吧！員霖提議。

我們在公園裡喝酒漫遊到天明。

抗日戰爭勝利了。十月十日，國共簽訂協定：雙方必須堅決避免內戰。但是，內戰已打起來了，學生運動也爆發起來了。一月二十五日，昆明的大專學校聯合舉行反對內戰的時事晚會，當局武裝包圍鎮壓，十三人受傷，四人死亡。從此，開會，罷課，示威遊行，反對內戰，當局鎮壓，在昆明、成都和重慶各地成了連鎖反應，愈來愈激烈。

一九四六年一月十日，國共同時頒布停戰令。國民黨政府、共產黨和美國三方代表於北平成立軍事調處執行部，在各衝突地區調處。同時國民黨、共產黨、民主同盟、青年黨、無黨派人士，在重慶開政治協商會議。和平似乎有望。沙坪壩上的年輕人都很興奮，遊行擁護和平、團結、民主的決議。幾乎所有的學生都參加了。我為中大校刊寫報導，毛邊紙鋪在一塊小木板上，邊走邊寫，自以為很像新聞記者，還真想以後當新聞記者。我們高呼和平團結！民主統一中國！學生自治會主席不斷向我們扔饅頭，要擾亂我們要求停戰的呼聲。沒有人中計，反把饅頭朝他扔了回去。從此他的名字就是饅頭主席。

國共內戰如同病人的末期癌症，任何治療的藥物都沒有用。停戰令頒布以後，國共衝突並沒停止。

那年暑假中央大學復員南京。流浪八年，還鄉心切。輪船沒有我們窮學生的份，就是有錢，也買不著船票。員霖打聽到一個載客到宜昌的木船。下水船順水而行，既安全，又便宜，也不像輪船那樣擁擠，還可廉價瀟灑一下子，聽兩岸啼不住的猿聲，看三峽風光。母親已先行從萬縣回到漢口。我正好在木船停萬縣時，帶小弟弟華桐一同走。華蓉和母親的後母再等機會坐船回鄉。我和正路、員霖、許石清決定坐木船到宜昌，然後搭輪船到武漢。

我們在重慶上了船，才發現船上堆滿了大包大包的貨物。我們也成了貨物，擠在一堆，還有另外幾個船客，每個人只有平身躺下那一小塊地方。一天三餐，水煮鹽拌的一缽菜。我們受了船老闆的欺騙，有人嚷著要他退錢。船老闆蹲在船頭叼著旱煙袋不理會。船碰上了順帆風，很快就到酆都了。小時候聽善惡報應的故事，陰朝地府就在酆都。人在陽間作惡，到了陰間，孽鏡台一照，善惡功過分明，惡人下油鍋，上刀山，來世變畜生。馮奶媽對我講目蓮救母，聽得我不肯罷休，認為那是世界上頂曲折驚險的故事。現在，船到酆都了。我們上岸去鬆散一下子，只見酆都街上來來往往的人從容平和，看上去和死亡毫沒關係，和戰爭也沒關係。本本分分勤苦耐勞過日子的老百姓。我們剛離開了戰爭的恐懼和叫囂，酆都那小城叫人感到平常生活就是福。每人提了一罐榨菜上運貨的木船也就很滿足了。

船停萬縣卸貨，接了華桐，到宜昌轉乘輪船回漢口。萬縣以下，山山水水都是畫，畫裡人、神、歷史，各有其位，又都息息相關，因此親切。白帝城、張飛廟、孟良梯、神女峰、孔明碑、屈原沱、香溪。諸葛亮推演兵法的「八陣圖」就在瞿塘峽。杜甫晚年在夔州三年寫了三百一十一首詩，其中的〈八陣圖〉一詩就是吟誦諸葛亮的功績，感嘆歷史的興衰：功蓋三分國，名成八陣圖。江流石不轉，遺恨失吞吳。

多少年以後，寫《桑青與桃紅》的時候，上有萬仞山下有千丈水的瞿塘峽突現在眼前。小說第一部的背景就是瞿塘峽。

一九四六年六月，國共在南京舉行的停戰談判毫沒結果。七月間李公樸、聞一多在昆明遭暗殺。國共衝突發展成全國性的內戰了。復員南京的中央大學立刻捲入政治鬥爭中。校園上左右分明，非左即右，非右即左。十二月北平美軍強姦北大女生。北平、南京、天津、上海、昆明、重慶、武漢、廣州，和其他城市，數十萬學生相繼舉行抗議罷課和示威遊行。從此，罷課抗議，示威遊行，暴力鎮壓，連鎖反應下去。一九四七年，物價飛速上漲，通貨膨脹，糧食不足，發生搶米風潮。反饑餓、反內戰、挽救教育危機的運動，如火如荼，蔓延全國。鎮壓流血是司空見慣的事。常常聽說某某人被捕，某某人失蹤了。甚至傳說有人被裝在麻布口袋裡扔進長江了。中大校園上左右兩派的學生，有組織地互相鬥爭。他們甚至大打出手，要打得你死我活。有一次左派在大禮堂開會，一群右派突然關了燈，衝上台去，在黑暗中抓著人就猛打。一個矮小的左派大叫：我是你朋友呀！我們同寢室呀！那右派也大叫：你是我朋友，我也要打！

一九四八年，中央大學復員南京兩年以後，在一個又一個激烈的學生運動中，我草草畢了業。收音機播音員清脆的聲音廣播：

自一九四七年七月一日到一九四八年六月底，人民解放軍剿敵正規軍九十四個半旅，連同非正規軍共一百五十二萬餘人，收復與解放重要都會及縣城一百六十四座，解放人口三千七百萬。

校園上的右派逐漸匿跡了。秧歌舞跳起來了。

王正路家在北平。他在暑假畢業後就回北平去了。南京到武漢的長江航行已截斷，我不能回家，只好留在南京一個中學教書。十一月底，平津戰役開始。收音機裡廣播勝利的聲音更清脆嘹亮了。北平和南京之間仍有飛機往還。我決定去北平。

圍城

原來我是飛機上唯一的乘客。

而且那是從南京飛北平最後一班飛機。共軍已包圍北平了。飛機抵達後，共軍就占領機場了。

我突然失落在一個北方大家庭中。也突然結了婚。正路兄弟倆同時結婚。婚禮在砲聲中進行。主婚人祝賀新人百年好合。砲彈落在禮堂四周，也就無須放鞭炮了。第二天，兩對新人雙雙出門，拜望親朋父老。兩個新媳婦打扮得花枝招展，在轟——轟——的炮聲中，嫻雅婉約地答謝鄉長父老。

王家四弟兄，上有老母，下有兒女，三代同堂。那四合院自有其生活規律，只要砲彈不落在那院子裡，日子就照老樣子過下去。女人做飯，伺候老太太，照顧孩子。每頓飯開兩桌：老太太和所有的男人坐一桌，媳婦是婦孺之輩，和孩子們在另一桌，坐的坐，站的站。北平多日在共軍包圍中，城裡城外完全隔絕了，糧食蔬菜進不了城，麵粉得用金子買，大白菜燉粉絲也成了珍品。

我這南方人跟著嫂嫂學做北方大家庭的媳婦。早上起來，第一件事是去上房問候老太太，倒老太太的尿盆，伺候老太太從炕上起身，拿著臉盆到廚房盛熱水。客人來了，問好、敬茶、奉菸。新媳婦第一次見客，茶菸奉上之後，我在一旁就勢坐下了，坐在椅子邊邊上。

正路臉色突然變了，眼色暗示我回房去。

一走進小跨院，正路說：妳怎麼坐下來了呢？

我坐下來陪客人也錯了嗎？

他理直氣壯地說：妳應該在一邊站著，他是長輩呀。

站著？

當然！

你們男人都坐著？

當然！妳看弟媳不是也站著的嗎？

她站著，我坐著。這也犯了家規嗎？

妳自由慣了。沒辦法，在家裡住下去，妳就得守家裡規矩。

我嘆了口氣：這種日子怎麼過呀。我要回家。

怎麼回？北平整個被八路包圍了。傅作義正和共產黨談判，才沒打砲了。我們只有等了。

等什麼？

等共產黨進城。

收音機整日開著，可以收聽國共兩方的電台，是我們接觸外界唯一的管道。雙方播送不斷變化的戰爭局勢，又都自稱勝利。有時也可聽到諸葛亮在城樓飲酒撫琴那種消閒戲曲，聽起來反而不正常了。在南京聽到的那個清脆嘹亮的聲音，在北平又聽到了，異地重聞，我一聽就知道那是勝利的聲音：

遼瀋戰役已勝利結束。淮海戰役已接近決定性階段。

人民解放軍正積極準備渡江。平津戰役也接近決定性階段。

一九四九年二月三日，我看著解放軍從從容容走進北平城。

走向真空地帶

妳到哪兒？

去瀋陽。我回答。

去幹啥？

去看我丈夫的父母。我指著正路說：我們剛結婚。

臉膛黝黑的解放軍看了我一眼，又看了我一眼，頓了一下，似乎不知如何是好。終於在路條上寫下瀋陽兩個字。

正路理直氣壯地回答了問題：回瀋陽老家。

他本生長在長春，那東北口音的普通話幫了大忙。

我倆各拿一張去瀋陽的路條，走出北平軍事管制委員會。回到家，徑直走進我們的小跨院。

正路拿起毛筆，對我笑著說：好主意！妳怎麼想出來的？

別問了，改吧！只把瀋字改成漢字，寫粗一點，就成漢陽了。反正現在可以南下了。

一九四九年三月初，華北解放區和國民黨統治區可以通航了。我們拿到路條後，立刻收拾行裝。一人一個鋪蓋捲，塞了幾件換洗衣服。路條上的身分一欄，正路是個生意人，我是小學畢業生。我們必須帶著中央大學畢業文憑找飯碗，但文憑不符合我們身分，怎麼辦呢？兩人盤算了一陣子，決定帶一個鏡子，將鏡面和底面拆開，將兩張文憑夾在鏡面和底面之間。我打兩條小辮，黑布鞋，陰丹士林長衫。正路穿上他哥哥的舊棉襖棉褲布鞋，買賣人跟老婆回漢陽娘家。

從南京到北平以後幾個月，母親消息斷絕，關山阻隔，不知道母親和弟妹在哪兒。南方和北方簡直是截然兩個不同的世界。北方保守，南方開明。我在那個大家庭裡，只是一個失落的異鄉人。我一定要從圍城中，回到滔滔湧流的大江上。正路和老母抱頭泣別，都知道那也就是永別了。半個世紀以後，不但老母早已成灰，正路自己也只剩一把骨灰回鄉了。

天津早已解放。從北平乘火車到天津，車站的解放軍看看路條就通過了。從天津坐貨車去濟南，每停一站，二十幾個乘客都得下車。解放軍要檢查路條。幹什麼的？到哪兒去？去幹什麼？諸如此類的問題。貨車在德州停一夜。下車經過解放軍檢查路條之後，我們一夥行人找了個棧房，七、八個人睡一個大炕。我和正路在一個小館大嚼了一頓燒雞解饞。回到棧房，同行的人都睡了，大炕上鼾聲此起彼落。渾黃的燈光也沒了。黑暗中解開鋪蓋捲，將被子摺成僅可容身的一個被筒子。春分時節，寒峭逼人。鑽進被子，有些暖意，安睡一夜，也很滿足了。

解放軍來檢查啦！查路條！查行李！排隊站好！棧房掌櫃大叫。

我在黑暗中驚醒，一時不知身在何處。

解放軍檢查啦！帶著行李！打開行李！一件也不能少！趕快排隊！

我睡眼惺忪，拖著鋪蓋捲，到院子裡去排隊。那個暗藏畢業文憑的鏡子在我手提袋裡。我慌慌張張提著袋子，跨過很高的門檻。袋子撞在門檻上，只聽見玻璃破碎的聲音。糟了，這下子可糟了。我慌忙將內衣、毛巾、牙刷、梳子之類的東西蓋在鏡子上。

我和正路站在隊尾，每人的鋪蓋捲放在自己面前。一個解放軍一個個人詰問，檢查一個個鋪蓋捲和網籃，另一個解放軍在一旁監視著。

夜太長了。

他們終於走到我面前。一人接過路條，看著路條核對我的回答是否一致。

妳叫什麼？

聶華苓。

妳媽叫什麼？

孫國瑛。

妳去漢陽，漢陽在哪兒？

在湖北。武漢三鎮：漢口、武昌、漢陽。

去漢陽幹什麼？

回家。我媽在漢陽。

上過學嗎？

嗯，小學。

他看了我一眼。

為什麼去北平？

去找我丈夫。我指指正路。

他幹什麼？

做買賣。

正路嘻嘻討好地笑了一聲。

帶了犯法的東西沒有？

沒有。

鋪蓋全打開！

解放軍翻了一下被子裹著的幾件換洗衣服。

袋子，看看袋子。

吶，你看，毛巾、牙刷、牙膏、梳子、鏡子、褲衩、在路上用的一些東西。吶，就是這些東西。我使盡渾身力量，鎮住聲音不抖，鎮住張開袋子的兩手不抖：吶，你看，就是這些東西，在路上用的。

解放軍向袋子裡瞄了一眼。好，走吧！

火車在濟南停下。我們找了個棧房住下。同行的那一夥人也在那個棧房裡。好在是單間房，睡一夜好覺，還可看看老殘的濟南府，家家泉水，戶戶垂楊，還有那大明湖、千佛山。

但是有人從棧房掌櫃打聽到，從濟南到青島的膠濟路已毀了一大段，火車只通張家店，到了張家店就沒火車了。從那兒如何去青島，也沒把握。兩邊的軍隊打來打去，沿路的情況隨時改變。我和正路決定盡快先坐火車到張家店，在那兒再想辦法。濟南深更半夜的檢查，我們已是司空見慣了。破鏡早已扔掉，買了個新鏡子，找飯碗的畢業文憑又夾在鏡子裡了。

一路行來，還是那十來個人。我們都到了張家店，也都住進火車站附近的棧房，見了面點頭笑笑，有些同船共渡的親切。有人打聽到去青島的路子。棧房掌櫃可以找到推轂轆車的，一邊放鋪蓋捲，另一邊可坐一個個頭小的人，當然是我坐了。其他的人步行。從張家店步行幾天到濰縣，大約一天可走六、七十里路。濰縣過去是一段三不管地帶。再過去就是青島，仍屬國民黨管轄。

我坐上轂轆車，正路在一旁走路。每人都帶著饅頭大餅之類的乾糧。兩邊軍隊在那一帶時進時退。偶爾走過一個村子，三兩婦女兒童瞪著眼看，彷彿要知道我們到底是什麼人。每天走到天黑，碰上小棧就停下來吃一頓，歇一晚。照樣深夜檢查，照樣回答。心中暗喜我竟對答如流，毫不驚慌了。

到了濰縣，在棧房住了下來，對那三不管地帶有些怵惕不安。誰也管不了，也就沒有安全感了。不敢進，也不能退。北平的四合院已很遙遠了。三不管地帶沒有人煙，凶吉莫測。推轂轆車的答應送我們到三不管地帶的邊界，大約有二、三十里路，邊界那邊就是青島了。我們滿心感激。推轂轆車的也就是我們的保障了。

濰縣沒有深夜檢查。解放區的邊界到底不同，要走的，就走吧。第二天一大早動身趕路。原來在濰縣邊界上，有四、五個解放軍等著檢查。一人坐在桌後，其他的人站在左右。先看路條，再看鋪蓋，比其他地方的檢查嚴格。通過的人得立刻離去。兩個人沒通過，站在一旁。正路通過了，他看看我，不得已走了。

我拖著鋪蓋捲，走到桌前，交上路條。他看了路條，看看我，又看路條，又看我。

妳到漢陽？

嗯。

幹什麼？

回家。

家裡幹什麼？

我媽守寡，做裁縫。

妳家漢陽的地址在哪兒？

我一愣，從沒去過漢陽，冷不防他問出這一句話。我的心忐忑跳，臉烘的一下發燒，終於回答了：漢陽紫楊橋八號。

紫楊橋不在漢陽，而在武昌，我曾在武昌的湖北省一女中讀過一年半初中。

他盯著我：妳只讀過小學？

嗯。

只讀過小學？

嗯。

他手一揮。站在一邊！

我轉身找正路。他遠遠回頭看我。我沒回應，暗想：我們從此就分別了。我站在一邊，眼看著一個個人通過檢查走了。正路走一步，回頭望一眼。

妳過來。檢查的人對我說。

我走過去，站在他面前。

他又拿著我的路條琢磨。

我心想：最好的下場，就是讓我坐轂轆車，獨自到張家店，坐火車到濟南，到天津，回到北平王家的四合院去。也許那兒也回不去了，也許……

讓她走吧。站在一旁的一個解放軍說。

他盯著我看，頓了一下，遞給我路條，終於說：好，妳走吧。

我拖著行李向正路走去。那是我走過的最長的一段路。也是我對正路最不捨的一刻。

三不管地帶只是一片黃土地。天茫茫，地茫茫。天地之間，只有那趕路的一溜人。也好，假若再晃出一個人影，就是威脅。一溜轂轆車晃晃蕩蕩，咯吱咯吱，揚起一片黃沙，沙幛似的罩著疲憊的行人。人走多遠，那沙幛就扯多遠。沒人說話，都在趕路。

到了那邊，到哪兒去呢？正路突然問。

回漢口。

漢口也留不住呀。

廣州呢？

走著瞧吧。

【外一章】五十年後話當年——尋找談鳳英

一九四三年，高中畢業時，竹林七賢相約十年以後重聚。經過了半個世紀的風風雨雨，只有四賢在愛荷華重聚了。李愷玲當年倜儻不羈，不屑於交朋結友，有一兩知己而已。後來，我和她都進了國立中央大學，也沒交往，偶爾在校園上碰到，也只是淡淡打個招呼，她是左派，我不是左派，就成了反動。但在半個世紀以後，我對她說：知我者，愷玲也。她也來了愛荷華。我們在鹿園兩個月，談舊事，算舊帳，溫舊夢——白髮蒼蒼的小女孩。

姜德珍、宗志文、談鳳英三人在抗戰中去了昆明的聯大，勝利後，復員到北大，正是內戰炙熱的時候。姜德珍在革命與愛情之中，選擇了革命，一生忠心耿耿為黨工作，退休後，熱中於老年心理的研究。宗志文雖是我們的小冰心，終於專研中國近代史，對蔣介石頗有研究，有不少「精神風騷」的老故事講給我們聽。李愷玲有創作才華，當年沒聽汪曾祺的建議加入作家協會，終於在大學教文學，她經過多年政治波折，自己結論是：活得硬氣。

談鳳英最能代表那風起雲湧時代的年輕人風貌。

聶華苓：談鳳英，（笑笑）我不習慣叫妳方靳。為什麼改名方靳？

方：一九四八年，我從北京到解放區去了，就改名方靳了。

聶：宗志文、姜德珍她們都說受了妳的影響。

方：我也沒有有意地去影響。

李愷玲：妳那種影響方式是最好的。

方：抗戰時期在湖北恩施屯堡讀初中的時候，我們就有讀書救國的思想。

聶：後來在四川長壽十二中，妳就比我們穩健成熟一些。妳在西南聯大學生物，是吧？

方：嗯。在北大，我是植物系。在昆明西南聯大，我認識了一位女同學，姓陳。那時候我們對蔣政府不滿意，她常拿些進步書刊給我看，但我並不知道她後頭有黨的背景。

聶：妳們去了聯大，我去了中大。我不是右派，也不是左派。我患政治冷感症。

方：我在昆明曾經賣過報，賣民盟的《時代評論》。

聶：民主同盟是外圍組織，是吧？

方：民盟就是民盟。民主青年同盟是共產黨的外圍組織，簡稱民青。一九四七年，在北平，那個姓陳的朋友要和她的男朋友到解放區去了，早早告訴了我。我怪她說：妳這是幹什麼？妳告訴我了，我的責任多大！你們要是出了事，是我出賣你們呀，還是怎麼的？她笑著說：我相信妳，我們走了以後，新詩社的工作，就是妳抓了。我又不是寫詩的人，我當時參加新詩社，就是歌詠隊，唱〈游擊隊之歌〉呀，〈團結就是力量〉呀，還上台表演。

聶：那個倒難不倒妳，妳在十二中就演話劇，妳在《回春之曲》裡演男角，還挺帥的，有的女孩子把妳當男生，對妳說話細聲細氣的。

姜德珍：在北大的新詩社、歌詠隊，是搞學生運動的。

方：一九四八年，要抓人了，抓黑名單上的人。趕快撤退！黨通知的，叫你走，就走！

李：鄭直呢？

方：他到浙江蒐集畢業論文材料去了。我和一個人，不認識的人，在火車站會面，假扮夫婦，假裝從北平過解放區，到未解放區去，山東有一些地方還沒有解放。在學校我配了眼鏡，眼鏡也不要了，太知識分子了。過了河，是中間地帶，兩不管。在過減河前，怕國民黨發現。過了減河，上了馬車，又怕土匪。到了滄縣，就是解放區了，就去找民教館。那裡還是不穩定，再到泊鎮。泊鎮就穩定了。我們排隊過河的時候，一個女警察忽然大叫：過來！過來！我想：糟了。

聶（笑）：這種心情，我可知道。北平解放以後，我從北平經過解放區到未解放區去，剛好和妳背道而行，我從解放區邊界，山東濰縣，要經過中間地帶，被解放軍扣下了，我也是想，糟了。

方：想不到那女警察是嫌隊排得太長，叫我到前面去另排一個隊。我那個同伴，遲遲不能過來。我很著急。後來，過來了。過了減河，情況不一樣了，趕馬車的活潑得唱起來了。我們到家了。碰到兒童團了。到了滄縣，趕馬車的問：你們是不是要找民教館？我說：是呀。他指著不遠的一座房子說：那就是！同乘一輛馬車的，有人說：我們也是到民教館！又有人說：你還在寫字？你不是不認識字嗎？現在，都是同志了。

聶（笑）：一樣、一樣！我們也是忽然發現，大家都是離開解放區到青島去的，那時候青島還沒解放。真有意思，妳我兩人在台上背對背唱雙簧。

方：到了民教館，好嚴肅！問我們：你們幾個人過去認識嗎？我們說：不認識。好，你們互相不要談自己的過去。又問我：妳找什麼？我說：找高棠。高棠是團組織的暗號，不是黨組織了。我要是說金圓券，金圓券就代表黨組織的暗號。還有各種暗號。第二天，要我步行到泊鎮。又不是那些人了。一路走的人全不認識，也不談過去是幹什麼的。我一到了泊鎮，就住在農民家裡，改名字，叫方靳。我得改男裝，讓別人不認識。那時候年輕，又瘦，對襟褂褲，走起路來，男的跟不上我。老鄉家裡也沒什麼東西，一大鍋小米粥，南瓜糊。

我是一九四八年七月十二日走的。國民黨登報通緝的人員名單中，有我的名字，我媽媽嚇死了。我寫信給媽媽，說我要下農村去了，很長一段時期不能寫信。解放天津，我參加了接管工作。

聶：我正困在八路軍包圍的北平，要到南方去，沒有飛機了。我和在武漢的母親也不能通消息了。

方：我參加了天津鐵路的接管工作。接管幹部駐在離天津不遠的地方，等待。先是爭取和平解放，談判花了一些時間。一九四八年十二月下旬，談判破裂，解放天津的砲火響了。我們凌晨四點，就向天津行進。天黑，背著東西，一直走到黃昏，到了天津近郊，遇到了五里地的地雷陣，走一步，就是地雷。地雷還沒消除的，就畫個白圈。踩上了，就爆炸。大家一面走，看見地雷就喊：地雷！地雷！地雷！警示後面的人。遠近不時有地雷的爆炸聲，好緊張。路上國民黨士兵的屍首，還有沒有收的。到了天津還得向老百姓宣傳，還得背台詞。俘虜過來的國民黨的兵，大群大群被押著迎面而過。他們也是勞動人民，不欺負他們。城裡水要供上，電要供上，安定老百姓的生活。而我們當天晚上，坐在馬路上過夜，絕不能打擾老百姓。

鄭直到解放區了。有同志看到他了，告訴我，他本叫王宗周，改名叫鄭直了。我們老見不到。後來他從北平來天津，才見面了。那已是一九四九年了。

宗志文：我陪他去的。

方：他說他要找我！他不說他革命！

聶、宗、李、姜大笑。

方：他說：我是要找談鳳英的。我認為，組織需要你，你就到解放區，不要因為我你才來。他不管這一套。

宗：一九四八年，大概是八月吧，鄭直回北大了，跑到我們女生宿舍，敲門進來了。一句話也不說，就坐在方靳位置上。我也不理他。我知道他是怎麼回事。

鄭直：我受鄒韜奮的影響很大。他的政治特點是：凡是於國家民族有害的，我都反對。凡是於國家有利的，我都擁護。我不管他是哪一黨，哪一派。我一直就是這麼個思想。我心目中，革命，不一定要參加什麼黨，雖然我對孫中山非常崇拜。我從來就覺得：我應該獻身出來，救國救民，要富國，要國家強盛。到了高中，更進一步了，我把人分成兩部分，一部分是革命者，為了一個政治目標，獻身，拋頭顱，灑熱血，而且看不到革命的成果的那種人。這種人我非常尊重崇拜。另一部分人，為著要解決一個自然界的奧祕，辛辛苦苦地幹他所做的工作，為了全人類的幸福。我挑選做後一種人。我覺得我不是搞政治的，我就安心做我的自然科學工作。我要是做革命工作，就是鄒韜奮先生所說的那種人。

我不參加哪黨哪派，凡是於國家有利的，我都擁護，凡是於國家有害的，我都反對，不管是哪黨哪派。解放前，一個要好的朋友說：你參加組織吧。我們在東單牌樓那兒散步。我們在聯大的時候很要好，我那時候窮得很，他是華僑，他給我衣服穿，現在我還留著。當然，我也勤工儉學。他做黨的工作，名義上是記者。反內戰學生運動期間，我知道他到了重慶回到昆明，他起碼是民青的領導人。我在昆明是左的。一九四五年冬天內戰開始了，聯大反對內戰的學生運動，我是參加的。特務鎮壓學生，死傷十幾個人。我非常積極地搞反內戰的宣傳，拚命地幹。當時有人要復課，我就不贊成，因為內戰還在打。我主張到國共雙方對峙的前線，呼籲停戰。有同學笑我是迂夫子。

聶：我們在中大也響應反內戰。從那以後，遊行、罷課、學生運動就越來越熱烈了。

鄭：我非常積極。後來在北平，美軍強姦沈崇事件以後，抗暴的時候，姓王的同學說，你參加個組織吧。我說：你是歷史系的，你們文科的去幹吧，去組織學生運動。我們理科的，罷課，我們就幹，不罷課，我們好好讀書。

聶：你怎麼到解放區去了呢？

鄭：我到南方蒐集畢業論文材料，知道方靳到解放區去了。我回到北平，想讀書的。北大學生自治總會選舉，我當選為理事，在福利部工作。當然我知道有些地下的，幫忙工作。

聶：那時候你參加組織了嗎？

鄭：還是沒有。

宗：你為什麼不參加呢？

鄭：罷課的時候，我們地質系，從來都是糾察隊。我們幾個人，總是衝鋒在前面，維持秩序的，拚命的。但是我們沒有參加任何組織，也沒有任何組織來管我們。我們覺得應該怎麼做，就怎麼做。但是，也是和大家一起做的。後來，越來越緊張。我沒共產黨後台，我就是憑我的正義感，就這麼幹！後來，我躲起來了。

宗：哪一年？

鄭：一九四八年。

聶：真抓你，你也躲不了。

鄭：躲不了。有時我在西齋住，有時在地質館的辦公室裡待一夜。捉迷藏似地，還可以躲。過了一段時期，我發現自治會的人，怎麼一個個的都不見了？

聶（笑）：——都到解放區去了。

鄭：對！我還在組織做很多工作，安定北大教職工的生活，還有很多其他工作，希望北大不要南遷。怎麼人都不見了？我跑到一個姓李的同學那兒去，發牢騷。

宗：她是民青聯繫人。

鄭：我說：人都跑掉了。她說：黨組織沒有給你安排什麼？我說：我也沒參加黨組織。她說：你不是黨員？我說：不是。她說：這就太怪了。

聶（笑）

鄭：我就有點發牢騷了。我的同班同學，姓謝的和姓蕭的，兩人是地下黨，他們說：我們三個人到解放區去吧。我說：行！走吧！我們到解放區去幹革命。他們聯繫到城工部。帶領我們的人是城工部的一個地下工作人員，告訴我們：你們三個人向順義那個方向走，到唐山地區，再往裡走，就是冀東解放區。城工部的一個像工人似的人，帶著我們走。這個工人，就是地下黨。他說：我在前邊走，你們三個人，離開一定距離，望得見，前面那個村莊，有個姓張的，是我舅舅，到了那裡，假若有問題，他會保護你們的。到了那個村莊，他不停，穿過村子，我們跟著他。到了下一個村莊，他說那裡有個什麼人，要是出了問題，他絕對會保護你們。就這麼一個村莊一個村莊地走。最後，他說：前面就是箭桿河，過了河，有個小山包，到了那個地方，你們就放心了。那不是解放區，但是，沒多大問題了。我們還是散開走。到了村子裡，他忽然一拐，拐到一個人家裡去了，沒有出村子。我們也一拐，拐到那家人家裡了。原來他發現村子裡井台上，有國民黨的兵在打水。問了這家人才知道，頭天晚上，國民黨軍隊開來了，封了渡口，扣了船，河是過不去了，走不了了。怎麼辦？退回去吧？回到北平去吧？

聶：回北平啦？

鄭：回北平了。過了一天，有個同學來找我。他說：這次我給你想個辦法，給你一個路條。你可以到冀中解放區。他就用肥皂刻了個印，造了個假路條……

聶（笑）：八路進了北平，我們逃到南方去，也是造了個假路條，路條是回瀋陽，我們把「瀋」字改成個「漢」字。兩路人，同樣的把戲。

鄭：那個朋友告訴我：你往山東那個方向走，說是回老家。你有個任務：你必須帶個女的，帶到解放區。

在座的人哄然大笑。

鄭：他說：帶到解放區。我說：行。他說：星期天早上，七、八點鐘，在北海公園，有個兒童遊戲場，你到那兒去，會碰到一個女的，不要講什麼，你只告訴她下一次在什麼地方見面。好吧，我去了。早上很冷。我在遊戲場轉了一圈，沒有人。我想，中山公園後頭，就是護城河，河邊有個亭子，下次就在那兒見面。我等了一會兒，真的來了個女的……

大家哄笑。

鄭：打扮很樸素的。知識分子。看了一下，沒有別人。我說：再過兩天，在中山公園後邊，護城河那裡的一個亭子見面。我順便問問她，妳住哪裡？她告訴我住西城，什麼胡同，幾號。我隨後悄悄地到西城，果然找到了那胡同那號碼，證明她沒有說瞎話。我回來告訴了我那個同學。他說：我把你的暗號告訴你：金圓券。他把她的暗號也告訴我了，現在記不得了。他說：你只能到青縣以後告訴她她的暗號，一路上她只能聽你的，你什麼都不要給她講。

過了兩天，在中山公園指定的地點，我們會到面了，我要她跟我走。她說：那我們是什麼關係呢？我說：看樣子，妳比我大一點，妳就是我的嫂嫂吧。

宗：你挺鬼的。

鄭：怎麼鬼呢？我說：妳是我嫂嫂，我們一塊回老家。我們家在山東武城縣，我負責來買火車票，到天津，我給妳安排住處。她問我她住哪兒。我說：我住哪兒，妳就不要管了。我不願自己到車站去買票，那時候可以打電話買票。後來我聽說，她可能是一位民主人士的夫人。

聶：太精采了，像小說。

鄭：我在天津去找在一家報館工作的聯大同學，告訴他我要到解放區去了。他說，你怎麼可以打電話買票！那不是自投羅網嗎！你自己去買票，然後住在南開大學。好，我去買了票。南開大學我認識的一位聯大同學，已經到解放區去了。晚上，我就睡在他的空床上。

聶：那時候，知識分子向左轉，真是排山倒海的氣勢。

鄭：我就在南開大學睡了一晚。第二天早上，朋友告訴我，做農民打扮，農民到天津來幹嘛呢，來買包餘麵，回家發麵做饅頭。那時候我化裝了，剃個光頭，穿件大棉袍，手錶鋼筆都不帶，不要表現你是上過學的。我們從天津坐火車到陳官屯，下車後向南走，步行一段路，前面就是減河渡口。她跟著我走，什麼也不知道。到了河邊，男女分開了，還望得見。其實，國民黨軍隊沒那個興趣盤問你。河邊沙灘上，堆了一大堆手錶鋼筆那些物品。我就是一包餘麵，他們不要。過了河，就是青縣，兩不管了，怕土匪。晚上住在一家馬車店裡。我就跟她說：萬一有危險，會走散的，現在我告訴妳妳的暗號，用這個暗號妳可以到滄縣民教館接頭。她說，你是從解放區來的八路吧。這時我才簡單地介紹了一下我自己。她說：在北海公園看到你穿著那麼一件大衣，我想你是從解放區來的八路。啊，你還有個女朋友。

哄笑。

鄭：到滄縣民教館說了暗號，接上頭，僱馬車到了泊鎮，這才真正安全了。碰到一個熟人，啊，你來了，填表吧。我和那個女的就分手了，這幾十年都沒見過。

李：你怎麼猜想她是什麼夫人呢？

鄭：那時候有民主人士到解放區去了，他的夫人也要去。她是什麼人，我也不管。我的任務就是帶她到解放區去。到了泊鎮，我一下子碰到很多北大同學，高興得如魚得水。我在泊鎮學習。學習了一段時間，要到前線去了。

宗：你入黨了嗎？

鄭：還沒入黨。我很晚很晚才入黨。方斬老動員我，說我沒有組織觀念。後來在中央團校才入黨。早先我認為，黨者，尚黑也。

聶大笑：有意思，有意思！

鄭也笑：後來北上，到良鄉。好多朋友在那兒。有人說：王宗周來了，你幹什麼呢？我是學地質的，看來現在不需要我找礦。我在聯大刻過蠟板，刻講義。我說：現在你們需要學習材料，我可以刻鋼板。他們說：就是需要這樣的人！蠟紙很少，字要刻得很小，每張蠟紙要能印五百份。接管北平的，全在那兒參加學習！

聶：原來是你們這些人呀！我困在北平那四合院裡，聽說八路進城接管了。

鄭：一連好多天，我整天埋頭刻鋼板。後來，他們說：你就去接管北大吧。好吧。你是什麼系的？地質系。現在需要接管資源委員會在北平的幾個研究所，你別去文教口了，你去財經口吧，今天晚上就坐車到石景山鋼鐵廠去，先找趙心齋。見了面我才知道，什麼趙心齋呀，這不是我在聯大就認識的任澤雨嗎？這樣我們倆做伴了。那時候，我們是兩手準備：傅作義不投降，就攻，還準備了雲梯，另一方面是和平談判。最後是和平解放。

聶：你接管的時候入黨了嗎？

鄭：沒有。我不是團員，也不是黨員。什麼也不是。

在座的人哄笑。

鄭：到了被接管單位，黨組織說：你來組織團的工作吧，組織本單位的青年團。我說：我又不是團員。我就寫了申請書入團。入黨是在中央團校的時候。後來批我呀，批得一塌糊塗，說我最大的毛病是個人英雄主義。

聶：解放後你才找到方靳嗎？

鄭：當然。她在天津北站做接管工作。她給我來信：鄭——直——同——志。冷冰冰的。

聶、宗、李大笑。

第二部

綠島小夜曲

一九四九～一九六四

雷震1917年就加入了國民黨，擔任過國民黨政府中許多重要職位，曾任國民參政會副祕書長、政治協商會議祕書長、制憲國大代表兼副祕書長。離開大陸前是國民參政會副祕書長，1949年到台灣後，為國策顧問，並創辦《自由中國》半月刊。胡適為發行人，但沒有負實際責任。雷震夾在當政權力和自由民主思想之間，左右迴盪。終於在那孤立的海島上挺立起來了，也因此坐牢十年（1960-1970）。

1949年11月，《自由中國》半月刊在台灣創刊。1952年，胡適到台灣，《自由中國》全體編輯委員熱烈歡迎：教育部長杭立武（二排左三）、台灣銀行總經理瞿荊州（後排左三）、殷海光（後排右二）、戴杜衡（後排右三）、北京大學教授毛子水（二排右四）和張佛泉（二排右三）、夏道平（右二）、胡適居中，旁為雷震。編輯黃中（一排右一）。聶華苓旁是雷夫人宋英。1960年誣陷雷震的劉子英席地而坐（一排左一）。其旁是負責發行的馬之驌，也以莫須有的罪名被捕。這是《自由中國》的全盛時期。

胡適初次到台灣，普台同慶。《自由中國》歡迎會上，胡適說，台灣應該為雷震豎立銅像。唯一有照相機的熱心腸馬之驌說：今天是《自由中國》的大慶，給你照張相吧！（1952，台灣）

雷震夫婦在寓所歡迎胡適。雷夫人宋英，是20世紀的患難和內斂的女性美磨練出來的一尊特殊的雕像。

我在一旁靜聽胡適和雷震談論《自由中國》所受到的權威當局的壓制。

雷家因為特務的騷擾，也因為《自由中國》需要經濟補助，雷先生夫婦賣掉金山街的大房子，搬到鄉下木柵去了。全體編委和工作人員在他們新居聚會。（1953，台北木柵）

那天，我和雷夫人宋英（前右）、殷海光（左二）、馬之驌（右一）等在雷家新居園子裡碰上了。不知為什麼要照張相。那張相竟流落到愛荷華了。真個是人間天上，沒個人堪寄。（1953，台北木柵）

1958年4月，胡適由美回台，就任中央研究院院長。《自由中國》已經被權威當局判定為離經叛道。編輯委員會不如當年盛況了。胡適居中，聶華苓在其右。黃中已赴美，傅正（一排左二）接任。宋文明（一排右二）加入編輯委員會。1960年，雷震、傅正、馬之驌（二排一）同時被捕。那時被特務利用，繼而被卡車撞死的忠憨的老瞿（一排左一）席地而坐。

《自由中國》編委郊遊。雷震（前左一）、殷海光（後右二）、夏道平（後右一）、宋文明（前左二）、戴杜衡（前右二）、宋英（後左二）、聶華苓（後左一）。我在那些人身上看到的，是為人的嶙峋風骨和做人的尊嚴。（1959）

《自由中國》編委郊遊那天，我和雷震、夏道平在溪邊散步談話。唯一有照相機的馬之驌見人就照相。幸好留下這點記憶。（1959）

1959年，《自由中國》慶祝創刊十週年，只剩下寥寥幾個編委和工作人員了。戴杜衡（前左一），依次為傅正、聶華苓、夏道平、殷海光、雷夫人宋英、陳濟寬。馬之驌（後左一），依次為雷震、金承藝、宋文明。1960年9月4日，雷震、傅正、馬之驌被捕，《自由中國》社被警備司令部搜劫一空。根據劉子英捏造的片面自白，誣陷雷震「知匪不報」。警備司令部軍法處判決雷震有期徒刑十年。

1960年雷震被捕前一個月在《自由中國》社門口。9月4日被捕。以「煽動叛亂罪」坐牢十年。1970年出獄，1979年3月7日逝世。

1950至1956年，殷海光和我家一同住在台北市松江路124巷3號。殷海光喜歡書、花和孩子。那時他還沒結婚。他和我女兒薇薇常在園子裡玩。（1952，台北）

殷海光和我小女兒藍藍也在那園子裡玩，大叫她小木瓜。一叫她就大哭，他就大笑。（1953，台北）

1956年，殷海光和夏君璐結婚。她是位了不起的女子，是他多年遭受政治迫害時的精神支柱。（1956，台北）

我家三代去殷海光、夏君璐的婚禮慶賀。

友人的嬰兒、田野、陽光。清新的一刻。

那時，我要笑也笑不出來。憂鬱歲月，不說也罷。（1956）

小女不知愁滋味，是我愁苦中最大的安慰。（1956）

我和王正路結婚十五年，共同生活只有五年。少有的全家福照片。（1957，台北）

1957年，正路赴美。我和兩個女兒（薇薇七歲，藍藍六歲）碼頭送別。從此就分道揚鑣了。

我望著兩個快樂的小女兒，心想：但願她們有免於恐懼的自由。（1960）

蕭孟能在台灣1957年11月創辦《文星》月刊。當時以「文學的，藝術的，生活的」為宗旨，1959年改為「思想的，生活的，藝術的」。蕭孟能在寓所宴請特約作者，宴後和聶華苓、林海音閒談。林海音也是《自由中國》作者，〈城南舊事〉發表於《自由中國》。1965年4月《文星》月刊遭台灣當局查禁。（1959，台北）

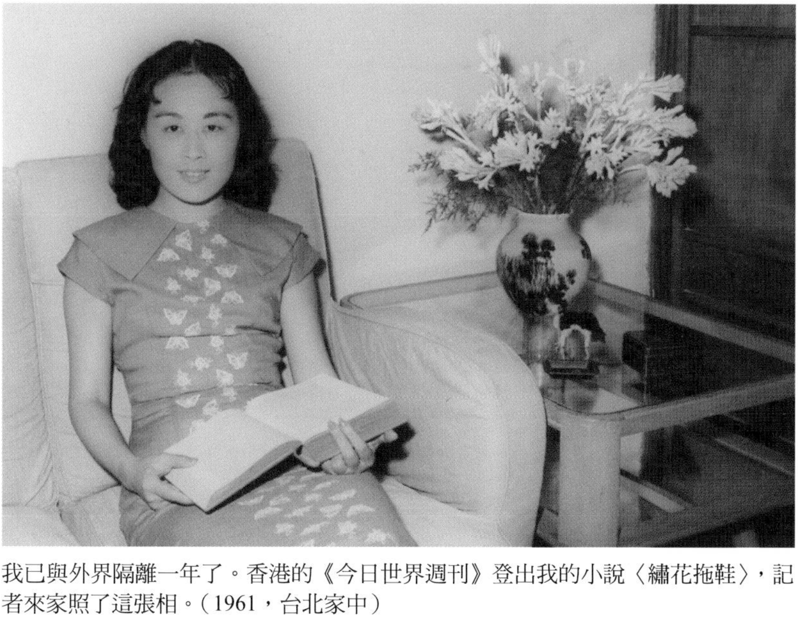

我已與外界隔離一年了。香港的《今日世界週刊》登出我的小說〈繡花拖鞋〉，記者來家照了這張相。（1961，台北家中）

1960年《自由中國》遭封後，我完全孤立了。1962年，台灣大學中文系系主任臺靜農邀我教小說創作。東海大學中文系教授徐復觀繼而也邀我教小說創作。我又見天日，和學生們在一起是最自在的時候。

1964年6月，平鑫濤邀幾個皇冠基本作家去宜蘭，從羅東到土場再到太平山。《自由中國》事件後，第一次出遊。在太平山上，就是笑，也是黯然。

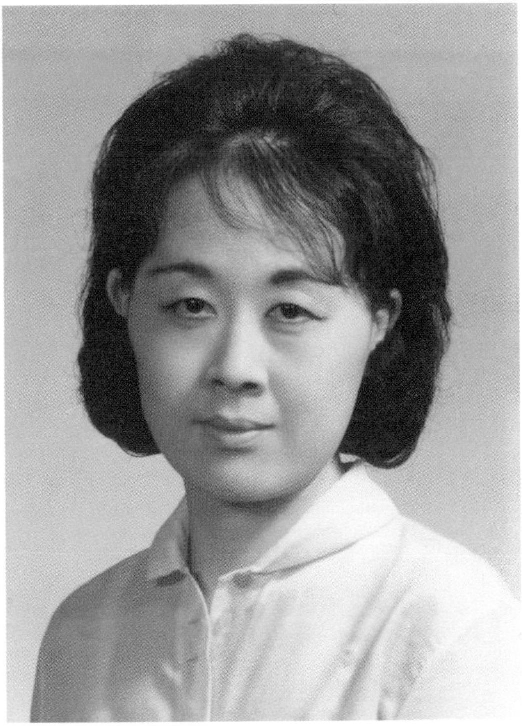
不笑，也是黯然。（1964，台北）

我和母親與兩個女兒在一起，才是踏實的。

弟弟漢仲在1951年例行飛行失事。1962年，母親肺癌逝世。我將母親安頓在他附近的園林中。坐在母親墓前，不忍離去。從此她就孤孤單單躺在那兒了。（1964，離台赴美前）

雷青天

這綠島像一隻船
在月夜裡搖呀搖
情郎喲你也在我的心海裡漂呀漂
讓我的歌聲隨那微風
吹開了你的窗簾
讓我的衷情隨那流水
不斷地向你傾訴
椰子樹的長影
掩不住我的情意
明媚的月光更照亮了我的心
這綠島的夜已經這樣沉靜
情郎喲你為什麼還是默默無語

紫薇唱的〈綠島小夜曲〉，柔軟悅耳，那歌聲在二十世紀五〇年代傳遍台灣。八〇年代，從我兩位好朋友陳映真和柏楊那兒，才知道唱得那麼美麗的綠島就是火燒島。兩位作家都在一九六八年被捕，都在綠島囚禁多年。

一九四八年秋天，我在南京的中央大學畢業後，去了北平，結了婚。一九四九年春又從北平圍城出來，左兜右轉，到了武漢，立刻拖著母親弟妹一大家子，經廣州六月到了台灣。到達台北那天，碰上颱風。狂風呼天搶地哀嚎，薄板房子震得咯吱響，隨時要裂開的樣子。颱風呼嘯過去之後，咵嗒咵嗒的木屐就在街上響起來了。

那木屐聲帶我回到兒時的漢口日租界。

一九二九年，控制武漢的桂系被中央瓦解。父親帶著一家老小逃亡到漢口日租界。父親有時突然不見了，又突然回家了，好像捉迷藏，躲得不耐煩了，自己就鑽出來了。一天晚上，我一覺醒來，只見渾黃的小燈，黑洞洞的窗子。我大叫姆媽。她踮著腳跑進房來，一面搖手，指指屋頂，彎身在我耳邊小聲說：有人。我點點頭，沒有作聲，只知道那樓頂上的人不是好人。母親又低聲說：我出去找妳爹。我又點點頭，破天荒的乖巧，讓母親出去了。我躺在床上，嚇得一動也不敢動，只是想著屋頂上的人掛著刺刀，提著盒子炮，兩眼四邊掃射，眼光在黑暗中格外凶狠銳利。爹回不來了，媽也回不來了。原來那晚父親躲在一個日本護士家閣樓裡。我初嘗恐懼滋味。

但是，戰亂流浪歲月已經過去了。颱風已經過去了。

這綠島像一隻船在月夜裡搖呀搖。

我正在找工作養家，聽說有個什麼《自由中國》雜誌要出版了，胡適是發行人。我在中學、大學就喜歡寫文章，在南京用筆名發表過幾篇文章。編輯李中直是南京時代的朋友，知道我和文字的這點兒緣分，彷彿靈機一動，告訴我《自由中國》主持人雷震正在找個管文稿的人。

他帶我去見雷震。他在書房寫稿。我初出茅廬，怯生生走進他書房。他抬頭看了我一眼，啊了一聲，點點頭說：好吧，妳明天來吧。

我就那樣子參加了《自由中國》。

《自由中國》開始的頭兩年在台北金山街，也就是雷家。進了大門，在玄關脫了鞋，右邊一間小房，就是《自由中國》辦公室。一個編輯，一個經理，一個會計，我們一共四個人，擠在一間六個榻榻米的小房間裡。雷先生在他書房工作，偶爾來我們辦公室，魁梧的個頭在那矮小的榻榻米房間裡顯得特別高大。他很少和我說話。我工作不久，李中直告訴我，雷先生要為我介紹一個男朋友，對他說：那個女孩子還不錯。我大笑說：你告訴雷先生，那個女孩子馬上要做媽媽了。半個世紀過去了，至今我也不知道當年雷先生要為我介紹的男朋友是誰。

我進了《自由中國》不久，就開始用本名寫散文和短篇小說。一天，雷先生一進屋就對我說：我看到妳文章了，妳做我們文藝編輯罷。又過了一陣子，他說：妳寫得不錯，參加我們編輯委員會吧。

那時台灣文壇幾乎是清一色的反共八股，很難看到反共框框以外的純文學作品。有些以反共作品出名的人把持台灣文壇。《自由中國》絕不要反共八股。郭衣洞（柏楊）的第一篇諷刺小說〈幸運的石頭〉，就是在《自由中國》登出來的。他以柏楊火辣辣的雜文出名是多年以後的事。有心人評五〇年代的台灣為文化沙漠，寫作的人一下子和三、四〇年代的中國文學傳統切斷了，新的一代還在摸索。有時收到清新可喜的作品，我就和作者一再通信討論，一同將稿子修改潤飾登出。後來有幾位在台灣出名的作家就是那樣子當初在《自由中國》發表作品的。當年有名的作家，如梁實秋的《雅舍小品》所有的文章，吳魯芹的《雞尾酒會》所有的文章，朱西甯的〈鐵漿〉，陳之藩的〈旅美小簡〉，林海音的〈城南舊事〉等等，都是在《自由中國》發表的。《自由中國》文藝版自成一格。我在台灣文壇上是很孤立的。

《自由中國》創辦時的發行人是胡適，他那時還住在美國。雷震是《自由中國》實際主持人。編輯委員有十人左右，有學者，如北大教授毛子水和張佛泉，有國民黨官員，如教育部長杭立武，台灣銀行總經理瞿荊州，也有思想清明的文人，如戴杜衡，夏道平。也有血氣方剛有理想的知識分子，如殷海光。宋文明是後來參加的，那時《自由中國》已逐漸孤立了。

雷震一九一七年就加入了國民黨，擔任過國民黨政府中許多重要職位，曾任國民參政會副祕書長，政治協商會議祕書長，制憲國大代表兼副祕書長，離開大陸前是國民參政會副祕書長，一九四九年到台灣後，被蔣介石聘為國策顧問。

我在南京就見過杭立武。一九四八年剛畢業於國立中央大學，一位父執輩介紹我去見他，他當時是教育部副部長。妳要找工作嗎？他問我。我回答：是的。妳可以教什麼呢？他又問。我說：我不要教書。他笑了：那妳要什麼樣的工作呢？我的回答很簡單：不知道。他搖搖頭，無可奈何笑笑。在台灣第一次見到杭先生，是在《自由中國》編輯委員會上。他一眼就認出我，笑著說：我們早認識了。《自由中國》創刊時，教育部長杭立武，由教育部按月貼補經費，後來他出任泰國大使，貼補經費才停止。

《自由中國》創辦時就是這麼一個奇怪的組合，是介乎國民黨的開明人士和自由主義知識分子之間的一個刊物。這樣一個組合所代表的意義，就是支持並督促國民黨政府走向進步，逐步改革，建立自由民主的社會，《自由中國》對於自由民主的改革主張，也應該是國民黨政所能容忍的，與現實權力應該不會有嚴重的衝突。

我加入《自由中國》不久，全家就搬到松江路。那時雷先生在政界中還有支持他的朋友，他向當局要來一棟房子，作為《自由中國》宿舍。我們和殷海光住在一起。他還沒結婚，在我家搭伙，飯後常和我們談到深夜，和我家三代（母親，女兒以及我）近如家人。他那時就有胃病，一顆一顆飯粒，有一下沒一下餵進嘴裡，彷彿嚼蠟。他的談話總是很有趣。他那時就氣沖沖地說：雷震！無論在基本的思想形態、行為模式和待人接物的習慣上，他和老牌國民黨沒有根本上的差別！

我是編輯委員會上最年輕、也是唯一的女性，旁聽編輯會議上保守派和開明派的辯論以及他們清明的思維方武，是我的樂趣，不知不覺影響了我的一生。我在《自由中國》十一年（一九四九－一九六〇），如魚得水，我的個性受到尊重，我的創作興趣得以發揮，最重要的是，我在雷震、殷海光、夏道平、戴杜衡、宋文明那些人身上看到的，是為人的嶙峋風骨，和做人的尊嚴。半個世紀以後，我在這愛荷華河上寂靜的鹿園，寫下這篇回憶，心中充滿了感激。

我到台灣最初幾年很不快活。我開始寫作，身兼兩份工作，也做點翻譯賺稿費養家。我家庭負擔很重。我的大弟、母親年輕守寡望他成龍的那個弟弟漢仲，一九五一年三月空軍例行飛行失事，年僅二十五歲。我和正路水火不容的性格在現實中凸顯出來了，不和，也不能分，只有那麼拖下去了。《自由中國》辦公室，氣壓低得叫人透不過氣。雷先生的舊部屬劉子英只是個會計，但他擺出一副主子面孔，作威作福，什麼事都管。工作人員只有四、五個人，每天還得在一個本子上簽到。有一天，我遲到了半小時，劉子英就在我名字上打了個問號。我們全討厭他，叫他奴才。一間辦公室不夠用了，我搬到院子角上一間小屋裡，很高興有自己的小天地了。後來雷先生安排劉子英到中日文化經濟協會去了。皆大歡喜。

雷先生對以前在大陸跟他工作的人都很照顧。劉子英在一九五〇年從大陸到香港，雷先生保證他台灣入境，並接濟旅費，安插他在《自由中國》擔任會計工作。據劉子英自己所說：我到達台北第一天，自然先到金山街謁見雷先生和其夫人宋英女士，先生夫婦仍是往日那樣和藹慈祥，對我在南京的遭遇垂詢備至，也問到留在南京的同仁生活情形，乃就所知一一陳述，並將去看傅學文事講了出來，因她也算是國民參政會的一份子。先生聽了並不在意，且問及她在做什麼和邵力子的近況，我也據實以告。

第一任編輯李中直在《自由中國》創刊不久就去了香港，由黃中繼任。他是我中央大學同學，高我一年，自稱學長。他那個人就和他走路一樣，一陣輕風撩來，瀟灑自在。他為人謙和寬容，很有親和力，是排紛解難的那種人，是老中少都喜歡的那種人。他是水，雷先生是火。火要燒起來了，悠悠細水灑來，火就平息了。但他也不是息事寧人，他另有途徑，轉彎抹角達到目的。他對有問題的文章，細心琢磨，提出穩健的意見，雷先生微笑著同意。他工作八年期間，《自由中國》已在言論上闖了幾次大禍了。社論多由殷海光、夏道平、戴杜衡執筆。殷海光鋒利，夏道平和戴杜衡穩練。《自由中國》的社論，若是殷海光寫的，雷先生看過之後，夏道平和戴杜衡字斟句酌。後來宋文明也加入《自由中國》編輯委員，他也有緩衝的作用。他們將殷海光才氣縱橫文章裡的利刃尖刺，該拔的拔，該磨的磨，字裡行間仍有直言敢諫的氣魄。

馬之驌一九四九年在大陸搭船去廣州，船過基隆裝卸貨物，他乘機到台北拜訪老師王聿修教授，王教授願保他入境，並解決食宿問題，他就留下了。後來不知何故，被保安司令部抓了起來，王教授保釋無效，古道熱腸的雷先生出面，才保釋他出獄，那時的雷先生還和當時的權勢有很好的關係。馬之驌東北人，一個漂亮小生，為人圓和，辦事周到，逗人喜歡，雷先生聘他為《自由中國》經理。那就是天真寬厚的雷震，沒想到什麼「包庇匪諜」之類的事。當然，馬之驌絕不是「匪諜」，但他已在保安司令部記錄在案了。馬之驌對政治毫沒興趣，一心想結婚，帶著照相機到處追女孩子。那時候，買個照相機可是件大事。他向我們炫耀一疊一疊漂亮女孩的照片。每次的照片不同，照片上的女孩子也不同。我們為他乾著急，他仍然笑咪咪的，不斷照相，不斷給我們看照片，終於看到一個清清爽爽的女孩子，瘦高個頭，眉清目秀。現在可只那一個女孩子的照片了：坐著、站著、微笑、假嗔、凝望、斜視。不久，馬之驌也上照片了，和那女孩牽著手，挽著臂，並排坐，相依偎，兩人之間沒有空間了。結婚請帖到了。在婚禮上，馬之驌神態嚴肅而滿足。

雷家有個司機老瞿，跟著他從大陸到台灣。雷先生到台灣後，正如他夫人宋英所說的：房子越住越小，車子越坐越大。雷先生坐公共汽車，司機用不著了，老瞿就幫他辦些雜事，提著他文件包跟他到處走動。雷先生在社裡工作時，他就在社裡幫忙發行，然後一同搭公共汽車回家。出出進進，如影隨形。老瞿是個老好人，實實在在，一副敦厚相。他和雷先生都是大塊頭大嗓門，一陣陣旋風似地，呼的一下衝進

《自由中國》社。有時候，雷先生跑到窗口指著巷口對我們大叫：你看！你看！那幾個特務還在那裡！坐在吉普車裡！看他們再怎麼辦！說完就開心大笑。又贏了一場捉迷藏的遊戲，且等下一場了。老瞿有時還為雷先生補充：他們開吉普車追，我們就跳出計程車，跳上公共汽車。他們丟了吉普車，也上了公共汽車。他們從後門上，我們就從前門溜走了。公共汽車開了，我們就向他們招招手。

一九五一年，《自由中國》創辦兩年之後，台灣發生一樁高利貸的金融案件，台灣省保安司令部人員設下陷阱圈套，引誘犯罪人上鈎。雷先生抵擋不過殷海光、夏道平、戴杜衡這些開明分子的憤慨，由夏道平執筆寫篇社論：〈政府不可誘民入罪〉。《自由中國》和台灣統治權力的衝突，也就從那篇社論開始了。保安司令部將該期《自由中國》扣押了，保安司令部副司令彭孟緝竟要逮捕《自由中國》編輯，幸有台灣省主席兼保安司令部司令的吳國禎發現而制止，才沒抓人。《自由中國》寫了一篇〈再論經濟管制的措施〉，賠罪道歉，這才了事。胡適因為這事件來信辭去發行人名義，他的理由是抗議軍事機關干涉言論自由。

沒有胡適這個護身符了，雷震一個人頂得住嗎？他是否會向權力妥協？那時雷先生還有黨內黨外開明人士的支持。後來各有各人的遭遇或顧慮，雷先生得到的支持逐漸減少了。

一九五一年〈政府不可誘民入罪〉那篇社論闖禍以後，雷先生在回憶錄裡寫到當時所受的干擾：

> 當時我住在台北市金山街一巷二號，兩個特務向對面人家借了一條長板凳，守在門口，香菸和香蕉皮丟在地上。我家傭人在房上給他們照了一張相，他們全不知道，還有一個特務騎著一輛腳踏車在我住宅四面兜圈子，大概是怕我從後門溜走了。弄得全家人不安，連午飯也無心思吃。自此以後，金山街一巷二號住宅，就有人常監視著。

一九五二年十一月，胡適要從美國到台灣了，他對國民黨的友善態度明朗化了，至於他對《自由中國》的態度呢？還是個謎。殷海光和少壯編委都很擔心，雷先生從沒懷疑過胡適對《自由中國》的支持。當時在海外海峽兩岸爭取的人物，如李宗仁、胡適、錢學森何去何從，非常引人注目。胡適到台灣，當然是件大事，那時《自由中國》正是受到執政當局威脅的時候，胡適可以為《自由中國》撐腰，向當權者講話，甚至當面抗議。雷先生要熱烈歡迎他，同時慶祝雜誌創刊三週年，以壯聲勢。胡適到台灣引起一陣轟動，甚至還被人描上浪漫色彩。傳說一位不知名女子迷上他，他到哪兒，她就跟到那兒，在門外等，在窗外看。

胡適抵台那天，雷先生要我去機場獻花。我在他書桌上留了個字條：

儆寰先生：

您要我去向胡適先生獻花。這是件美麗的差事，也是個熱鬧場面。我既不美麗，也不愛湊熱鬧，請您饒了我吧！

聶華苓上

那天晚上，雷先生請胡適和《自由中國》同仁在家吃飯。我心中七上八下。雷先生和胡先生大概都不高興我拒絕獻花，見面豈不尷尬。我決定不去。殷海光堅持我去。我進門在玄關脫鞋，聽見雷先生在客廳大叫：來了！來了！就是她！胡先生，就是她！就是她不肯給你獻花！胡先生「嘿嘿」笑了兩聲。我走進客廳，他手裡正拿著我寫的字條。雷先生笑著對我說：我們正在傳看呢。

《自由中國》歡迎胡適並慶祝三週年的酒會在台北婦女之家舉行。社會名流、國民黨官僚、黨外人士，來賓有一百多人。胡適在台灣第一次公開講話。

他一開頭就說：雷先生為民主自由而奮鬥，台灣的人應該給雷震立個銅像。

那兩句開場白引起久久一片掌聲。

胡適接著說：《自由中國》雜誌用我的名字做發行人。剛才吳鐵城先生說，今天歡迎發行人。我說我是不發行的發行人。我很慚愧，這幾年我擔任了一個發行人的虛名，事實上我沒有負責任。

胡適最後公開聲明辭去《自由中國》發行人的名義。雷先生只有孤軍作戰了。但那時《自由中國》還沒碰到政治權力的核心，人們還有鼓掌的自由。

《自由中國》社從雷家搬到和平東路二段去了。編輯委員每月開會兩次，討論社論和雜誌遭受的各種干擾問題，問題越來越多。編輯委員會上毛子水和殷海光總是對立的。毛子水主張平和克制，殷海光要批評，要抗議。少壯的人站在殷海光一邊。雷震起初是他們之間的協調人。有時候殷海光講到國民黨某些腐敗現象，雷先生還有些忐忑不安的樣子，彷彿兄弟不爭氣，恨鐵不成鋼。縱令他極力克制，《自由中國》遭受的壓力越來越大了，雷先生的鬥勁也越來越大了。

雷家因為特務的騷擾，也因為《自由中國》需要經濟補助，雷先生夫婦賣掉金山街的大房子，搬到郊外木柵去了。他們常邀請作家朋友們歡聚。在那鄉下園子裡，我們和吳魯芹、琦君、林海音、何凡、朱西甯、周棄子、高陽、夏濟安、郭衣洞（後改名柏楊）、潘人木、孟瑤、司馬中原、段彩華以及其他作家們，度過許多歡樂時光。雷太太雍容大方，親切可人。她已身為監察委員，但那時我所看到的，是雷先生的賢淑妻子。隨著執政當局對《自由中國》不斷的威脅迫害，作家的聚會也就煙消雲散了。多年以後，事過境遷，我才在朱西甯的文章裡知道，他當時因為和《自由中國》的作家關係，也受到一些牽連。

一九五四年，《自由中國》和統治權力的衝突更尖銳化了。由於一篇〈搶救教育危機〉的文章，雷震被開除國民黨黨籍。蔣介石當選連任總統，《自由中國》批評他和國民黨違憲的事實。一九五五年，國民黨發動「黨員自清運動」，《自由中國》批評：自清運動要不得！一九五六年，蔣介石七秩大壽的日子，

《自由中國》出了祝壽專號，批評違憲的國防組織以及特務機構，轟動一時，一版再版，竟出了七版。引起國民黨許多刊物的圍剿。雷震的黨籍、官爵、人事關係，一層層像剝筍子一樣，全給剝掉了，只剩下光禿禿的筍心了，孤立在寒濕的海島上。真正的雷震挺出來了：誠，真，憨，厚，還加上個倔。

雷先生審稿，約稿，開編輯會議，甚至校對。我永遠也忘不了我們在一起校對稿子的情形。每篇稿子都經過雷先生、黃中和我先在《自由中國》社一校再校，然後三人到印刷廠做最後的校對，才交給印刷廠印出。一字之誤，可能就惹了大禍，譬如「中央」指示，印成「中共」指示，雜誌和印刷廠就遭殃了。我們還絞盡腦汁修改可能出問題的文字，一字一句，常常討論很久才決定。在特務審查之前，我們自己已經嚴格審查過了。雷先生有時突然自顧自笑了起來，把文章中一兩句一針見血的話讀給我們聽，三人樂得很。我們就那樣子在一起工作兩整天。每次校對完畢，天已黑了，三人擠上公共汽車，到沅陵街的新陶芳，大吃一頓鹽焗雞，吃完各自回家。雷先生擠上回家的公共汽車，站在人堆裡向我們招招手。車窗映出他孤立的高大身影。

《自由中國》刺痛當局的多半是社論，還有短評和讀者投書。社論表達《自由中國》的意見，短評和讀者投書卻是老百姓的心聲，投稿的多半是隨國民黨從大陸到台灣的軍人和年輕人。投稿的人擔心特務檢查，有的人親自送來稿件，坐下談談話，和誰談都可以，一談就是幾個鐘頭，談他們的苦悶，談軍中、機關、學校的政治迫害。有人談得聲淚俱下。雷震成了雷青天。

一九五七年黃中離台赴美。傅正接任。他是江蘇人，早在一九四四年還是個中學生，就參加青年軍，一九四九年就讀武漢大學，隨部隊撤退到台灣，參加國民黨的政工幹校，一九五三年九月開始用本名向《自由中國》的讀者投書投稿，引起雷先生注意。黃中走後，他順理成章成了《自由中國》的編輯。那時候，殷海光和夏君璐已結婚，他們從松江路搬到溫州街台灣大學的房子，傅正搬來和我家同住。他方方正正，很耿直，很認真，火辣辣的性子。辦公室裡不是黃中時代的和風細雨了。

傅正參加《自由中國》後，辦公室可熱鬧了。他和雷先生兩人嗓門都大，一篇批評政府的文章，兩人常同聲叫好，樂不可支，和孩子一樣高興。讀者來訴苦，傅正是知音，他們的苦，他全受過，他和讀者也成了朋友。到《自由中國》來伸冤的人更多了。他和雷先生兩人經常在戰鬥狀態中，摩拳擦掌，吶喊助威。兩人同出同進，談個不停，一高一矮，有點兒滑稽，但很可愛。大概組黨的想法就是那樣子談出來的。

每期出刊前，雷先生仍然和我們一同去印刷廠做最後一次校對。校對完了，雷先生仍然必請我們去新陶芳吃鹽焗雞。他們就在那兒談論如何組黨，何時開會，也不避諱我。他們知道實際政治不是我的事，也知道我不會壞他們的事，用不著他們擔心。高玉樹、李萬居、吳三連、郭雨新、夏濤聲、齊世英、成舍我，還有其他一些當時和雷先生一起籌組中國民主黨的人士，都在品嘗新陶芳的鹽焗雞之中聽雷先生談起。

傅正和雷震相同的是真和倔。他參加《自由中國》才兩年，就和雷震一起關進了鐵窗。雷震畢竟是雷震，他是拚了，也有本錢拚。傅正呢？他是雞蛋撞石頭，必定撞得粉碎。

一九六〇年九月四日

那天上午九點鐘，我剛起床，有人拍大門。女傭打開大門，幾個便衣人員一直走到我房門口。

什麼事？我問。

他們沒有回答，只說了一句：走錯了。

他們就走到走道另一頭去敲傳正的房門。

傳正打開門，也問：什麼事？

我沒聽見回答，只見他們徑直走進傳正的房。同時一群警察從外面湧進來了，湧進傳正的房就關上了門。我看看窗外，許多便衣人員在矮牆外的巷子裡走來走去。

我和母親互望了一眼，沒有說話。我們明白那是怎麼一回事，用不著說什麼。我只知道我必須鎮靜，不要害怕。九歲的藍藍彈起小鋼琴，坐在地板上，彈著〈我的媽媽〉。

我渾身無力，坐在椅子上，一動也不動。他們是一個個下手。先擒傳正，再拿聶華苓。他們就要來了。我就坐在那兒等吧。

藍藍停住了。

彈，彈，藍藍，彈下去。我對她說。

她又彈下去了，彈著輕快的〈銀色聖誕〉。

你們憑什麼拿這個？傳正突然在他房裡叫了起來。

只聽見一陣爭吵，聽不清他們爭吵什麼。然後是一片沉靜。

藍藍反反覆覆彈著〈銀色聖誕〉，突然停住了問：媽媽，他們在幹什麼？

妳別管，藍藍，彈琴吧。

藍藍又繼續彈下去，越彈越沒勁了。

我望著她，心裡想：但願下一代沒有這種恐懼了。

幾個鐘頭以後，中午時刻，傅正的房門打開了。一大群警察和便衣人員圍著他走出來了。我和母親跑過去。

傅正對我和母親說：我跟他們去了。沒關係！這兒是我的鑰匙，聶伯母，請為我保存。他把一串鑰匙遞給母親。

喂，等一等！給我看看！一個警察伸手接過鑰匙，看了看，抖了抖，冷冷的銅鐵聲，沒有字條，沒有密碼，他才讓母親將鑰匙接了過去。

傅正被抓走了。我去關大門。許多便衣人員仍然在門外走來走去。事情還沒了，他們還會回來抓我。

我坐在椅子上等了一下午，一句話也沒說。

雷先生抓走了！《自由中國》的陳濟寬一走進院子就向我的窗口大叫。馬之驌也抓走了！劉子英也抓走了！《自由中國》社抄了！文件稿子全部拿走了！

殷海光呢？我急急地問。

還不知道。

傅正也抓走了。

陳濟寬愣住了，張著嘴，說不出話。他沒進屋就走了。

下一個就是我了。

我坐在椅子上等，等了通宵。

第二天，《聯合報》頭條新聞：雷震涉嫌叛亂。

我和《自由中國》的人全隔離了。我們成了一個個小孤島。我家門外日夜仍然有人監視。我只能從《聯合報》上看雷案的消息，看殷海光是否被捕了。雷震絕沒有叛亂行為，所謂「叛亂」，就是組織新黨。傅正也不會叛亂，所謂「叛亂」，就是說老實話。但是，馬之驌和劉子英為什麼被捕呢？他們和政治毫無關係，也沒寫過任何文章。

九月二十七日，雷震被捕後兩個星期，台灣警備司令部軍法處檢察官發表起訴書，指控劉子英是匪諜，受了邵力子妻子傅學文的指示，到台灣宣傳中共為政寬和、軍力強大，行將解放台灣，並相機策動雷震等人「為人民立功」，雷震保證入境，劉子英將他任務面告，雷震明知其為「匪諜」而未報，而且證諸雷震在《自由中國》的言論，雷震「以文字為有利於共匪叛徒之宣傳，期達顛覆政府之目的」。馬之驌曾因「北平淪陷後不久，即向匪南下工作團報名登記，南下從事製造派系及勞資糾紛等任務」而遭台灣省警備總司令部逮捕，後由雷震保外候審，「繼續潛伏待機活動。」傅正因為寫了幾篇反對蔣總統三任的文章，「企圖挑撥分化，破壞法統，阻撓國民大會集會，適與匪之統戰策略相契合，涉有叛亂嫌疑。」

十月八日，警備司令部軍法處經過僅僅七個半小時的審訊，不准雷震與劉子英對質，不准雷震的律師梁肅戎見面，僅僅根據劉子英片面自白供稱雷震「知匪不報」，就宣布雷震以「煽動叛亂罪」判決有期徒刑十年，褫奪公權七年。劉子英有期徒刑十二年，褫奪公權八年。馬之驌有期徒刑五年。傅正交感化教育三年。

原來劉子英和馬之驌是用來誣陷雷震的工具。

還有跟隨雷先生多年的老瞿呢？他本是雷先生和雷太太司機，後來雷先生汽車坐不起了，便坐公共汽車，老瞿就在《自由中國》為雷先生辦些雜務，雷先生對他非常信賴。就在雷先生被捕前幾天，老瞿騎車從台北回木柵，路上一輛大卡車撞來，他被撞倒了，昏迷不醒。雷先生正忙著和高玉樹、李萬居、郭雨新、齊世英、夏濤聲、傅正等籌組新黨。雷太太天天去醫院看老瞿，對他細心照顧，路過《自由中國》社，講到老瞿，憂慮他不久人世，念念不忘跟隨多年忠心耿耿的老瞿。幾天之後，雷先生被捕了。特務逮捕雷先生時搜查雷宅，徑直走向各種文件、信件所在地，毫不猶豫。老瞿昏迷三個月後死了，臨終前告訴雷太太，他曾被特務收買，供給他們有關雷先生的詳細情報。大卡車撞死老瞿，是殺人滅口。

雷震的夫人宋英是一位了不起的女性。她的堅強，她的鎮靜，她的勇敢，她的度量與耐力，令人驚嘆。雷先生被捕，一向溫婉嫻雅的雷太太，乾脆住在《自由中國》社，料理被特務搜掠過後的殘局，一面在那兒招待記者，強烈抗議執政當局對雷先生的誣陷，要求軍法審判改為司法審判，呼籲海內外的支持和援助。

雷震與胡適

政治在我眼中，是一場又一場的戲。我關懷實際政治，而不喜參與，我感興趣的是政治舞台上的人物。就憑胡適那個人物，就堪人回味。雷先生從大陸到台灣之前，就在上海和胡適商量創辦一個宣傳自由與民主的刊物。《自由中國》是胡適命名的，雜誌的宗旨是他在赴美的船上寫的。《自由中國》創辦時，他人在美國，卻是《自由中國》的發行人，雖不情願，也默認了，也為一小撮開明的中國知識分子撐腰。《自由中國》畢竟創刊了，他任發行人有關鍵性的作用。一九五一年，《自由中國》的一篇社論〈政府不可誘民入罪〉就激怒了當局，胡適因為這件事來信辭去發行人名義，引起許多人揣測。有人說《自由中國》和統治權力一有衝突，胡適就要擺脫《自由中國》了，以免受到牽連。既抗議了，又擺脫了。一箭雙鵰。

胡適在美國的反應，雷先生記載在回憶錄裡：

儆寰吾兄：

我今天要正式提議請你們取消「發行人胡適」的一行字。這是有感而發的一個很誠懇的提議，請各位老朋友千萬原諒。

何謂「感」呢？《自由中國》第四卷十一期有社論一篇，論〈政府不可誘民入罪〉。我看了此文，十分佩服，十分高興。這篇文字有事實，有膽氣，態度很嚴肅負責，用證據的方法也很細密，可以說是《自由中國》出版以後數一數二的好文字，夠得上《自由中國》的招牌。

我正在高興，正想寫信給本社道賀，忽然來了四卷十二期的〈再論經濟管制的措施〉，這必是你們受了外力壓迫之後被逼寫出的賠罪的文字！

昨天又看見了《香港工商日報》（七月二十八號）〈寄望今日之台灣〉的社論，其中提到《自由中國》為了〈政府不可誘民入罪〉的論評，「曾引起有關機關（軍事的）的不滿，因而使到言論自由也受到一次無形的傷害」，「為了批評時政得失而引起了意外的麻煩」。我看了這社評，才明白我的猜想果然不錯。

我因此細想，《自由中國》不能有言論自由，不能用負責態度批評實際政治，這是台灣政治的最大恥辱。

我正式辭去「發行人」的名義，一來是表示我一百分贊成「不可誘民入罪」的社評，二來是表示我對於這種「軍事機關」干涉言論自由的抗議。

胡適

四十年八月十一日

一九五二年，在他第一次到台灣以前，即一九四九至一九五二年期間，《自由中國》已經闖了禍；現在，他公開演講時，首先歌頌雷先生為民主自由而奮鬥，台灣的人應該給雷震立個銅像，博得全場掌聲。接著話鋒一轉，說他是「不發行的發行人」，聽眾默不作聲。

現在，我想藉這個機會請雷先生、毛先生以及幫忙《自由中國》發展的各位朋友們，解除我這個不負責任發行人的虛名，另舉一位實際負責任的人擔任，我希望將來多做點文章，做編輯人中的一個。我為什麼有這個要求呢？我剛才說過，言論自由是要自己爭取的。爭取自由是應該負責的。我們在這個地方，話說錯了，要負說錯話的責任，違反了國家法令，要負違反國家法令的責任；要坐監的，就應該坐監，要罰款的，就應該負罰款的責任。

據說還有兩句話，他終於沒有說出：「要砍頭的，就要去砍頭。」

一九五八年，胡適就任中央研究院院長，雷先生常去南港看胡適。雷先生籌組新黨時，要求他做新黨領袖，他不答應。可是，他鼓勵雷先生出來組黨，他可在旁協助，他可做黨員，召開成立大會，他一定出席演講捧場，並引用孟子的話：「待文王而後興者，凡民也。若夫豪傑之士，雖無文王猶興。」我可以想像雷先生得到胡適這樣的鼓勵，一定像小孩子一樣得意，滿面春風：組織新黨是水到渠成了。

一九六〇年六月，他和李萬居、高玉樹、傅正等十七人開始籌備新黨組織工作。九月四日，雷先生、傅正、劉子英、馬之驌四人被捕。雷先生被誣為「涉嫌叛亂」，軍法審判。《自由中國》被封。

當時胡適在美國開會。美聯社、合眾社問他對雷案的看法，他表示雷案應由法院來審理，不應由軍法審判。他避重就輕，不談原則，只談枝節。在台灣特務監視下的殷海光、夏道平、宋文明三人卻挺身而出，共同發表聲明，表示對於《自由中國》上有問題的文章文責自負。殷海光寫的幾篇社論幾乎都是雷案中「鼓動暴動」、「動搖人心」的文章。

據傅正一九八九年主編的《雷震全集》中的記載，胡適一九六〇年十一月十八日的日記寫著：

> 總共三十年的徒刑是一件很重大的案子，軍法審判的日子（十月三日）是十月一日宣告的。被告的律師（指梁肅戎立法委員）只有一天半的時間可以查卷，可以調查材料。十月三日開庭，這樣重大的案子，只開了八個多鐘頭的庭，就宣告終結了，就定八日宣判了。這算什麼審判？在國外實在見不得人，實在抬不起頭來，所以八日宣判，九日國外見報，十日是雙十節，我不敢到任何酒會去，我躲到普林斯頓大學去過雙十節，因為我抬不起頭來見人。

胡適將在十月二十三日回台灣了。毛子水特地從台灣到東京去接他。毛老先生在兩、三年前已辭去《自由中國》編輯委員的名義，杭立武、瞿荊州和《自由中國》也早沒關係了。這次毛子水去東京是另有任務，據說是去告訴胡適回台後不要多講話。他到台北當晚接見記者，表示《自由中國》為了爭取言論自由而停刊也不失為「光榮的下場」。並說十一年來雷震辦《自由中國》已成為言論自由的象徵。「我曾主張為他造銅像，不料換來的是十年坐監，這──」他在桌子上一拍：「是很不公平的！」

「光榮的下場」，胡適公開說得很漂亮，畢竟有點兒風涼。在他拍了桌子之後，握手時對記者說：「今天我說了很多動感情的話，希望你們寫的時候注意一點，以免影響到各位的飯碗。」

胡適對雷震是在鄉愿和真情之間迴盪。他寫了兩首很有感情的新詩給獄中的雷先生：「剛忘了昨日的夢，又分明看見其中的一笑。」這對獄中的雷先生是很大的安慰。一九六一年七月，雷先生在獄中度過六十五歲生日，胡適以南宋詩人楊萬里的〈桂源鋪絕句〉題贈：

萬山不許一溪奔
攔得溪聲日夜喧
到得前頭山腳近
堂堂溪水出前村

雷震判刑以前，甚至家人也不能探監。判刑以後，家人每星期五可去監獄看他。我們一到星期五就眼巴巴望胡適去看看雷震。他可以不發一言，只是去看看雷震。那個公開的沉默的姿態，對於鐵窗裡的雷震就是很大的精神支持了。星期五到了。星期五又到了。星期五又到了。一個個寂寞的星期五過去了，胡適沒有去看雷震。我和殷海光、夏道平、宋文明幾個人忍不住了，要探聽他對雷案究竟是什麼態度。一天晚上，我們去南港看胡適。他招待了我們一頓點心，一點幽默，一臉微笑。

十一月二十三日雷震複判結果，仍然維持原判。胡適對採訪的記者說了六個字：「太失望，太失望。」記者提到他沒去探監。他說：「雷震會知道我很想念他。」他鼓勵雷震組織一個有力量的新黨，他自己呢？不做黨魁，「要看新黨的情形而言。」結果新黨被扼殺了，雷震被關在牢裡了。雷案複判結果那天，他在書房獨自玩骨牌，想必他是非常寂寞苦悶的。真正的胡適關在他自己的心牢裡。直到一九六二年二月二十四日，他在中央研究院歡迎新院士酒會結束後，突然倒地，他才從那心牢裡解脫了。

詩人周棄子寫了一首詩：

無憑北海知劉備
不死中書惜褚淵
銅像當年姑漫語
鐵窗今日是凋年
途窮未必官能棄
棋敗何曾卒向前
我論人才忘美事
直將本事入詩篇

胡適曾說過：過河的卒子，只有前進，而無退後的。雷先生認為周棄子對胡適誤會了，他對胡適一直死心塌地的崇敬，認為他因為雷案受了冤屈，並因為雷案突然心臟病復發，倒地而死。胡適是他獄中的精神支柱。他甚至在獄中夢到胡適談論容忍與自由，作了一首自勵詩，讀起來像〈增廣賢文〉：

無分敵友，和氣致祥；多聽意見，少出主張。容忍他人，克制自己，自由乃見，民主是張。批評責難，攻錯之則，虛心接納，改勉是從。不怨天，不尤人，不文過，不飾非，不說大話，不自誇張。

雷震那首自勵詩，倒真像胡適的作風。

【附註】雷震的信（一九六四—一九七四）

第一封信（寄自獄中）

華苓先生：

我們不見已有四年了。前年在《聯合報》看到先生哭母的兩篇文章，悉令堂大人仙逝，先生以最沉痛的辭語，表達子女悲哀之情，讀之潸然淚下。令堂大人一生憂患重重，形容顯得憔悴。唯她可以驕傲而對國家民族毫無愧色的，是自己的丈夫和長子先後為國犧牲：次子業已學成，長女更是台灣文壇上一顆光芒四射的彗星，她可以安然於泉下矣。

今年十一月接見家人時，欣悉先生在美深造，無任欣喜。不久又看到先生在《聯合報》上美國的風鈴文章，獲悉先生到美後的近況。

我很好，飲食如常，早晚運動，天晴打球。安眠藥戒掉已十個月，八字鬍已蓄了一年。希釋錦念。唯閱報載訃告，和我年齡相若的人，均相繼去世。我想閻王爺也在對我動腦筋吧。

專懇敬頌身體健康，聖誕快樂！

雷震敬上

一九六四年十二月十二日

第二封信（出獄後）

華苓小姐：

別矣十有餘年，遙想一切均吉祥。內子及鍾鼎文伉儷均說了一些，唯不甚詳。暇時請見告一二。

舊曆年前，《聯合報》送來四千台幣，信封是內子名字，說是「聶小姐的稿費，聶小姐囑送來的。」家人遂收下了。旋向《聯合報》副刊編輯部打聽你在美地址，不料回信說：「聶華苓在美通訊處無法見告，此為本刊規矩，懇請見諒。」這就有點打官腔了。去問訊時也是用的宋英名字。現在您的地址是鍾鼎文說的。

我在獄十年，身體總算不錯。那期間實下了許多功夫，如讀聖經、讀佛經、讀金剛經、心經之類。我常常失眠，上床後要唸三十遍心經才睡覺。在牢裡，第十個陰曆年時，我做了一副春聯貼在我住的牢房門口：

十年歲月等閒度

一生事業盡銷磨

上面橫批：所幸健存。

出獄第二日和內子照了一張相，今奉上一張，足證「健存」之言為不虛也。唯記憶力近年差極了，而出獄後尤甚。在牢時腦筋比較清醒，出獄後應酬等等事情一來，反而頭腦模糊了。有許多地方很不習慣，如穿皮鞋走路，就很不自然。因在牢內除接見家人時外，從不穿皮鞋，平時穿膠鞋或布鞋，行走和運動均方便，而價亦廉也。膠鞋牢裡每年可發一雙，再買一雙布的，買一雙布鞋只要台幣十二、三元，向外買也不過十七八元。

承賜四千元，感激之至，對我一家生活幫助很大。我在獄十年，收入全無，一切全賴在美子女養活。我未坐牢時有國大薪金等等，一個月約有八千至一萬收入。後國大加薪，收入每月有一萬四千元。故十年坐牢，我個人損失即兩百萬元，即五萬美金。我被判褫奪公權七年，要從出獄之日算起，故今後七年不能支取公家的錢，連選舉也沒有，可見從事民主運動之不易，勿怪一般人趨避也。

頃在《聯合報》發表的大作〈桑青與桃紅〉，未能全讀，有時忘了，有時登得太少，俟單行本出版時再一口氣讀完，比較舒服。您除了寫中文小說之外，不悉還做其他事情沒有？

內子身體亦健。這十年是把她苦夠了。專此致謝。並祝你們陰曆新年快樂！

雷震敬上
宋英同上
一九七一年一月九日

又：令堂逝世時，我在《聯合報》上看到了您的文字，曾有信弔唁，但被保安室扣發。

第三封信

華苓小姐：

三月四日惠書敬悉，國際寫作計畫，以及你在那裡工作情形，均已明瞭。這是你去美的成就，獲悉深感快慰。你是一個工作努力的人，皇天不負苦心人，努力自會有成就的。

〈桑青與桃紅〉大概因為你又在香港《明報》發表，所以停發，我只看到報上說：「〈桑青與桃紅〉續稿未到，故停登」，不悉這是口實，《明報》是不准來台。由於《明報》有一篇雷震與《自由中國》半月刊的文章，所以我獲悉你的小說也在那裡發表。

謝謝你的盛意。我如有機會來美，一定要來訪問你，一敘闊別離情。目前並不需要什麼。

我由於國大代表被取消，目前沒有工作，自無收入。你送來四千元，對我幫助很大，我要謝謝你的關懷。我被判褫奪公權七年，自去年九月四日出獄之日算起，故今後七年不能任公職，不能接受公款，連選舉權也沒有。政府待我之刻薄，於此可見。

你結婚日子快到了。我和內子不曉得要送你們什麼東西才好。日子定了，請告訴我吧！

專覆敬頌

撰安

雷震敬啟
宋英附筆
一九七一年二月

第四封信

華苓小姐：

日前奉上一函，諒已收到，茲託人帶上一個鼎，作為賀。

你結婚的末儀，大概要到四月底可由洛杉磯寄上。小女住在洛杉磯，託人由船帶至那裡，該船四月五、六日由基隆出發。因鼎甚重，航空太貴。這種東西外國人很喜歡，內子特別物色此物奉贈。鼎者重也、盛也。祝你們白頭偕老也。敬頌

撰安　並賀

結婚佳禮

雷震
宋英
一九七一年三月三十日

第五封信

安格爾先生
聶華苓夫人

結婚卡和收到鼎的信均已收悉。

今日是你倆大婚之日，我和內子在這裡祝你倆百年好合，五世其昌，美滿良緣，有情人終成眷屬。

我現在醫院檢查身體及割治攝護腺，一切經過良好，希釋遠念。

監委陶百川是人民所信仰，人民甚至要建廟奉祀，如潮州人對韓文公一樣，可是國民黨有人認為他是叛逆，蓋曾和費正清來往（在美時），現已交到紀律委員會議處矣。所以大家說台灣只有歌頌的自由，而沒有說老實話、批評時政的自由。至盼您倆為人類爭取自由而多多努力。

本週二、三我大概可以出院，此間特務機關不希望我寫有關政治的回憶，所以打算寫一部中國憲法釋義，藉以打發時間，兼述制憲歷史。這部憲法來龍去脈，我一人知之最切。

醫院無桌，此函係躺在床上寫的。字太潦草，敬希亮察。頌肅

儷安

雷震敬啟　宋英附筆
一九七一年五月十四日

第六封信（寫在「萬龍呈祥」的賀年片上）

安格爾先生
華苓夫人
頃接賀片，附示收悉。承邀赴美盤桓，至感。此生不敢做此奢望也。今年小女德全返台給母親祝壽，她今年七十整壽。小女常到香港，因勸內子去遊香港，一切由她支付。不料在發給出入境之時，國民黨中央政策委員會副祕書長監察委員酆景福告訴內子說：「我是負有責任的，奉國民黨之命，叫你去時不要帶文件，回來時少帶東西！」內子覺此語侮辱人格，故未去，小女一人去了。
《大英百科全書》修正版中國部分內有關台灣部分，請您找來看看。我們身體均好，謝謝。敬頌
儷安

雷震
一九七二年十二月二十六日

第七封信

華苓夫人：
英文大作昨日收到。中文拚成英文，非常難讀。蓋有幾種拚法，如蔣廷黻把蔣字拚成Giang，以示他不是Chiang也。大作書名讀了好半天，才想到可能是沈從文。但我對近代文藝很生疏，所以讀下去吃力得很。現在我忙於寫「中山文化學術基金會」的專題研究，以補家用，這是王雲五幫忙的，每月可有一百美金。台北物價比兩年前，有的東西要貴一半，至少也有三分之一。我現在不能對外寫稿的。
今日道平來此。他說收到你的書。他讀了一些，說你文章寫得好，又說沈從文了不得；現在做考古

工作了。

我腦力衰退，記憶力尤差，每天不能多寫。日前有人來說：《中國時報》有一文罵你，說你給共產黨做宣傳，我未看到原文。

你們都好吧？我們很好。在美小女小兒，多年未返，去年都回來過。專此覆謝，敬頌

儷安

雷震　內子附候

一九七三年六月二十七日

今晨在登山時遇到胡學古（坐牢七年），他說殷海光說，沈從文常常一個月不洗澡，這是典型的中國名士派的作風。

第八封信（寫在「五福禧春」的賀年片上）

華苓夫人：

示悉。小女兒已結婚，你今後負擔輕了。我們都很好。身體日趨衰弱，以老年人來說，還算是好的。

我想請你把《自由中國》的回憶，撥冗用中文寫下一文。我將編寫《自由中國》的始末。

震敬託

一九七三年十二月二十五日

第九封信

華苓夫人：

上月你和安格爾先生來訪問，我和內子連地主之誼都未盡到，甚感歉然。您走後我們始發覺厚贈一萬台幣，尤感之有愧。

頃接到孟戈先生自香港來信，中有讀到您在香港發表的大文，文中提到您們來看我時，雷震說：「我看不清了，眼鏡呢？眼鏡呢？」可否給我一看，只剪下大作。

據友人兩次告訴我：「余光中說香港對聶華苓有不少報導，我們這裡對她新聞封鎖了。」友人感喟說：「余光中現已接近官方，不像個詩人了。」余又說你們申請入大陸而未核准，台灣他們這些人氣度太小了。

我打算寫一點《自由中國》始末，您是首先參加《自由中國》的人，至盼您寫一篇在《自由中國》的回憶錄，目前暫不發表。

您們的工作計畫如何？念念。我身體尚好，只是兩腿無力，登山又跌了一跤，有一個多月還有些痛，現在服藥中。敬頌

儷安

雷震　內子同上

一九七四年八月十一日

宋英的信

華苓：

謝謝你和安格爾先生一再照顧，真是使我感激莫名。儆寰的病已無法挽救，目前已不能說話，更不能道出他的痛苦了。除了寒心呼天，對他毫無補助。我是每天在他的身邊。我在儆寰未病以前即已住院動手術，在空軍總醫院，後轉至榮民總醫院，在他隔壁一間。因我腿骨尚未復元，任何事不能為他服勞，難過之情，亦非筆墨所能表示。住院將已兩月，一切費用浩大，政府雖有一部分補助，但為數差額太大，尤其一日三班特別護士費，即可想而知。最近我打算出院，如此可減少部分開銷。因離家太遠，只有常來看他了。心煩意亂，不知從何說起，請諒。匆匆祝福

聖誕快樂　並祝

你們健康幸福

宋英

一九七八年十二月二十四日

母與子

我的弟弟漢仲，是母親的長子，溫順敦厚，對母親特別孝順。一九四四年，抗日戰爭炙烈，他高中畢業，瞞著母親，考取空軍。母親發現了，廢寢忘餐，日夜哭泣。他在四川銅梁空軍訓練營中，終於接到母親同意的信，那也是母親愛子心切絞心斷腸的決定。

漢仲於一九四八年隨空軍調到台灣嘉義，和徐文郁結了婚。三個弟妹跟他們以及文郁的家人住在嘉義。母親和我們住在台北。

母親在父親去世以後，又逢戰亂，生活雖艱苦，也沒做過家務事。一到台灣，母親就對我說：「華苓，妳一心去工作，家裡事，我做！」她燒飯、洗衣、擦地板、照顧孩子。

一九五一年，剛過了陰曆年，漢仲特地從嘉義到台北來看母親。自從一九四四年我去了中央大學，他突然去銅梁參加空軍，我們姊弟還沒見過面。他到台北來重聚，對母親和我是件大事。母親早早就準備了最重要的事：藕湯、蒸肉、藕夾、珍珠丸子那些湖北菜。總得來點新鮮口味吧，母親要做蔥油餅，以前從不下廚，廚子楊寶三的蔥油餅，倒是吃了不少。母親想像著怎麼做法，試了一次又一次。自從父親突然喪生，我從沒看見她那麼快樂。

那年弟弟正好二十五歲。

他在台北三天，片刻不離母親。母親到哪兒，他就跟到哪兒，母親到廚房做飯，他也站在身邊和她聊天，彷彿他要彌補失去的過去，歉疚無能為力的現在。他一身筆挺的軍裝，濃眉大眼，真是個俊美的男子。他離開台北的頭天晚上，我那深沉含蓄的弟弟，還拖著我在幾個榻榻米的房間裡跳了一曲華爾滋舞：

魂斷藍橋。

他回到嘉義。一個多月以後，母親去嘉義看他和另外三個弟妹。她回到台北第二天晚上，我正在夜校教課，接到一位父執輩的電話，叫我下課後到他家去。

妳弟弟完了！我進門劈頭聽到的第一句話。妳弟弟在例行飛行中失事了。

我在悲痛中首先想到：如何告訴我那年輕守寡指望長子成龍成鳳的母親？我必須瞞著母親，她心臟有毛病。

騎車回家已是午夜了。母親還站在窗口等我。

母親長長哦了一聲：回來了！回來了。我擔心，怕妳出了事。

怎麼會出事？我忍著淚，勉強笑著說：下了課和幾個同事聊天，聊晚了。

妳還沒有吃飯，菜都涼了，我來熱一下吧。

吃過了，姆媽。我撒了個謊。

我極力避免面對母親，每天工作到深夜回家，胡亂吃點什麼就鑽進臥房了。

她常常藉故來找我講話。

姆媽，我太累了。我一面說，倒在床上。

她嘆口氣走開了。

漢仲在抗戰時瞞著母親投考空軍，後來又不能供養母親，只能常常給她寫信。

過了一陣子，母親終於忍不住了：漢仲好久不來信了。

他調到外島去了，有任務嘛，不能和外界通信。

啊。

又過了一陣子。

漢仲還沒有信。母親又說。

不能通信嘛，沒辦法。我臉轉到一邊，不敢看母親。

我照常從早工作到晚上十點，母親照常做飯照顧薇薇，日子彷彿是老樣子。殷海光那時還沒結婚，和我家一起住在《自由中國》松江路的房子。每天傍晚，他必到母親房門口說：聶伯母，散散步吧。

那時的松江路周圍是一片荒蕪的田野。他和母親一直散步到天黑，他們邊走邊談。母親回到家，臉色也不那麼沉重了。我知道殷海光在用他的愛心，誘導母親接受那椎心刺骨的喪子之痛。

那時妹妹月珍已到碧潭工作。華蓉和華桐在嘉義讀書，暑假我才把他們接到台北。他們到後清理行李。

這是妳哥哥的靴子嘛。母親對華桐說。

哥哥不要了，給我穿。

母親拿起靴子看了又看，靴子沾了泥。我一手把靴子搶過來，用一塊破布使勁擦上面的泥土，那樣子我就可以低頭忍住眼淚。

母親說：自己的皮鞋從來不擦，擦弟弟的舊靴子！

妳哥哥好幾個月不來信了。母親對華桐說。

華桐，你自己擦擦吧。我轉頭對他說，只為不忍面對母親。

華桐嗯了一聲。

我連忙接著說：我說過嘛，他駐在外島，祕密任務，不准和外界通信，家信也不能寫。

你們在嘉義曉得他的消息嗎？母親問華桐。

哥哥很好，沒有別的消息。

哦。他很好，我就放心了。母親不露聲色。兒子絕不能死，天經地義，不能表示懷疑，不能讓人懷疑她懷疑。

我們就那樣子瞞了母親六個月。每個人都戴上太平無事的面具。

一天晚上，我教完課回家。

母親躺在床上，見我劈頭斬釘截鐵地說：漢仲完了！

我哇的一下失聲痛哭，忍了六個月的眼淚全湧出來了。

我做了個夢。母親對我說，沒有眼淚：我夢見漢仲來了，站在我面前，望著我說：姆媽，我對不起妳，丟下妳走了。我就醒了。這幾個月來的點點滴滴，你們的臉色，你們躲躲藏藏不和我講話，漢仲的靴子，華桐華蓉到台北來了，現在都明白了。漢仲完了。你們不要騙我了。

母親斷斷續續哭了一夜，第二天，她把父親死後多年供奉的佛像、金剛經、大悲咒、心經、長長的檀香念珠，一把全扔了。

愛情，鮮花，夢想的莊園——殷海光

松江路一二四巷三號，是我在台北的家。當時的松江路只有兩三條小巷，在空盪盪的田野中。那房子是《自由中國》剛創辦時，從當局借來的，那時正是吳國禎任台灣省主席兼保安司令部司令。這地方偏僻，交通不便，三房一廳的房子，只有殷海光一個人住。誰也不願去沾惹他，人都說他古怪、孤僻、傲慢，一句話不投機，立刻拒人於千里之外。

殷海光抗戰時在昆明的西南聯大，是金岳霖的學生，非常佩服他老師的學養和為人。他十六歲時對於邏輯學的心得，就得到金岳霖的重視，引用在他的著作中。抗戰後，殷海光是南京《中央日報》主筆，徐蚌會戰，他一篇社論〈趕快收拾人心〉，針砭當時的國民政府的弊病，得到許多知識分子的共鳴。他到台灣後，應傅斯年之聘在台灣大學教書，離開《中央日報》，並參加《自由中國》任編輯委員。

一九四九年，一群年輕知識分子剛從大陸到台灣，常在一起聚會，討論中國的未來。我第一次和王正路去參加，也是第一次見到殷海光。他比他們只年長幾歲，儼然是他們的大師。朋友們在小房的榻榻米上席地而坐，希望聽聽殷海光的意見。然而，大師不講話，兩眉緊鎖坐在那兒。筆挺的希臘鼻，晶黑深沉的眼睛，射出兩道清光，一蓬亂髮任性搭在額頭上。他久久不說話，彷彿肩上壓著千斤重擔，不知如何卸下才好。他終於講話了，湖北腔的國語，一個個字，咬得清楚、準確、堅定。他逐漸來勁了，講起他的道了。他那時的道是中國必須全盤西化，反對傳統。後來在另一個場合，突然有人在房門口叫了我一聲，抬頭一看，正是殷海光。我站起來招呼他。他卻頭一扭，硬著脖子走了。許久以後，我才知道，他發現屋子裡有個「氣壓很低」的人。

我拖著母親弟弟妹妹從大陸到台灣，哪裡還有選擇住處的自由？一家人只有懷著凶吉不可測的心情，搬到松江路。

搬家那天，殷海光在園子裡種花，對我們打了個招呼，沒有歡迎，也沒有不歡迎的樣子。但是，來日方長，和母親所稱的那個「怪物」，擠在四堵灰色土牆內，是否能相安無事，不知道。

第二天早上，走出房來，桌上一束紅豔豔的玫瑰花！殷海光園子裡的玫瑰花！他摘下送給我母親。空空洞洞的屋子，窗前放了一束玫瑰花，立刻有了喜氣。

那是我們台灣生活中第一束花。

我對母親說：莫擔心，殷海光是愛花的人。

母親說：我才不怕他！

就從那一束玫瑰花開始，殷海光成了我家三代人的朋友。他在我家搭伙。我們喜歡吃硬飯和辣椒，他一顆顆飯往嘴裡挑，不沾辣菜，尤其痛恨醬油。但他從沒說什麼。後來母親發現他有胃病，問他為什麼不早說呢？他說：人對人的要求，就像銀行存款，要求一次，就少一點。不要求人，不動存款，你永遠是富人。

母親把飯煮得軟軟的，辣椒醬油也不用了。殷海光仍然有一搭沒一搭地吃著。他和我們一起吃飯，好像只是為了談話：談美、談愛情、談婚姻、談中國人的問題、談未來的世界、談昆明的學生生活、談他景仰的老師金岳霖。有時候，在黑夜無邊的寂靜中，他從外面回來，只聽見他沉沉的腳步聲，然後咔嚓一下關房門的聲音。不一會兒，他就端著奶色的瓷杯，一步步走來，走到我們房門口：「我——我可不可以進來坐一坐？」母親看到殷海光總是很高興的，招呼他坐在我家唯一的籐椅上。他淺淺啜著咖啡（咖啡也是西化吧），也許一句話也不說，坐一會兒就走了。也許又娓娓談起來。他說話的聲調隨情緒而變化，有時如長江大河，一瀉千里，有時又如春風，徐徐撩來。

他談到昆明的天：很藍，很美，飄著雲。昆明有高原的爽朗和北方的樸實。駝鈴從蒼蒼茫茫的天邊盪來，趕駱駝的人臉上帶著笑。我們剛從北平搬到昆明，上一代的文化和精神遺產還沒有受到損傷，戰爭也還沒有傷到人的元氣。人和人之間交流著一種精神和情感，叫人非常舒暢。我有時候坐在湖邊思考，偶爾有一對情侶走過去，我就想著未來美好的世界。月亮出來了，我沿著湖散步，一個人走到天亮。下雪了，我赤背袒胸，一個人站在曠野裡，雪花飄在身上。

他也常常感時傷事：現在的人，大致可分三種：一種是糞坑裡的蛆，一天到晚逐臭地活著。一種是失掉人性的軀殼，只是本能地生存著，沒有笑，沒有淚，沒有愛，也沒有恨。還有一種人生活在精神境界裡，用毅力和信心保護自己。物質的世界是狹小的，充滿欺詐和各種利害衝突。只有在精神世界裡，才能開拓無限樂土，自由自在，與世無爭。

殷海光說西方文化的好處之一是線條清楚，不講面子。他向我家借三塊錢，收到稿費，必定鄭重其事雙手奉還。我家向他借三塊錢，他就會問：幾時還？下星期三我要買書。母親說：星期二一定還。他才借給我們三塊錢，否則，下次休想再借。有朋友就那樣子碰過一鼻子灰。

他又說西方文化另一好處是人有科學頭腦，講究分析。他論事論人，鋒利冷酷，一層一層剝開來分析。因為沒有惡意，所以不傷人。有天晚上，他和幾個朋友在我家聊天。他興致來了，把在坐的牛鬼蛇神全分析出來了，講了一個通宵。他指著一個人的鼻子，斬釘截鐵地下了一句結論：你是一團泥巴！那團泥巴哭喪臉跟著我們哈哈大笑。

你批評他？也可以，只要你有道理。母親常常指點他說：殷先生呀，你實在不通人情！他仰天大笑。有一天，母親向他借一個多餘的空玻璃瓶，他繃著臉，煞有介事地：不借！我衝口而出：實在可惡！他哈哈大笑。我回頭說：我在說你呀！他又大笑一聲，咚的一下把門關上了。

他住在松江路時，還沒結婚。夏君璐在台灣大學農學院讀書，靈秀淡雅，堅定的側影，兩條烏黑的辮子，一身清新氣息。他們在大陸時已訂婚，她常在週末來看殷海光。只要她在座，他總是微笑著，很滿足，很嚴肅——愛情就是那個樣子嘛，他準會那麼說。當然，沒人和他談過這件事。那是他生活中最神聖、最隱祕的一面，而且，西方文化，要尊重人的私生活嘛。當時我只是暗自好笑：殷海光在夏君璐面前就老實了。多年以後，我才了解：他年輕妻子堅如磐石的愛心，忍受苦難的精神力量，早在她少女時代，就把殷海光鎮住了。日後他在台灣長期受迫害的生活中，她是他精神世界主要的支柱，是唯一幫助他在狹小的空間開闢無限樂土的人，將幽禁殷海光的溫州街小木屋神化為他夢想的大莊園。她是一位了不起的女子。

殷海光談到他夢想的莊園，眼睛就笑亮了：我有個想法，你們一定喜歡。我夢想有一天，世界上有一個特出的村子，住在那兒的人全是文學家、藝術家、哲學家。我當然是哲學家咯！殷海光哈哈大笑，繼續說：我的職業呢？是花匠，專門種高貴的花。那個村子裡，誰買到我的花，就是最高的榮譽。我真想發財！他哈哈大笑。殷海光想發財！只因為有了錢才造得起一個莊園呀！大得可以供我散步一小時。莊園邊上環繞密密的竹林和松林，隔住人的噪音。莊園裡還有個圖書館，專存邏輯分析的書籍。凡是有我贈送借書卡的人，都可以進去自由閱讀。但是，這樣的人不能超過二十個，人再多就受不了了。他皺皺眉頭。

母親說：我們搬來的時候，還怕你不歡迎呢！

你們這一家，我還可以忍受。他調侃地笑笑。換另一家人就不保險了。你們沒搬來以前，我有一隻小白貓。我在園子裡種花，牠就蹲在石階上晒太陽。我看書，牠就趴在我手臂上睡覺。我不忍驚動牠，動也不敢動，就讓牠睡下去。無論怎麼窮，我一定要買幾兩小魚，沖一杯牛奶餵牠。後來，小貓不見了。我難過了好久。現在又有這隻小貓了！他微笑著撩起薇薇搭在眼瞼上的一抹頭髮，思索了一會兒。人真是很奇怪的動物，像刺蝟一樣，太遠，很冷，太近，又刺人。在我那莊園上，我還要修幾棟小房子，不能離得太近，越遠越好。那幾棟小房子，我送給朋友們。

送不送我們一棟？我笑著問。竹林邊上那一棟，怎麼樣？你和夏小姐每天下午散步來我們家喝咖啡，Maxwell 咖啡，你的咖啡。

好！就是竹林邊上那一棟！

殷海光在園子裡種花，母親就帶著薇薇和藍藍坐在台階上和他聊天。他的花特別嬌嫩。夏天，他用草蓆為花樹搭起涼棚。風雨欲來，他將花一盆盆搬到房中。八個榻榻米的一間房，是書房，臥房，起坐間，儲藏室，也是雨天的花房！他有時也邀我們雨天賞花。否則，非請莫入。一走進他的房間，就看見窗下一張氣宇軒昂的大玻璃書桌，最底下的一個抽屜不知到哪兒去了，露出一個寒酸的大黑洞。桌上一小盆素蘭，一個粉紅小碟盛著玲瓏小貝殼。書桌旁一張整潔的行軍床。靠牆兩張舊沙發，中間一張小茶几，茶几上或是一盆珠蘭，或是一瓶素菊。沙發旁的小架子上，一個淡檸檬黃花瓶，永遠有一大束風姿綽約的鮮花，從他園子裡採來的。靠牆一排書架，穩穩排列著一部部深厚色調的精裝書。除了幾部與文學有關和普通理論書籍之外，其他的書對我而言，都是天書，七古八怪的符號，作者是什麼Whitehead呀，Quine呀，那些書是絕不借人的。書和花就是他的命。那幾件家具呢？發了財，劈成柴火燒掉！他講的時候的確很生氣。

殷海光每天早上到巷口小鋪喝豆漿。

聶伯母，沒有早點錢了。明天拿了稿費一定還。他向我母親借錢。

母親笑了：殷先生呀，下次有了稿費，在你荷包裡留不住，就交給我保管吧，不要再買書買花了。

他接過錢，自顧自說：書和花，應該是作為一個人應該有的起碼享受。憤憤不平地咚咚走開了。

他除了去台灣大學教課之外，很少外出。假若突然不見了，你一定會看到他捧著一束鮮花，挾著一本本硬邦邦的新書，提著一包包沙利文小點心，坐在舊三輪車上，從巷口輕鬆盪過來，笑咪咪走進斑駁的綠色木門。

殷先生，你又拿到稿費啦！母親劈頭一聲大叫，彷彿抓著了逃學的孩子。記不記得？今天早上你還沒有早點錢！

他仰天大笑，快活得像個孩子。進了屋，贖罪似的，請我們三代人到他房裡去喝咖啡吃點心。兩張舊沙發必定讓給母親和我坐。尊重婦女嘛，西方文化。薇薇在房門口脫下鞋子說：羅素的小朋友也赤腳。殷海光大笑一聲，塞一塊小可可餅在她嘴裡，抱起她直叫：乖兒子。藍藍坐在我身上等著吃點心。他嫌她太安靜了，對她大叫一聲：木瓜！她哇的一聲哭起來，他就塞一塊小椰子餅在她嘴裡。他咚咚走出走進，在廚房熬Maxwell 咖啡。一直到現在，我還認為Maxwell 是世界上頂香的咖啡。

花香，書香，咖啡香，再加上微雨黃昏後，就是說羅素的時候了。羅素可不是隨隨便便談的。天時，地利，人和，都得配合才行。有天晚上，殷海光拿來《羅素畫傳》給我們看。他正要將書遞給我，突然來了一位不速之客。他連忙將書從我手裡搶了過去，目不旁視，繃著臉走了出去。

現在，時候到了，氣氛有了。我、母親、一個小孩，哪懂羅素？沒關係。羅素不在乎，殷海光也不在乎。人能通就行。他常用那個通字來形容人與人之間的關係。他從書架上捧下羅素的書，還有《羅素畫傳》。畫傳可真是好看。石砌的矮牆，牆外野草深深，翳翳松影裡，一幢古樸小屋，那就是羅素在菲斯亭尼俄谷的夏天別墅。石板路，幾片落葉，深沉的庭院中，蹲著小小的羅素和狗。草地上，羅素望著騎驢子的小孩。白花花的陽光，羅素拿著菸斗，站在石階前，望著妻子懷裡的孩子。羅素夫人依窗沉思，恬靜智慧的眼睛望著窗外，彷彿她隨時要推開窗子飛出去。

妳把書帶回去看吧。殷海光慷慨地說。這本書可不是隨便借人的啊——那長長一聲揚起的「啊」就表示茲事體大。

殷海光的朋友不多，到松江路來訪的多半是他的得意門生。夏道平和劉世超有時在傍晚從和平東路散步到松江路來看他。他不一定請客入室。有的人連大門也沒進，只是靠著野草蔓生的大門，三言兩語，一陣哈哈，拂袖而去。有的朋友就站在園子裡，看他將平日存下的臭罐頭、酸牛奶、爛水果皮埋在花樹下，一面和他談話。他有時和客人坐在台階上，一人捧一個烤紅薯，談邏輯，談數學，談羅素，談最近在外國邏輯雜誌上發表的論文。偶爾他也請客入室，席地而坐，一小壺咖啡，一小盤沙利文點心。那樣的場合，多半是談更嚴肅的學術、思想問題。

我剛在中央大學畢業，到台灣後開始寫作。殷海光是第一個鼓勵我的人。一九五二年，胡適第一次從美國到台灣，雷震先生要我去機場獻花，我拒絕了。殷海光拍桌大叫：好！妳怎麼可以去給胡適獻花！妳將來要成作家的呀！我倒不是因為要成作家才不去給胡適獻花，只是因為靦腆不喜公開露面。殷海光那一聲好叫得我一驚。

妳當然可成作家！他望著我抱著的嬰兒薇薇：尿布裡可出不了作家呀！他笑著指點我：妳是個聰明女子，寫下去呀！他頓了一下，望著我說：嗯，一江春水向東流。說完仰天大笑，頭一扭，轉身走了。

我那時窮得連一支自來水筆也買不起，用的是沾水鋼筆。一天，殷海光領到稿費，買了一支派克鋼筆，給我母親看。

她笑了：殷先生，你這個人呀！原來那支筆不是好好的嗎？你褲子破了，襪子破了，早就應該丟進垃圾堆了！眼巴巴望來的一點稿費，又買支筆！

舊筆，可以送人嘛。他走回房拿出舊派克，結結巴巴對我說：這——這支筆，要不要？舊是舊，我可寫了幾本書了。妳拿去寫作吧。

我感動得連聲說：我就需要這樣一支筆！我就需要這樣一支筆！

第二天晚飯後，他在我們房中走來走去，坐立不安，終於吞吞吐吐對我說：有件事和妳商量一下，可以嗎？

我以為他要我幫忙解決什麼難題，問他：什麼事？

可不可以，可不可以，把妳的筆和我的筆交換一下？

我大笑：兩支筆全是你的呀！

不，給了你，就是你的。再要回來，不禮貌。我，我，還是喜歡那支舊筆。我用了好多年了。

我把舊筆還給他。

謝謝！他那鄭重口吻，倒像是我送了他一件極珍貴的禮物。

一九四九年四月，我和正路終於從北京到了武漢，又帶著母親弟妹從武漢去廣州。在粵漢鐵路工作的好友李一心和劉光遠夫婦決定不走，將他們粵漢鐵路眷屬的火車票送給我們。那是從武漢去廣州的最後一班火車。倉促收拾行裝，抓頭不是尾，竟抓了幾個枕頭和衣架，抓了唯一有價值的是爺爺的寶貝——朱熹寫的《遊晝寒詩》。

一九五四年，殷海光去哈佛大學做訪問學人。我和母親突然想到我家的爺爺的寶貝。母親從唯一的一口樟木箱子裡將寶貝拿出擺在桌上。古色古香的金黃緞子書套，紫檀木夾板，刻著朱文正公遺跡。黃色紙地，白絹鑲邊。朱熹龍飛鳳舞寫著：

仙洲幾千仞，下有雲一谷。道人何年來，借地結茅屋。
想應厭塵網，寄此媚幽獨。架亭俯清湍，開徑玩飛瀑。
交遊得名勝，還往有篇牘。杖屨或鼎來，共此岩下宿。
夜燈照奇語，曉策散遊目。茗碗共甘寒，蘭皐薦清馥。
……

母親將殷海光請到我們房中。

殷先生，嗯——。母親笑了一下，不知如何啟口。有件事，請你幫個忙。好不好？

那要看是什麼事。

有一幅朱熹寫的字，我們老太爺當寶貝，看一次就叫一聲：好呀！搖頭晃腦大聲吟起來。聶家只剩下這一件家當了。也是太窮了。人總不能端著金碗當叫化子吧。

殷海光逐漸有了笑意：聶伯母，妳要我帶到美國去賣掉？

對。賣的錢，你得十分之一。我連忙說：線條清楚！我套用一句殷海光的口頭禪。朱熹的真跡呀！你看這詩，書法，裝幀，不僅有學術研究價值，還是件藝術品呀。

請問。殷海光冷靜地：妳能斷定這是朱熹的真跡嗎？

哎呀，喏！上面還有歷代收藏家鑑印和評語。真德秀評：考亭夫子書宗魏晉，雄秀獨超，自非國朝四家所可企及。周伯琦評：道義精華之氣渾渾灝灝自理窟中流出。還有，還有！入首數行。骨在肉中，趣在法外，中間鼓舞飛動，終篇則如花散朗，如石沉著。甲子歲暮以事玉燕。購於張文傳先生，如獲連城，題後數言，祕之篋笥，不肯使墨林俗子一見也。這最後幾行是我爺爺寫的呀！你再看看這些不同時代的鑑印。深深淺淺的印色，有的已經模糊了，有的還清楚。這些會是假的嗎？

殷海光似信非信地點點頭。好吧，我帶去，要人先鑑定一下。哈佛東方研究所一定有人懂得這些玩意兒。

他去美國以後，我和母親天天焦灼地盼望他的來信。他第一封信說已將寶貝請哈佛東方研究所一位教授鑑定去了，並說他們很感興趣。我們一家人非常高興，各做各的發財夢。我的夢是遊手好閒，讀書，寫作，瀟瀟灑灑過日子。台灣郵差每天早晚送信兩次，我和母親每天就緊張兩次。郵差自行車在門前咔嚓一聲停下，將信扔進信箱，我和母親就跑出去搶著開信箱。好不容易盼到殷海光第二封信，是兩個月以後的事了。

聶伯母：

前信已提及寶貝由哈佛大學東方研究所的教授鑑定去了。這些日子我等得好不心焦，但又不便表示焦灼的樣子。別人怎了解這件寶貝茲事體大，不但府上每人寄於無限熱望與夢想，就是我這個外人也可分享十分之一的利益，將來返台靠此結婚成家呢！今晨我去看那位教授，他把寶貝拿了出來，半晌微笑不語。我耐著性子問：怎麼樣？他吞吞吐吐，只是說：這個——嗯——這個——又把頭搖幾下。我立刻心裡一怔，心想：糟了。我脫口而出：假的？他點點頭，於是乎拿出考證的卡片。今一併附上。別人是用科學方法鑑定，萬無一失。聶伯母，如果您老不甘心，還要拿到日本去鑑定，也未嘗不可。不過，基於道義的理由，我要就便告訴您老：日本的漢學水準一定不比美國的哈佛差。萬一又考證出正身，再賠掉好幾塊美金的郵費，可就損失更大了。你們一定很傷心。我當時也很傷心。但現在想起來令人失笑。我抱著寶貝回來時，天正下著大雨，我在雨地行軍，寶貝似乎越來越重，而雨越下越大。回來啊！呢帽變成水帽，重約數磅；鞋子成了水袋，咯吱咯吱；大衣也濕透了。我趕快全脫下，放在熱水汀上烘烤。而人呢？坐在沙發上，好不慘然，心想：這輩子要做王老五了。我又怕因此受寒生病，因波士頓比北平還冷。美國醫院特貴，倘若生病，我豈不要損失慘重！後來趕快用熱水大洗一頓。還好，沒有出毛病。哎，多麼可悲又可笑的人生！不過，不管天翻地覆，我們總得活下去，不能再盼望奇蹟了。寶貝由台來美，一路使我緊張萬分。現在我得請它閣下先行返台了，今已付郵寄上。包裹單「價值」一項，我填的是「無價之寶」。

殷海光和我母親之間有一分動人的感情。一九五一年春弟弟漢仲在嘉義飛行失事。我接到消息，忍住悲痛，瞞著母親。總有一天靈敏的母親會發現漢仲完了。殷海光就為她做心理準備工作。每天黃昏，必定邀她出去散步。那時的松江路四周還是青青的田野，他們一面散步，一面聊天。談生死哀樂，談戰亂，談生活瑣事，談宗教——殷海光那時並不信教。(他信奉宗教，還是多年以後，他去世以前的事。大概是受了他夫人夏君璐的感召。) 這一類的談話，都只為了要在母親精神和心理上加一道防線，防禦終歸來臨的喪子之痛。日日黃昏，他就那樣子充滿耐心和愛心看護了我母親六個月！

他和夏君璐結婚之後，一九五六年，他們搬到溫州街台大的房子，兩家就很少見面了。我和母親帶著兩個孩子去看過他們。殷海光正在園子裡挖池子，造假山，要把一個荒蕪的小園子造成假想的大莊園。他有了一個幸福的家，看起來很恬靜。但那雙沉思的眼睛仍然遮掩不住他憂國憂民的心情。

一九六〇年，雷震先生等四人被捕，《自由中國》被封。我住屋附近總有人來回徘徊。警總藉口查戶口，深夜搜查我家好幾次。據說殷海光本來也在被捕的名單上，警總動手抓人的前一刻，才把他名字取消了。當時我們並不知道。我和母親非常擔心他的安全。每天早上，一打開報紙，就看有沒有殷海光的名字。沒料到他和夏道平、宋文明突然在報上發表公開聲明，宣稱他們在《自由中國》登出的文章自負文責。殷海光寫的許多篇社論幾乎都是雷案中「鼓動暴動」、「動搖人心」的文章。我們也聽說殷宅附近日夜有人監視。一直到胡適由美返台前夕，《自由中國》劫後餘生的幾個編輯委員才見面。那時雷先生已判刑，以莫須有的「煽動叛亂罪」判決有期徒刑十年，大家見面，欲哭無淚，沉痛，絕望。殷海光緊鎖眉頭，一句話也沒說。有人提議去看胡適，他只是沉沉搖幾下頭，也沒說話。大家要探聽胡適對雷案究竟是什麼態度，一起去南港看胡適。殷海光也去了，仍然不說話。胡適閒閒的微笑，模稜兩可的談吐，反襯出殷海光作為一個中國知識分子的深沉悲哀。

一九六二年夏天，母親因患肺癌住進台大醫院。《自由中國》於一九六〇年被封以後，殷海光兩年沒上街了。

一天下午，母親房門口突然沉沉一聲：聶——伯——母——。竟是殷海光站在那兒！他的頭髮全白了。母親看到他，焦黃的臉笑開了。他坐在床前椅子上，兩眼全神盯著母親，沒說一句話，勉強微笑著。

母親非常激動，但已無力表達任何情緒了，只是微笑著拍拍他的手說：你來了，我很高興。我會好的。我好了，一定請你們全家到松江路來吃飯。不要醬油，不要辣椒。

好。他勉強笑了一下。

他就坐在那兒望著母親，彷彿不知道如何應付苦鬥一輩子、熱望活下去、不得不撒手的我的母親。

聶伯母，我，我，我得走了。他笨拙地站起身，站在床前，盯著兩眼望著她，望那最後一眼。聶——伯——母，好——好——保——重。一個字、一個字說出，沉甸甸地。

我送他走到醫院大門口。

好久沒上街了，上街有些惶惶的。他對我說。

你知道怎麼回家嗎？我問。

我想我知道吧。他自嘲地笑笑，低頭沉默了一下。唉，聶伯母，唉。我再來看她。

你來看她，對她很重要。但是，請不要再來了。

來看聶伯母，對我也很重要。

殷海光在一九六〇年雷案發生以後，不斷受到特務騷擾，後來特務竟明目張膽到他家裡去，精神折磨得他拍桌大吼：你們要抓人，槍斃人，我殷海光在這兒！

他於一九四九年一到台灣就應傅斯年校長之聘，在台灣大學哲學系教課，非常受學生愛戴，一九六七年，被禁止教課，幽禁在特務的監視下。

殷海光一生不斷地探索，焦慮的思索，思想道路不斷地演變。他崇尚西方文化，但在多年以後，他開始對中國傳統文化重新估價，逐漸承認傳統的價值了。在他生命的最後一刻，他斷斷續續地說：中國文化不是進化而是演化，是在患難中的積累，積累得異樣深厚。我現在才發現，我對中國文化的熱愛。希望再活十五年，為中國文化盡力。

一九六九年九月十六日，殷海光終於放下文化的重擔，撒手長逝了，只有五十歲。

誰騙了我的母親？

一九六二年農曆六月初七，母親六十歲。父親突然喪生二十八年了，大兒子突然喪生十一年了。她在生活的兩個極端中撐下去：賭博和沉思。她常打牌通宵，不打牌的時候，就沉默地躺在床上。母親失去了往日的幽默和灑脫。我只指望你們跟我做個六十歲生日，母親對我說。只有兩個月就是她生日了，母親得了感冒，咳嗽不已，吃藥無效。我帶母親去台灣大學醫院，醫生診查之後，要母親照X光，他看了照片，要和我單獨談話。他告訴我母親得了肺癌，擴散得已無法動手術，已無法挽救了。我求他不要告訴母親，只因為我不要母親絕望地死去，而是充滿希望地活著。我忍住眼淚，告訴母親她得了氣管炎。

我日夜在醫院陪伴母親，眼看著她日漸衰弱消瘦。她在醫院住下去，只是為了打針減少痛苦。母親說：華苓，我好像一天不如一天了。我相信不是嚴重的病，妳很鎮靜很高興嘛。她看著病房窗外走來走去的人說：能夠走路，就是福啊。我好了，可以帶薇薇、藍藍出去玩了。

好，我給您梳頭，別一個假如意髻。小時候，我好喜歡看妳梳頭，如意髻，又黑又亮。

母親坐在病床上，癟著嘴笑笑，摸摸頭說：頭髮要掉光了。

頭髮會長出來的。我望著母親浮腫的臉，不忍那麼談下去。姆媽，我把妳房裡窗簾換了，天青色。妳回家，房裡亮一些。

好。我就想回家。跟妳講，早晨我咳嗽，咳得換不過氣。母親指指同房另一個病人，忍住笑壓低了聲音說：她以為我得了肺病，被子蒙著頭，怕傳染。不要告訴她我是氣管炎，讓她去白擔心。母親調皮地笑笑，繼續說下去。妳爹一死，我就老了，只想活到六十歲，你們也都成人了。

妳才三十二歲呀！

心老了。三十二歲的老太婆。母親自嘲地笑笑。

姆媽，我叫了一聲，突然止住了。

母親望著我，指望我說下去。

爹死了，妳想過再嫁嗎？

沒有，沒有。我有你們呀。現在這個時代，再嫁是件平常的事了。我的太外公死的時候，太外婆只有十九歲。他不肯嚥最後一口氣，要年輕的老婆把一根指頭放到他嘴裡，他一口咬住了，要她發誓不再嫁。她說：我生為陳家人，死為陳家鬼。我沒有兒子，二房有了兒子，就過繼過來。她說完了，丈夫才放了她的指頭，嚥了氣，閉了眼。母親突然咳嗽起來了，手捫著心口。

痛嗎？

她點點頭，仍然咳嗽不已。

我握著母親的手。我的心也絞痛。

她終於咳出一口帶血的痰，繼續說：告訴妳，妳爹死了，我從沒有二心。我只想死，磨過來了。漢仲死了，我也想死，也磨過來了。你們都很好，我很滿足。我真滿足。我太滿足了。我就指望熱熱鬧鬧做個六十歲。你們都成人了，都很爭氣，我也對得起聶家了，偏偏生了病，一輩子就指望六十歲吐口氣。

姆媽，明年慶祝六十整壽。一定！

好！明年，一定！我要你們都在我旁邊，我要你們都跟我磕頭。母親自嘲地笑笑。

兩代人都磕頭。

好。明年華桐也可以從美國回來了。你們說送我鑽石戒指，不要忘記了。不，不，不要。今年我生病，你們花的錢太多了。

將來有一天，我們幾個姊弟送妳一副金麻將！

好，記住！

一定！

醫生和護士進來了。我告訴醫生她剛才咳嗽了好一陣子。

他嗯了一聲說：現在要抽肋膜裡的水。

母親看著醫生手裡粗大的玻璃管，立刻拉著我的手。我和護士扶著母親慢慢坐起來。護士一手扶著母親的肩，一手撩起病院服的後半截。我雙手捧著母親的手。醫生將大玻璃管的針頭向母親背部戳進去。我別過臉，不忍看母親。她沒叫一聲痛，只是我雙手握著的她那隻手攥得更緊了。

醫生走了，母親才躺下，閉上眼，沉默了一會，聲音微弱地說：疼得很。我要活命，忍得住疼，我才不甘心死呢。我還要活十年，活二十年。不，我這場病，也活不了那麼大歲數了。我只要再活兩年，好好再活兩年，看到華桐拿博士，看到華桐結婚。

我終於得到醫生許可，拿了止痛藥，接母親回家了。她回到家，非常高興，以為自己的病快好了，精神也好一些了。但我眼看著母親一天一天衰弱了。

一天午夜，母親叫我。我走進房，大吃一驚，母親脫胎換骨變了個人，兩眼灼灼，兩道鋒利的冷光，照我射來。

坐下來，聽我講！不准打斷我的話！

她就那樣子講了個通宵。她如何受騙嫁給父親，如何應付一個複雜大家庭的傾軋，講父親暴死之後她所遭受的欺凌和侮辱，如何別無二心地指望子女成人。她將我一個妹妹過繼給她結拜的姊妹，慚悔對不起她。她想念在哈佛求學的華桐，希望他和蘇端儀結婚雙雙回來。她擔心我的婚姻。

華苓，妳的心情，妳以為我不曉得？你們結婚十三年，只有五年在一起，在一起就天天嘔氣，如今正路去了美國，也有五年了，妳好像還快活一些。他在家的時候，有天晚上，妳從外面教課回來，還沒有吃飯，就聽見你們在房裡吵起來了。第二天，殷先生說：他們吵，我氣得在房裡走來走去。聶華苓應該離婚呀！我說：那怎麼行呢？有兩個孩子呀！妳這個婚姻，當初我就不贊成。現在妳只好忍下去了。華苓，我要告訴妳，妳有時候太不像話了，像男人一樣大笑，太不拘形跡了。妳和朋友們在房裡聊天，我在這邊房裡，聽見妳哈哈大笑，那樣子笑，實在不像個有教養的女人。

她講到漢仲飛行失事後，萬念俱灰，生即是死，死即是生，也不信佛了。講著講著，母親突然停住了，眼神恍惚。她定定望著我，並沒有看見我。

我連聲叫：姆媽！姆媽！妳說呀，說下去呀！妳怎麼啦！

她就那麼恍恍惚惚盯著我。她已經離開了現世，到另一個世界去了。

我使力搖她兩肩：姆媽！姆媽！妳說話呀！姆媽！我要聽妳講呀！把妳心裡話全講出來！講呀！姆媽！

她望望四周：我在哪裡？我在哪裡？

姆媽，妳在台灣，在自己家裡，和我在一起。

台灣？妳是什麼人？

我是華苓呀！

她仍然定定望著我：啊，華苓。我到底在哪裡呀？

在台北，我們都在台北。

漢仲呢？

他也在。

妳爹呢？

爹也在。

啊。都在。那就好。啊，都在，都在。她臉色突然變了，冷光逼人，盯著我說：妳騙我，華苓，妳騙我！不准再騙我了！不准再騙我了！母親的眼淚淌了一臉，沉默了一會兒，低聲說：我受了一輩子的騙。

母親終於又進了台大醫院。她再也回不了家了。

她很安靜，偶爾低聲說幾句話，全是對生命的渴望：

我好了，就是走一步路，我也要好好過過癮。

我好了，自己走出醫院。我不向醫生護士說再見。再見，再回到醫院來見？我不來了。我只說謝謝他們。

我好了，要在園子裡種花，種葡萄，自己釀葡萄酒。

我好了，抱抱小外孫呀，帶著薇薇、藍藍出去玩呀。以前我不懂這就是福，這一病，我都悟過來了。

我好了，再也不心煩了。活下去，真是好呀，煩什麼呢？

薇薇、藍藍在聖心中學住讀。薇薇是外婆一手撫大的，她給外婆寫的信，外婆都放在枕頭底下，不時用手摸一摸，摸出來再看一遍，對我說：我看薇薇的信最高興了。她小時候，我抱著她，就想：等她讀中學，我就看不見了，現在她也上中學了。

母親閉上眼，微笑著。

星期天我帶兩個孩子去醫院看外婆。薇薇在學校趕著繡了一條手絹帶去。

母親微笑著接過手絹說：外婆沒有白疼妳。她將手絹放在枕頭邊，輕輕拍了一下：就放在這裡吧，我看得見。薇薇，好想妳們啊。外婆好了，星期天帶妳們出去玩，看電影，上小館，逛新公園，好不好？

薇薇答應了一聲好，轉身跑出病房，在外面大哭了一場。

我日夜守著母親，晚上在她床邊的椅子上睡一下子。每星期一、三、五上午去台大教課，東海大學的課只好請假了。每次我走進病房，母親都很高興。一天晚上，我回到醫院，長長的甬道沒有一個人影，慘白的燈光，一直亮到盡頭，再過去就是太平間。我並不害怕，彷彿我這輩子就是一個人在那兒走，走向甬道盡頭。到了母親房門口，才猛然悟過來：我的母親躺在那兒等著我。她睡著了。我沒有驚醒她，一夜沒有閉眼，一直望著母親，聽著她微弱的呼吸。

天濛濛亮，母親醒來，看見我在床邊，拉著我的手說：妳在這裡，我就心安了。這幾天，妳猜我想什麼人？想妳爹！二、三十年了，怎麼現在這麼想他！我一個人睡在床上想，說不定他會走進房，笑咪咪的，也不說話。我問他：噫！你怎麼來了？你害我吃了這麼多年的苦，把兒女都撫養成人了，你來享現成福呀。他笑笑：我來找我的老伴呀。我點頭笑笑：你來得正好！

我輕輕捏著母親的手指頭，一個個捏著，然後按摩那瘦得只剩一把骨頭的手，逐漸向上按摩，手腕，手臂。母親微笑著閉著眼說：好，好，莫停，一停，我又怕妳不在這裡了。

一天晚上，母親要我回家好好睡一覺。

我回家坐在母親空空的房中。我要呼吸母親剩餘的氣息。屋子裡漆黑，一潭冰凍的黑。我凍在潭心。一隻蜻蜓滿屋飛。我一伸手，抓住了蜻蜓，把蜻蜓捏得緊緊的，另一隻手從字紙簍裡掏出一小片舊報紙，把蜻蜓兜在裡面，把報紙上端扭了又扭，正要將那一團紙扔出窗外，感覺到紙包裡的顫抖。我將報紙裡的蜻蜓扔進了字紙簍，回到我的房間。躺在床上，睡不著。悠悠萬年，一個人和一隻蜻蜓在黑暗中碰上了。蜻蜓輕微的顫抖仍留在我指頭上。那就是生命。那就是我母親渴望的生命。我從床上跳起，從字紙簍裡抓出那一團破報紙，打開來一把扔出窗外，扔到鳳凰木下。鳳凰木旁有一朵粉藍小花。太陽會再升起來。蜻蜓會再飛起來。天下雨了。我聽見雨打鳳凰木的聲音，雨打破報紙的聲音，蜻蜓翅膀顫抖的聲音。

第二天一清早，我匆匆趕到醫院，彷彿遲一步就見不到母親了。

妳這麼早就來了？母親每天看見我總好像多年沒見那樣驚喜。華苓，有件好笑的事告訴妳。她壓低了聲音，聲音已咳得沙啞了。昨天晚上，我咳嗽了好半天。同房那個病人的女兒，坐在靠我這一邊。以為我是肺病，嚇得她連忙把椅子搬到另一邊去了。母親笑著對我眨眨眼。嚇嚇她，離得遠一點，我可以清靜一點。母親對我頑皮地笑笑，咳出一口痰。

幾天後的一個晚上，母親睡著了。我乘機回家看一下，又不禁走進母親房中，坐在靠窗的朱紅沙發上。每次我都是坐在那兒，母親斜靠在床上，恨不得我就坐在那兒談談天，說說話。我總是匆匆忙忙，要去工作，要去教課，要去趕稿子，要去會朋友，要去看電影，很多要去做的事。現在，我坐在母親房中，她各種神態全湧在眼前了。母親穿著大擺大袖的黑緞子旗袍，搭著一條白絲圍巾，戴著眼鏡，微微踮起一隻腳，透著點兒挑逗，又有些不捨地笑著。母親披著狐皮領黑斗篷，額前一抹瀏海，在雪地裡走過兩根大石柱，走進屋內迎面的大穿衣鏡裡。漢口江漢關碼頭上，白色鮮花的牌坊掛著「魂兮歸來」的橫幅。母親一身白布孝服，昏倒在父親朱紅棺材旁邊。母親灰衣灰鞋，拿著鞭子，在陽台上趕著打她長子漢仲，鞭子打斷了，轉身伏在父親靈前痛哭。

醫院突然來了電話，母親情況危急。我通知了兩個妹妹，趕去醫院。醫生正在搶救母親。她張著嘴，喉嚨呼嚕著痰，插了一個管子。母親一看見我，就揮手要我握著她的手。我兩手緊緊捧著母親的手。兩個妹妹陸續趕到了。醫生用一根管子插在她喉嚨裡抽痰。母親的臉扭曲著掙扎呼吸。我的手越攥越緊，母親的手越來越鬆了，呼吸越來越微弱了。

母親的手終於撒開了。

那天是一九六二年十一月十五日。

1974年，我和Paul特意去台北看出獄後的雷震先生。1970年雷先生出獄後，寄來他夫婦的照片，來信說：我做了一副春聯貼在牢房門口：十年歲月等閒度，一生事業盡消磨。上面橫批：所幸健存。（1970，台北寓所）

林懷民（1970-1972）在愛荷華，那時寫小說。1973年，在台灣創立雲門舞集，融合西方現代舞技巧和東方氣韻，創造獨特的舞蹈藝術。他的現代舞有古典的、文化的、歷史的內涵。1971年冬天，林懷民在愛荷華大學藝術舘表演後，鄭愁予寫〈旋轉橡木〉一詩：月在雲門／橡木般的／那人／黑衫敞開／一胸刺青的／扶疏……附注：……散場後見懷民披黑衫踽行跫音橋跨愛荷華河歸去，忽又屹立橋端，若一旋轉橡木於風息時之靜止。

瘂弦在愛荷華兩年（1966-1968。編注：這裡的年份都是在愛荷華的時間）。瘂弦的詩悲涼透著詼諧，跌宕起伏，呼應成趣，極富戲劇性。他朗誦詩，聲音醇厚，盪氣迴腸。耳邊仍然迴盪著他朗誦的〈紅玉米〉：宣統那年的風吹著／吹著那串紅玉米／它就在屋簷下／掛著／好像整個北方的憂鬱／都掛在那兒／猶似一些逃學的下午／雪使私塾先生的戒尺冷了／表姊的驢兒就拴在桑樹下面／猶似嗩吶吹起／道士們喃喃著／祖父的亡靈到京城去還沒有回來／猶似叫吾吾的葫蘆兒藏在棉袍裡／一點點淒涼，一點點溫暖／以及銅環滾過崗子／遙見外婆的蕎麥田／便哭了／就是那種紅玉米／掛著，久久地在屋簷底下／宣統那年的風吹著……（1974，台北）

在台北機場喜見來過愛荷華的朋友們。瘂弦（右一）、姚一葦（右二）、林懷民（右三）、王禎和（右四）、殷允芃（左一）、張蘭熙（左二）。王禎和小說根植於台灣風土人物，而運用現代手法，60年代初，對台灣現代小說有開創的作用，1972至1973年來愛荷華。張蘭熙翻譯那時年輕作家的小說如白先勇、王文興、陳若曦、歐陽子等。對台灣文學很有貢獻。（1974，台北機場。前左三，聶華苓；後左一，安格爾）

殷允芃，山東人，60年代在愛荷華大學專研新聞。決定回台灣獻身本土。1981年創辦《天下》雜誌，以財經議題為主，並關懷教育，人文素養和環境問題。曾任美國費城《詢問報》記者、合眾國際社記者、美國《紐約時報》駐華記者、亞洲《華爾街日報》駐華特派員、英國《經濟學人》雜誌特約撰稿人。但她最重要的成就是創立《天下》雜誌，從世界視野開拓台灣的文化和經濟。（1974，台北）

劇作家姚一葦1971至1972年在愛荷華。劇作包括《來自鳳凰鎮的人》、《碾玉觀音》、《紅鼻子》等，並寫文學批評和藝術理論，對台灣文壇影響很大。陳映真評語：姚先生對於文學、藝術和戲劇的近乎宗教的、純粹的信仰。（1974，台北）

1988年，我終於能入境台灣。二十八年以後，《自由中國》星散而僅存的幾個人，終於重聚了：聶華苓（右二）、安格爾（右一）、夏道平（左一）、雷夫人宋英（左二）、馬之驌（後左一）、傅正（後左二）、陳積寬（後左三）、宋文明（後左四）。歡喜透著欷歔，興奮卻又悵惘。許多話要說，都不知從何說起。既真實，又虛幻。（1988，台北）

我們在一起，是歡喜的一刻，也是悲哀的一刻。當年《自由中國》的盛況，已成過眼雲煙。當年苦心改善社會的人物多已凋零。各有坎坷，各有苦水。但在那一刻我們都看到雷震那高大的銅像——永沒鑄出的銅像，矗立面前。（1988，台北）

余紀忠先生是位有理想、有風格的長者，對當時在台灣受迫害的知識分子很同情，不聲不響地予以道義支持，如對陳映真和柏楊。1987年，台灣政局變化。11月收到余紀忠先生的信：華苓……妳好久沒回來了……當年參與播種的一分子應該在這時候回來看看……余先生為我大力在各方奔走，並邀請我和Paul做客三星期。1988年，我才又能去台灣。（左一，余夫人；左二，聶華苓；右二，安格爾；右一，余紀忠。1988，台北）

抵台時，余先生夫婦在家款以盛宴。離台前，余先生夫婦又舉行盛大酒會。余先生講話，我翻譯給Paul聽：……我相信華苓和Paul有很深的感覺，台灣社會的形象，本質，以及氣氛都大不相同了，大家可以昂頭言笑，天地比較開放，心胸比較開闊……他們為文學貢獻了一生，致力於全世界文學溝通……華苓下筆有感情，有骨有肉，不但關懷鄉土，也關懷家國，是非區域性，是普遍性的……（1988，台北）

我去看臺靜農先生。1960年，雷案發生後，我和外界隔絕了。1962年，臺先生竟親自到我家，邀我去台灣大學他所主持的中文系教小說創作，那課當時在台灣尚屬首創。我已回鄉多次，對臺先生談到我所見到的茅盾、沈從文、卞之琳、冰心、曹禺、夏衍。他30年代左右寫小說，並參加魯迅支持的「未名社」。1946年到台灣後，專注教學、書藝和畫藝。（1988，台北）

臺先生很懷鄉，我知道。他特別喜歡聽我談大陸。我告訴他初次見到沈從文時在宴席上，他沒吃什麼，他說只吃麵條，吃很多糖。我問為什麼。他說：我以前愛上一個糖坊姑娘，沒成，從此就愛吃糖。臺先生聽得開心笑了。（1988，台北）

1988年，又見瘂弦和橋橋。瘂弦著作有《詩抄》、《深淵》、《鹽》等詩集。他在50年代初就開始寫詩，是台灣《創世紀》詩刊的主要詩人之一，為台灣現代詩重鎮。1977年起擔任《聯合報》副刊主編二十多年，創立聯合報各類文學獎，發掘新一代的作家，對台灣文壇貢獻很大。（1988，台北）

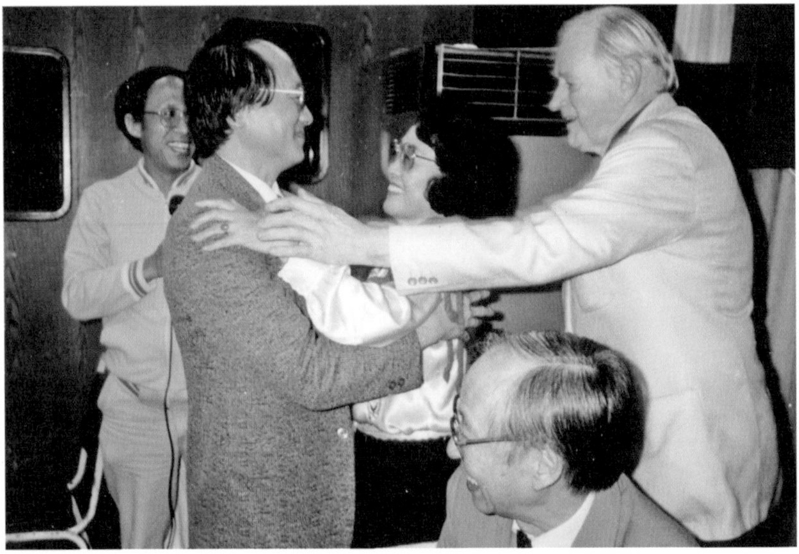

作家們在陽明山上歡聚。王禎和已患鼻癌無治，失音失聰，但他堅持要講話，斷斷續續吐出他對我們的情誼。我和Paul含淚上前一把擁著他。（1988，台北）

王禎和的妻子林碧燕在歡聚宴會上，不斷在紙上寫出每個人的講話給他看，或是告訴他當時的情況。他點點頭，偶爾微笑一下。他對生命的迷戀和執著，看著叫人心痛。1990年去世。（1988，台北）

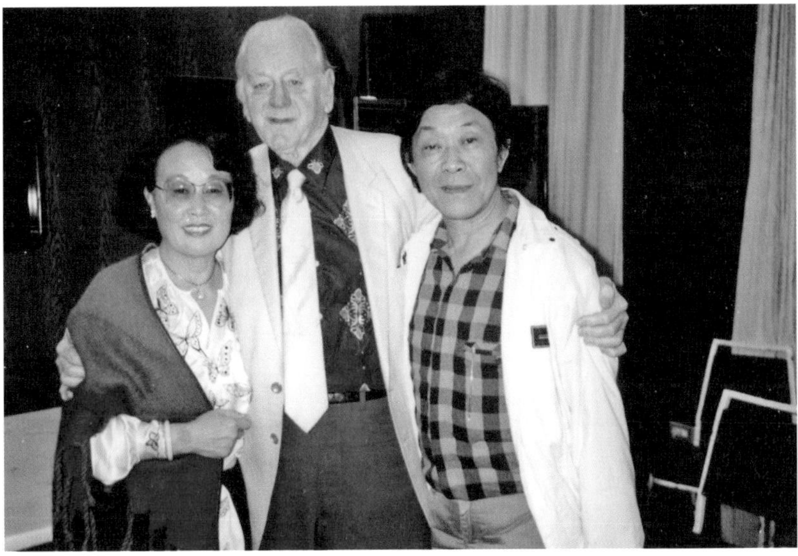

商禽於1969至1971年在愛荷華。陽明山上重逢，仍然是那麼慢吞吞地說話，幽默有趣。他有四川人擺龍門陣的瀟灑。在我家做很辣很辣的牛肉麵，嗆得Paul往門外跑。自由自在，不喜約束，回台灣後，開牛肉麵小館。小館終於垮了。我永遠忘不了他朗誦〈長頸鹿〉的韻味，那四川國語一頓一頓，歲月的行蹤也一頓一頓，叫人想到那高窗下瞻望歲月的囚犯。（1988，台北）

1988年，陽明山上重見陳映真和麗娜。他1968年未能到愛荷華，卻被關進鐵窗。1983年才能到愛荷華，陳伯父、伯母和女兒一家帶一桌酒席來和我們歡聚，都感動得淚眼汪汪。Paul去世後，映真特意從台灣來悼念。映真和麗娜每次去奧馬哈看妹妹，必定開車好幾個小時來看我（1988，台北）

陽明山上，又見王拓和吳晟。寫〈金水嬸〉的小說家王拓，1979年12月因美麗島事件被捕，1984年出獄，1986年來愛荷華。吳晟那個人和他的詩一樣，透著泥土香，樸實真摯。1988年，特從彰化趕來陽明山聚會。他從心底高興又見我和Paul，我知道。（1988，台北）

向陽和方梓1985年和楊青矗一同來愛荷華。他們離去時，雪中依依送別。後來在新加坡重見，一同參加王潤華在新加坡大學主持的國際作家會議。我和Paul返美時，他們黎明送別。現在回想起那一對人，就想到白雪和曙光。（1988，台北）

尉天聰（左一）與孫桂芝（右一），王禎和與林碧燕，陳映真與麗娜——他們是親密的朋友。尉天聰和桂芝曾在1973至1974年來愛荷華。尉天聰在50和60年代為台灣文壇開創一股新鮮文化氣息。1959年，他開始主編《筆匯》革新號，為台灣的文學和藝術奠定現代化而又根植鄉土的基礎。當時並不走紅的作家，如陳映真、黃春明，開始在《筆匯》發表作品。王禎和也為《筆匯》寫稿。（1988，台北）

我們在柏楊（左一）和張香華（左二）家中晚餐。還有詩人羅智成（後左一）、陳宏正（後右一）和高信疆（後中）。陳宏正經營紡織公司，非常支持受壓抑的知識分子。高信疆1973年開始主編《中國時報》的〈人間副刊〉，一直到80年代，〈人間副刊〉成為台灣思想風暴的中心，大量引進新思潮，開闢各種論辯的議題，〈人間副刊〉成為當時台灣政治和文化的論辯重心。柏楊和香華1984年來愛荷華。（1988，台北）

1988年，在台灣喜見張大春。他在各種藝術形式中遊戲——書寫，主持電台節目。一本本小說不斷湧現，各種小說形式、各種體裁、各種語言。嬉怒笑罵之中，隱含深沉的歷史感到對生命的沉思。其實，他是悲哀的。上乘的喜劇都是悲哀的。1997年來愛荷華，喜歡這小城。我山後一棟石頭屋子，一揮手，就買下了。《聆聽父親》，親情、國情、歷史，都在他藝術家筆下融合了。那書就是他在愛荷華小山上的石屋開始寫的。

1988年在台灣又見季季。早在60年代，我們叫她「十七歲的才女」。十八歲以小說〈明天〉得亞洲文學徵文首獎。從那時起，她寫作不斷。出版小說散文三十多本。1988年出任《中國時報・人間副刊》主編，十幾年中對兩岸文學交流很有貢獻，在台首次刊登大陸小說，對兩岸文學交流很有貢獻。（1988，愛荷華）

我和Paul帶著鮮花去「自由墓園」。雷先生生前找好一塊墓地，命名「自由墓園」，將1969年去世的殷海光也安頓在那兒。我們靜立墓前，眼前又閃出雷先生滿懷悲憤憂國憂民的神情。（1988）

【外二章】再見雷震，一九七四

一九七四年先生已出獄四年了，我已定居愛荷華十年。我和Paul將旅行亞洲兩個月，決定去台灣看雷先生。當然，我也想和Paul去大陸。到了香港，同時向兩岸申請入境。大陸杳無回應。台灣可以入境，但是安格爾對我的安全不放心，打電話給駐台美國大使館探問，回說應該沒有問題，大使館將派人去機場接我們。

十年了，又回台灣，我們一到台北，立刻要去看雷先生。我認識的人反應不同，有的人不置可否——那是個沉默的年代。有的人說，雷震出獄以後也過得不錯嘛，讓他過幾天安靜日子吧，現在不必去擾他了，也不必為他再招麻煩了。有的人非常了解我要去看雷震的心情，當然應該去，但不要聲張，也不必馬上去，最好在離開台灣的那一天，也不要待得太久，見見面知道他生活得很好就行了，待久了就可疑了。看了雷震就上飛機。為什麼呢？因為，因為——朋友笑笑，很抱歉的樣子，因為你們見他太早，要是有人知道了，在報上打妳一棍子，再有人一起鬨，你們在這兒幾天就不愉快了。妳最好是悄悄地來，悄悄地走。那麼，我們可不可以看看《自由中國》的老朋友呢？最好不要為他們惹麻煩了。

夏道平和雷先生交誼深摯，是雷先生出獄後仍然敢去探望他的老友，他對雷先生現況比較清楚。我打電話給他。我心情激動，卻極力平靜，沒敢多說，只是告訴他我想去看雷先生，請他問雷先生我和Paul是否可去看他，並告訴他我們去看他的日期和時間，正是我們離台的那一天，上午十一點。夏道平說得等一兩天，雷先生才能知道什麼時候可以見我們。我明白夏道平的意思：雷先生的電話有特務竊聽，他們需要時間決定雷先生是否可見我。我和夏道平從沒斷絕書信來往，電話中他沒說要見我，我就了解他困難的處境了。兩天以後，夏道平來電話說，雷先生可以見我們，並要在家請我們吃飯。我說我們只能去看雷先生兩個小時，看他之後立刻就上飛機回愛荷華了。他哦了一聲，沒說一句話。

雷家在台北郊外的木柵，朋友可以開車送我們去。但是問題來了。原來雷家對面的房子住著十幾個特務，專門監視雷震。他的一舉一動以及寥寥幾個來往的親友，特務照相存檔，以便調查。朋友若開車送我們去雷家，車子牌照號碼照了下來，說不定哪一天就成了不妄之災的把柄了。不行！不行！朋友直搖頭。沒人敢去！但朋友畢竟是朋友，又不肯讓我們坐計程車，說台北的計程車橫衝直撞，台北到木柵那一帶的交通特別紊亂，怕出人命。我忽然想到老瞿，他就是在那條路上給大卡車撞死的。討論半天，我們才決定坐朋友的車子到景美，大概有三分之二的路程，然後從景美坐計程車去木柵。

我們一走進大門，雷先生夫婦就從屋子裡迎出來了。我跑上去緊緊握著他倆的手，說不出話來。十四年之後，又見雷先生、雷夫人，多少話，多少事，只有短短兩小時，我哽咽無言。

雷先生轉身走進屋子，不斷地說：眼鏡呢？眼鏡呢？我眼睛不行了！他戴上眼鏡，看看我說：嗯，還是老樣子。十四年不見了。最後那天見到妳是一九六〇年九月三號，禮拜六。

我一怔，他記得那麼清楚！對了，我想起來了，那正是他被捕的頭一天。

我們在客廳坐下。我把帶去的一盒瑞士巧克力放在身邊的茶几上，又把一個裝錢的信封套壓在糖盒子底下。

雷先生，您精神還是很好。我說。

不行了，不行了，我的背常痛，記憶力不行了，眼睛也不行了。今天能看到妳很高興。Engle 先生也來了。

我一直想見到你，雷先生。Paul 說：我很佩服你。華苓對我講了你許多事。你是位很勇敢的人物。

雷先生笑笑：今天看到你們真是很高興。我接到你們要來的電話，沒有人干涉，我就知道，我可以見到你們了。我家的電話有特務錄音。我們斜對面樓上，還有右邊的房子，就有國民黨特務十幾個人監視我。我的一舉一動，都照了相，來的客人也照相，硬把老百姓的房子占了，一天到晚朝我們這邊照相。有什麼可照的？我還能幹什麼？真是庸人自擾！談話他也錄音。有人說，把收音機打開，音波騷擾，特務就沒辦法了。我們談的話，光明正大，為什麼錄音？雷先生突然笑了起來。告訴你，監獄裡的犯人把國民黨叫狗民黨！

雷先生仍然和當年一樣，天真爛漫得像個孩子。

不要多問問題，我想，雷先生不在乎，他什麼話都敢說。我可不能引他說下去，為他惹禍，只是問了一句：雷先生身體還好吧？

還可以。我在寫回憶錄。我坐牢寫了四百萬字！他們硬是搶走了。無法無天！我十年刑滿，應該開釋。不行！要我在出獄前立下「誓書」，否則，我就不能出獄。於法無據，我拒絕了，寧可再坐牢！他們通知我太太，要她來勸我。她這些年真苦夠了。我還是拒絕！我太太找谷正綱來軍監勸我，他勸我可憐我太太這些年受的罪。我還是不肯！谷正綱給我看警備司令部交給他的「誓書」底稿。上面寫得有「出獄後不得有不利於國家的言論和行動，不得和不利於國家的人士來往。」看到「國家」兩個字，我才答應照寫。「國家」不是國民黨嘛！我一生就沒有不利於「國家」的言論和行動。但是，出獄之前，王雲五、陳啟天、谷正綱到軍監來，警備司令部交來的「誓書」，「國家」改成了「政府」。這種欺騙的作風！我又不肯寫了！他們三位一再勸我。看看他們都是七、八十歲的人了，為我苦心奔走。我只好勉強寫了。我在軍人監獄坐了十年，寫了四百萬字的回憶錄。出獄的前兩個月，特務帶領十幾個凶惡的大漢，把我的回憶錄全部搶去了！我有何罪？關了我十年！還不准我寫回憶錄！

雷先生，雷太太，你們常常出去走走嗎？

出去總有人跟蹤呀。雷太太說：倒不如待在家裡。

雷先生停不住，繼續說下去：英國的《星期天時報》（*Sunday Times*）駐遠東記者要訪問我，打電話約我到國賓飯店喝咖啡。特務馬上知道了。國民黨中央黨部政策委員會副祕書長打電話來叫我不要去，我拒絕了。我說：你們叫特務去監視好啦。那天，果然有個特務坐在我們旁邊的桌子上，我一看就認得，常常跟我的嘛。他當然帶著照相機，要把我們照下來。那位記者要我到他房間去談。我說：不行，就坐在這兒談談吧。我暗示有特務監視。談完了，他偷偷告訴我，他的照相機三面都可照相，正面，左面，右面。他把那個特務已從側面照下來了。特務厲害，外國記者更厲害！雷先生講著講著就笑起來了，笑得很得意，和十四年前講到他如何愚弄國民黨特務一樣地笑。

我和**Paul**也笑了。

後來那記者要我到樓上他房間裡去談。我說那可不行，要談就在這餐廳談。

雷先生，您在牢裡怎麼樣？

牢裡有人發瘋呀！我沒有瘋，因為我寫回憶錄。我寫了四百萬字，在出獄以前，保防官帶了十幾個人來搶走了，還有些信件和詩稿，也搶走了。國民黨這種目無法紀的作風不改，將來要喪盡民心呀！中共進了聯合國，監獄裡有人很高興呀，他們說：共產黨給中國人出了口氣！監獄裡有好多逃兵，多半是台灣人。我問他們為什麼要逃，將來打大陸還需要他們呢。他們說，那關我們什麼事！那是國民黨的事！

雷先生越講越興奮，毫無顧忌。獄中夢胡適寫的自勵詩全扔到腦後了。他一開口就不能停，仍然理直氣壯，仍然滿懷悲憤，仍然憂國憂民，仍然以鬥特務為樂。十年鐵窗磨滅不了他的豪情壯志。雷震還是雷震！

雷先生還有許多話要講。我也有許多話要問。但我和**Paul**必須直奔機場上飛機了。我們只好起身告辭。

Paul說：雷先生，你是我這輩子見到的最偉大的人物之一。我很感激你給我這個機會來看你。我想問你一個問題。假若你再有機會，你是不是還要做你十四年以前所做的事？

雷先生笑笑。不可能了，不可能了。

雷先生和雷夫人送我們到巷口。一聲聲再見，一聲聲珍重。我們一再回頭。兩位老人一直站在那兒——站在正午的烈日中，頻頻招手。

那就是我看到雷先生的最後一面了。

雷先生於一九七八年十一月因攝護腺癌和腦瘤導致半身不遂，住進醫院。雷太太在那之前跌斷了腿。夫婦倆在醫院中隔鄰而居。雷太太可以拄著手杖到隔壁看望丈夫。她腿還沒復原，就回家了，因為醫藥費和雷先生特別護士費負擔太重了。她便每隔一天，一拐一拐的，從木柵和景美之間的家，去榮民總醫院看丈夫。最後雷先生只是靠輸氧維持生命。雷太太在加護病房對雷先生說：儆寰，我知道你很痛苦，你未了的心願，我們會為你料理的，你安心的去吧。

雷太太知道，那未了的心願，就是要向政府索回他在獄中寫的四百多萬字的回憶錄和日記。那不僅是他個人的心路歷程，思想記錄，也是台灣社會發展的重要史料。

一九七九年三月七日，雷先生去世。

舊時路，別樣心情，一九八八

一九七四年以後，我不能回台灣了，作品早就不能在台灣發表了。我上了警總的黑名單。

一九八七年，台灣政局變化，氣氛鬆和一些了。一九八八年余紀忠先生在台為我辛勞奔走遊說，終於邀請我和**Paul**訪台。

我在台灣和余先生見面也只有幾次。真正認識余先生倒是一九六四年我離開台灣多年之後。七〇年代中，台灣兩報還沒創立文學獎，余先生同意和愛荷華大學國際寫作計畫合辦一個文學獎。我與**Paul**約余先生在舊金山見面。我們到亞洲路過舊金山，時間倉促，未見余先生之前，我就和當時在愛荷華的溫健騮、古蒼梧擬了一個計畫，著重寫真實，著重語言和形式的獨創性，稱之為「五四文學獎」。余先生看後認為很好。他回台灣後，此事就擱淺了。在當時的台灣，「五四」大概是沾不得的。

余先生開明、遠見，在困難的大環境下，盡力在文化事業上開拓廣闊的道路。他對於當時受迫害的知識分子是同情的，例如我的朋友陳映真和柏楊，他們出獄後，他以各種方式給他們道義的支持。他也要衝破禁忌，爭取新聞自由。一九八四年，中國大陸在世運會獲得十五塊金牌，《中國時報》海外版以頭條標題登出。海外版也登出江南被謀殺事件。結果《中國時報》海外版被勒令停止了，那是海外華人一大損失。

我和余先生多年沒通音信。一九八七年，陳怡真來美，順便來愛荷華，遞給我一封余先生的信，毛筆行書，沒有標點。十幾年以來，那封信一直在我案頭，每次看到就覺十分親切：

華苓：

早就想寫的一封信到今天才托怡真帶來未免太疏懶了這些年來你在國際文化交流上的付出與收穫沒有任何人可以比擬大家都引以為榮台北你好久沒有回來了現在它和以前不同了變得相當大相當廣闊冰雪初融另是一番景象當年參與播種的一份子應該在這時候回來看看假定你時間允許的話明年七八月間我邀請你和Paul做我的嘉賓一切由怡真代達　敬頌

康健

余紀忠手上

十一、一、八七年

寥寥幾行字，含義深刻，情誼真切。余先生的邀請為自己招來許多麻煩。台灣駐芝加哥辦事處不予簽證。余先生在各方奔走，上層人士終於允許我入境，但是，警備司令部不批准。余先生又得奔走。最後，他們要我寫保證書，保證不參加政治活動，不為共產黨做宣傳。余先生知道我不會寫什麼保證書，對他們說：那她不會來了。實際上，我從未參加任何實際政治活動，也從未為任何黨派做宣傳。余先生終於說服他們，由他為我保證。我得到台灣駐芝加哥辦事處電話，對方說可以給我簽證了，但是嚴厲警告我：不准參加任何政治活動，不准為大陸宣傳。

一九七四年，我同Paul到台灣幾天，只為探望坐牢十年出獄的雷震先生。聽從朋友的建議，我們是悄悄地來，悄悄地走。一九八八年五月這次可不同了，我們是余先生的「嘉賓」，盡情享受了台灣「冰雪初融」的人文景觀，和老朋友的聚會，和新朋友的相識。我們晚上抵達台北，余範英和季季以及一些作家好友在機場迎接。到旅館扔下行李，我們就去酒吧喝酒。我和範英初次見面，她在酒吧望著我和Paul說：因為Paul愛妳，他也愛我們每個人。我們倆對範英立刻喜遇知音。每個人搶著說話，誰也聽不見誰，但每個人都很興奮，我們都在慶祝那象徵性的一刻：台灣的冰雪融化了。那晚，我喝了幾杯白蘭地，吞了兩顆分量很重的安眠藥，也不能睡覺。

第二天，余先生夫婦在家中設宴款待我們，煞費苦心邀請了我多年未見的朋友，其中有潘人木、朱立民、孟瑤、王文興、蔡文甫。十幾年不見余先生了，他仍然神采奕奕。因為**Paul**在座，他用英文講到我們為民主的努力。其實，那也是他努力的目標，在台灣本土努力，更為艱辛，更為可貴。

我和**Paul**也帶著鮮花去空軍墓園，為我年輕守寡的母親和年輕喪生的空軍弟弟掃墓。鳥鳴依舊，蝶飛依舊，母親墓土已裂，苔痕滿地。**Paul**和我一同向母親行禮，我淚流滿面，他也淚汪汪了。他說我們兩人的母親很相似：好看，聰明，幽默，堅強，他同時在向兩個母親行禮。

到過愛荷華的作家朋友們在陽明山聚會。姚一葦和新婚的年輕妻子一同赴會。王禎和已患鼻癌，失音失聰，妻子碧燕坐在他身邊，在紙上寫下別人說的話，他報之一笑，或是點點頭。每個人都講了話。王禎和堅持要講話，斷斷續續，吃力地，沙啞地，一個字一個字，吐出他對我們的情誼。我和**Paul**上去一把擁著他。三人擁在一起，擁住他和死亡掙扎的生命。

我帶著白蘭地去看臺靜農先生。我一進門就說：臺先生，二十六年了，今天才有機會謝謝您。一九六〇年，雷先生被捕後，我閉門隔離親友。一九六二年，您竟親自到我家，邀我到台大中文系教文學創作，從此我在台灣又見天日了。

臺先生對我去大陸的見聞特別有興趣，我想他是非常懷鄉的。他和魯迅關係密切，甚至還保留魯迅一篇小說的手稿，也有陳獨秀文章的手稿。很少人知道他當年寫小說。台灣後來政治局面寬鬆一些，才有《臺靜農小說集》、《地之子》、《建塔者》等書出版。臺先生在台灣大學教學之餘，以書藝畫藝而自娛，在梅竹雜花之中，最喜畫梅，張大千評語：靜農墨梅，只有冬心最堪比擬。

一九八八年，我去台灣時，傅正還在世。雷太太已在監察院提出調查雷震冤獄案，並和傅正一起公開控訴，力促冤獄真相大白於世，要警總發還雷先生獄中所寫的回憶錄和日記。康寧祥、尤清、朱高正、許榮淑、張俊雄等十三人，在立法院也促政府從速徹底平反雷震案。他們另外也成立了雷震案平反後援會，第一個目標是要回雷先生在獄中寫的回憶錄和日記。

那年我到台灣，是在雷案發生二十八年之後。《自由中國》的人終於重聚了。雷震和殷海光都在人格的光彩和生活的蒼涼中離世了。夏道平、宋文明、雷夫人宋英、傅正、馬之驌、陳積寬，和我星散二十八年，終於又相見了。真個是鬢髮各已蒼，世事兩茫茫。各有坎坷可訴，各有心情可吐，卻又不知從何說起。歡喜透著欷歔，興奮卻又悵惘。在那一刻，一個高大的銅像——永沒鑄出的雷震銅像，挺立在我們面前。我坐在雷太太身旁，她握著我的手，望著我的眼神，彷彿說：不必說了，現在我們終於在一起，就很好。她仍然是那麼平平常常的樣子。

我和Paul這一次在光天化日下直驅木柵，先去拜望雷夫人，再帶著鮮花，和一些朋友去看雷先生，他已安息在自由墓園了。他在生時就找好一小塊土地，命名「自由墓園」，自題墓碑。車子沿著彎彎曲曲的山路而上。小雨紛紛，為我們而灑。山霧迷濛，似真似幻。我又坐在三輪車上，沿著新生南路的溪溝盪去，盪到和平東路二段十八巷一號，我又看到雷先生坐在一旁，含笑靜聽殷海光硬著脖子兩眼火辣地批評時政；我又聽到毛子水老教授心平氣和地予以否定；我又聽到夏道平娓娓道出精闢透徹的分析；我又看到寄居雷家多年的羅鴻詔老先生捧著一杯熱茶在一旁呵呵笑；我又看到被軍方強迫到外島馬祖服役而得風濕性痲疹、以致鋸掉兩腿的雷德成坐在輪椅上。

「自由墓園」在高高的山坡上。一溜陡峭的石階爬上去，就可看到雷先生的親筆字了：

雷震自題　一九七七年　時年八十一歲

《自由中國》半月刊發行人

中國，民主黨籌備委員 雷震先生之墓
生於一八九七年六月十五日
歿於一九七九年三月七日

殷海光早在一九六九年就已去世，雷先生也把他安頓在一起，為他題上：

自由思想者 殷海光之墓
雷震敬題 一九七七年四月
時年八十一歲

他的兒子德成也在自由墓園伴隨父親。他們之間有一塊空地，留給與他患難相共大半個世紀的妻子宋英。孤苦的老友羅鴻詔仍然和他們在一起。從他們那兒走上去，還有幾戶人家，安息的全是他們夫婦生前老友。在雷先生下面還有一小塊園地，躺著他心愛的小狗。

我向雷先生行禮時，熱淚涔涔。「自由墓園」流露的親情，友情，愛國之情，甚至對小狗的人情，我感動得流淚。

煙霧縹緲中，那尊永沒鑄出的銅像高高站在山頂上，一隻手揮向天空，望著遠方。

一九八八那年，雷震冤獄真相終於大白。

劉子英一九六〇年在台被捕，被警備總部逼迫承認「匪諜」，陷誣雷震「知情不報」，以致雷震坐牢十年。劉子英被判十二年，期滿出獄後，台灣警總安排他住在土城，並給他尉官待遇，禁止他和外界接觸。他行動詭祕，行蹤不定。八〇年代後期，台灣政權變化，一九八八年，各界發動雷案翻案運動，劉子英是關鍵人物，突然離開台灣回大陸定居，兩年後死於重慶。他離台前給雷夫人宋英寫信表示懺悔，但雷震已作古。

雷太太：

我實在愧對雷公和您了，所以不敢趨前面領罪責。回想當年為軍方威勢脅迫，我自私地只顧了自身之安危，居然愚蠢得捏造謊言誣陷儆公，這是我忘恩負義失德之行，被人譏笑怒罵自是應該，所幸社會人士大多明白這是怎樣的一樁冤獄，而您對我的為人罪行也仍給以寬容，從未表露責怪之意，因而益使我無地自容。現在我要到大陸探親去了，特將寫就〈辯誣〉一文寄呈，以明心迹，如要公諸社會致以動亂不安之情勢益形擴大，則非所願也。今天再談正義講公理似乎不合時宜，一切是非曲直留待後人評斷，則或可不畏權勢直言無隱使真相大白也。

敬請

善自珍攝

劉子英敬上

七十七年八月

第三部

紅樓情事

一九六四～一九九一

（一）執子之手

1963年我們在台北相逢。Paul Engle（安格爾）轉頭望著我，彷彿是一見鍾情。後來我發現他照相，喜歡照側面。原來他的鼻子是歪的，小時候踢足球，一球打歪了。他的側影的確好看，線條分明，細緻而剛勁。

第一次看到他，就喜歡他的眼睛。不停地變幻：溫暖、深情、幽默、犀利、渴望、諷刺、調皮、咄咄逼人。非常好看的灰藍眼睛。他又是照側面。口銜鉛筆，調皮透著挑逗。（1965）

Paul後來在回憶文章中寫著：「我戴起眼鏡用筷子挾起溜滑的鴿蛋，還照了張相，大張著口得意地笑，是我這輩子最愚蠢的樣子。華苓大笑。現在，每當我在愛荷華看見鴿子飛過，嫻雅地搧著彩虹翅膀，我就充滿了感激，鴿子幫我逗華苓笑，逗她和我一道走出門，改變了我的餘生。」

我1964年到愛荷華，坐落在石頭城的古典石頭房子，已在1963年燒燬了。Paul不忍目睹廢墟，終於和我一同去了。在蜿蜒的山路上，幽徑蔓草中，對我談起了往事，他說他那時的生活。也是個空空的石架子。（1964，石頭城）

Paul說：我是在馬房裡長大的。我家很窮，但我不知道。我們有很好看的馬，但沒有錢。父親在養馬人的艱辛世界中，奮力拚搏。他為了一家六口，拚命工作。我說：我們的童年多麼不同。天南地北，馬夫的兒子和壞女孩竟碰上了。（20年代，安格爾和他的父親）

從玉米田來的人。只是他那菸斗太文明了，大概剛從牛津回到玉米田上吧。可惜我沒問他。現在，人已去矣。（30年代的Paul）

1964年，愛荷華大學的校友麥卡迪（Richard McCarthy，右二）在返校日回母校。他曾任香港和台灣的美國新聞處處長，推動台灣的文學藝術，貢獻很大。張愛玲初到香港，就是他，要她寫《秧歌》和《赤地之戀》。就是他，介紹我認識Paul（左三）。（1964，愛荷華）

到達愛荷華第二天，朋友帶我去看足球賽，還為我戴上一朵碩大的金菊。足球場上一波一波人海，叫嚷歡呼。可我怎麼也不懂，但領會到足球賽的精神——競爭，拚搏，你倒下，我勝利。那也就是美國精神。球賽後，Paul照例在他家以酒會招待足球同好。Paul的機智逗得我大笑。（1964，愛荷華）

流水。老樹。天涯。（1964，愛荷華）

薇薇、藍藍1965年夏天到愛荷華。Paul說：看到妳們母女終於在一起了，我很感動。從那一刻起，我就知道他會對我女兒很好。（1965，愛荷華）

兩女初到愛荷華。薇薇很高興。藍藍想念台灣的朋友，笑得有些勉強。（1965，愛荷華）

Paul要教我和兩女兒騎馬。我和薇薇在幾匹馬之間照張相，也就很勇敢了。（1965，愛荷華）

Paul常帶我和兩女兒去小說家朋友卜紀勵的紅鳥農莊。種花、騎馬、游泳。我和Paul種了金燈菊，又採了一袋鮮蘋果。不是年輕的狂野，只是中年的平常心情。（1965，愛荷華）

在愛荷華州博覽會上，母女三人戴著彩色羽帽。博覽會的遊客問Paul：你帶她們去表演嗎？Paul大笑，用他那老古董的照相機給我們照相。（1965，愛荷華農展會）

那男孩養的豬，在愛荷華州博覽會上得了4H獎。Paul特地要男孩牽著豬過來和我們照相。戲劇性的對照：中國女人和愛荷華的豬。（1965，愛荷華農展會）

1965年，和兩女兒初次到紐約，什麼樣的新鮮事都要看。我們去看自由女神像。（1965）

愛荷華河上的冬天，很長很長，雪花鋪天蓋地紛紛撒下。無意踏雪尋梅，竟碰上梅花了。愛荷華有梅花嗎？沒有，也沒關係。聊以自慰吧。（1965，愛荷華）

愛荷華，春風微，柳絲長，想起故園江南。

1966年，Paul去歐洲兩個月。我將這張相片寄給他。他很喜歡。我告訴他：我正想著你對我說的話——每當我看到美好的事物，就十分想你。（1966）

三生三世，幾乎全是在水上度過的。現在，我正在愛荷華河上。（1966）

1966年，我和Paul在朋友的雞尾酒酒會上。我拿著酒杯擺樣子。Paul愛酒，我喝酒，他高興。後來，我們有了愛荷華河上的家。每天傍晚，各自一杯在手，坐在臨河的窗前，他喝威士忌，我喝雪莉酒，逐漸地喝起白蘭地了。喝的酒越烈，他越高興。（1966，愛荷華）

1966年，Paul在巴黎給我的信上說：我隨身帶著妳的護照照片，常常看一陣子。二十五年以後，1991年，他在芝加哥機場倒下，那張照片仍然在他小皮夾裡。

Paul和我去芝加哥一個隆重的宴會，男賓必須穿燕尾服。他很不自在。他平時穿一條舊牛仔褲，橄欖綠舊襯衫。1974年，我們去印度。一位60年代初來過愛荷華的印度詩人，見到他大笑：這麼多年了！你還穿著這件橄欖綠襯衫！（1966，芝加哥）

我對Paul說：我和你在一起，每一刻都很滿足。（1966，芝加哥）

愛情是兩份孤獨，相護，相撫，喜相逢。（1966，芝加哥博物館）

艾理森（右，Ralph Ellison，《隱形人》作者）戴著綠中泛黑的翡翠戒指，看到我戴著母親遺留的翡翠戒指，指著他的戒指對我說：中國的，很老了。我們遂一同照相。奧戈任（《金臂人》作者）也走過來參加了。（1966，愛荷華）

藍藍好動，從台灣到愛荷華，抱著籃球下飛機，在中學演唱歌劇《南太平洋》，被選為中學足球啦啦隊隊長。她領著啦啦隊出場，Paul感動得淚汪汪。四歲開始學舞，終於獻身舞蹈。（1967，愛荷華）

有女初長成。薇薇獨立，有主見，條理分明，可信可靠，絕不泛泛交友，但你若成了她的朋友，她就忠心耿耿。幽默透著點兒刺。爽直得叫人哭笑不得。（1967，愛荷華）

1971年5月14日，我和Paul在喪亡慘重的戰爭中打了一場勝利。到法院公證結婚，他竟忘了帶結婚戒指。薇薇和藍藍回去尋找。我們站在法院門口，和捷克小說家魯思遜克一起等待。

在法院宣誓典禮上，捷克作家魯思遜克是Paul的證人，鄭愁予當然是我的證人了。（1971）

法官朗誦婚姻誓言。Paul緊緊握著我的手，握著我整個人，握著我半輩子。（1971）

法院祕書下班了。法官自己在打字機上填寫結婚證書。我們在一旁等待。那法官竟是Paul離婚時對方的律師。無巧不成書。現實這一「巧」也值一記。（1971）

我們走過法院大廳，Paul看見女兒和朋友們，大叫：你們都在這兒呀！彷彿大夢初醒，眼前竟然是真人真事。（1971）

執子之手，與子偕老。只有半句應驗了。（1971）

我和Paul結婚前，我告訴兩個女兒。薇薇說：謝天謝地，再也不會聽人叫我媽媽Miss聶了。藍藍說：Mr. Engle是個好爸爸。薇薇提議改口叫他老爹。（1971）

六千英里的蜜月。從愛荷華出發，Paul開著他的大旅行車，駛過愛荷華州、內布拉斯加等幾個大州，還得經過驚險的洛磯山峰，一直到加州。來回六千英里。我們在加州夢特瑞海濱歇一下子。（1971）

我們的鹿園，在愛荷華河邊的小山上。Paul早晚餵鹿，特別愛惜瘸著一條腿的小鹿。牠一顛一顛走出林子，他就在園子的鐵桶裡掏一盆鹿食去餵牠，一面說：我可憐的小瘸子，可憐的小瘸子。（1972）

我們在愛荷華河上的家。面具來自許多不同地區和文化。它們引人回想那些地區的朋友。歸根結柢，我們想到的還是人。我和Paul的共同興趣之一。（1973）

Paul喜歡這張相。他說：這才是真正的華苓。（1974，愛荷華家中）

分別十年以後，妹妹月珍（右一）從台灣來看我們，一同和作家們去參觀愛荷華原子能發電廠。她頭戴鋼盔，也裊裊婷婷，別有風韻。（1974）

1974年薇薇和Klaus Rupprecht在莫札特笛聲中的鹿園結婚。婚禮後，Klaus特別感謝Paul曾在愛荷華寒冷的冬天給他溫暖的帽子。

Paul非常鍾愛藍藍的女兒Anthea，常和她一起編兒歌，一人一句輪流編下去。也常給她講故事。他們之間好像有超凡的感應。他在後園餵鹿摔了一跤，她在小朋友家，突然要離開，直奔到他床邊，抱著他哭了。（1977）

1971年至今，三十多年了，韓裔美國藝術家朱晶嬉，和我們一家三代，親如家人。我叫她「我家的彩虹」。

朱晶嬉的作品是純美和內涵的結合。寥寥的線條所表現的優美形式，隱含心靈的神悟，音樂的諧美，流水的蕩漾，女性的孤傲透著濛濛性感。

1987年的全家福。藍藍和李歐梵的婚禮。時過境遷。但在那一刻，我們還是非常快樂的。歐梵醉得稱Paul丈母爺。前排左依次：薇薇、聶華苓、Anthea抱著Christoph，後排左依次：Klaus、李歐梵、藍藍、Paul。（1987，愛荷華家中）

藍藍的婚禮上，Paul抱起薇薇的兒子Christoph敲鐘。他教他游泳，帶他餵鹿。叫他小傢伙。1990年，就在他倒下的前一年，接受記者訪問，說他生活中最大的樂趣，就是和那小傢伙在一起玩。（1987，愛荷華家中）

偶然，一九六三

五點半了。酒會六點散場。去？還是不去？白色恐懼，母親亡故，婚姻癌症無救。活著，只是為了兩個孩子。

我勉強去了美國文化參贊的酒會，將近六點了。Paul Engle正和幾個詩人談話，逗得他們大笑。我站在他身後，主人站在一旁等著介紹我。他越講越得意，旁若無人。我正要轉身離去，他突然轉過身來，主人介紹我。

啊，我要和妳談談，麥卡迪（Dick McCarthy）在華盛頓談過妳。但是現在沒有時間。酒會以後，我還得去一個宴會。

我也沒有時間，我也要去一個宴會。

怎麼辦呢？我在台北只有三天，日程全排滿了。

安格爾在多年以後回憶：

華苓站在我身後，靜靜地，一動也不動。但她似乎渾身的磁力，一股腦兒集中在她眼中，熱辣辣的。

我站了半天，你也沒理我。沒禮貌。華苓說。

我盯著她看了一會兒。妳來得這麼晚，我根本不知道妳在這兒，妳才沒禮貌。我盡可能把話說得狠狠的。

我們倆互相瞪著眼。我可以感覺到她挺立的嬌美身子內爍的張力。

我終於說話了：現在我不能和妳談，有人請吃晚飯。現在回想起來，那簡直就是父親教訓淘氣孩子的口吻。

我也有人請吃晚飯，我不能和你談。華苓不屑地說：一個個字硬得像鐵似的打在我耳朵裡。

又瞪著眼。然後笑了笑。妳到哪兒吃飯？我那話問得可是有點兒唐突。

華苓大概吃驚這個陌生人竟這麼莽撞。她半轉身要走的樣子，然後轉過身來說：和朋友吃飯，在飯館。她調侃地笑了一下。非常好的菜。真正的中國菜。

人們一個個離開酒會。在那麼一個大廳裡，只剩下我們倆站在那兒眼瞪眼。我們同時說：走吧。

我在門口伸出手來。她沒和我握手。我盯著她的臉看，看她到底是怎麼回事：她有點兒喜歡我，但非常討厭我。她覺得我還有趣，但她的自尊心太強了。我結結巴巴說出很笨的話：明天我很忙很忙，要見很多人，也許我們在哪兒見一下面。

我也很忙很忙。仍然是堅定的聲音。我得送孩子上學，我得去大學教課，我得寫作。我的時間全滿了。

我被這個小女子美麗的個性怔住了。

那我就叫輛車子送妳走吧。

謝謝。她聲音柔和了一些。我自己會走。

她走了出去。那優美的亭亭背影告訴我：別跟上來。

我徑直去朋友歡迎Paul的晚宴。

他一陣風似地湧進房來，正要在餐桌前坐下，看見我坐在他身旁。好！他只那麼叫了一聲，就坐下了，也沒和我說話。他那趟亞洲之旅，是為他主持的「愛荷華大學作家創作坊」尋訪作家，已去過巴基斯坦、印度、香港。

他拿起象牙筷子說：在法國人知道烹飪以前，中國人就有很精緻的食物了。他揀起拚盤裡一片豬肚，疑惑地看了看：蛇嗎？

不，是豬肚，不喜歡，就不要吃。我說。

他一口餵進嘴，自己得意地笑笑：美國人真笨，這麼好吃的東西，他們不吃。

鴿蛋燴鮑魚上桌了。**Paul**眼睛一亮，向我們挑釁地笑笑，示意要我們看他表演。他鄭重其事地戴上眼鏡，用筷子夾起一個柔滑嫩白的鴿蛋，玩魔術似地給每個人看看，才餵進嘴裡。

我們鼓掌大笑，給魔術師喝采。有人搶著給他照了相。

多年以後，**Paul**在回憶錄裡寫著：

> 我戴起眼鏡用筷子揀起溜滑的鴿蛋，還照了張相，大張口得意地笑，是我這輩子最愚蠢的樣子。華苓大笑。在那以後我沒再吃過鴿蛋。一個就夠了。現在，每當我在愛荷華看見鴿子飛過，閒雅地搧著彩虹翅膀，我就充滿了感激，鴿子幫我逗華苓笑，逗她和我一道走出門，改變了我的餘生。
>
> 從那一刻起，每一天，華苓就在我心中，或是在我面前。

但是，他那時還沒和我說過一句話。他知道他有魅力，他知道他可吸引滿座的注意力。有人問起他的印度一月之旅。他談到加爾各答一次神祕的經驗：

阿瑞剎（Aritha）在加爾各答西南邊。很荒野的地方。我和一位挪威的藝術家去那兒海邊的一座神廟。神廟就是一輛巨大的馬車，很大的石車輪，幾匹石馬彷彿拖著車向著海跑。那廟一層一層越削越小，直削上去，每一層一溜姿態不同的雕像。我總是很好奇的，一定要爬上去看看。爬到廟頂，很累，躺下來休息一下。我欣賞著雕刻的男男女女打鼓跳舞，感到一種前所未有的惶恐感覺。神廟在移動，車輪在轉動，馬車要跑到海裡去了，我再也下不去了。

Paul 頓住了，望著我們笑，故弄玄虛。我們的眼睛全盯著他。那是他最得意的一刻。

後來呢？我忍不住問了一聲。

妳果真要聽嗎？他盯著我，調弄的藍色眼神。

我點點頭。我從沒見過那樣不安、諧謔、鋒利而又不時變幻的眼睛。

好。我躺在那兒。我的朋友站在下面叫我。我聽見了，但著了魔一樣，動也動不了。那座石頭神廟抖動起來了。原來是我自己在發抖。我向下面的朋友說：我發抖，動不了。他說：閉上眼，數數。我就閉眼數數。他說：數下去，大聲數，不要停。他是位藝術家，在印度做宗教研究工作。我一五一十數下去。朋友說：慢一點，大聲數。我一頓一頓，朝天一個數字一個數字數下去。數到一百五十，我就坐起來了，石廟也不動了。

我們正聽得入神，他突然停住了，轉身問我：妳明天可不可以和我吃早點？

我得去台灣大學教課。

午飯呢？我有個午飯約會，可以取消。

好。明天午飯。

Paul 後來在回憶錄裡寫了那頓午飯的回憶：

> 第二天我取消了和別人的午飯約會。華苓在午飯時談到她的生活，她教的創作課，她的寫作，她的翻譯。例如亨利・詹姆斯（Henry James），如何譯他細膩含蓄的語言，還有柯然（Stephen Crane），

福克納（William Faulkner）。

妳怎麼可以把他那麼冗長、累贅、美國南部的語言譯成中文呢？我問。

你知道嗎？華苓狡黠很快地回答：中國也有南部呀！

顯然地，我的腦子永遠趕不上她。我看著她用筷子，就和她走路、和她一言一笑、和她一舉一動一樣靈巧。她像支精緻的小手錶，每個細小的零件反應靈敏。

妳工作很辛苦。我說：養母親，養孩子。也不抱怨。

抱怨有什麼用？

沒有任何女人做這麼多事，尤其是妳丈夫不在家。

他走了六年了。沒有他，我還快活一些。我得走了。她站起身。

今晚去吃晚飯嗎？蘭熙請吃飯。

你肯定我會去嗎？

我握起她兩手。妳一定會去。假若妳不去，我會不快活。也許妳也是。

華苓微笑著離去。我可以聽見她急促的腳步打在地板上的聲音。腦中忽然閃過連我自己也吃驚的念頭——這一輩子都可聽那腳步聲該多好。

我有福這一輩子聽到了。

那天晚宴又吃了一個晚上。華苓又被主人安排坐在我旁邊。我自在多了，談笑風生，幾乎沒對華苓說話。

妳願不願意到愛荷華作家工作坊去？我突然轉身問她。我看過妳小說的英文翻譯，麥卡錫介紹我看的。

她愣了一下。她早已知道愛荷華作家工作坊。一陣長長沉默，終於說：不可能。

啊。明天午飯？晚飯？

好。

我在台北停留了三天。每天的宴會，華苓也是客人。最後一天傍晚，我請了十幾位詩人在淡水河邊吃烤肉。那晚的場合很可愛。一頂大鐵鍋鑽滿了小洞，下面燃燒著熊熊的炭火。鐵光在濛濛的黃昏中紅得透亮。很薄很薄的牛肉片和羊肉片。肉扔在圓鍋上，翻個面就可吃了。長桌上擺著很多不同的佐料，妳自己在碗裡配料，烤好的肉在裡面沾一下就可以吃了。月光，火光，華苓——我喝了很多火樣的金門高粱。

淡水河邊，月仍明，火已微，夜漸深，漸涼。我起身告別。

我送妳回家。Paul 對我說。

你不必送我。

妳怎麼可以一個人走？

到哪兒我都是一個人，習慣了。

台北的男人到哪兒去了？Paul 笑著說：我一定要送妳。

我們進了計程車。

你一定到愛荷華的作家創作坊去嗎？Paul 突然問我。

不可能，我得照顧兩個孩子。我母親去年剛過世了。她們的爸爸在美國已經六年了。

離開妳六年了？我不懂。

我沒說話。

妳看起來很憂鬱的樣子。

我得盡力撐下去，為了孩子。

妳必須到愛荷華去！

真的不可能。而且，我也許根本不能出境。我和一個開明的刊物《自由中國》有十一年的關係。社長和三個同仁被抓了，關在牢裡。

麥卡錫在華盛頓告訴我了。那時候他正是台北美國新聞處處長。他說他們都很擔心妳的安全。

他為台灣的作家做了很多事，翻譯了一些年輕作家的作品。

妳的小說翻譯是他給我看的。**Paul** 頓了一下。我明天就走了。

我知道。

妳一定要到愛荷華去！

不可能。

談著談著，車子在松江路家門前停下了。

我到家了。再見吧。我伸手和他握別。

不，不，不能停下來。

我到家了呀。

簡直是開玩笑！不能停！和妳一起三分鐘就完了嗎？告訴司機，走吧！

到哪兒去呢？

哪兒都行。不停地開吧。妳告訴司機。

車子開動了。

妳真好。**Paul** 說。

我並不好，我只是好奇。

我也是。這樣充滿好奇的兜風，還是第一遭。

Paul後來回憶：

汽車在台北兜來兜去。台北並不是個美麗的城市，沒有什麼可看的。但是身邊有華苓，散發著奇妙的魅力和狡黠的幽默，看她就夠了。

車子在巷口停了。司機轉身對華苓說話。她笑著告訴我，司機說他從來沒有搭過這樣的客人，不知道到哪兒去。他要回家了。

就在這兒停吧。我送妳到門口。

我們在寂靜的小巷裡走。我多希望就那麼走，走，走。到一個孤島上去，只有我和華苓。我望著天上的星子說：小時候唱過一個兒歌：星星，星星，亮晶晶，願望說給星星聽。妳有什麼願望？

華苓說：好久沒有願望了。你有什麼願望？

我願望再見妳，再見妳，再見妳。

第二天，許多作家到機場送行。我也去了。我和Paul握手告別時，他很快問了一聲：愛荷華？不可能。

Paul上了飛機，在他那手提的打字機上給我寫了第一封信。

我每天收到他一封信，三個星期，從菲律賓、日本寫來的信。他在日本打來一個電報：我在日本兩星期，希望妳到日本來。

我的回答仍然是：不可能。

小箋

愛荷華的秋天透著點兒涼意了。愛荷華河邊綠得透亮的葉子，一片片染上了淡淡的金色，逐漸泛開來，染透了一樹的葉子，再也無處染了，就轟的一下紅了。那是一九六四年，我從台灣到「愛荷華大學作家創作坊」的時候。兩個小女兒仍留在台灣，住在妹妹月珍家，一九六五年來愛荷華。我和王正路的婚姻已無挽回的餘地，分居七年後，一九六五年離婚。

一九六五年秋天，Paul去歐洲，打算遊歐兩個月，但到巴黎沒幾天，約翰遜總統聘他任美國第一屆國家文學藝術委員會委員（一九六五—一九七一），並任華盛頓甘乃迪中心顧問。他只好回美，在紐約開會以後再去歐洲，但在紐約修建中的街道扭傷了腳，轉回愛荷華休養。一九六六年春天才又去歐洲兩個月。我只有他那時在歐洲寫給我的一束信。從此我們沒有長期分離過，也就無須寫信了。

三月三十一日，一九六六，巴黎

Darling：

我一到旅館，妳的信就在那兒等著我。在飛機上只睡了兩小時，非常疲倦。看到妳的信，我立刻來勁了。妳真是一心一意的對我好，好得我擔心妳得到的不夠，雖然妳已得到我整個整個的人，也不夠。我見到許多人，有些人很有意思，也有幾個非常有魅力的人，因為沒有妳，就覺得蕭瑟冷清。

說起來是老生常談了，巴黎實在很美。並不驚人，而是迷人，到處是可愛的小景。我的旅館很小，一座大教堂高聳在上，教堂的鐘每個鐘頭響一次。幾個老婦人管理教堂，我得和她們說法語，難是難一點，但對我恰恰好，我本會說點兒法文，許多都忘記了，只能應付日常瑣事。我打算上法文課，希望很快有進步。

我見到一些作家，為了收集短篇小說。但短篇小說很少，因為稿費太低，他們全將短篇的題材擴大成中篇。其實現在法國詩比小說還受重視。很不巧，正碰上復活節，許多人到外地去了。

這兒的樹開花了，天氣非常暖和，花苞全開了，草也綠了，都比愛荷華早一些。星期一我和此間人士談法國作家到愛荷華的事，星期二見小說界的人，星期三見一位了解波蘭文壇的人。有空就要見見詩人。

這兒到處在罷工，來往信件都停止了。這封信也會晚到。妳的信只有四天就到了，奇蹟。

今晚無事。更是想妳。我應待在這間莫名其妙的小屋裡寫作。也許會如此，早早睡覺，做個安分守己的老百姓。那樣子多無聊。我仍然因為時差感到疲倦，也許我就那樣子消磨一個枯寂的夜了。

只因我去年十二月沒從紐約來巴黎，而轉回愛荷華，我倆的情況多麼不同。一九六五年是非常美好的一年，因為和妳相聚——多少地方，多少時光。

這是我寫的第一封信。

愛你的 Paul

四月五日，一九六六，巴黎

Darling：

原諒我沒有多寫信。除了旅行的疲勞（從紐約飛巴黎要失去六小時），還忙著找人收集《生活週刊》所要的短篇小說，安排見面的時間，在巴黎跑來跑去，和人談法國的小說，諸如此類的事。我也去了聖路易島，古老的屋子美極了，聖母院就在那兒。爬上一層又一層的陳舊樓梯，爬到一間小屋，閣樓有張床，搭了個梯子爬上去，沒有洗手間（最近的洗手間在底層，還得走過一個天井）。但是很有意思。只是希望我有足夠的時間見所有要見的人，去所有要看的地方。

我真是想妳想得好苦。每晚回到這髒亂寂寞的屋子，百無聊賴地倒在床上。每當我看到什麼美好的事物，不能和妳分享，也十分想妳。譬如看到聖母院夜裡飄蕩的照明燈撩在牆上、窗上柔和的幻影，我也非常想妳。在這樣的時刻，就恨妳我年歲的差別，對我有如千斤重擔，成了我們之間的障礙。誰知道？也許有一天，我們一同來遊巴黎。那也只是想想而已。好多地方，好多人物，好多事物，我若和妳同享，就會有趣得多。

這兒郵政罷工了好幾天，收到妳第一封信以後，就沒收到妳的信了。也許妳沒寫信。希望明天有妳的信，希望妳告訴我，妳和我一樣記得我們在一起點點滴滴的漫遊時光。有一天下午，妳不想見任何人，我只好獨自開車去卜紀勵家的聚會，後來才回來接妳，開車在鄉間遊蕩。我打算回來後，在田野山上安置一座活動屋子，妳可以來看我，一同吃晚餐！

我得走了。今早我還沒走出這間屋子，今天第一件事是遙寄我對妳的愛。妳應該已知道我的地址變了，搬到一個較好的旅館，也比較方便。是我渴望與妳同享的地方。

愛你，愛你 Paul

四月七日，一九六六，巴黎

Darling：

我非常非常擔心，到巴黎十天了，僅僅收到妳一封信。萬一出了什麼問題，一定馬上告訴我。我相信妳不止寫了一封信。只寫幾個字也好，告訴我妳很好，兩個女兒很好。妳應該已經有了我的新地址，我再重複一遍。

今天下午，我開車到法國西端的布列塔尼（Brittany）過復活節，將去一個小漁村天主教堂的禮拜天彌撒。那個地區的人是法國最早的居民，本是克爾特族，和韋爾斯人同種，至今仍說其古老的語言。有許多太古遺跡。聖米歇爾大教堂（Cathedral of Mont St. Michel）從海中高聳入雲。

星期二又得奔走巴黎見作家，為《生活週刊》找法國短篇小說。有些不耐煩了。恨不得和妳到哪兒去，一心一意寫我自己的東西。但願此行快快結束，我自己可以寫作，還有許多許多要做的事。我也在想辦法找年輕法國作家到愛荷華去，很不順利。這也叫人喪氣，實在是浪費我寶貴的時間。

陰沉沉的雨天，開車出行非常狼狽。法國人開車是世界上頂糟糕的，簡直是瘋子開車，橫衝直撞，死亡率比美國還高。我在這兒很怕外出坐車，可又非常喜歡到海邊沙灘上去。我每天寫點詩，是一首長詩，這也叫我心安一點。

每天回到房中，非常想妳，每次想妳，都感到貼膚的溫暖，好像和妳在一起。

愛你的Paul

復活節禮拜日，布列塔尼

Darling：

不同的地方，不同的旅行，不同的人，叫人興奮，我可以獨自應付。但是，在這麼美、這麼蠻荒的島上，非常非常想妳。這兒的景致叫我想到我們無數的鄉野漫遊。我多希望妳在這兒和我共享此刻。再見你彷彿永生永世那麼渺茫。最快活的日子將是我啟程回家的那一天。

愛妳和兩個女兒

Paul

四月十三日，一九六六，巴黎

Darling：

回到巴黎，發現不止一封，而是妳兩封信。非常非常高興，開心極了。我自己開車從布列塔尼回巴黎，那倒是個稀奇經驗，法國人開車左右亂撞，毫無顧忌。布列塔尼到處是棕櫚樹和鮮花，春天早到了。

今晚我待在房裡給妳寫信，並回覆其他的信。

妳的信深深感動我。相信我，我怨恨如此別離。妳若在此該多有趣，我會帶妳上艾菲爾鐵塔，遠眺無際的巴黎景色，帶妳去上法國餐館和中國餐館，去那小小的聖堂，靠近塞納河，非常美，是我喜歡去的地方，也讓妳倒楣地聽聽我糟糕的法文。我在學法文，但學得很慢。我們倆一同在世界上最迷人的城市，該多快活。很矛盾，我知道，我要來這兒，感到有幸旅行歐洲，可我又要和妳在一起。也許有一天妳會和我同行。現在，我得履行《生活週刊》的任務，見作家，找小說。該做的就得做。

我這旅館很奇怪，非常乾淨，在巴黎算是難得的乾淨！靠近蒙巴拿斯大道，卻又很安靜，很適合我工作。我一人在此唯一的好處，是酒比在愛荷華喝得少，幾乎不喝烈酒，人感覺好多了。晚上可是寂寞難耐，渴望妳在我身邊。我們真會再相聚嗎？

一兩天之內，我要詳細寫此行經歷，寄回愛荷華。妳也會收到一份，妳就知道我到過什麼地方，做了些什麼事。

非常高興波蘭外套對妳和兩個女兒都很合身。等不及看藍藍穿她的紅大衣。還有帽子，是嗎？我真想給她們再買些東西，但是這麼遠，很不方便。希望她們倆都喜歡古典音樂，不要買唱片，我有很多，叫Sara給妳送去就是了，就說要莫札特、柴可夫斯基、舒伯特、布拉姆斯。

奧戈任（Nelson Algren）的信非常有趣。他離開愛荷華，我會懷念他，他大概不會懷念愛荷華。他故作強悍，卻有一股說不出的翩翩君子之風。

現在我得寫些與任務有關的信了。明天還得工作。坐在這間屋子裡，呆呆望著牆壁、打字機、亂七八糟的書和文件，實在喪氣。當然，是我自己要來的，也高興我來了，也知道我得在外十個星期才能回愛荷華。回來以後，要在很短時間之內，寫很多文章。也要有很多時間和妳在一起。

全心的愛　Paul

四月十五日，一九六六，巴黎

Darling：

兩天沒有妳的信，悽寂不堪。我知道妳很忙很忙，無法寫信。妳已經非常顧慮我了。

聖米歇爾峰卡片一張，是寫給薇薇、藍藍的。我有時間將給她們各寫一張。

妳我之間絕對沒有任何障礙。我們在一起是那樣融洽自在，現在我們之間連最稀薄的空氣也沒有了。我所擔心的仍是老問題——年歲，當妳仍然靈巧可人，恐怕我已休矣。為了我自己，我要娶妳，要享受和妳相聚的快樂，想到我們可有我夢寐以求的孩子，我就深深感動。但是，十年以後，我這一頭稀髮，不白也禿了，妳還有什麼樂趣？那才是我發愁的事，才叫我想到因為我而使妳與生活隔離，那對妳是不公平的。僅僅這個叫我發愁。

妳睡眠不好，我很擔心。我知道失眠會令人多麼抑鬱。到巴黎的第一個星期我睡眠不足，日子過得忽忽悠悠。現在我好了。可妳怎麼辦呢？親愛華苓，妳知道我到哪兒，就要帶妳到哪兒，我也要和妳一起待在愛荷華。這次旅行，有幾天夜晚，我筋疲力竭，累得發抖，在這樣的時刻，我就想，要妳和這樣一個崩潰的廢軀殼一起生活，實在是個錯誤。然而，我已經在為妳做安排了——今年秋天，我必須去芝加哥幾天，為一個雜誌寫篇關於芝加哥的文章，妳一定要和我一道去。那時妳可以空閒一點了，我們可以一同寫那個有趣的城市，妳可以幫助我。

又及：

剛收到妳可愛的信。十一月四日，我將去芝加哥演講，希望妳和我一道去，也許兩個女兒也去，我們可在那兒過週末。我必須寫兩篇關於芝加哥的文章，妳和兩個女兒必須幫忙。我要從她們的眼光看芝加哥。

四月十六日，一九六六，巴黎

Darling：

剛在一個鐘頭以前寄了封信給妳，收到妳NO.2的信。

離開愛荷華二十四天了，好像是幾個月了。我已習慣了此間的生活規律。妳問我在巴黎的生活。早上大約八點醒來，一個活潑的女孩端來一盤早點。喝茶，看法國報紙。每天上午花兩小時寫信。通常是出去吃午飯。今天和《紐約時報》的一位朋友去塞納河邊的銀塔飯店吃午飯，是巴黎最好的餐館之一。然後去巴黎貴族區附近的一個女作家家裡取一篇稿子。然後去一位法國太太家，和另一位朋友喝茶。她住在一條古老的窄窄的小街上，很有風味的房子。她失掉了布列塔尼的別墅，和孩子們在巴黎生活淒涼。然後和一個《紐約時報》的朋友喝酒吃晚飯，又是一個有名的餐館。我必須說，所有這些豪華美食，我都不像別人那麼有興趣。我還是喜歡好的中國菜。這位朋友可能寫篇關於我的報導。明天我比較閒一點，學學法文，也許去艾菲爾鐵塔，然後和大使館一位朋友吃晚飯。星期一整天又得見作家和編輯了，為《生活週刊》找小說。很難，法國作家很少寫短篇小說，雜誌不發表，或是付很少的稿費。

非常高興收到妳和兩個女兒在湖邊的照片，已經炫耀給一位朋友看了。

我一上午都在給妳寫信，只是越南的杜芳來了一下子。她和在愛荷華時一樣，事情一團糟。她簽證已過期。今天是禮拜六，禮拜一還得去大使館為她解決簽證問題。我浪費許多時間，只因為別人太窩囊了。

我親愛的野人，我知道妳有多野。現在妳好像並不那麼遙遠。妳四月十四日的信，四月十六日就收到了，快極了。直接回愛荷華，也許不可能，我必須在紐約停兩天，談我文章的事。但我決定不去華盛頓了，過些日子去。也許紐約也不去了。早上飛越大西洋，下午抵達紐約，立刻轉機飛芝加哥，再轉機飛愛荷華。到家我會累死了。從愛爾蘭一直飛回愛荷華，妳和Sara開著白色旅行車到機場來接我，現在想到那情境就叫我心動。

假若今年夏天我可以在鄉間找到房子，秋天才去紐約，夏天就不去了。

從沒想到和其他女人在一起。我只有妳，其他人實在單調無味。

愛你的Paul

四月十八日，一九六六，巴黎

Darling：

今天沒有妳的信！全是公事信件。昨天心情很壞。天下著雨。《生活週刊》找稿的工作不順利。每晚孤單單回到這間枯燥的屋子，真膩味極了。腸胃不太好，不想吃東西。自從離家以後，一個字也沒寫。但是，我有個開心的念頭。

國際筆會一定會在六月十二—十八日邀請妳去紐約。妳真應該去，反正他們付旅費。會後再留幾天，看看朋友，在哥倫比亞大學找你需要的資料，大概多留六、七天，我就到紐約了。妳若願意，可去機場接我，我們在紐約玩兩天，一道回愛荷華。希望妳認真考慮一下。妳若不去紐約，我就直接回來，不停紐約了。妳多留幾天，正好為你編譯的《百花齊放文集》做點研究工作。妳能否離開兩個女兒兩個星期呢？

我決定不參加筆會的會議，我需要時間在這兒工作。五月我入境波蘭有問題，因為波蘭人慶祝天主教的波蘭建國一千年，政府不願外界看到天主教在波蘭仍然強大。

仍然是見作家，見編輯，看法國小說，寫回信，吃美味。昨晚去音樂廳看了一場法國歌唱舞蹈和丑角表演，很精采的演員。我心神不定，有時充滿希望和信心，有時心灰意懶，自責沒多大成績，選小說的工作進展不快，非常想妳。無論心情如何，總是想妳的。

妳必須將薇薇大衣寄回安塔斯公司，保險全價一百五十美金，說明大衣褪色，襯衣也染紅了。藍藍的大衣收進盒子時一定要放樟腦，以免夏天蟲蛀。

我從歐洲回來時，妳再在紐約等我，那就開心極了。千萬考慮考慮，尤其是妳可利用一段時間做你百花齊放文學的研究工作。

深深的愛，Paul

四月十九日，一九六六，巴黎

Darling：

今天接到妳NO.3的信。在巴黎收妳信沒問題，到了波蘭和德國，就不一定了。在波蘭我有一個固定的通信地址，在德國我到處走動，只能讓妳的信積累在一個地方，一個星期收一次信。

今早醒來，正打著哈欠起身，聽見門下唏唏嗦嗦，一封信一點兒一點兒溜進房來，還沒看見妳的名字，我就知道是妳的信，開心極了。

昨天和一對美國夫婦一起吃飯，他寫小說，史丹福大學畢業，現正在美軍服役，他妻子學中文，教她中文的是一個會說法文的北京人！他可能到愛荷華來寫小說，她要來讀中國藝術博士學位。昨晚還有《時代週刊》的一個作家和他的法國女朋友。他是那種魁梧喜樂而單純的美國人，她是那種鋒利、機靈、爽朗、靚而不美的巴黎女人，很有意思。我們去聖路易島靠近教堂的一家餐館吃飯，很好的菜，很多啤酒。沿著黑黝黝的河散步，一些浪人躺在橋下。然後我們去艾爾絲市場，看著肉類和蔬菜從車上卸下來，大盒大盒好看的紅蘿蔔白蘿蔔，甚至有麝香草，濃鬱的香味滲透夜空。每一步我都想著妳，希望妳也在這兒。腳跟走路仍然疼，唯一的不快。

艾理森（Ralph Ellison）到愛荷華，妳得買一瓶純苦艾酒、兩瓶杜松子酒、一瓶威士忌。希望妳能為他開一個派對，也許妳沒有足夠的時間準備。假若妳在紐約等我，我們可給兩個女兒買點夏天衣服，也許也給妳自己買幾件。

我輕鬆一些了，本來很喪氣，現在有了點進展，心情好些了。隨時隨地，只要有妳，就會更有趣。總會有那麼一天！深深的愛妳。我就依靠妳的信過日子，過分地依靠。

Paul

四月二十一日，一九六六，巴黎

Darling：

四月十八日NO.4的信，今天收到了。很快——我們實在分離得並不遠。

我要寫一篇關於芝加哥的文章，從孩子的眼光看芝加哥。帶兩個女兒看藝術館，人類學博物館（世界上最好最有趣的人類學博物館）、科學館（看著小雞從蛋中孵出來）、公園、摩天樓、老房子，我要看她們對什麼最有興趣。妳我隨時記筆記，我寫的時候，妳提供意見。我們還可遊覽其他地方，兩人合作賺稿費！玩了芝加哥，我得去做兩次演講，在芝加哥五十公里以外的蜜窩珂。有了妳，我睡眠好得多，多年也沒這麼好的精神了。我需要那樣的生活，妳給我的那樣的生活。我多希望和妳在一起，和妳溫暖柔潤的那個人。一想到妳那個人，相思就更濃了。現在。

以後我不會出門這麼久，除非去亞洲。以後就是出門，頂多四、五個星期。有時我得去華盛頓、紐約、舊金山幾天。

妳睡眠不好，很掛念。恨不得馬上回來。還有八個星期。我在此見許多人，去許多地方，日子好打發一點。妳待在老地方，天天同樣的人，難挨一些。其實我現在身體很好，睡眠也好。（對不起！）飲食小心，酒喝得少（在我那個家裡，人總是繃得很緊，喝酒太多。在這兒，沒有那種精神負擔，我要維持如此健康下去）。我們在一起，可以一同做許多許多事，妳可以給我許多幫助。

深深的愛，

Paul

四月二十三日，一九六六，巴黎

Darling：

今天昨天都沒收到妳的信。信倒是來了一大堆，全是需要回信的，已經寫了三個鐘頭的信，有的是關於我去波蘭和德國的事。五月四日去德國，五月二十一日去波蘭。我若把要做的事趕緊一些，說不定我可以到紐約開筆會。我們可在那兒待一個星期。

郵票幾張，給藍藍，信封上那一張，好看極了，沒想到還可找到這樣的郵票。

我在德國和波蘭得不停奔波，給妳寫信的時間少一些了。

昨晚有個奇特的經驗。我去一位很有名望的版畫藝術家的工作室。他主持巴黎最有名的藝術學校，卻是英國人。他的女朋友頂多二十五歲左右吧，他有六十四歲了。看見他們生活在一起，那一再折磨我的感覺又來了。她臉圓潤清新，他卻形容枯槁，她一頭黑髮，他已斑白了。妳了解我的心情。妳是知道的，我不可能對任何其他女子有我對妳的這份感情，也不可能對任何其他女子盼望和妳如此相聚。但是，我們年齡的差別叫我不寒而慄。再過十年，僅僅十年，妳比我現在還年輕，妳仍情熱神旺，我一定比現在衰老了，不死也成半個廢人了。美國患心臟病比率很高，若不在十年之內，十年以後，我很可能突發心臟病。我父母全死於心臟病，是我家的遺傳。我該怎麼辦呢？把妳和兩個女兒拖進一個疲憊老人的生活中嗎？抱歉我如此傷感，所有這些話都沒稍減我對你深切的愛。

現在我得去一個午餐約會，然後去世上最美的一個小教堂La Sainte Chapelle，然後看法國小說，翻譯法國小說，然後和在巴黎的一個美國作家吃晚飯。

全心愛你的Paul

四月三十日，一九六六，巴黎

Darling：

剛剛同時收到妳NO.9和NO.8兩信。我眼看著妳的信像兩條蛇一樣，從門下慢慢溜進來。明天我和幾個美國朋友去第二次世界大戰美軍在諾曼第登陸的海邊沙灘，也去看北域（Bayeux）大掛毯，描繪十世紀諾曼第的歷史事件。星期一回來，繼續《生活週刊》的小說工作，星期三去德國。

我又想到，倘若妳有一個和妳年齡相近的人，為你著想，我會要妳和他結婚，而犧牲我和妳共同生活的幸福。由此妳可知道我愛妳有多深。等我回來再談罷。

現在我回來的日期已訂，六月十二號我從愛爾蘭珊儂（Shannon）直飛紐約甘乃迪機場。我熱切盼望那一刻，非常厭倦這種奔波旅居生活，恨不得德國和波蘭之行快快結束，到愛爾蘭西部灰濛寧靜的山間，在那美麗的鄉野悠閒幾天。麥克邁宏夫婦會帶我逛逛，必要時還有蓋爾語的翻譯。妳真應該到紐約去，同天先我安抵機場，等我到達。我們盡情享受一星期相守的時光。妳一定來！

昨晚我在房中獨自吃了點兒東西，敲了幾個鐘頭的打字機，才上床睡覺。非常非常想妳，想得好苦。我們一同經歷了許多，真是禍福相共，例如我在紐約扭傷腳跟，妳就在我身邊，還有我們在每個地方共用的美妙的時光。我隨身帶著妳的護照小照，常常看一陣子。

這是我動身去德國前寫的幾個字。

愛你，愛你

Paul

五月三日，一九六六，波恩

Darling：

從諾曼第回到巴黎，看到妳NO.11信，信中講到艾理森在愛荷華。妳知道我多希望我也在那兒，和艾理森夫婦、奧戈任夫婦一起吃妳那頓中國飯。有一天我倆能雙雙招待賓客，那該多美！告訴我那天你們歡聚的情況。

寄上一張好玩的照片，在艾菲爾鐵塔照的——和我十五年前的一個學生，還有他的女朋友，英國人，也是比他年輕得多。好像這成了時髦的風尚。他是小說家，也懂語言學，秋天將到愛荷華看看我們的翻譯工作坊，將去德州大學主持翻譯工作，福特基金會給了他們七十五萬。

現在妳大概已收到我要妳一定去紐約的信了。今天下午從諾曼第回來，只有二十分鐘，就要去一個很重要的場合，我一面換衣服，一面急急寫了一張卡片給妳，只為我對妳滿心的愛。有時候，一想到妳，我就發狂地渴望見妳。現在我感到好一點了，因為德國只有兩個星期，波蘭只有兩個星期，愛爾蘭只有六天，我就可見到妳了。只有妳和我，與世隔離。

在海邊小旅館過了個週末，休息得很好，比我剛到巴黎時精神好多了。別擔心，回來後我一定過健康的戶外生活，也和妳過戶內生活。

從五月十四日起，來信寄華沙。

愛你，愛你

Paul

五月三日，一九六六，巴黎

Darling：

妳對我真好，這次遠行我才知道。妳不斷給我寫信，大概還得步行到郵局去寄信。NO.12信收到了，正好在我離開頭一天。今天要忙昏了，但出門之前一定要給妳寫幾個字。馬上去巴黎最北邊看一位流亡波蘭作家，緊接著五個約會，在五個不同的地區。今晚還得寫篇報告給《生活週刊》，記錄我在此所見到的作家編輯等。法國實在叫人失望，沒有多少短篇小說。波蘭一定好得多，德國會更好。

很喜歡妳所講艾理森和你們聚會的情景。我將從愛爾蘭珊儂機場直飛紐約，想著就叫人心跳。去年十一月也是，結果在紐約扭傷了腳。那晚我上街買啤酒，街道正在修理，燈光很暗，一腳踩進一堆亂石，腳跟扭傷了，痛不可忍。幸有妳在，對我細心照顧，第二天送我去醫院急診。沒有妳我真不知如何活下去了。已囑咐Sara在六月十八日去拿新車，十九日和藍藍、薇薇一同到機場去接我們。我說我們。我一人在紐約可受不了。我到達甘乃迪機場，妳一定要在那兒，再在機場相見！我們一同去看艾理森夫婦和其他朋友。妳會很開心。

必須走了。接二連三的約會。真希望明天妳和我一道飛德國，我可以帶妳看看我所熟悉的德國。牛津三年，一半的時間在歐洲旅行，在德國花的時間最多。不知道我是否還能用德語和人交談。再到德國，很興奮。

妳必須原諒我以後幾個星期不能多寫信，要跑德國波蘭愛爾蘭十幾個城市。想到那樣奔波就很累。但是想到不到六個星期可以再見妳，精神就來了。親愛、親愛的聶華苓，我全心全意愛的人。

Paul

五月五日，一九六六，柏林，西德

Darling：

剛到柏林。這地方變了樣，陰森森的，戰爭毀了它，和我戰前看到的柏林完全不同了。回到我學生時代的柏林，恍若隔世。我認識的一家人，只有一個女兒在世，其他全完了。她住得很遠，丈夫在戰爭中死了。我要馬上給妳寫信，還沒打開行李，只拿出了打字機。我還可用德語和人談話，感覺良好，不流利，夠用就是了。到德國這段行程有一點最叫我高興：離美國越來越遠，卻已走上歸途了。甚至給妳寫信也近如咫尺。我們在許多奇妙的場合相聚，彼此更深地了解是怎麼樣的一個人。妳是否有同感？

我在這兒的房間寬大明亮，有三張床！衣櫥有我在巴黎旅館房間一半大。坐飛機旅行實在累人，排隊，檢查護照，等待登機，還有在法國司空見慣的事：兩個法國人搶先站在我前面，我也就對不起了，把行李搶先扔在磅秤上，他們只好等一下了。

柏林在戰火中全毀了，剩下殘垣斷壁，就說一座有名的教堂吧，屋頂轟去了一半。晦氣的柏林牆堵在那兒，東柏林人到不了西柏林。

妳的信全在我手提包裡發光，證明妳的確是愛我的，毫無保留。對不對？也許妳有些顧慮，而沒有告訴我，是嗎？我了解。我們必須坦誠相待，我確實感到妳我水乳交融。我從沒騙過妳，在行為上和言語上都沒騙過。但是，假若妳在六月十二日不來紐約，我可要騙妳了。抵達甘乃迪機場而見不到妳，想著就受不了。

當然，我在這兒已經把我的小收音機安置好了，正聽著柏林最好的音樂電台的音樂。我已成了痼習難改的古人了。在此只待一夜，別寄信到這兒。滿心柔情想妳。

郵票給藍藍。一張巴黎機場費小收條，給你看看法國人總有辦法刮錢，進機場也要你付一塊五美金。法國人可小氣，卻自詡文化「輝煌」。

我必須走了，和一位作家以及他妻子一同吃晚飯。明天在柏林也許會收到妳的信。

假若這次為《生活週刊》收集短篇小說的工作做得好，他們可能要我到其他國家去。義大利、南斯拉夫、希臘、亞洲國家。和我一道去，好不好？妳不一同去，我可受不了。

愛你，愛你　Paul

五月九日，一九六六，柏林

Darling：

從來沒有這麼久沒收到妳的信。今天是星期一，上星期四收到妳的信，正是我離開巴黎旅館的時候。妳的信一定在波恩等著我，但那兒的人沒有來，相信明天會有信來。我一到此就寫了信，只因為不要妳很久沒有我的信。兩個約會之間這幾分鐘，我要告訴妳，每一刻我都希望妳和我在一起，一同遊覽，一同會人。我去了東柏林，走過有名的柏林牆。以後我會寫出。氣氛低沉。

今天買了一堆德國短篇小說的書，很快看了一遍，很有意思，也很難，三十年沒看德文書了。我還是看下去了，比我預料的懂得多一些。昨天在房間待了一整天，看書，寫信，只是出去吃了頓晚飯，餐館叫黑水牛。我沒吃牛肉，我們在那簡陋的笛茉茵（Des Moines）旅館吃的好牛排，這黑水牛哪能比？只不過是裝潢漂亮一點，服務周到一點。

很快再給你信。今天一定要寫幾個字，只為要寄上我深深的愛。

Paul

附上幾張特殊的郵票給藍藍，背面有英文的國家名稱。

五月十日，一九六六，柏林

Darling：

我不知道到波蘭後如何通信。有人說美國到波蘭的信得要三個星期才能收到。妳最好接此信後馬上寫信到現址，過兩天再寫到此。也許五月二十三日以後就不能寫到這兒了。信可寄到我給妳的愛爾蘭都柏林地址。

薇薇的信寫得非常好。找到好看的畫片，當再寄給她。非常喜歡妳和艾理森、奧戈任夫婦的合照。奧戈任的表情很滑稽。妳很可愛。

Paul

五月十一日，一九六六，柏林

Darling：

Mary沒給我寫一個字。Sara來過信，永遠談馬生病啦，生了小馬啦，馬鞍啦，那一類的事。有一天她會帶薇薇、藍藍去騎馬。剛收到妳NO.16、NO.17的信。我們在紐約一定美妙極了。

收到妳NO.14和NO.15的信，我才放心了。五月十五日以後，不要寄信到波蘭，那兒信件太慢。信可寄愛爾蘭都柏林，六月三日以後就不要寫信了。

六月十二日假若我們在機場錯過了，我會給恩得森打電話，告訴妳我在哪兒。妳也給他留話。我們當然會在機場見到的。我將乘TWA於下午三點半到達，也許更早一點。我會告訴妳飛機班次和確切時間。

今天留在旅館看德國小說、寫信、整理許多筆記和人名。一連下了三天雨，也好，柏林本來就是陰沉沉的。我想起一九三四—三五冬天來柏林時的雨天。昨天開車逛舊時住過的那條老街，找到那幢老屋子，非常想念當年收留我的那家好人，現已去矣。

日子過得很快，一天天接近此行尾聲了。很高興來了柏林，溫習舊日所熟悉的語言，憑弔舊日到過的地方，重溫年輕時代舊夢。但我也很高興離開德國去波蘭，更高興離開波蘭去愛爾蘭，從愛爾蘭直飛紐約，飛到妳身邊。我只要安安靜靜守著妳。

愛你，愛你　Paul

五月十三日，一九六六，柏林

Darling：

我將於六月十二日乘TWA八七七班次，從愛爾蘭珊儂機場下午一點五十分到達紐約甘乃迪機場。希望準時到達。當然，我還得經過海關那些手續，也許在兩點三十分才完結。妳一定在那個時候到達甘乃迪機場。假若不能那麼早到，我一定等妳。無論如何，妳必須將飛機班次和到達時間寄到華沙，再重複寄到都柏林。非常高興這麼早就和妳談這些細節，突然感到離妳很近很近了。

星期天我就要開始一個星期不停的奔波了，飛機，火車，一天一個地方。但我一定在六月六日到都柏林。

昨晚在柏林一大學演講，今晚和一對年輕人去東柏林看三便士歌劇。這兒很暖和，到處是鮮花。真希望我此時在愛荷華，正是最好季節，從今以後再也不在這樣的季節旅行了，可以到愛荷華野外去，冬天待在旅館倒不如待在家裡。也許明年我可以帶你去倫敦、牛津、巴黎、慕尼黑、羅馬！

畫片一張給薇薇。

愛你，愛你　Paul

五月十七日，一九六六，海德堡

Darling：

我不停奔波，日子反而好過一點，從此都會如此。行李、火車、機場、吃飯、會人，每天充滿這類瑣事，我就不覺得如何想妳了。紐倫堡是個十五、六世紀的城市，戰時遭受毀壞，又照古老風格修復了，氣派動人。昨天在十五里以外的一個大學演講，昨晚來此，這大學坐落山上，西望萊茵河。今午演講，然後坐火車去圖賓根（Tuebingen），去看一位一九三五年認識的德國朋友。在慕尼黑待兩天，打算租輛車開到赤穆司（Chiem See），尋找一個農家，以前來德國我就住他們家。然後去馬兒堡（Marburg）看我最好的一位德國朋友的女兒，他早已去世，女兒在戰時失去了丈夫，獨自撫養三個兒女。五月二十二日離德去華沙。

四天沒收到妳的信。希望在慕尼黑有妳的信。從來沒有這麼久不見妳一個字！此地酷熱。愛荷華一定滿眼新綠，滿林鮮花。很不願意在這樣好的季節到大城市去，以後要去也只在愛荷華最陰冷的冬天去。

妳真要學開車嗎？我相信薇薇、藍藍會學得很快。真能靠妳駕駛那麼大一個機器嗎？也許我們可到卜紀勵的田莊上去，在他田間小路上開車，那兒沒有車輛來往，妳頂多撞上一堆泥土，一棵樹，一排籬笆。當然，妳應該學開車。什麼時候開始？

必須走了，有人在叫我。這古老的大學非常漂亮，妳沒在此和我一同欣賞，實在沒道理。妳不能和我一同去波蘭，一同做其他的事，也沒道理。我們在一起總是有情有趣。我記得每一細節。記得妳玲瓏剔透的那個人，滿懷柔情地記得。最親最愛的華苓，不到一個月我們又相聚了。我多愛和妳一同旅行，和妳一同回家。

Paul

五月十八日，一九六六，圖賓根

Darling：

我在一個鐘頭以前到達，妳NO.18和NO.19兩信已在此等著我了。今天剛寄妳一信，現在必須回妳信。

《海上日記》（*Sea Diary*）並不屬於奧戈任最好的書，許多部分我非常不喜歡。他應該堅持寫小說，不要寫回憶和批評的文字。

我到巴黎不到一個鐘頭就給妳寫信，到柏林不到一個鐘頭就給妳寫信，現在，到圖賓根也不到一個鐘頭就給妳寫信。

這大學十分可愛，很古老，一條河從中間流過。今晚河上有許多小船，學生們帶著女朋友划船，也有幾條大船，男孩女孩坐在寬敞的座位上喝啤酒，一個人在船尾用根長竿子推著船進行。

妳問：我們怎麼辦？假若我可以馬上離婚，回答很簡單，我就會告訴妳：今夏立刻結婚。和妳帶著兩個女兒一起生活，對我來說該是多麼愉快。（妳知道我對她們多關懷，對她們多負責任，多高興教她們騎馬，開車，過田園生活，多喜歡給她們買東西。對了，我們在紐約一定要找東西給她們帶回去。）但是，我就毫無愧疚要妳孤注一擲忍受日後的孤單嗎？當然，我會照顧妳。那就夠了嗎？有時候，我覺得妳遇到我，對妳是禍，因為我，妳不能結識比較年輕的人和妳結婚，而得到比我能給妳較多的保障。妳是否有時也會那麼想？是否真正深深地那樣子感覺？我擔心我在愛荷華已阻擋了妳和其他人接近的機會。然而，我們相知如此深切，毫無隔閡。我對其他女人毫無興趣，妳一定知道。我一心渴望我們再相聚的那一天。我們今夏必須有所決定，見面再談吧，寫信沒法談，現在我只能告訴妳，我深深愛妳已久，深深參與妳的生活，包括兩個女兒，我如何能撒手呢？近來我所有的打算都有妳和兩個女兒在內，甚至常常完全是為了妳。假若沒有妳，我不會回到紐約，回不回愛荷華也無所謂了。

我們倆乘機飛回愛荷華時，眼看著Sara和薇薇、藍藍在機場等著，還有新車。想著就開心。只有二十五天就見面了。

愛你的Paul

五月十九日，一九六六，慕尼黑

Darling：

我在牛津學生時代，一九三四—一九三五年，休假期間曾在慕尼黑消磨很多時間。今天在雨中開車離城去找一個農民人家，以前曾借住他們家。明天去見歌德協會的人，討論如何請年輕德國作家到愛荷華去，五月二十一日我就去法蘭克福了。十分厭煩如此不斷奔波。但昨天我在圖賓根過得很好，寫信，演講，看老朋友。尤其還有妳兩封信。有時候，我想世界上是否有人像我那樣子了解妳，各方面的了解，妳的過去，妳的問題，妳的希望，不同的神情，不同的感覺。我常常突然想到妳，在談話中，在演講時，在飛機上，在大街上，妳就在眼前，如此姣好，如此溫暖，我簡直要停下來，將妳一把擁入懷中。這一陣子日子過得快，感到我是真的步步走向妳了。

兩個女兒是否上暑期學校？我常常滿懷愛心地想到她們，我關心她們的前途，我要幫助她們。我有一些翻印的畫，她們會喜歡掛在房間牆上。她們那樣的年齡，最好各自有自己的房間。誰知道？也許秋天她們就有自己的房間了。

我住的這旅館叫蘇格蘭綿羊。我可以看德文報紙了，聽人講話也懂得多了。我不能在德國和法國停留預定那麼長的時間，只因為我去年從歐洲回紐約開幾天「美國文學藝術委員會」，在紐約扭傷了腳踝，不能立刻返歐，荒廢了預定的行程。但是，假若我不因此轉回愛荷華休養幾個月，我們就不會如此親近了。在那奇妙的幾個月中，我們彼此的感情深化成刻骨銘心的愛。是嗎？那倒是因禍得福了。兩年以後，我可休假一學期，妳可和我來歐洲。我帶妳逛歐洲，見我所有的朋友，我有些非常親近的英國朋友，遠在一九三三年認識的。我不會像這樣獨自旅行了，太寂寞了。

我得走了，吃點東西，開車出去逛逛。明天去看博物館，給兩個女兒寄幾張好看的畫片。現在，我要的不是博物館，我要聶華苓，我愛的那個人。

Paul

五月二十二日，一九六六，法蘭克福

Darling：

只有十分鐘就要上飛機了，我站在櫃檯前給妳寫幾個字，一面看牆上的鐘。在我走上兩星期艱辛的旅程時，只要告訴妳一句話：當我想到妳，所有其他女人都單調無趣極了。我們邂逅對妳是福是禍，我不知道，對我而言，可是非常美妙，強烈，真切得超過我的想望，包括我們一起開的玩笑。德國人有句俗話：那可不是玩笑。我對我倆的感覺就是那樣子。渴望再見的那一刻。匆匆數語，滿心柔情。

Paul

從玉米田來的人——安格爾（Paul Engle）

Paul朗誦詩或演講時的開場白：我是從玉米田來的。

每次我和Paul旅行回來，從機場開車回我們的鹿園，他都會望著一望無際的原野說：華苓，妳瞧，黑土地！多好的土！

愛荷華的好，妳得在這黑土地上生活，才能領會到。愛荷華的人，和這黑土地一樣，紮紮實實。在一個不可靠的世界中，叫人感到安穩可靠。

Paul就是黑土地上的人。這兒的人在泥土上靠勤勞討生活，有一股自然的生命力，和沈從文的水上討生活的人一樣。Paul是詩人，有詩人靈敏的感性和形象化的語言。他也有小說家描繪人物的細膩。他很會講故事。就是在日常生活中，他談起某件事、某個人，也是像講故事一樣，聲如洪鐘，誇張的戲劇性的動作，幽默機智的語言，簡直像說相聲。我和他一起生活二十七年，聽了很多故事。從他的故事中，有些我讀過的文學大家，變成了他生活中活生生的人，我更了解他為什麼走遍世界，要在這黑土地上建造他文學的夢土。他有一股助人的衝動，回報他年輕時代所享受的情義。

Paul的父母只讀了中學，父親為人養馬、教馬，收入屬於貧窮階層，不必繳收入稅，勉強維持他夫婦倆和四個子女的溫飽生活。Paul在愛荷華州的雪松川（Cedar Rapids）讀小學時就打工，一直到大學，都沒停止。我離開中國三十年後，一九七八年，和Paul、兩個女兒一起回鄉。那時中美還沒建交，他第一次到中國，不知中國人對他這個美帝如何反應。但是，他那個美國佬比我這個湖北人還受歡迎。他們看到他一大把年紀，將裝滿禮物的大箱子呼——的一下從火車上鋪拎下來，嘖嘖稱讚，叫他「勞動模範」，說他粗糙的手是「勞動人民的手」。

小Paul的第一份工作，是為一家猶太人點火。猶太人的安息日是禮拜六。猶太教徒不能在那天點火。小Paul每個禮拜六早上，到猶太人家裡，擰開煤氣爐，用火柴點燃爐子。然後，到地下室，那兒有個火爐。他先清理爐灰，在爐子裡擺一堆玉米棒子、柴火和煤，最後點燃。一毛五分錢就到手了。

後來他每天為當地的《雪松川報》送報。Paul最喜歡講的，是他八歲時如何在街頭叫賣《雪松川報》的號外。第一次世界大戰中，一九一六年七月一日，法國東北部一場戰役，在日出和日落之間，六萬英國自願軍犧牲了。《雪松川報》發出號外。小Paul在街頭揮著報紙大叫：法境最大血戰！英軍死亡六萬！快買快看！兩分錢！小Paul一分錢買進，兩分錢賣出。一九三三年，Paul走上牛津大學墨藤學院的螺旋樓梯，去會他的導師——詩人卜侖登（Edmund Blunden）。詩人就是那場血戰的倖存者。街頭賣報可真熱鬧，男男女女，孩子呀，狗呀，馬呀，汽車呀，熙熙攘攘，兜裡銅板叮叮噹噹，整個世界的大事都在小Paul手中。大人和他談話，他可以侃侃而談，他會神氣活現地說：「你知道嗎？比利時的外普斯又打仗啦。第三次戰役呀！」他也喜歡騎著自行車挨家送報的工作。送報比較有人情味。他在小小的年紀，就接觸了形形色色的人——寄居廉價旅館賣身的「貴婦」、送他全套《朗費羅詩集》的退休教師、對小Paul朗誦艾略特的詩人：走吧，你和我，當黃昏在穹蒼展開，宛如手術台上麻醉的病人……

Paul上中學時，在一家賣藥物、飲料、雪茄、香水等的小雜貨店打工。每天放學後就到店裡去，一直工作到晚上打烊。沒有生意的時候，他就在帳單背面寫詩。小小一個店，反映了人性各種姿態。有婦之夫買了一打避孕套，要他開帳單時寫牙膏。老頭兒喝女人的補藥，只為藥裡有酒精（那正是美國禁酒的年代）。詛咒菸酒是罪惡的牧師，一毛錢買一支雪茄，偷偷走到後面的小房間，坐在椅子裡吞雲吐霧。每個月初，老太太來買一百顆阿司匹靈，必坐下來絮絮叨叨說一會兒話。男人呀，像小狗，摸摸，哄哄，他就乖了。

我和Paul第一次在台灣相見合照的相，他轉頭望著我，彷彿是一見鍾情。後來我發現他照相，必照側面。原來他的鼻子，正面看是歪的。小時打足球，一球打歪了。他的側影的確好看，線條分明，細緻而剛勁。他那個歪鼻子喜歡強烈的氣味。他喜歡聞父親馬房的馬糞、上了油的馬鞍、倉房裡乾草混和稻草發酵的霉味、土地犁過的泥土香、母親烤的剛出爐的麵包、她為丈夫孩子熨過的襯衫的漿香、她在後園種的玫瑰香、德文聖經沉舊皮面的霉味，那聖經是祖先從德國黑森林帶來的。

Paul在雜貨店打工的時候，歪鼻子可是有福了，可以享受雪茄的菸草香（難怪他後來抽雪茄！），還有各種各樣奇妙的香水。Odeur Fatale、Parfum d'Amour、Essence de la Nuit。多麼挑逗的異國情調！有個女人常來逛香水櫃檯，一瓶又一瓶聞一下，挑她喜歡的香水，在衣領上抹一點，對Paul說：試試，看它能待多久。她每次來穿一件不同的衣服，抹香了她所有的服裝。Paul有個中學同班女孩，深沉棕色的眼，常來店裡，似乎是買雜誌、飲料，總會走過來，挨著他說說話。如果店裡沒有其他顧客，他就打開一瓶香水，抹在她一頭長長的黑髮上。Paul興奮得心跳。那是他平生第一件豔事。

店裡還賣報紙雜誌。他已開始寫詩。老闆很得意有個寫詩的年輕伙計，額外訂了幾份雜誌，明知不好銷，但Paul貪婪地讀了每一頁。他在巴黎出版的《轉化》雜誌上，第一次讀到喬伊思，在美國《詩刊》上，讀到艾略特、桑德堡、龐德。老闆給他一間小房，放了一張小桌和一張舊椅子，那就是他寫詩的地方。他在那兒寫的詩，許多收集在他第一本詩集《舊士》中。

Paul在雪松川的華盛頓中學讀書的時候，有位英文女老師蔻克小姐。她頭腦非常好，知人論事，明智果斷。在芝加哥大學讀完碩士，便回雪松川的中學教書。她常常把詩寫在黑板上，逐字逐句和學生們討論。她的數學也好。她很喜歡Paul，認為他是班上最好的學生。放學後，她也許看看他寫的詩，也許和他一起做算術題。

蔻克老師個頭修長，一頭好看抹了點兒銀灰的頭髮。她有兩個嗜好：一個是收集莎士比亞的戲劇，另一個是做銀首飾。她有時候邀Paul到她家去，給他看她收藏的書，看她做銀首飾：銀手鐲、銀戒指、銀項鏈。她也評論莎士比亞。她的《莎士比亞全集》裝幀非常精美。她家窗台上永遠擺滿了小小的盆景。

Paul後來上了大學，也常常去看老師。他已經寫詩了。有一天，他興沖沖跑到蔻克老師的家，急急按了鈴。老師一打開門，他就遞給她一封信和一首詩，大叫：老師，妳看！這麼多稿費！Paul的一首詩在當時美國最有名的《禮拜六文學週報》發表了，稿費十塊錢。

Paul在雪松川的一個文理學院讀書，沒上外地的大學，只因為家在那兒，可以省膳宿費，也可以繼續在他家附近的雜貨店打工。但是，學費呢？怎麼辦？父親付不起。他打算讀一陣子書，工作一陣子，錢攢夠了再讀。Paul上學的第一天，學費還沒著落。學校教務處的人叫他去一下。原來他得到了四年的獎學金！那筆錢是私人捐贈的。誰捐的呢？捐錢的人不肯公開姓名。Paul滿心感激地接受了獎學金，但又不知道感激誰。

他不斷地寫詩，也辦學校的詩刊。（我現在還保留著他當年手寫的一本本的詩稿。）他寫了詩，就給蔻克老師看，有時等不及了，就在電話上唸給老師聽。四年大學快結束了。一九三一年，有一天，蔻克老師上街，過街時給一輛汽車撞倒了，當時就死了。Paul痛哭失聲。第二天，教務處的人又叫他去，告訴他：Paul的大學四年獎學金，就是蔻克老師捐贈的。她給汽車撞死在地上時，手皮包裡的信封套，裝著一張張十塊錢的鈔票，一張張從她微薄的中學教師薪水中存儲下來的，那就是她要送到Paul學校去給他的獎學金。

Paul後來在愛荷華大學研究院讀碩士學位。愛荷華大學是美國第一所大學開始接受文學創作，作為碩士畢業論文，Paul也是美國第一個研究生以一本詩稿而得到碩士學位。那本詩稿《舊土》（*Worn Earth*）得到耶魯大學年輕詩人獎，寫的是黑土地上的小人物，以及年輕詩人對自然、對生死的感悟。Paul說，他在雪松川的學院畢業時，全班畢業生在校園種了一棵樹，他寫了一首詩，埋在樹下。樹就死了。那首詩收在他得獎的《舊士》中。

Paul 在愛荷華大學讀研究院時，認識了美國重要作家卞湼德（**Steven Vincent Benet**，一八九八—一九四三），他是美國文學史上最多才多藝的作家之一。寫詩，寫長篇小說和短篇小說，也寫廣播劇。十七歲出版第一本書。他寫美國內戰的史詩《布朗的屍體》（*John Brown's Body*）於一九二九年榮獲普立茲獎，一九四四年《西方的星斗》（*Western Star*）又獲普立茲獎，但他在一九四三年已去世了，年僅四十五歲。他的小說和詩作流傳不衰。《布朗的屍體》寫內戰雙方的勝敗，從戰場寫到兩個倖存士兵的命運。那首史詩至今仍以不同藝術形式演出。《魔鬼與丹尼爾》（*The Devil and Daniel Webster*），是根據美國民間傳說所寫的一篇幽默小說，曾改成歌劇、舞台劇和電影。

一九三二年卞湼德應邀到愛荷華大學演講，見到年輕的**Paul**，很欣賞他的文采。**Paul** 剛得到哥倫比亞大學八百塊錢的獎學金，去讀人類學。卞湼德對**Paul** 說：我住在紐約。你到了紐約，打電話給我吧。

他和卞湼德那一份忘年交長達二十多年，一直到卞湼德於一九四三年去世。

Paul 對我講到卞湼德的時候，我說我翻譯過他的一篇小說：〈貓中之王〉，收集在我翻譯的《美國短篇小說選》中。

他說：怎麼那麼巧！

可惜我沒有見過他。你是哪年第一次見到他？我問。

一九三二年。

我笑著說：我沒趕上。我才上小學。沒關係，我終於譯了他的小說。我和**Paul** 常常如此談到各自的往事，彷彿那是前生的事，因為卞湼德的一篇小說，前生與今生就相連了。

Paul 告訴我：卞湼德的妻子瑪俐也寫詩，兩人合寫一本詩集《美國人的書》。他們倆都是有才華、親切溫暖的人。非常美滿的婚姻，是我第一次看到的最完美的婚姻。

每逢假日或者有作家朋友的時候，他們必定找Paul去吃飯。他在那兒認識了當時一些很有聲望的英美作家，如寫《費城故事》的劇作家白瑞（Phil Berry），愛爾蘭詩人葉慈（William Butler Yeats）。春天，他幫他們後院鋤草，院子一團糟，簡直沒法種什麼。有一次，Paul挖出一條死貓。他們覺得很可笑，哪兒來的貓？他們根本沒有貓。

Paul終於把他寫的詩給卞涅德看。

他說：很好，繼續寫下去吧。寫得夠出一本書了，就給我，我找出版公司出版。那就是一九三四年雙日公司出版的《美國之歌》（*American Song*），Paul正在牛津。

我問：那就是《紐約時報》以整個篇幅評為美國詩壇新的里程碑嗎？

Paul點點頭。

一九三二年十二月的一個禮拜六。Paul打電話給卞涅德。Paul說：我被選上參加牛津大學羅茲獎學金（Rhodes Scholarship）的決選口試。

卞涅德說：好極了！好極了！

Paul說：我去不了。

為什麼？

Paul說沒錢買紐約到愛荷華的火車票。他必須在禮拜一清早在愛荷華的笛茉茵參加口試。那正是美國經濟大蕭條的年代。卞涅德僅靠寫作維持他夫婦倆和三個孩子的生活。他說：我手邊也沒錢。你等我電話吧。

他放下寫作，趕到紐約的耶魯俱樂部，他是耶魯校友。他搬了張椅子，坐在入口過道上，來一個人，就用支票兌幾塊錢，湊足了來回的火車票錢。下午五點，Paul接到他電話，趕到他住處，拿到錢，趕到火車站，只有五分鐘，火車就開行了。

他們怎麼考你？你緊張嗎？我問。

當然。我極力鎮靜。你的成績並不特別重要。他們要的是全才的人。你的頭腦，你對世事的看法，你的人生態度。好幾個人問你各種問題。有個美國石油大亨問我：假若聯邦政府將石油企業國有化，你認為怎麼樣？我說：那對石油企業，對我們國家，都會造成大難。他桌子一拍說：好！好一個小伙子！十二個候選人，每人四個鐘頭的口試。大家都很緊張，等著結果。最後，他們要我們站成一排，宣布錄取結果了。一個名字，又一個名字，又一個名字。我沒聽見第四個名字。我問旁邊那個人，他說：我也沒聽見，好像是Engle。

那正是一九三三年。在牛津三年之中，一半時間研究，一半時間遊歷歐洲。他結識了歐洲知識分子。那兒和黑土地的愛荷華是一個截然不同的世界。他在德國住了兩個夏季，目睹希特勒的納粹興起，和人們對納粹迫害的恐懼。他寫了《心火怒焚》（*Break The Heart's Anger*），那是一本完全不同的詩集，他對美國從心靈的讚美轉向批判的呼籲。一九三四年十二月九日，他應NBC電台之邀，在英國向美國廣播：

我要向你講話，美國，因為你是我血液、語言、生長的故鄉。我特別要向我同年的男女講話，因為我們是同一代的人，知道我們從哪兒來，要到哪兒去。我們是美國最幸運的一代，因為我們親眼看到童年的美國，如何發展到極端揮霍無度大腹便便的生活，我們也看到那種生活的毀滅性。我們正在極薄的游移不定的歷史邊緣，它可彎向不可挽回的過去，也可轉向坦蕩的未來。

……

今天，我身在這細雨迷濛的倫敦，美國第三次狂風暴雨又降臨我們頭上了。這一次最猛烈。第一次是本土對異土之爭。第二次是本土南北之爭。這一次是我們自身逐漸衰退，不知不覺陷入大亂。病毒深深侵入我們的血液，滲透我們的骨髓。

我們這一代人必須肩負責任。我們的藝術家正在創立新的精神生活，也就是新的美國藝術，其他的人必須建立一個新社會。

美國呀，你變成了世界的小丑。你有新鮮爵士樂，你有新鮮玩笑。但是，你不能就這樣開開玩笑混過去了。你的頭埋在沙裡，如何能看清未來。抬起頭來，朝向清明強烈的美國之光，你可以看清遙遠的未來。

在這兒，在歐洲，我想到你，在維也納，飢餓的面孔整天看著武裝隊伍邁步過去；在羅馬，我站在古劇場前看著另一個凱撒舉起另一面軍旗；在慕尼黑，我看見一隊民兵宣誓流血與光榮。在可愛的南笛若（South Tyrol），整整一星期，一列一列的火車載著身佩刺刀的士兵和大砲駛過去。

美國呀，你能否從這現象中脫身而出呢？你是否要讀讀超越物質世界的梭羅（Henry Thoreau）呢？是否要讀讀列寧和基督呢？我坦率直諫，你要有舉目世界的作風——生產利民的物品，人人有工作，國泰民安，世界大同。

美國呀，那就是你的新生活，我們這一代人要實現的生活。不論多麼艱辛困苦，不論多少抗力，我們都要實現的生活。假若不成功，我們就會陷入已逝的深淵，一蹶不振，我們還會拖著全世界一同陷下去。

我們的藝術，我們的文學，也將隨你興衰。我反抗，我挑釁，我請求，建立我們美國的新生活吧。它將展現在美國的新藝術中。美國的新詩將歌頌它，用印第安語言的寶藏，爵士音樂的韻律，俚語俗言的俏皮來歌頌它。

在這牛津古城，我們許多人展望那樣的生活，內心聽到那一首歌。那首歌今天正在美國譜出。把你的耳朵貼在地上聽吧。美國呀，再一次建立起來，那首歌將高聲響遍你的土地。

Paul就是懷著那樣的理想，於一九三六年從牛津回到美國，那也就是他終生獻身的使命。在二十一世紀的今天，他仍然要說同樣的話吧。

Paul從牛津大學回到愛荷華時，已經結婚，岳父問他要幹什麼。

他說：寫詩。

寫詩？那也是工作？

一九三七年，他應聘在愛荷華大學教課。有一門創作課，六、七個學生。Paul用他一貫的反諷語法形容他當時的學生：「平庸得特別耀眼。」

他告訴我：上了第一堂課，我就有一個確切的構想——我要把愛荷華的文學創作發展成美國的文學重鎮。

他的構想實現了。

一九四三年，Paul接掌「愛荷華大學作家工作坊」以後，主動到處招攬有才華的年輕作家，不是坐在辦公室裡等著學生上門。那時美國只有愛荷華大學有作家工作坊，許多專心寫詩、寫小說的人要到愛荷華來。作家工作坊分別成為小說工作坊、詩歌工作坊。

Paul已經出版了幾本詩集。他認識一些當時有聲望的作家詩人，要他們不斷推薦年輕的寫作人才。因此，到愛荷華來的，幾乎全是頂尖人才。他也延攬一些有名的詩人和小說家來教課，教課的時間比一般教授少得多，有充裕的寫作時間，任期只有一兩年。學生可以不斷接觸各種不同風格的作家。Paul又創設了幾門新課：詩的形式、小說形式、現代歐洲文學、當代文學等。

第二次世界大戰結束，美國參軍打仗的人都可拿到獎學金。許多有文采的年輕人，經過戰火的鍛煉，死亡邊緣的感悟，忍不住要寫詩、寫小說，都湧向「愛荷華作家工作坊」。

Paul笑說：獵狗聞得出肉骨頭，我聞得出才華。

一九四五年，愛荷華大學新聞系一個女學生，美國南部人，到Paul辦公室，細聲對他說了幾句話，濃重的南方土音，他沒聽懂。Paul說：對不起，我沒聽清楚。可不可以請妳寫下來？她寫了三句話：我叫沃康納（Flannery O'Connor），從喬治亞州來的。我是個作家。Paul說：妳有什麼作品給我看嗎？她從一個破舊的袋子裡拿出一篇小說遞給Paul。他看了第一段，立刻對她說：妳是個小說家。那時Paul教詩，也教小說。他常和沃康納討論她的小說。沃康納在一篇小說裡寫到一幕男女相愛的場景。Paul對她說：這一節寫得不真實。妳知道……沒等他說完，她立刻打斷他的話：別說了。接著她加了一句：不要在你辦公室談。Paul和她走到外面停車場，在他車裡和沃康納討論如何描寫那一個場景。她在「愛荷華作家工作坊」寫的一些短篇小說，如天竺葵、火車，後來組合成第一個長篇《聖血》（*Wise Blood*），用她自己的話說，是沒有宗教信仰的宗教領悟。她獻給了Paul Engle。

她修女模樣，平整的襯衫，鐵灰的裙子，永遠孤零零靠牆坐在一邊，在那一夥戰後歸來的大兵中，像個受驚的小女孩。每個人的作品在作家工作坊討論中，被解剖得體無完膚。沃康納從不參加討論。她的小說反應並不好，但她也不辯解。她的生活單調簡樸，喜歡獨自一人去愛荷華公園的動物園看浣熊和那兩條癩皮熊。多年以後，在她寫給當年唯一的一位女友信中，回憶愛荷華：

我記得愛荷華那些租給學生的宿舍，看過那一間間冷漠的房間。布魯明藤東街一一五號的房東太太，不怎麼喜歡我，因為我常待在家裡，就得開暖氣，至少得開著吧。從沒開得很高，我記得。暖氣開的時候，你可以聞著暖氣，哪兒聞得著，我就到那兒去暖和一下子。哪一天我要再回愛荷華看看，只是為了要看動物園的矮腳雞和愛荷華獅子會捐贈的狗熊。我自己養了孔雀，很美的孔雀，花費不小。但我不抽菸，不喝酒，不嚼雪茄，沒有任何花錢的壞習慣。希望有一天，這兒到處是孔雀……

在沃康納的小說中，可看出愛荷華那一段生活的蛛絲馬跡——房東太太、動物園、孔雀、出租的宿舍，但她的作品主要還是寫敗落的美國南部小鎮的小人物。她小說人物怪誕，情節怪誕，就在那怪誕之中顯現人的真實，而那真實必定是悲劇性的。沃康納的許多篇小說，和喬艾思（James Joyce）的顯現法很相似，小說的人物，通靈似的，突然領悟到事實的真相。她的作品已成為美國現代小說的經典，和福克納齊名。她患白血症十幾年，一九六四年逝世時年僅三十九歲。

有一位在義大利的美國年輕人史泉（Mark Strand），寫信給Paul，要到愛荷華來寫詩，並寄給他幾首詩。Paul也是為他找到獎學金，讓他安心寫詩。現在他已成為美國桂冠詩人。他在作家工作坊時，另一位日後普立茲獎得主傑思惕斯（Donald Justice）也在愛荷華。Paul告訴我：那樣的才華聚集一堂，真叫人招架不住。

作家工作坊的教室是戰時臨時搭的簡陋營房，在愛荷華河邊。吊兒郎當的作家老師和學生在那兒如魚得水，自由自在。學生上課，也悉聽尊便，只要你拿得出好作品。課堂上討論不具名的某學生作品時，辯論熱烈，毫不留情。學生東倒西歪坐在教室裡，甚至有人的狗也進了教室，趴在地上聽詩。

Paul對我講到詩人卜賴（Robert Bly）的趣事，他後來得了美國國家書卷獎，成為美國藝術文化學院的院士。據說，他在愛荷華作家工作坊的時候，有一天他提著一個麻布口袋走進教室，坐在第一排。當天是討論他的詩。被討論的作品，從不註明作者名字。當天是討論他的詩。Paul批評其中一行詩，忽然聽見麻布口袋裡嘶嘶叫。他又批評另一行，麻布口袋裡又嘶嘶叫。Paul要詩人改一下那首詩。他說話了：不用改了。昨天《紐約客》雜誌通知我，那首詩被撤了。

原來麻布口袋裡嘶嘶叫的是條蛇！

Paul和詩人佛斯特（Robert Frost）是忘年交。一九三六年，他剛出版了轟動一時的詩集《美國之歌》，從牛津回到愛荷華，收到佛斯特的電報：你來較量一下咱們倆的農場吧。Paul在他佛蒙特的農場上度過一個夏天。他們一同去過古巴，佛斯特第一次乘飛機，從空中看到地上的景物，嘆為奇蹟。他們也曾一同到邁阿密渡假，每晚他們一同散步到深夜，因為佛斯特不敢入睡，同一個惡夢一再侵擾他。他們在石子小路上走啊走啊，Paul實在撐不住了，佛斯特獨自走下去。Paul可以聽到他回到自己屋裡，接著聽見他的小錄音機反反覆覆的音樂，音樂停止了，就知道他睡著了。他到愛荷華朗誦詩。Paul和他散步到旅館，他轉而步行送Paul回家，Paul又送他回旅館，他又送Paul回家。最後他們走到郊外，Paul只好留下他獨自遊蕩了。佛斯特有很強烈的競爭性，只要你不影響他的名望，他非常仁厚。他的家庭是個悲劇，子女有的死亡，有的自殺。妻子死後，沒有再娶，仍然懷念妻子，但也覺得虛度人生。他的詩掩飾了個人悲劇，多吟誦人與自然的關係，但不是浪漫派詩人所歌頌的仁愛的自然，而是美麗而又有威脅的自然，叫人嘆賞卻又充滿危險。他四度獲普立茲獎。

結婚戒指呢？

我和Paul終於在一九七一年五月十四日在愛荷華結婚。

下午四點半，Paul先去法院領取結婚證書：四點五十分和我在法院會合。

薇薇、藍藍開車送我去法院，笑說：兩個女兒送媽媽去出嫁。

到達法院，Paul渾身口袋摸了一番。結婚戒指呢？他一臉歉疚。

我說：丟了嗎？沒誠意呀！

藍藍開車回家去找。我們和朋友們在法院門口等待。鄭愁予、余梅芳夫婦，沈均生、周康美夫婦，林懷民、陳安琪，還有捷克小說家魯思逖克（Arnost Lustig）夫婦和波蘭詩人宓責斯基（Artur Miedzyrzecki）夫婦。

頭天我倆同去首飾店，Paul問我要什麼樣的戒指？我說：最便宜、最簡單、最細的小圈圈。

藍藍終於找來戒指，Paul一把搶過來，打開紫紅小絲絨盒，拿出一個開金的細圈圈，笑著向我亮了一下說：妳看，戒指好好地放在盒子裡。我說：但是你把盒子丟了。我和Paul先到法官辦公室。原來為我們證婚的法官竟是Paul離婚時為前妻辯護的律師！人生比小說更小說。

Paul看看法官，看看我，亦驚亦喜，然後笑著和法官握手說：非——常——高——興——再——見——到——你，先生。

Paul一個個字說得重重地。法官不動聲色，照章行事，問我和Paul的出生地、職業、住址、父母名字等問題。然後帶我們去正庭。兩女兒和朋友們已在那兒坐下了。他們本在談笑，法官和我們一走進去，就肅靜下來了。**Paul** 指著他們大叫：你們都在這兒！彷彿發現眼前竟是真實的——我倆一同走上人生一段新旅程。

我和**Paul** 走到法官面前。

他對我倆說：請你們互相握著右手。

Paul 突然神色凝重，定眼看著法官，緊緊握著我的手——握著我整個的人，握著我下半輩子。

法官唸著婚姻誓言，問**Paul** 是否願娶我為妻，他回答願意；他又問我是否願要**Paul** 為夫，我回答願意。最後他說：我根據法律宣布你們兩人為夫妻。

Paul 為我戴上結婚戒指，吻了我。幾分鐘的結婚儀式就此結束。

我和**Paul** 回到法官辦公室取結婚證書。五點半，祕書已下班回家了，法官親自在打字機上填寫結婚證書，要我們在兩份證書上簽了名，給我們各人一份。

法官最後對我說：安——格——爾——夫人，恭喜！

法官、**Paul** 和我都笑了。

從法院走出來，朋友們向我們撒來大把大把的米，湧上來擁抱我倆。一團歡喜。

華苓，妳和我一道坐車回家嗎？**Paul** 那口吻彷彿問我：我們結了婚嗎？

我笑了：我不是天天和你一道坐車嗎？

我們車後跟了一串朋友們的車子。他們一路上叭叭大按喇叭，回到我在梅高巒的家。開香檳、看禮物。**Paul** 送我一條金鏈子，我們頭天買結婚戒指時，看到那條鏈子，他知道我喜歡，頭年他在除夕化裝晚會上宣布他當天和**Mary** 正式離婚，轉身遞給我一顆珍珠鑲邊的翡翠心。現在，我將金鏈閒閒繞在頸間，翡翠墜子正好貼在我心上。我送**Paul** 兩條寬寬的領帶，一條是淺銅色亞麻繡大朵大朵白花，一條是金絲雀黃絲絨，他特別喜歡那條領帶。

我又遞給他一個銀地撒紅梅的小錦緞盒。

一把鑰匙！Paul 打開盒子大叫，然後唸著卡片上的字：進入愛荷華梅高彎一二一一號聶華苓家的合法鑰匙。

Paul 到前門去試鑰匙，打不開門。

原來是車房側門的鑰匙。

Paul 說：天呀，我還得走後門！

朋友們大笑叫絕。

我倆在傷亡慘重的戰爭中終於打了一場勝仗。

我們終於在愛荷華河邊小山上一幢胭脂紅樓裡有了一個家。我愛柳樹，Paul 在屋前種了一棵柳樹，柳條飄拂窗前，隱隱約約透著愛荷華河的水光。山頂一棵百年橡樹，圓圓一大蓬葉子，Paul 用粗麻繩和木板做了個鞦韆，吊在粗壯的橡樹枝椏上。坐在鞦韆上盪上去，上有藍天，下有流水。園子邊上一大片樹林，迤邐到後面的山谷緊底，山谷裡小鹿、兔子、浣熊、松鼠就在我們園子遊蕩。每天早晚，風雪無阻，Paul 到樹林邊上撒一溜鹿食，一面箜——箜——呼喚小鹿。我倆站在窗前，看著鹿一隻一隻昂首閒雅地從林中走出來，吃完鹿食，又回隱林中。有一隻瘸腿的小鹿，Paul 叫牠小瘸子，等其他的鹿走後，才孤零零地從林中走出來。Paul 就會說：啊，我的小瘸子來了。匆匆到後園從桶裡掏一盆鹿食，撒到樹林邊上。我們每天開車去小雜貨店取過期的麵包。Paul 每天傍晚在後園逗浣熊在他手掌心啄麵包屑。

他在後園架了一個很大的鋼絲彈簧床，常常帶著小孫女Anthea 在上面蹦蹦跳跳、翻筋斗。四個大風鈴吊在紅樓四角，一陣風撩來，叮叮噹噹，此起彼落。木樓繞了一溜胭脂紅陽台，一大蓬楓葉罩在陽台上。秋天楓葉紅了，小樓紅得更亮了。

紅樓古銅門牌上兩個黑色宋體字：安寓，和Paul 的姓ENGLE 並列著。

每天早上我起床時，Paul 已經撤了鹿食，做好了咖啡，坐在臨河長窗前的沙發上看報，看到我走出臥房，連忙起身到廚房為我倒咖啡。我們面對鹿園，喝著濃郁的咖啡，看著三三兩兩的鹿在園子裡遊蕩，天南地北，無所不談。他的書房在樓上，我的書房在樓下，都對著愛荷華河——地球兩端不同的兩個世界，卻在一條風情柔美的河上相聚。我們在各自的天地裡，互不干擾。我會突然叫 Paul——，長長一聲。他也會突然叫華苓——，也是長長一聲。無論在哪兒，我們永遠那麼尋尋覓覓地叫著。

他寫英文，我寫中文。他知道我的母語就是我要抓住的根，他尊重我的這份堅持。他常常笑著對人說：我永遠用一根手指頭，在一架老古董打字機上敲打。華苓寫作用電腦，用電腦寫中文呀！她在鍵盤上敲敲打打，一個一個複雜的小圖畫就跳出來了！神妙極了！

哪有那麼神妙？Paul 認為我神妙，我就很得意了。

我的書房對著愛荷華河，河邊一溜柳樹，那就是我的江南。Paul 為我在書桌旁安了一面長鏡，對著一大片落地窗，映出另一個江南。我和 Paul 在一起，在他家園裡兩個江南之間，非常滿足。Paul 知道我在他的家園裡，滿心感激。

我們倆都喜歡人。形形色色的人。從白宮到小雜貨店，都有我們的朋友。石礦工人、農夫、詩人、小說家、演員、藝術家、音樂家、加油站工人、科學家、雜貨店老闆。我們還有一個共同愛好——語言。我們共同欣賞好文好詩，也把語言當遊戲，像打乒乓球一樣，砰，砰，砰，砰，一定要戰勝對方。

我說：在別人面前，我的嘴不快，只有在你面前，我的嘴特快。

Paul 很得意地說：我給了妳智慧。

我的智慧全浪費在妳身上了。我馬上回一句。

我們也喜歡談話。舊事，心事，人事，世事，國事，家事，公事，閒事，文墨事，無所不談。和他談話，是一種享受，和他鬥嘴，也是一種享受。

我這輩子恍如三生三世——大陸，台灣，愛荷華，幾乎全是在水上度過的。長江，嘉陵江，愛荷華河。**Paul**和我各自經歷了人世滄桑，浮沉得失，在這鹿園的紅樓中，對失去的有深情的回憶，對眼前無限好的夕陽有說不盡的留戀。

我倆和女兒們

我兩個女兒薇薇和藍藍在台灣出生。成長期間，她們的爸爸在外十一年——韓戰期間在日本盟軍總部做翻譯工作三年，他英文和日文都很好，一九五七年到美國進修。兩個女兒都是我母親撫養的。

母親和兩個女兒是我在台灣十五年生活的支柱。現在回想起來，那時的《自由中國》，以及當時我所感受到的恐懼和對自由的渴望，對她們都有影響，雖然她們那時似乎懵然無知。

詩人商禽說：兩個女兒各有聶華苓一半。兩個人又各自發揮到極致。

兩個女兒小時在台灣都學鋼琴和舞蹈。來來往往都是文化界的朋友。那樣的環境就隱隱約約為兩個女兒打下了她們成長的基礎。

我一九六四年從台灣來愛荷華。她們寄住妹妹月珍家。我為她們辦理來美手續，頗費周折。正路不同意，簽證也困難。房間放著兩個女兒的照片，看著想念，不看更想念。她們終於在一九六五年成行。那是我到愛荷華後最高興的一刻。

Paul 和我一同去飛機場接她們。我看著她們走下飛機，眼淚不住地流。Paul 在我耳邊說：妳們母女團聚，我很感動。藍藍捧著籃球下飛機，悶悶不樂，因為捨不得台灣和那兒的朋友。薇薇卻歡歡喜喜來到美國。藍藍愛動，薇薇愛靜。藍藍重情，薇薇重理性。兩個十四、五歲的女孩子，從她們踏上愛荷華的土地那一刻起，就在兩種文化之間，兩個民族傳統之間掙扎，適應，成長。

Paul 帶她們去郊外種花，游泳，划船，帶著她們到外地去玩，教她們爆玉米花，開車帶她們去州府笛茉茵看全州農業展覽。安迪・威廉思（Andy Williams）出生於愛荷華，那時他已紅得發紫，一曲《月亮河》唱得年輕人瘋狂。一九六五年的愛荷華農業展覽會特請他來演唱。兩個女兒在台灣就喜歡他的歌。現在，要看到聽到安迪・威廉思了，非常興奮。那天，Paul開車帶我們去笛茉茵，還帶上一個破舊照相機，他要照下兩個中國女孩在美國農業展覽會上的快樂。那是我第一次看見他照相，也是二十幾年我看見他少有的一次。她們在車中唱歌，當然是中國歌，他也愛聽，大叫好。藍藍常聽他說：It's fun！（很好玩！）我們在愛荷華田間行駛，唱歌，大笑，她說了一句：It's fun！他也大叫好。愛荷華是農業州，每年夏天的農業展覽會是州裡一件盛事，一連三四天，展示豬、牛、羊、馬各種農場動物和農耕機器，五顏六色的帳篷下展示各種不同類型的農產品和手工藝品，也有各種各樣的競賽，如4H是年輕人所飼養的農場動物的競賽。也有歌唱和舞蹈表演。人山人海，幾乎都是農人。

我們母女三個城市人，對那種場合很陌生，但是兩個女兒要聽安迪・威廉思唱歌。我們只好閒逛，等待安迪・威廉思上台。一個高大的美國人，帶著一個中國女人，兩個中國小女孩，在豬馬牛羊之間東張西望。大概當地人從來沒有見過這樣奇怪的一夥人。

Paul突然大叫：多好看的羽毛帽子！他帶著我們走過去，要我們母女三人各選一頂。我們一戴上，他就說：別動！我給妳們照像！

我戴著雪白羽帽，薇薇戴著翠綠羽帽，藍藍戴著菊紅羽帽。

一個農夫模樣的人站在一旁好奇地看著，指著我們對Paul說：你帶她們來這兒表演嗎？什麼節目？

Paul大笑：中國表演！頂好的！

現在，四十年了，那頂雪白羽帽還珍藏在我衣櫥裡。每次看到，我就聽到Paul得意的笑聲。

他要我母女三人快樂。

他也關心她們的問題。藍藍第一天去上學，哭哭啼啼，就是他帶著她去的。她讀初中三年級。他要老師特別照顧那個中國小女孩。那時這兒沒有很多外國人。他教兩個女兒做爆玉米花。一九六五那年秋天，

Paul去歐洲。臨走前夕，藍藍深夜在廚房，我不知她在幹什麼。第二天早上她上學以後，我發現廚房桌上有一包她做的爆玉米花，照著Paul教她那樣爆的玉米花，還留下一封英文短信，那時她學英文不久。她寫著：

親愛的Mr. Engle，我給你做爆玉米花。你回來了，我的英文會好一些——藍藍。

第二天她放學回家，知道Mr. Engle已經走了，哭了起來。

Paul說他在飛機上看著她簡單幾句英文，手拿一小包爆玉米，一顆也沒吃。

Paul在歐洲也想到我兩個女兒，給她們寄好看的明信片。薇薇給他寫信。他說她寫得好。

「美國文學藝術委員會」在紐約開會，他黑夜在翻修的街上摔傷腳踝，飛回愛荷華，一瘸一瘸走下飛機，一手提著打字機，一手提著一個小鳥籠，一隻紅豔豔的小鳥憩在籠裡，原來是個音樂盒。小鳥兒會在籠裡播出音樂。兩個女兒掛在她們臥房裡，多年以後，掛在藍藍女兒Anthea臥房裡。

藍藍很快就適應了美國的生活。在高中登台表演盛行一時的「南太平洋」輕歌劇。Paul看著她領著足球賽的啦啦隊入場，感動得流淚，一面說：藍藍適應到今天，真不容易！

藍藍有什麼問題，直接去找他談。從不找我。

我和Paul結婚前，我對兩個女兒談起。她們說：Mr. Engle是個好爸爸。姊妹倆開車送我去法院公證結婚。

她們笑說：我們送媽媽去出嫁。

薇薇說：我們叫他老爹吧。

我告訴Paul他是兩個女兒的老爹了。

老爹是什麼意思？他問。

Old Pa。

他仍然不懂那是對父親親熱的稱呼。

她們叫我老娘呀。我說。

他又問：那是什麼意思？

Old Ma。

他還是不懂為什麼要加個老字。既然我接受了，他也就接受了。

藍藍從小就喜歡舞蹈，從沒放棄。Paul鼓勵她，她表演，他必在場。多年以後，藍藍全心全力獻身舞蹈，他為她寫了一組舞蹈的詩：舞的意象。

首頁寫著：

獻給藍藍——

我們的女兒，她就是舞蹈

> 當你舞過流動的空氣，我們就知道
> 整個地球在你旋轉的腳下旋轉。

藍藍將他一組詩〈我到處行走〉之中一首〈門〉編成舞蹈，她獨舞演出人的無奈，迷惘。

我到處行走

握著一扇門。

四面八方都可打開。
無論何時我進去，
輕輕用鑰匙開門，
鑰匙像撒謊人的舌頭，
一扭就無聲打開了。
沒有那鑰匙我就必須扔掉那扇門。

有時我聽見門內嚎叫，
從沒發現那兒有狗。

有時我聽見哭泣，
從沒發現那兒有女人。

有時我聽見雨聲，
那兒並沒有一點兒潮濕

有時我聞著火焰味
從沒煙子，也沒什麼燃燒著。

有時我敲敲門，
鑰匙輕撫門鎖。
我從沒感到自己在那兒。

有時那門挺不住了，
要溜走，
載不了它鉸鏈的記憶。

我聽見一個微小的聲音，又一次
我將耐心的鑰匙插進鎖裡。
門顫抖著打開了：

一個男孩的影子待在光禿的地上。
我正要關上門，
那黑影的手向我伸來。
我砰的一下關了門。

藍藍演出的〈門〉，最後一大扇閉著的門砰的一下落下了，關閉了整個舞台。

薇薇來美國時，英文已有根柢，對美國有新鮮感，讀中學就開始在餐館打工，打工到深夜，Paul有時開車接她回家。她將紅色圍裙小兜裡的小錢幣嘩啦一下倒在桌上。至今我還珍惜地保存著那紅色小圍裙。

她在愛荷華大學畢業以後，一直到她在威斯康辛大學拿到東方研究系的博士，都是她自力完成的。

一九八三年秋，Paul耳痛劇烈，又經一個醫生誤診，最嚴重的時候，痛得大叫。最後，愛荷華大學耳科名醫麥克布（Brian McCabe）診斷為後腦炎，擔心病毒感染，要他第二天立刻住院開刀。

那晚，藍藍和九歲的Anthea來看他。

Paul一陣陣劇痛，抱著我哭，一面說：華苓，妳知道我要說什麼？他兩眼炯炯，閃著淚水。妳要知道我多愛妳，愛薇薇，藍藍，Anthea。妳們給了我很大的支持。華苓，假若我出了什麼事，妳應該過一個很好的生活……

不可能！不可能！沒有你，我不可能有很好的生活，我淌著淚說。

腦子動過手術以後，我也許變成白痴。就別管我了。Anthea，過來！他拉著她的手說：我要妳，妳媽媽，一切都很好很好。我非常愛妳。

Anthea說：我愛你。她也哭了。

他兩手捧著我的臉撫摸，溫柔地望著我，彷彿是望最後一眼。

藍藍回家後，就給薇薇電話。她立刻回來了。那時她在威斯康辛大學讀博士學位。

第二天，我三代人，還有陳映真和姪兒談剛毅，一同送Paul去醫院。

一九九一年，Paul突然撒手而去，沒能留下一句話。早在一九八三年，他就留下了。

薇薇獨立，有主見，條理分明，可信可靠，絕不泛泛交友，但你若成了她的朋友，她就忠心耿耿。她幽默透著點兒刺。爽直得叫人哭笑不得。瘂弦遠道帶給她一件精心挑選的禮物，她退還給他說：王叔叔，這個我用不著。

一九六七年，「國際寫作計畫」開始的第一年，有位德國作家來愛荷華。我和Paul去機場接他，發現還有一個年輕德國人Klaus Rupprecht，而且，沒有住處。Paul就安頓他和那位德國作家住在一個公寓裡。

我們每次請外國作家，也邀請他。過了一陣子，發現他約會薇薇了，那時她還是個讀高中的女孩子。我可緊張了。他約她出去跳舞，我規定薇薇必須在午夜前回家。Klaus 感冒，薇薇送蛋炒飯給他。我說：將飯放在門口，別進他的房。

Klaus 得到一個基金會的獎學金，來愛荷華大學法律系一年。法律系在他住處的河對面。冰天雪地，他每天來回都得在寒風中走過冰凍河上的橋。Paul 問他有沒有帽子。他說沒有。Paul 將自己的毛線帽給他說：別凍著了。學年結束了，他將回德國，去辦公室向 Paul 告別，沒看見他。帽子放還在他書桌上，留下短箋，謝謝那毛線帽給他的溫暖。

從那以後，他有時在暑假來愛荷華，或是薇薇用她工作賺的錢去圖賓根。Klaus 在圖賓根大學拿到法律博士以後，一九七四年夏天，他們在愛荷華結婚，婚禮就在莫札特的笛聲中，在鹿園舉行。婚禮結束後，至親好友都進屋了。Klaus 敲了一下酒櫃上的小鐘，他要講幾句話。

首先他稱呼 Paul 一聲岳父：我要感謝我的岳父。初到愛荷華那年，天寒地凍，他給我溫暖的帽子。我永遠忘不了那份恩情……。

他考進德國外交部，從此加深了他的中國情，在北京的德國大使館工作兩任，一共八年。他和薇薇認識很多中國作家。丁玲曾笑著對我說：華苓呀，妳把妳的女兒、女婿給我吧！一九八六年，Klaus 在北京第一任結束回德，正值丁玲在醫院病危，他們臨走前去看她，她已不省人事了。

薇薇因為 Klaus 流動性的外交工作，也就不能在任何地方的學校長久教下去，也不能常回家，現在多倫多大學教中國語言和中國當代文學，也正是 Klaus 在多倫多任德國總領事。她喜歡去北京，在北京有很多朋友，她說中國話還帶點兒京腔。她說：在中國他們認為我是美國人，在美國他們認為我是中國人，現在我知道，我是在美國的中國人。她七〇年代研究張恨水，那時張恨水在中國還沒平反。後來研究汪曾祺。

他們的兒子Christoph在愛荷華出生。無論他們在哪兒，每年都會回來住一陣子。Paul喜歡逗他玩。他兩三歲，晚上睡覺時候到了，他還在小床上蹦蹦跳跳，Paul說：你怎麼還不睡覺？他說：我太快活了，不睡覺。Paul大笑，認為那是至理名言。他教他游泳。一九九〇年，小傢伙要回來了，Paul半夜突然從床上跳起來說：我到游泳池去放水！小傢伙明天來。我說：算了吧，黑夜看不清，你可不能摔跤。他說：為了那小傢伙，無論什麼事，我都要為他做！那是Paul最後一次教他游泳。一九九一年，Paul就走了。多少年了，Christoph每次回來一進屋，就直奔樓上，看看四周，老樣子，好像就放心了——愛荷華河仍然靜靜地流，後園的鹿仍然昂首閒閒從林中走出來，牆壁上世界不同地區的面具仍然寂靜地望著他，黑色壁爐上鑲嵌採石的白玉盤仍然是這個家穩定的重心。

藍藍的第一次婚姻留下美麗的Anthea。

有一天，小Anthea打電話來對Paul說：急救！快！快！什麼事？Paul驚惶地問。

我沒牛奶了。

Paul哈哈大笑，馬上買牛奶送去給她。

她兩三歲Paul就給她唸故事。有一次，我偶爾將他對她念書的情景錄了音。她大學畢業時，Paul已故。我將錄音帶送給她做畢業禮物。她聽著錄音哭了，說那是我給她的最好的禮物。Paul在殯儀館蓋棺前，Anthea要獨自對他講話，不要任何人站在旁邊。不知道她對他講了什麼。

藍藍第二次婚姻留給我一個朋友李歐梵。Paul去後，歐梵給我很大的支持，他陪我去向Paul告別，我們同聲哭出。他幫我整理Paul成堆成堆的文件，編輯他的稿件出版。在我一生最痛苦的時候，他站在我身旁。

藍藍呢？整個人投身舞蹈——編舞，教舞，傾盡全力促進中美舞蹈交流。Paul一定會點頭微笑。她提到「我爸爸」，有人問：哪一個？她說：Paul Engle。

那是理所當然的事，還用得著問嗎？

我的兩個女兒，藍藍美國化，比我還美國。薇薇中國化，比我還中國。

我們是三個不同的個人了。世界本來就應該是這樣的。

我家的彩虹

朱晶嬉說：我一進妳家，就要大叫。

我說：妳一進我家，就有了色彩。

她是我家的彩虹。

一九七一秋天，我和Paul在家有個雞尾酒會，歡迎「國際寫作計畫」抵達愛荷華的各國作家。Paul說有位韓裔藝術家朱晶嬉（Chunghi Choo），在愛荷華大學藝術學院教金屬藝術。我們也邀請了她。

她一抹黑亮的長髮，見面深深鞠躬，簡直就是一位嫻淑的高麗女子。但她那一身彩幻如雲的長衫，既東方，也西方，也很現代。那就是朱晶嬉，也就是她的藝術，

她那個人的色彩，她藝術的色彩，豐富我家的生活，有三十幾年了。

她不是平靜地有條有理講故事的那種人，對於人和事，她只有感性。她的身世，我也只是零零星星聽她講起而拚湊起來的。

她祖父非常富有，父親那一代逐漸衰落，但仍然是殷實之家。小時上學有汽車接送，但她老遠就下車步行到校，不願同學看到她家境特殊。父親喜愛音樂，從小就浸潤在音樂中。她幼年喪母。繼母對她姊弟三人冷酷無情，父親偏袒妻子。她在韓國梨花女子大學讀東方藝術，並修中國書法。畢業後來到美國，身無分文，父親寄她一大筆錢，她退還給他。憑她藝術才華讀完美國著名的格蘭布露克藝術學院（Cranbrook Academy of Art），一九六八年來愛荷華大學藝術學院教學至今。

認識她這麼久了，她每有一位男友，就帶到我們家，介紹給我和Paul。她有過不少男友，可能同時和

幾個人交往。她笑說：荷爾蒙太多了。每次和男友有問題，就到我們家來訴苦。甚至深夜，她可能打電話來說：我要馬上來和你們談談。但她很少聽取意見。故態復萌，反反覆覆。碰上男人，她就迷了竅。我和Paul 認為不配她的男人，她也愛得死去活來。一個風姿灼灼的女子就這樣浪費了青春。她的結論是：這是命。

她很迷信，相信前生和來世。見人就問：你是什麼星座？她會講出你的性格，你的未來，宛如一個星象家。

她說：華苓，妳這水瓶座，有理想，喜歡人，也喜歡孤獨，著重藝術形式，我這雙子座和水瓶座很投合。

妳和Paul那個天秤座呢？我問。

他是座大山，愛人，愛美，幫助人，重道義。我們也很投合。

我笑說：Paul，我不在了，你就娶朱晶嬉吧！

我們三人在一起，總是很快活的。毫無顧忌，毫無遮掩。

她跑到我們臥房，大叫：這麼小的床，兩個人怎麼睡呀？

Paul 笑說：我們不需要大床。

不行！不行！睡覺一定要舒服！走！我和你們一道去買張國王號的大床！

我們終於折衷，買了張王后號的中型床。

她仍不滿足，買綢子，找裁縫，為我們做了綢床單，還幫我們鋪在床上，好像往日福壽雙全的人為新娘布置新房。綢子滑來溜去。我們不習慣，偷偷換回原來的布床單。二十幾年了，她那白綢床單至今藏在我衣櫥裡。她也從來沒過問。

她想造一棟自己的房子。我和Paul 要給她一塊地，在我家山坡上。但她在郊外另看中了一塊地，向東的山坡，對著不斷變色的滿谷綠葉，可看日出，可看新月，可看行雲。她說尤其重要的，那地風水好。她要我和Paul去看看。我們當然叫好。於是她自己設計。一棟小巧的房子，走進去突然開闊明亮起來。進門只見一片縷花纖雲白紗屏簾，隱隱約約顯出另一邊乳白客廳，轉身進去，長長一幅絲綢蠟染雲彩迎面撲來。雲彩映著陽光燦爛的玻璃長窗。四面圓溜溜的乳白咖啡几上，幾枝素蘭裊裊婷婷，獨立在那一叢紅葉似的花缽中。櫥櫃三層斜疊的玻璃門，映出你三重幻影。

朱晶嬉搬進新房子，大宴賓客。Paul穿了一件寬大的白綢襯衫。我在杭州買的雲紋白綢，在香港給他做了一件襯衫。他歡歡喜喜穿上，走起來隨風似地飄蕩蕩。Paul從白紗屏外走進明亮的客廳，朱晶嬉在滿屋的客人中突然大叫：Paul，你很性感！叫得他神采飛揚。

她在我家吃飯，像鄉下農民弓起兩腿坐著，吃到喜歡的菜，故意咋咋出聲，一面說：只有在你們家，我才敢這麼放肆。

她自己設計服裝。質料，色彩，式樣，結合成現代派的作品。這兒鼓出，那兒縮小，配戴著奇形怪狀的大項圈，只有她才能那麼打扮，才叫人驚豔。宴會上她永遠是魅力耀眼的女人。你在校園或街上，有時突然聽到有人對你大叫，乍看好像是街頭的無業遊民。原來是朱晶嬉。她蓬著一頭亂髮，穿著寬大的褪色舊毛衣，褪色的舊長褲，也許是舊貨店的便宜貨。

她說她上一代是中國人，見到她喜歡的中國男作家，就會說：我要嫁給他！瘂弦，陳映真，白先勇，蔣勳，林懷民，鄭愁予等等，一個又一個，她都要嫁！

她喜歡烹飪，法國菜、義大利菜、西班牙菜、韓國菜、中國菜、日本菜……她全會做。但她總會變些花樣，結果，就是朱晶嬉菜。每個菜有不同的點綴，不同的設計，花草全用上了。每個座位必有琉璃小瓶叉著新摘的小花，即令臨時叫我去吃飯，座位面前也有鮮麗的小花。她的烹飪就是藝術，每一道菜，展示不同的色彩和形式。

她對外在世界沒有興趣。她看電視，只是看烹飪電台。朋友在她家吃飯，談論時事，她寧可在廚房擺弄菜盤上的裝飾。然後，端著一大盤精心烹飪而又別出心裁裝飾的菜出來，大叫一聲：綠化的！沒有鹽！沒有糖！

糖和鹽都對健康有害，她一再警告我們。她的菜越來越「健康」，吃的人越來越安靜。但是，我們都會對她擺上桌的每一道菜大叫：美極了！簡直就是藝術品！

她對時事毫沒興趣，常要我告訴她世界上發生了什麼事。我大致講一下。她佩服得很，大聲對我叫：妳聰明絕頂！

她對美國政治茫然無知。但她本能地，而且熱誠地，每次必投票支持民主黨。問她為什麼，她說：民主黨的人看起來叫人喜歡。

她對我談到死亡無數遍了：我一定短命。基因不好。媽媽三十幾歲就死了。我一定會得糖尿病。我死的時候，不要任何人看到我。不要任何人知道，不要任何儀式。遺囑裡都說明了。我就悄悄死去。骨灰灑在大海裡。

沒人知道妳死了，誰去大海撒妳骨灰呢？我問。

她至今沒給我回答。

她走起路來，可說健步如飛，說起話來，聲音響亮。一件一件金屬雕塑，都是她雙手琢磨出來的。一件一件驚人的作品，不聲不響地展示出來。現在，她已六十七了，仍然說她要短命。仍然不斷創造奇妙的藝術。

我家三代，不論任何星座，她都待如家人。稱呼我們「我的家人」。我們每個人的喜憂，也是她的喜憂。外孫女Anthea的男朋友，一個又一個，她都要看看。外孫Christoph叫她乾媽，一年年長大，一年年給他的禮物，從嬰兒的小撥浪鼓，逐漸變化到知識性的禮物。他進大學那年，她送給他克林頓總統自傳。

後來，禮物沒法升格了，乾脆塞給他一個紅包。

她和我一家人悲喜同共。一九八七年耶誕節前，藍藍和李歐梵結婚。他們在法院公證後，我們在家招待兩家至親好友。我特別請了一個廚子，在我家後園雪地搭起大鍋大火炒菜，壁爐裡的火光歡喜地跳躍。香檳酒一瓶一瓶啪啪噴出。外交官的德國女婿Klaus炫耀他的中文，講到Paul時，問歐梵怎麼說「Father-in-law」，大教授李歐梵醉醺醺地告訴他：丈母爺！一向沉靜的華桐笑得前仰後合，將酒一仰而盡。鄭愁予醉得要親吻每個人。滿屋喜氣洋洋。三歲的Christoph在大人中鑽來鑽去，大聲說：我要結婚！滿場大笑。Paul說：你去敲鐘，對客人宣布吃飯吧！那沉重的銅鐘掛在壁爐台上，小傢伙不知道如何敲打。Paul牽著他的小手拿起銅錘。小人敲鐘說：吃飯吧！朱晶嬉不住地說：美極了！美極了！她淌了一臉眼淚。

Paul在機場突然倒下。她哭著為他辦喪事。追悼會那天，她要我在頭髮上戴一朵白花。我說：他不在了，看不到了，不必戴花了。她將花插在我衣襟上，突然哭出聲來。我已麻木無淚。墓地，墓碑，都是她和我母女三人一同奔走選定的。

Paul每年的生日，和他生前一樣，她必做一個他喜歡吃的義大利蛋糕，手捧一束鮮花，和我一同到墓園去。我帶著他喜歡的秋海棠，和一大杯威士忌。我們一同清洗墓碑，將花擺在墓前，我將威士忌一滴一滴灑在墓上，一面對Paul說話，就和他生前一樣，告訴他家中每個人的情況。朱晶嬉接著對他說話，告訴他我很健康，生活很好，要他放心。最近出版的書，她堅持燒一本給他。《三生三世》那本厚書，我和她一頁一頁地燒，燒了好一陣子。

Paul和派克（Gregory Peck）在六〇年代同時應約翰遜總統之邀參加美國第一屆「美國文學藝術委員會」。兩人都是美國上一代的古典人物，相處六年，共同討論如何促進美國文學和藝術，成了好友。派克應邀來愛荷華演講。Paul已故去。他一下飛機就問我是否仍在愛荷華。我們匆匆見了一面，派克說Paul是他所認識的最詼諧的人。他夫婦倆臨走前在小城閒逛，突然有人迎面向他大叫：Paul Engle是我美國爸爸！原來是朱晶嬉。他們就在街上談起Paul。派克說他很懷念Paul。

她喜歡音樂，奏鳴曲、室內樂、歌劇、協奏曲，她全喜歡。她說音樂引誘她創作，引誘她開拓創新。她的作品是純美和內涵的結合。她早期的絲綢蠟染色彩富麗，豔光逼人。後期的作品是各種不同金屬雕塑，多半是銀白雕塑。寥寥的線條所表現的優美形式，隱含心靈的神悟，音樂的諧美，流水的蕩漾，女性的孤傲透著濛濛性感。你痴痴看著，慶幸你有那份純美的享受。

朱晶嬉從不談她的藝術成就。美國大都會博物館、美國現代藝術博物館、芝加哥藝術博物館、史密森（Smithsonian）博物館、法國羅浮宮博物館，以及丹麥、英國、德國的博物館，都收藏她的作品。她主持愛荷華大學藝術學院的金屬藝術創作坊，三十多年來，用她創造的特有的金屬藝術製作方式，教導出的許多出眾的學生，在當代美國藝術界已露頭角，得到重要的藝術獎。

朱晶嬉那個人，就是個情字。她對藝術，親人，至友，都是死而後已地奉獻她的情。

（二）那條小船

那條小船可容六七個人。我和Paul常帶兩個女兒到小船上去。他們游泳、滑水，我則開著小船在水上兜圈子。三生幾乎都是在水上度過的。但我從不游泳。Paul軟誘硬逼，我也不下水。他對我兩大憾事：不游泳，不要狗。

也就是在那條小船上，我突發奇想，對Paul說：何不在愛荷華大學你那原有的作家工作坊之外，再創辦一個國際性的寫作計畫？Paul支吾了幾句，用手摀著嘴，示意我別作聲，指著一隻梅花鹿在岸邊看著靜靜流去的愛荷華。其實是他當時無法立刻回答。

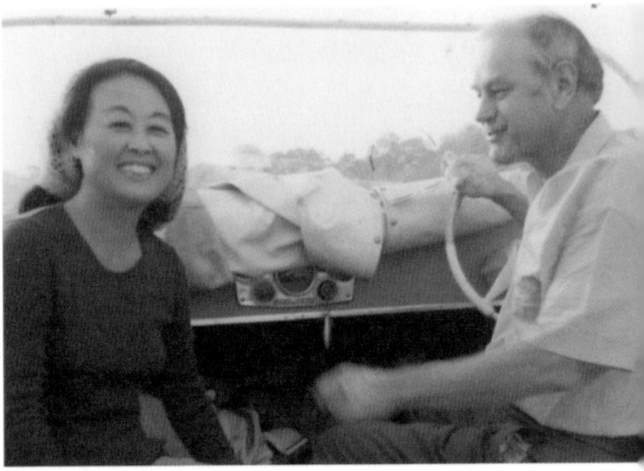

我和Paul有時拎著一籃食物和酒到船上去。沿河而上，停在一個寂靜的水灣。他跳下水游泳，我在一個小爐上烤玉米和牛肉片。杜松子酒一杯在手，無所不談。那條小船是我們的世外桃源，也有現世人景。

當年的作家工作坊。二次大戰遺留下來的鐵皮營房。Paul在1942年接掌愛荷華作家工作坊，將之發展成美國文學重鎮。余光中、葉維廉、白先勇、王文興、洪智惠、葉珊（楊牧），都是Paul在60年代從台灣選拔而來。Paul主持二十四年以後，1967年和我一同創立「國際寫作計畫」。

1960年左右，在愛荷華作家工作坊的作家：凱索（Verlin Cassill，右一）、安格爾（Paul Engle，右二），卜紀勵（Vance Boujailey，中）、史川（Mark Strand，左二）、凱禮（Edmund Keeley，左一）。他們在一起教小說、詩和翻譯，就和照片的影像一樣，宛如一件調和的雕塑。

1967年，愛荷華「國際寫作計畫」創立，只有十二位作家。約翰迪爾農業機械公司（John Deere Company）招待我們乘遊艇遊密西西比河。公司本部座落在伊利諾州的莫林（Moline）郊野，世界著名的芬蘭建築家薩瑞能（Eeor Saarinen）的設計，簡直就是一座現代藝術品。樓前湖水漣漪。我們就在那湖邊留影，其中有詩人瘂弦（右七）、安格爾（左一）、聶華苓（左三）。（1967）

田村隆一（Ryuichi Tamura，1967-1968），戰後日本詩壇重鎮。二次大戰中曾任日本海軍後備軍官。他會說的幾個英文字，在關鍵時刻都用得上，見面微笑鞠躬說：你OK？我OK！常常說：好！威士忌！好！我喜歡！他對日本年輕人就是下軍令了：去買酒！去洗衣服！去做飯！說的當然是日文。詩集《沒有語言的世界》是日本現代詩的里程碑。沒有語言的世界是正午的星球／我是垂直的／沒有語言的世界是正午的詩／我不能平躺。（1967，愛荷華）

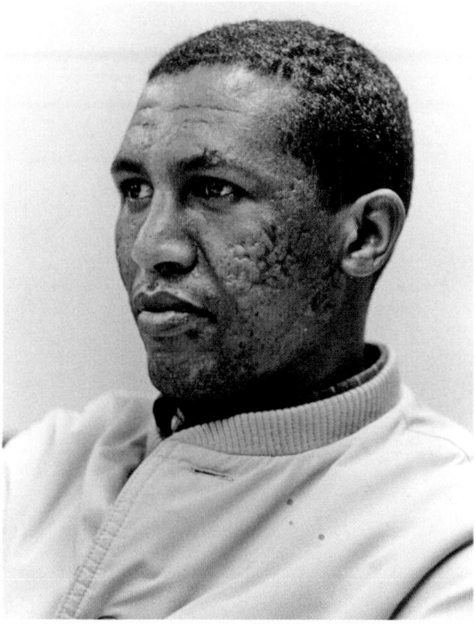

沃古（Daniachew Worku，1967-1968），埃塞俄比亞小說家，見到Paul，必深深一鞠躬，叫一聲Mr. Engle，拒絕直呼其名，理直氣壯地說：我們在埃塞俄比亞不能如此無禮。逐漸地，沒見沃古了。有人說他自己禁閉在小房裡，身邊日夜帶著槍。我和Paul去他住處。敲門好一陣子，他才打開門，看見我們倆，深深一鞠躬說：非常對不起！我給你們惹麻煩。我不敢出門，沒安全感。必須帶著槍。走到街上，有男人走過來，向我遞眼色，要我，要我……我們懂了，哈哈大笑。（1967，愛荷華）

戴天（1967-1968），香港詩人和專欄作家。在愛荷華和瘂弦（1966-1968）住在一棟小木樓裡。瘂弦住閣樓，沒有床，Paul買了床，一口氣扛了上去。戴天精於烹飪。兩人在閣樓擺宴款待我和Paul。戴天充當大廚，瘂弦是服務員，煞有介事。從來沒吃過那麼鮮美的白菜。（右一起：瘂弦、戴天、聶華苓、田村隆一、伊朗的臺海瑞、日本的倉橋由美子〔Yumiko Kurahashi〕、坦桑尼亞的巴浪基〔Peter Palangyo〕，巴拿馬的恩銳克〔Enrique Jaramillo-Levi〕。1967年，我們在芝加哥。）

臺海瑞（1967-1969），伊朗詩人（前右一），和我成了知心好友。她在愛荷華兩年，留下一則動人的愛情故事。羅馬尼亞小說家易法素克（1968-1969）非常愛她，她感到自己愛他時，他剛走了。阿根廷詩人柯然瑋（Elizabeth Azcona Cranwell，1967-1968，前左一）彈吉他，唱拉丁小調，聲音低沉透著磁性，一唱就停不了。你不聽了，她依舊唱下去。利比亞作家桑卡悟羅（Wilton Sankawulo，1967-1968，後左一）、安格爾（後右）、聶華苓（前中）。（1967，愛荷華）

1968年，波赫士（Jorge Luis Borges）和新婚妻子同訪愛荷華。我和Paul以及阿根廷詩人柯然瑋同赴歡迎他的宴會。他雖老，雖盲，雖弱，滿面光彩，五官清秀。走到他面前，還沒開口，他竟然感應到我是中國人，立刻站起來和我談話，談起他如何喜歡唐詩。他要我吟一首詩給他聽。我笑說不會吟詩，很單調無味地唸：春眠不覺曉，處處聞啼鳥，夜來風雨聲，花落知多少。他用西班牙文唸了一首阿根廷的詩，我雖不懂，情意可感。（1968，愛荷華）

葉厚朔（Avraham B. Yehoshua，1968-1969，右一）是第一位來愛荷華的以色列作家。1948年，以色列建國。1967年，以色列在「七日戰爭」中，打敗埃及、約旦和敘利亞的聯軍，葉厚朔那時正在以色列跳傘部隊中作戰。第二年，1968年，他來到愛荷華這小城生活了八個月。從戰火硝煙中來，沒有一點兒煙火氣，卻有歷經憂患的深沉，和年輕作家的敏銳。香港詩人溫健騮（1968-1970，右二）、波蘭作家卞考司基（Zhiegniew Bienkowski，1967-1969，左二）。（1968，愛荷華）

1968年，我和兩個女兒的家，小小紅磚房，很像聖誕卡上的畫。奧貝賴茲（Fermando Arbelaez，1968-1969，右二），哥倫比亞詩人，和香港的詩人溫健騮，同住五月花一套公寓，共用廚房。拉丁情人風流，中國小溫穩健，兩人飲食習慣也不同。水火不同。奧貝賴茲在討論會上講話，溫健騮一反彬彬有禮的君子作風，指著他猛烈攻擊。傳為笑談。奧貝賴茲的詩〈鍛煉〉，當時得到許多作家共鳴：一條魚／不知道／水是什麼。／最聰明的魚／回答：／假若你要知道／水是什麼／從水裡跳出去。（1968，愛荷華，聶華苓家）

1968年，詩人鄭愁予從台灣來愛荷華，一家人在愛荷華五年，和我們結下流靜水深的友情。孩子們喜歡Paul。帝娃、嫩娃看著他打瞌睡，彷彿看著一個大玩偶。他醒了，他們拍手大笑。於是，Paul又和他們嬉鬧起來。兩個小娃現已結婚生子，嫩娃家中仍然擺著他的相片。（1969，愛荷華）

鄭愁予（1968-1970）是現代詩的李白。瀟灑不羈，命可不要，可要寫詩，要娶美人，要喝美酒，要吃美食，要遊山玩水。酩酊大醉，照樣開車，還要開快車。梅芳那容顏如江南蓮花的女子，唱起中國小調，迷倒眾人。〈偶〉：不再流浪了，我不願做空間的歌者，／寧願是時間的石人。／然而，我又是宇宙的遊子，／地球你不需留我。／這土地我一方來，／將八方離去。（1969，愛荷華）

滿特阿怒（Aurel Dragos Munteanu，1970-1971），羅馬尼亞小說家。那年他二十九歲，已出版短篇小說集和長篇小說。1989年12月，齊奧塞斯庫政權開始崩潰，逃離首都布加勒斯特，滿特阿怒接掌仍由舊政權忠貞分子占領的全國電視台，影響很大。1990至1992年，出任羅馬尼亞駐聯合國常任代表。1992至1994年任羅馬尼亞駐美大使。我和Paul在1991年2月去紐約，和他夫婦在聯合國代表團一同晚餐。一個月以後，Paul就倒下了，他和妻子伊安娜（Ileana）特來愛荷華悼念。（1970，愛荷華）

黃樂奎（Huang Tong-gyu，1970-1971），韓國詩人，和日本詩人吉增剛造在愛荷華相逢，成了終生好友。1988年，「國際寫作計畫」慶祝二十週年，他們也一同回來。黃樂奎現是韓國重要詩人。喜歡遊歷。詩富於哲理，簡潔幹練，將日常枯燥的瞬間詩化成透明水晶。（1970，愛荷華）

古蒼梧（1970-1971）在愛荷華正好碰上我和Paul結婚，我拉著他跳舞。那是美國的激情時代——反越戰運動、人權運動、婦女運動。美日在1970年發表聯合公報，將琉球「歸還」日本，其中包括歷來屬於中國的釣魚島。因此掀起華人保釣運動。小古和小溫（溫健騮）將「國際寫作計畫」的一間辦公室「霸占」成保釣運動辦公室。溫健騮1974年鼻癌去世。古蒼梧曾任《盤古》、《八方》、《明報》編輯，出版多種詩集、文集。

彌則斯基（Artur Miedzyrzeck，和哈特薇格Julia Hartwig，1970-1971）兩夫婦都是波蘭重要詩人，哈特薇格翻譯法國詩人如阿泊立乃（Apollinaire）和韓波（Rimbaud）等現代詩鼻祖。彌則斯基寫詩和文學評論，幽默透著睿智。他在作家討論會上，談當時波蘭作家被壓制的處境。兩、三位年輕作家嘰嘰噥噥談個不停。他微笑對他們說：對不起，我擾亂你們嗎？滿堂大笑。他們倆回愛荷華多次，照片攝於1986年，中為聶華苓。

沃農迪夫婦（Okogbule Wonodi, Eunice, 1972-1973），尼日利亞詩人，曾在60年代初參加Paul主持的「愛荷華作家工作坊」。尼日利亞在1999年以前。有十六年之久，在獨裁政治和叛亂不安中。80年代，在愛荷華教小說的卜紀勵和幾位作家一同訪問尼日利亞，支持知識分子，到哈闊特港（Port-Harcourt），突然有人在人群中站出來，大聲說：我是從愛荷華回來的！1972年，他們夫婦又來愛荷華。（1972，愛荷華）

薩拉滿（Tomaz Salamun，1971-1972）是當今斯洛文尼亞重要詩人之一，詩被譯成多國文字。在他這近照中，我依稀看到三十五年前的薩拉滿。他來愛荷華時，只有三十歲，嬉皮透著歐式的儒雅。現在是世界性的詩人了。片語：你用針點水，／水變成泥漿。／用手指指樹，／樹燃燒起來了。／你用陰影分開兩條我。／打開愛情和死亡之門。

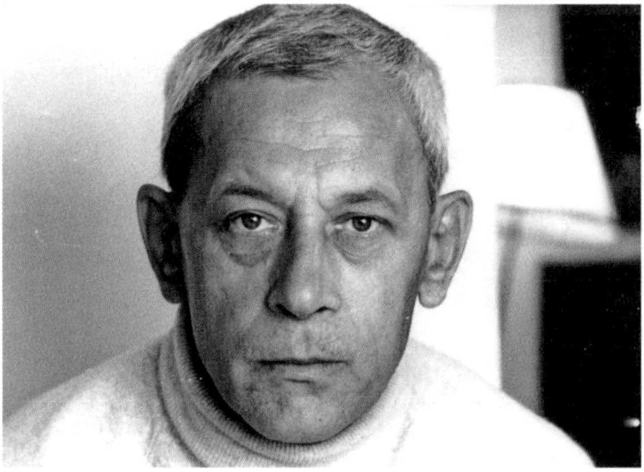

卜朗（Andrzej Braun，1973-1974），波蘭作家，60、70、80年代，波蘭來愛荷華的作家，是歐洲作家中最多的。1980年，波蘭經濟恐慌，日常生活必需品如牛奶也不易買到。Paul為此募款，給每位作家寄去大包食物。1990年團結工會領袖瓦勒薩（Lech Walesa）當選總統。1991年3月22日，我們去波蘭接受新政府文化部頒給我們的「國際文化獎」。Paul在芝加哥機場突然倒下。那年秋天，卜朗來美，特轉來愛荷華，在Paul墓前獻上鮮花。

默惕（U. R. Anantha Murthy，1974-1975），印度小說家。最有名的小說《葬禮》（*A Rite for a Dead Man*）拍成電影：拿然納帕（Nnranappa）住在一婆羅門教小村裡，但吃肉，喝酒，還有一個低層階級情婦香珏（Chandri），引起其他婆羅門教徒的憤怒和憎恨。他得瘟疫死後，沒人肯火葬他。香珏求救於一學者，他在婆羅門教經中，也找不出解決的辦法，反而誘姦香珏。罪惡感終於驅使他違反婆羅門教規，火葬拿然納帕。（1974，愛荷華）

靡少立（Oswald Mtshali，1974-1975）是來愛荷華的第一位南非作家。他一走進我們家，就對Paul說：這是我第一次走進白人的家。那時南非正在種族隔離期間。靡少立在愛荷華時，得到南非的英文文學獎（The English Academy of Southern Africa，Olive Schreiner Prize）。他的方言是祖魯語。回去後寫他的體驗：我在愛荷華那幾個月顯然是我生活中豐收的時期。可說是變化的季節。我對筆下的文字重新調整我的態度。我也對自己作為一個作家，比較有信心……（聶華苓，左；安格爾，中。1975）

巴哈銳（Sutardji Calzoum Bachri，1974-1975），印尼詩人（正中），印尼劇作家衛加亞（Putu Widjaya，其後），依布拉欣（Abdul Ghafar Ibrahim，馬來西亞，右一）和俄爾（U. Sam Oeur，柬埔寨，左一；聶華苓，左二；安格爾，右二）。巴哈銳自認他的教育來自生活，粗野狂放。他朗誦自己的詩，滿堂捧腹大笑：

一位在愛荷華的印尼紳士遙寄一包愛給雅加達的一位印尼淑女

有人送一束花給情人／有人送一包血給情人／有人送一包眼淚給情人／我送我的屌給我愛的人……

「國際寫作計畫」的三位詩人（1975-1976），也是畫家：南斯拉夫的易馬非（Ahmed Muhamed Immovic，左二）、南非的柯賴克（Peter Clarke，右二）、印度的齊崔（Dilip Chitre），一同在愛荷華舉行畫展。三個地區的詩人在愛荷華相聚，又都在一起開畫展。這個世界似乎好起來了。（1975，愛荷華）

白石嘉壽子（Kazuko Shiraishi，1976-1977），日本重要詩人之一。嬉皮卻又傳統，放蕩不羈，因為有顆佛心，春風撫人。她在愛荷華寫詩隔海遙祝女友生日，題目是〈陽具〉。她說：我寫詩的時候，並沒想到我是日本人，甚至沒想到我是東方人。但我寫了之後，再看一看所寫的，很驚訝發現我作品中的心靈和情感顯然是東方的。（1976，愛荷華）

狄彌奇（Momcilo Dimic，1977-1978），南斯拉夫小說家（右），我們叫他Moma。1988年，我和Paul去貝爾格萊德，參加他所主持的「流放與文學」國際討論會。會後從貝爾格萊德乘火車去布達佩斯。他送我們去車站，跑去訂座位。火車進站了，他喘著氣跑來。拖著我們的行李，拖進車艙，遞給我一包香蕉、麵包、餅乾、糖果、可樂、轉身將車窗推上去說：站在這兒！急急下車跑到車外的窗口。一聲又一聲珍重。火車開行了，他跟著火車跑，頻頻招手，模糊了，終於消失了。不，應該說，我和Paul終於消失了。（艾思特飛，左。1977，愛荷華）

艾思特飛（Patricio Esteve，1977-1978），阿根廷劇作家（左），和波蘭的葛婁法克（Janusz Glowacki），都是本國有名的劇作家。他們的一舉一動也具戲劇性：誇張，自嘲。那時葛婁法克的劇作在波蘭遭禁演，母親妻女都生活在恐懼中，他總是很焦灼的，卻透著黑色幽默。阿根廷的艾思特飛，瀟灑透著自嘲。1990年，我和Paul去阿根廷。離去時，一向瀟灑的艾思特飛淚眼汪汪，彷彿那就是永別了。果然。（1978，愛荷華）

特賴麗（Miriam Tlali，1978），南非小說家，在約翰尼斯堡出生，寫南非索園陀（Soweto）黑人分離區的前衛作家之一。70年代，南非種族隔離政策和黑人種族意識的覺醒，遂有南非的抗爭文學。特賴麗是該派文學的重要作家。小說《兩個世界之間》寫一個女人在黑白城市之間，以及非洲文化和歐洲文化之間所受的衝擊。該書當時遭查禁。（1978，愛荷華）

特賴麗和鷗凱（Atukwei Okai，加納，1978），和我們在韓明偉農場上。那一對美國農民，擁有一千多畝田地，主要是養豬。二、三十年來，每年必邀請作家們到他們農場上去。豬排、玉米、蔬菜、糕點，全出自他們的土地。女主人玫安近年多病，腦溢血、心臟開刀、高血壓，照樣每年秋天招待各國作家。妻子常年坐輪椅，十幾年來，每年歡迎和歡送作家的聚會，丈夫必定微笑著推著輪椅上的妻子來參加——黑土地上的愛情。（聶華苓，左；安格爾，後。1978，韓明偉農場）

謝畢克（Bert Schierbeek，1979，左），荷蘭小說家，詩人。他的作品是小說家的故事，詩人的語言，畫家的慧眼融合的結晶。美國詩人史密斯（William Jay Smith）說：假如他是用世界上較突出的語言，而不是用母語荷蘭文寫作，他早就是國際重量級作家了。二次大戰納粹占領荷蘭期間，曾辦地下報紙。80年代訪問中國，1986年出版詩集《蘇州亭園》。Paul和他以及希臘作家海安尼司（Argyis Hionis，右）在我們家開懷大笑。（1979，愛荷華）

1979年中美建交，蕭乾是第一位來愛荷華的中國作家。二次大戰期間，在歐洲戰場為《大公報》採訪。大戰結束後，採訪聯合國成立大會。1949年返國。50年代「反右」運動中，被打成右派，沉默多年。平反後來愛荷華。寫小說、散文、回憶錄。他和荷蘭作家謝畢克夫婦、東德作家柯海司（Wolfgang Kohlhaase，右二）、巴西作家馬廷思（Julio Ceasa Monteiro Martins，右一）、聶華苓（左三）在一起。（1979，愛荷華）

納奇（Agmes Nemes Nagy，1979），匈牙利重要詩人，和評論家丈夫冷葉（Balazs Lengyel）。匈牙利憂患重重，歷史、災患、戰亂、在那個小地區也就更濃縮。歷史的悲劇和個人的渴望，是他們深深感受的。問答：

——放手吧，旗杆！為什麼不讓風吹我？

——孤單單的，你就被風吹得粉碎。因為，你只不過是片飄帶，一片飄帶。

（1979，聶華苓家）

1980年，王蒙來愛荷華後說，他最希望的是學英文。他和羅馬尼亞作家巴雷達（George Balaita）在五月花同住一套公寓。一位專教外國人英語的尤安娜（Yoanna Starvoros）教他們兩位英文。90年代回愛荷華，用英文演講。1948年，王蒙十四歲就加入中國共產黨。1956年發表短篇小說〈組織部新來的年輕人〉，批評官僚主義。「反右」運動中，被劃為右派，在新疆生活十六年。平反後，小說、散文、評論等各類作品不斷湧現。1986年出任中國文化部長，1989年辭職。（1980，聶華苓家）

匈牙利作家宋立鷗（Goergy Somlyo，1981）和妻子安娜在愛荷華，是最有吸引力的一對人。儒雅的翩翩君子，兩鬢灑了幾點瀟灑的斑白，從不打領帶，閒閒搭一條絲巾。安娜明目皓齒，笑起來一臉春色。1988年，我和Paul在布達佩斯又見宋立鷗。夫婦已分手兩年了，安娜另有新歡。他說：我們在一起很快活。我最好的作品——詩、小說、文學評論，全是在那個時期寫的。他回憶愛荷華時，寫著：……我寫到此，就幻想我和安娜在愛荷華，就在那兒許多人的記憶中，我們倆仍然在一起。也許我會再回去。再看看愛荷華河中我倆的影子。（1981，愛荷華河上）

1981年，丁玲和陳明一同來到愛荷華。1931年，丈夫胡也頻被國民黨政府在上海槍決。1932年參加中國共產黨。1933年被國民黨逮捕，軟禁在南京。1936年秋逃離南京。到達陝北保安時，周恩來舉行盛大歡迎會。40年代末的長篇小說〈太陽照在桑乾河上〉，1951年獲史達林文學獎。1957年被劃為右派，流放北大荒八年。「文革」中被囚於北京秦城監獄。五年後出獄，到山西鄉村改造。1979年平反。1981年在愛荷華見到美國詩人墨文（W. S. Merwin）和桑塔格（Susan Sontag），三人牢牢結合在一起。（1981，愛荷華）

克麗斯汀娜（Cristina Pina，1982），阿根廷人，Paul與我、劉賓雁、印度女作家烏莎（Usha Subramaniam）、捷克作家柯然（Jaroslav Koran），六個人應邀去休士頓參觀太空中心，在四十三層樓上喝酒，看彩色燈光的夜景，去墨西哥灣吃海鮮。海鷗和大雁掠過海上，劉賓雁指著大雁說：那就是我，大雁要飛到阿根廷去找克麗斯汀娜。她大叫：劉賓雁！你一直很嚴肅！居然開我的玩笑了！克麗斯汀娜永遠在慶祝假日，慶祝生日，慶祝重聚，慶祝快樂，慶祝痛苦，慶祝煩惱。（1982，聶華苓家）

1982年，劉賓雁和妻子朱洪來愛荷華。（後立者是捷克作家柯然Jaroslav Koran，笑稱劉賓雁老大哥。）1956年發表〈橋梁工地上〉和〈本報內部消息〉，揭露批判官僚主義。1957年被劃成右派，1979年平反，發表〈人妖之間〉，從各種角度和觀點寫王守信那個貪污分子，以及貪污分子能夠存在和發展的土壤。劉賓雁對於「反右」運動和「文革」二十幾年的生活，從沒怨言。甚至慶幸自己被打成大右派。他說：「反右」以前，我是養尊處優的貴族。打成右派以後，我忽然被打到底層，我才有機會了解老百姓，才能從他們的立場來看問題。我被打成右派，還是很幸運的（聶華苓，右）。（1982，聶華苓家）

1983年，兩位年輕的女作家在愛荷華：芬蘭的白克冷（Marianne Backlen）和中國的王安憶，都是50年代出生的，都寫小說。白克冷是芬蘭的瑞典文作家。二十幾年以後，王安憶和白克冷各有成就。白克冷的長篇和短篇小說社會意識很強，特別強調不同的文化，不同的種族，以及貧富之間的衝突和演變。（1983，愛荷華）

王安憶在我家後園樹林中。她現已成為中國當代文學的重要作家之一，許多作品之中，小說《長恨歌》寫一個大時代變動中的小人物，周密的細節，結構出一幅大型畫面，整幅工筆畫隱喻人的無奈。（1983，愛荷華鹿園）

1984年，三個不同地區不同遭遇的作家——南非的馬樹思（James Matthews），寫詩和短篇小說，曾在1976年未經審判而坐牢。那時南非還在種族隔離期間。尼日利亞的瓦帕（Flora Mwapa），受過高等教育，是尼日利亞第一位女小說家，自信穩重，彷彿對馬樹思說：來！來跳舞吧！別那麼憂憤了。台灣的柏楊因「言」獲罪，於1968年在台灣被捕，當局以叛亂罪判刑十二年，1977年獲釋。他在愛荷華時，正將《資治通鑑》譯成現代語。晚上常到我家聊天。跳舞嗎？也來！（1984，愛荷華）

巴拓夫（Hanoch Bartov，1985，中），以色列小說家。很欣賞張賢亮的《綠化樹》，在討論會上，不談自己的作品，而談《綠化樹》。他說：作家有兩種，一種是沙漠中的象牙塔，另一種是樹林中的一棵樹，屬於整個樹林。在密西西比河遊艇上，他要和海峽兩岸的作家合照。馮驥才著作繪畫，都很精采，妙語如珠，對象常常是張賢亮。楊青矗因美麗島事件坐過牢。在愛荷華提著錄音機，獨自忙著訪問作家們，回台出版訪問錄。（1985，密西西比河上）

1957年，張賢亮因為〈大風歌〉這首長詩被劃為右派，在勞改營中度過多年。1979年平反。小說在80年代很轟動，包括〈習慣死亡〉、〈綠化樹〉、〈男人的一半是女人〉。1985年來愛荷華，正值中國批判精神污染。他接到幾次神祕電話，鼓勵他叛逃。惜別晚會上，他站起講話：……我藉此機會公開地用一個字來回答：不！……這次我到美國來，生活了三個月。我最大的感觸是深刻地認識到我的國家的落後與貧窮。文學的責任是促進進步。回國以後，我要繼續用我微弱的聲音對我國的社會進步做出一點貢獻……（1985，聶華苓家）

1985年，蘇聯詩人弗茲尼桑斯基（Andrei Voznesensky）在愛荷華朗誦。他說得一口好英語，但永遠用俄文朗誦。從他朗誦的韻律和節奏中，聽出他的詩所要表達的感情——憤怒、嘲諷、悲哀、壯烈、歡樂。他在愛荷華朗誦〈莫斯科的鐘聲〉，那鋪天蓋地的鐘聲令人震撼。吉增剛造又回來了，1978年來愛荷華的日本詩人吉原幸子（Sachiko Yoshihara）也回來了。

札科德（Boris Zakhoder，1986）是第一位來愛荷華的蘇聯作家。那年的東歐作家們，對他敬鬼神而遠之。他們都住在五月花，東歐作家們特別沉靜，好像在戒備什麼。印度小說家默慯（U. R. Anantha Murthy）又回愛荷華，對札科德所代表的蘇聯，特有興趣，夫婦倆與他合影。（1986，聶華苓家）

1987年，「國際寫作計畫」慶祝二十週年。當年許多來過愛荷華的作家又回愛荷華，歡聚一堂。麋歐希（Czeslaw Milosz）是我們多年的朋友，60年代和70年代的波蘭作家，多半是他推薦的。「國際寫作計畫」慶祝二十週年，他是理所當然的嘉賓。1980年得諾貝爾文學獎。（Paul主持慶祝會，麋歐希講話）

拿撒勒（Peter Nazareth，1973），烏干達作家，寫小說和文學評論。1971年阿敏（Idi Amin）取得政權，獨裁統治烏干達，殘害三十多萬人。拿撒勒於1973年春到耶魯做訪問學者，秋天和妻子瑪麗及兩個小女兒來愛荷華。我和Paul帶他們到那條小船上去，從此愛荷華就是他們的家了。小說包括《棕色披風》（*In a Brown Mantle*），隱喻烏干達非白也非黑的人，是隱蔽在披風中的棕色人。小說在烏干達出版九天以後，阿敏宣布驅逐亞洲人。評論文集包括《現代非洲文學與社會》（*Literature and Society in Modern Africa*）、《第三世界作家：他的社會責任》（*The Third World Writer: His Social Responsibility*）。拿撒勒在愛荷華大學教非洲文學，並為「國際寫作計畫顧問」。每年秋天作家們在愛荷華時，瑪麗幫助打理他們的生活，心細，心好，條理分明。三十多年來，是作家們的愛荷華母親。（拿撒勒夫婦和聶華苓攝於2003年）

愛爾蘭詩人恆尼（Seamus Heaney）應邀參加「國際寫作計畫」二十週年慶祝宴會。1995年得諾貝爾文學獎。（1987，恆尼和聶華苓在慶祝宴會上）

2000年，「國際寫作計畫」幾經波折，墨銳（Christopher Merrill）終於被選為「國際寫作計畫」主持人。墨銳是詩人、非小說類作家、文學評論家、並翻譯歐洲詩。曾任國家書卷獎（National Book Award）非小說類獎的評審。出版四本詩集，包括《水晶晶》（*Brilliant Water*）、《小心著火》（*Watch Fire*）。他許多詩透著自然運轉中的欲望和無奈，周而復始的意志，挫敗，希望，文集包括《古橋》（*Old Bridge*）、《第三次巴爾幹戰爭和難民時代》（*The Third Balkan War and the Age of the Refugee*）。《只剩釘子》（*Only the Nails Remain*）寫他在巴爾幹戰爭所見所聞，被評論家評為當代寫歐洲那一角多事地區的經典之作。近作《聖山之旅》（*Things of the Hidden God-Journey to the Holy Mountain*），是他在精神衰竭，戰火硝煙，現實的徬徨中，三訪希臘埃犖思聖山（Mount Athos）而得的感悟。此書於2005年獲希臘最具聲望的克銳埃沓思獎（Kostas Kyriazis Award）。（2000年秋，聶華苓在家歡迎墨銳和他小提琴家妻子梨颯）

愛荷華的秋天很美，來得突然。秋的金黃一點一滴，颼颼灑在樹梢。一天多一點，一天多一點，一天多一點。等得人著急。突然一下子，秋天忍不住了，轟的一下，一樹樹的金，一樹樹的紅，你一抬頭，也忍不住了，叫了起來：多美呀！那樣美的秋天很短，去得也突然。只消一夜風雨，就落葉滿地，留下光禿禿的枝椏了。冬天很長很冷，那倒叫人想起離別已久的北國風霜。一九四九年離開大陸後，在台灣十五年沒看到雪了。一九六四那年冬天，愛荷華第一場大雪，黑夜中，雪花鋪天蓋地紛紛撒下。我和幾個朋友在大街上踩著厚敦敦的白雪快活得大叫。稀稀落落幾個行人，看我們一眼，走過去了，白雪對於他們是嚴寒的來臨。春天姍姍來遲，你不惹它，它來撩你——清晨第一聲清亮的鳥叫，解凍冰河上閃爍的陽光，樹林裡悠悠蕩出的小鹿，喝愛荷華牛奶長大的姑娘紅潤的臉蛋，傍晚河上不忍退去的夕陽紅。夏天是年輕人的，好不容易等到這一天，衣服剝得不能再少了，書本蓋著眼，躺在河邊晒太陽。橋上的年輕人，有的孤單單地閒蕩，有的挾著筆記本匆匆趕去上課。河邊小路上踩著單車的年輕人在你身邊閃過去，對你說一聲嗨。

愛荷華這小城，春夏秋冬各展其特有的風情，只因為有了一條愛荷華河，流過大學校園，一直流進密西西比河。到愛荷華來的外國人，都要去看看馬克•吐溫的河。我到愛荷華不久，**Paul**興致勃勃開車帶我去看他的美洲大河。

我在橋上看著密西西比河，對**Paul**說：沒有長江滔滔大河的氣勢。

他大笑說：大沙文主義！這可是我們的大河呀！

我們有一條小船，可容六、七個人，停在珊瑚水壩。我們常常帶著兩個女兒到小船上去。他們游泳，**Paul**教她們滑水，我則開著小船在水上兜來兜去。還沒學開汽車我就會開船了，因為水的引誘。我愛水，溪水、湖水、江水、海水，全愛。但絕不游泳。**Paul**騎馬，打網球，游泳。他喜歡流水的柔潤和大浪的衝擊。那也就是他那個人。他想盡辦法逗我下水，說什麼我也不肯。他拗不過我，不斷地說：妳和我一道游泳，該多好。他愛狗，我怕狗。我們結婚前，他說要養一條狗。我說：你要狗？還是要我？我拒絕游泳和養狗，是他對我的兩大憾事。

我和Paul有時下午拎著一籃食物和酒到小船上去，沿河而上，停在一個寂靜的水灣，正好停在柳條飄蕩的蔭涼中。船上有個小炭爐。Paul生了火，給我倒一杯雪梨酒，給自己調好一杯杜松子酒，便跳下水游泳。水是泥色，但沒有泥，那是河底的黑土地。我看著他游泳，一面在爐火上烤薄紙一樣的牛肉片。他游完上船，喝一口杜松子酒，對我說：多好的生活！

我們一杯在手，無所不談。那條小船是我們的世外桃源，也有現世人景。

也就是在那條小船上，我突發奇想，對Paul說：何不創辦一個國際性的寫作計畫？

Paul說：妳真是想入非非。愛荷華大學瘋瘋癲癲的作家還不夠嗎？妳知道我怎麼拚過來的嗎？「愛荷華作家工作坊」剛開始的時候，阻力很大。我去校長的酒會，聽見一個教授說：所有的作家都應該用石頭綁起來，扔到大海去！Paul說著，大笑起來：妳知道嗎？不等他把我們扔進大海，我就把他一腳踢倒了。

就在那條小船上，愛荷華大學「國際寫作計畫」在一九六七年誕生了，現在已有一千多位作家從世界許多地區來過愛荷華。就從那條小船，我和Paul一同走過二十世紀的人景——歡樂，災難，死亡，生存。

I.

大江依然東流去

1978年，離開三十年後，又回故園。Paul、薇薇、藍藍同行，從九龍紅墈坐火車到羅湖橋。順著「往中國」的箭頭向前走。走到橋上，我站住了。回頭看看——好長好長一段路啊。

回到大江上。江水依然東流去，木船依然漂漂蕩蕩，江漢鐘樓依然矗立。崔灝吟嘆黃鶴樓：昔人已乘黃鶴去，此地空餘黃鶴樓。黃鶴一去不復返，白雲千載空悠悠。人已去了，現在，黃鶴樓也去了。仿造的黃鶴樓另在別處，無心去尋找。

1978年在北京，正碰上首都劇場上演郭沫若的《蔡文姬》，「文革」時曾停演，那年首次又回舞台，演員們爐火純青的演技，絢麗耀眼的服裝，美如古畫的布景。重回舞台的老演員朱琳扮演蔡文姬，演得絲絲入扣。那一切表現了藝術家復活的歡樂。台上的人，台下的人，都來慶祝。蔡文姬沉吟：回去呢？還是不回去？這就有戲了。也有詩了。蔡文姬寫下《胡笳十八拍》。

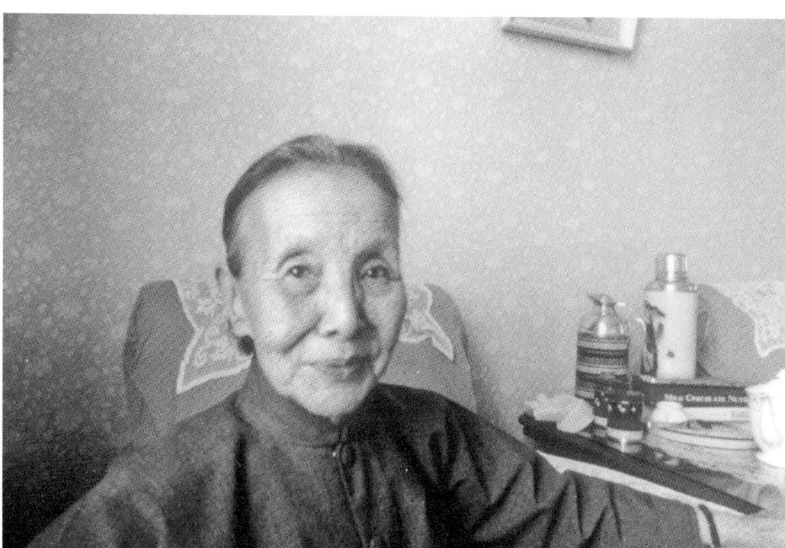

1978年，冰心是我們見到的第一位作家。她穿一件藏青毛料對襟夾襖，原料包扣，深灰毛料褲子。細緻的質料，合身的剪裁，穿在她身上，特別俊俏。頭髮利落地梳在耳後。她愛說：是嗎？尾音向上一揚，眼角嘴角輕輕一翹。她談到「文革」以後第一次文聯大會：我去了，見到很多老朋友。有的人殘廢了，有的人身體很弱，有的人拄著枴杖上台去講「文革」遭受的迫害。台上哭，台下也哭。

1978年，夏衍一見到我就問：雷震好嗎？他拄著枴杖在北京飯店客廳裡的椅子上坐下。我很驚奇，問他：您認識雷先生嗎？他說：1946年認識的。1949年，我在香港，託人帶信回去，要他不要離開大陸。他還是走了。夏衍被紅衛兵打成殘廢的腳，穿著一雙奇大的特製皮鞋，瘦小的身子，非常細緻敏感的臉，靜靜坐在那兒，關心海峽那邊受迫害的人。（夏衍和我們一家子，北京）

夏先生，我說，小時候就看過您編寫的電影，《上海二十四小時》、《自由神》、《壓歲錢》。抗戰時候，在重慶也看過您的舞台劇，《法西斯細菌》、《芳草天涯》。他微笑著說：我已經不是作家了，許多年不寫作了。那種淡泊有雷霆萬鈞的力量。（夏衍、安格爾、聶華苓，北京，1978）

1978年，也見到曹禺。抗戰時代戲劇蓬勃。我在重慶的中央大學，看到當時重慶紅極一時的話劇：《雷雨》、《日出》、《原野》、《北京人》、《蛻變》、《家》。曹禺說：我覺得我們最大的苦惱是，我們和外界差了一大截！誰也不知道誰了！我們被關起來了！並不一定是被關在監獄裡。將近七十年的歷程，在中國是一段漫——長，漫——長的歲月。（1978，北京）

1978年，在北京見到黃永玉和吳作人。吳作人一團渾樸元真。黃永玉色彩漫爛，連說帶笑為我們講了許多「黑」畫的故事，如閉一隻眼睜一隻眼的貓頭鷹，講得我們哈哈大笑。他自己也笑個不停。1991年Paul去後，黃永玉畫蓮題詩悼念，題為「蓮花說：我在水上漂蕩」。1995年我到香港，贈我一幅閉著雙眼的貓頭鷹，又贈我一大幅漂流的蓮花。幾朵白蓮漂在粉藍水上，色彩淡雅，畫面結構疏密有致。（1978，北京）

見到戴愛蓮（右一，藍藍居中），我回到年輕時光。抗戰期間她是我們的舞蹈偶像。一提到戴愛蓮，就會跳起她的《青春舞》。
……美麗小鳥飛去無蹤影，我的青春小鳥一樣不回來，我的青春小鳥一樣不回來，別的那喲喲，別的那喲喲……
（1978，北京）

1978，藍藍（右一）是第一個在北京舞蹈學院介紹現代舞的舞者，並做現代舞示範。從此將近三十年，她一直是中美舞蹈之間的橋梁。（白淑湘，右三；鍾潤良，右二。1978，北京）

蔡其矯是1978年見到的第一個詩人。他發光的臉上彷彿有歌聲。蔡其矯在1957年遭受攻擊的詩〈霧中漢水〉，我早在70年代在美國就讀了。1978年，我們在北京尋找艾青，他消失二十幾年了，不知道他在哪兒。蔡其矯為我們找到他。（1978，北京）

1957年，艾青被批判成右派分子。1961年，他右派分子的帽子摘掉了。但他作為詩人一直是沉默的。我在美國找到他30年代和40年代的詩來讀。如〈大堰河〉、〈北方〉。1978年到北京，第一個願望就是找艾青。我有個預感：艾青在北京。他1938年的詩就寫過：而我——這來自南方的旅客，卻愛這悲哀的北國啊。（1978，北京）

1978年那天下午，我們全家終於可以去看艾青了。在窄窄的胡同那一頭，艾青焦灼地在門口等待。他夫婦住在一間借來的小屋裡。我們一同到北海仿膳去吃晚飯。席上艾青舉杯說：我以為見不到你們了，但我相信我們會見到的。他的手有點兒顫抖。（艾青，前右一；薇薇，右二；蔡其矯，後左一；高瑛，後左二；安格爾，後右；聶華苓，前左。艾青家，北京，1978）

1979年中美建交。我和Paul在臨河陽台上喝酒，突發奇想：何不將兩岸三地的中國作家聚集在一起？1949年以後，三地作家第一次相聚。愛荷華金秋的「中國週末」，二十幾位中國作家聚集在愛荷華大學藝術館。我說：我們不是來交鋒，而是來交流，來互相了解，互相認識。今天不可能得到任何具體結論。我們現在這一刻在一起。那就是結論。（蕭乾，左二；許介昱，左一；周策縱，右二；陳若曦，右一。1979，愛荷華大學藝術館）

蕭乾1979年秋天來愛荷華，是中美建交後第一位來美國，也是第一位來「國際寫作計畫」的中國作家。「中國週末」，三地以及美國的中國作家，在愛荷華聚會，並討論中國文學。大家都很激動，感動。每個人都要抓著蕭乾談話，彷彿抓著的是故鄉的泥土。蕭乾微偏頭，微笑著，鎮定自若。

蕭乾在愛荷華抱著一條狗，我笑說：你以為是隻貓吧！1957年「反右」運動，有人用一張貓的照片，批判蕭乾在倫敦用那貓做資本，送給一個出版家，假裝說是從中國帶去的。實際上，房東不准養貓，他將貓送給援華協會的祕書。他預寫的碑文中有如下的話：死者是度過平凡的一生的一個平凡人。平凡，因為他既不是英雄，也不是壞蛋。他幼年是從貧苦中掙扎出來的，受鞭笞、飢餓、孤獨和凌辱。他有時任性、糊塗，但從來未忘本。他心中有盞良知的明燈，它時明時暗，卻沒有熄滅過……

1980年春天，我和Paul、藍藍又到大陸。我們在北京走過作家的宴會廳，只見一張發光的臉，微笑望著我們。我立刻知道那就是沈從文，跑過去不斷叫著：沈先生，沈先生，沒想到，沒想到！他握著我的手，仍然淡淡笑著。（1980，北京）

兩個月以後，我們從外地回北京。四月見面時，沈先生臉色紅潤。現在，他兩腿已患風濕，行動不便，也衰老一些了。他仍然微笑著，笑得那麼自然，那麼恬靜、無掛、無慮、無求。（1980，北京）

抗戰時期，巴金的《家》、《春》、《秋》，風靡我們那一代的年輕人。1980年，我和Paul到上海，巴金先生邀我們在國際飯店晚宴。Paul發現他的手非常光潤，牽起他一隻手，將自己粗糙的手按上去。兩手合一。我從台灣來美後才讀到《寒夜》，體會到他藝術的魅力。讀到他晚年的《隨想錄》，感到他似乎是平常但卻令人震撼的風骨。（1980，巴金寓所）

1980年，我和Paul遊歷二十幾個地方，特別喜歡看很「土」的地方劇。戲裡有人物，唱腔，音樂，舞蹈，民間傳說，歷史故事。還有時間和空間的虛擬，人物動作的寫意，早在西方現代戲劇之前，中國戲劇裡就有了。京劇、河南梆子、川劇、秦腔、漢劇，全觀賞了。漢劇《櫃中緣》的陳伯華，年過六十，演唱十六歲的劉玉蓮，眉梢眼角，唱腔舉止，活脫的一個二八年華少女，甚至手指尖上都是戲。她送給我們當年向梅蘭芳學戲的照片。（1980，照片贈於武漢）

在成都看川劇《花田寫扇》。陳書舫，年已五十多，癌症無治，扮演十幾歲的丫鬟春鶯，玲瓏乖巧。周裕祥年過六十，高血壓，扮演《化子罵相》中的孫小二，每一小動作都是戲。Paul驚嘆不已，上台穿上戲裝，贏得滿場鼓掌。中國人的精神力量令人震撼。（1980，成都）

1980年秋，王蒙（右一）和艾青（左二）來愛荷華三個月。香港主編《七十年代》並寫評論文章的李怡（右二），和台灣的詩人吳晟（左一）也在愛荷華。吳晟讀過艾青的詩，在我家第一次見到他，深深一鞠躬，畢恭畢敬地叫「艾青先生」。李怡對兩岸作家互相的反應很有興趣地旁觀著。三地的作家在我家歡聚一堂。（1980，愛荷華）

吳晟那樸實的農民詩人，在愛荷華的玉米田中，怡然自得。但是，逐漸地，他似乎不快活了，好像是感到大陸越來越「大」了，受不了，要回台灣。李怡終於勸他留了下來。（1980，愛荷華玉米田）

1980年，我和Paul一到北京，就希望見到丁玲。她正因病住院。我們很快接到丁玲從醫院寫來的信，說她嚮往著愉快的會見。我和Paul跑遍北京，終於買到一籃鮮花，去醫院探望丁玲。（1980，北京）

談話時，Paul說了一句逗趣的話，兩人大笑。一個共產黨，一個美帝，兩個人一見面，就互有感應。可愛，可貴，那天，丁玲說：我有個願望，就是要看看美國。（1980，北京）

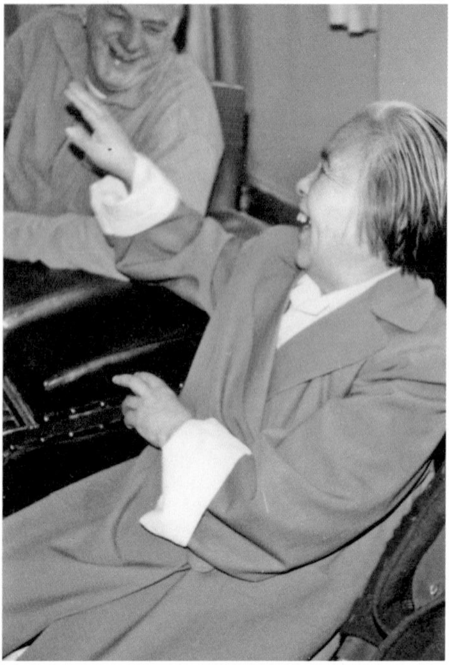

丁玲說：我有個願望，就是要看看美國。我們便在1981年邀請她和陳明來愛荷華。他們住在愛荷華河邊的五月花公寓，就在我家山下。夫婦倆常散步上山。丁玲悄悄走到Paul的書房，站在他背後。Paul聽見丁玲咯咯笑，大叫：丁玲！張開兩臂歡迎她。於是，我們在臨河長窗前坐下。丁玲在我家陽台上留影。她不講話的時候，就是一臉滄桑。（1981，愛荷華河上）

蔣勳1981年也在愛荷華。蔣勳（左）的詩、畫、文，都很精采。聲音醇厚，說話好聽，演講、唱歌，都很動人。他在愛荷華見到丁玲，擔心她在浴室滑跤，不聲不響為她買了一張牢靠的腳墊子。那可不只是小小一張腳墊子的情誼——那時正是兩岸不來往的時候。（陳明，右。1981，愛荷華）

1981年蕭軍和女兒蕭芸，吳祖緗來愛荷華一星期。三位同代作家在一起，談起也透著沉重的歷史感。因為有Paul在座，丁玲（右一）說話夾了一兩個英文字，蕭軍（左二）說：我回去就報告，丁玲叛逃了，留在美國了。吳祖緗（中）說：你蕭軍不要講話，讓我來講，我說別人才相信。（陳明，右二。1981，聶華苓家中）

蕭軍奔放無羈。我和他父女倆在愛荷華河邊小路上散步。他看見河邊的長椅，躺下就睡著了。在密西西比河的遊船上一高興，就唱起戲來，唱得外國作家們目瞪口呆，問他是不是演員。（1981，密西西比河上）

蕭軍每次看見匈牙利小說家宋立鷗的妻子安娜，就大叫：美麗的安娜！她沾沾自喜。（1981，約翰迪爾公司大樓前）

楊逵1982年來愛荷華，媳婦蕭素梅同來照顧。一生患難，仍然保持他那純真的童心，在愛荷華農莊，趴在地上和嬰兒嬉戲。（1982，愛荷華農社）

楊逵在我家陽台上。金楓，流水，淡淡的微笑。半世紀的苦難滲透出來的，尤其動人。（1982，愛荷華）

陳白塵、金鈴夫婦1982年秋天在愛荷華。陳白塵是他那一代作家的典型人物，國民黨時期坐過牢，劇本上演遭查禁，如諷刺喜劇《升官圖》。後來在「文革」中挨整，妻離子散。陳白塵幽默詼諧。他在愛荷華寫出《雲夢斷憶》一書。夫婦倆說，那是他們幾十年來第一次度蜜月。（1982，愛荷華）

我和Paul早在1968年就邀請陳映真從台灣來愛荷華，同時接受邀請的，還有捷克劇作家、後來成為捷克總統的哈維爾。兩人都缺席了。陳映真被捕入獄，哈維爾在蘇聯坦克軍進入布拉格時，逃到地下了。1972年3月，陳映真從獄中輾轉送給我們的照片。（1972，台灣獄中）

陳映真就是囚禁在火燒島，也沒犯罪感，也是理直氣壯的，不像囚犯。（1972，台灣獄中）

1975年，蔣介石去世百日的特赦，陳映真提早三年獲釋。經我們一再邀請而不能出境，終於在1983年來愛荷華。他的妻子麗娜（右一）隨後來相聚。（1983，聶華苓家中）

1983年陳映真在愛荷華，他父母在美國奧馬哈女兒家。11月中旬，兩老和女兒、女婿以及兩個外孫女，帶了一桌酒席，特來愛荷華和我們聚會。陳伯父見到Paul，兩人相擁流淚。他和吳祖光擁抱，也是淚汪汪的。（1983，聶華苓家中）

吳祖光、茹志鵑、聶華苓、王安憶。我們這四人代表20世紀中國人的經歷，在1983年的現在都濃縮在愛荷華河上的五月花中，竟有些荒謬。（1983，愛荷華）

1983年，潘耀明也在愛荷華。給那年的愛荷華河又添了一抹色彩——香港左派。我們的語言也很戲劇性：京腔國語、上海國語、海外國語、台灣國語、香港國語，都在我家說起。可憐的安格爾！（1983，愛荷華）

台灣50年代，郭衣洞在《自由中國》發表小說，嬉笑怒罵之中，隱含深厚的悲天憫人情懷。他因為翻譯卡通漫畫《大力水手》而坐牢十年。1984年和詩人張香華（右一）來愛荷華。二十多年以後，老友異國重逢，他已改名柏楊了。（1984，聶華苓家中黃永玉畫前）

大陸的諶容向台灣的柏楊挑戰，對他說：你敢和我跳舞嗎？柏楊從椅子上跳起大聲說：當然敢！（1984，聶華苓家中）

1984年，徐遲在愛荷華從興奮逐漸不快活起來。他需要人照顧陪伴。高信疆和他在密西西比河遊艇上。高信疆70年代主編《中國時報・人間副刊》，掀起一陣思想風暴，對台灣的文化和藝術發展貢獻很大。（1984，密西西比河上）

1985年，兩岸的張賢亮（右一）、馮驥才（左二）、向陽（右二）、楊青矗（左一）都在愛荷華。李歐梵（中）常從芝加哥大學來看藍藍。他到我家很高興，和Paul談詩人艾略特的《荒原》（*The Waste Land*），和作家們在一起笑鬧，他是兩岸的橋梁。（1985，愛荷華）

1986年，阿城（左一）、王拓（左二）、烏熱爾圖（右二）和邵燕祥（右一）都在愛荷華。阿城在美國流浪幾年，終於回北京了。王拓寫小說，在台灣坐過牢，曾是立法委員烏熱爾圖是鄂溫克族作家，看到我家園子裡遊蕩的鹿說：我一槍就能打一隻。喜愛動物的Paul笑著說：你拿槍打鹿，我就拿槍打你！70年代讀過邵燕祥在「反右」運動中遭批判的詩：〈時間的話〉、〈賈貴香〉、〈橡皮之歌〉。他寫詩寫文，從沒停止，有骨氣的謙謙君子。（1986，聶華苓家）

1987年，汪曾祺來愛荷華。他知道我家的酒放在哪兒。一來就從酒櫃拿出威士忌，自己喝將起來。在一個晚會上，喝得酩酊大醉，幾個作家抬著他回五月花公寓。第二天，醒來發現房門大開，錢丟了，房門鑰匙也不見了。他喝了酒，也可能跳起舞來。他對聶華苓（右）的評語：心血來潮，感情用事。居然成事。（1987，愛荷華）

1987年，李昂和黃凡從台灣來愛荷華。李昂《殺夫》一書驚世駭俗。我們在「國際寫作計畫」慶祝二十週年晚宴上交杯，一飲而盡，姿態豪放，喝的是茶。中立者為汪曾祺。

1986年，我和華桐（左一）一同返鄉，在上海轉機去重慶。茹志鵑和白樺到機場送行。白樺正在《苦戀》問題中。1988年來到愛荷華。（1986，上海）

1974年，梁實秋夫婦從台灣到西雅圖女兒家。梁先生突然來信告訴我：梁師母在去超級市場途中遭梯子擊倒去世了。1975年初，梁先生又從西雅圖來信告訴我：他在台灣認識了韓菁清，並已結不解之緣。台灣一片譁然。婚後寄來照片。

1977年，梁先生又寄家居照片。1987年11月3日，梁實秋先生在台北逝世。

又飲長江水，一九七八

愛荷華頭天晚上大風大雨。

鹿園一棵百年橡樹，發狂地呼嘯，愛荷華河水興奮地波動。紅樓也震動了。那正是我離鄉三十年後，次晨就要回鄉的心情，更何況Paul和兩個女兒同行。

我們坐火車從香港去羅湖，坐在第一輛車廂裡。我最先看到羅湖橋——橋的那一頭就是鄉土了。我們順著「往中國」的箭頭向前走。走到橋上，我站住了，回頭看看——我走了好長一段路啊。中國的旗幟在前面飄揚。

過了橋，排隊等待檢查護照。沒有一個人說話。太陽照在頭上。

妳是跳舞的嗎？第一句鄉音是檢查護照的人微笑著對藍藍說的。

對，我是跳舞的。

他又問我：這個美國人是妳隨行家屬嗎？

是的。我回答，轉身翻譯給Paul聽。

他哈哈大笑。

走吧！我笑著對Paul說：我的隨行家屬！

我們就那樣子跟著那個跳舞的走上了我的鄉土。

旅客在深圳吃午飯，到現在也不知道是誰招待的。Paul在香港本感不適，勉強上路。午飯時喝了瓶青島啤酒，感覺好一些了，喝了第二瓶，更好一些了，喝了第三瓶，完全好了。他後來一直認為青島啤酒是世界上頂好的啤酒，幾年以後在愛荷華小店發現青島啤酒，他鄉遇故人，高興得大叫。從此我們家永遠有青島啤酒。

火車從深圳向廣州出發了。小雨。薄霧。青青的田野。河裡有條小船，漁夫正在釣魚。三兩農夫騎在水牛上，人很小，牛也很小。景色依舊，青絲已斑。

我們四個人，提著大大小小的手提包，站在月台上，四處張望，沒見一個人。

突然聽見一陣叫嚷：在那兒，在那兒！

大哥、大嫂、華蕙和她丈夫、兒子從月台另一頭跑來了。

來了！來了！他們來了！我們也叫起來了。

他們朝我們跑。我們朝他們跑。所有的人都在叫嚷，所有的手都朝天亂抓。不知先抓哪隻手，不知先和哪個人先說話。還得認人，還得埋怨，還得解釋，還得搶提手提包。

哎呀，你們從哪兒鑽出來的呀？我們特地從武漢來接你們。

在月台上等了好久。怎麼沒看見你們下火車？

你們從哪兒鑽出來的呀？你們沒看見火車到站嗎？這麼一大串火車！

我們跑到車尾去了！

我們坐在車頭呀！

誰知道你們坐在車頭！

歸國華僑……我把下面的話嚥下去了，突然發覺那口吻有些特權味道。

父親死後四十二年，家和國都翻天覆地變了樣。他的兩個水火不容的妻子也都去了。兩房的兒女就在那樣的平常心情中相見了。沒有尷尬，沒有怨恨。我們只是到後台換了服裝，換了粉墨，臉上畫了皺紋，頭髮撲了白粉。再出場時，角色變了，腔調溫和了，步子沉重了，背有點兒彎了。我們唱的是一台不同的戲了。

昨天晚上我們開了一晚上的會，討論如何歡迎你們。大嫂在去賓館的車上對我說：我們決定，你們火車一到，妳大哥和妹夫就上前去招呼安格爾，兩個姪兒上前去扶妳這個大姨媽。

我笑說：我又不是七老八十，還要人扶？

哎呀，表示隆重嘛！結果，月台上亂成一團，歡迎儀式全忘了。

只是我沒見到二哥。我們都喜歡他，他個頭魁梧，說話慢吞吞的，眼睛笑咪咪的，和他在一起，覺得安全自在，兒時尤其佩服他，因為他學的是獸醫，懂得如何對付我所怕的動物。

我問起他。

大哥連連擺手：不要問。不要問任何人。到了武漢，也不要問。

為什麼？

我也不知道他在哪兒。妳回來了，就好。大哥望著我笑笑，笑得很慈祥，往日的霸氣全消了。

我們一行人在廣州東方賓館安頓下來了，全聚集在一間房裡。

Paul從他旅行袋中拿出了一瓶酒，在桌上擺好酒杯，舉起酒杯，掃了一下喉嚨，非常鄭重地宣布：這瓶法國白蘭地，我從愛荷華一直提到中國，就是為了慶祝這一刻！他仰頭一飲而盡。

兩個女兒在他和家人之中來回翻譯。

姊姊，你們回來，對我們是件大事呀！華蕙不大講話，一直笑咪咪的，戴著我帶給她的助聽器，電線吊在胸前，滿不在乎。我在學校接到妳的信，高興得發了瘋，揮著妳的信，跑上公共汽車，向一車的人大叫：我姊姊要回來了！我姊姊要回來了！

我接到妳的信，直是說，好了，好了，要回來了，這下子可好了！大哥攥著拳頭在手掌上敲了一下。

大嫂說：妳大哥一九七四年接到妳第一封信，幾夜睡不著覺。知道漢仲過去了，他哭了。

明亮的火車。柔和的汽笛。我們三家九口，就那樣子一同從廣州回武漢。

廣東的泥土黑，湖南的泥土紅，湖北的泥土逐漸變成了黃色。黑土也好，紅土也好，黃土也好——都是我的鄉土，從心裡感到親。

我終於回到大江上的家鄉了。

長江的水和三十年前一樣地流，江漢關的鐘和三十年前一樣地矗立。現在，江上架起雙層大鐵橋，汽車在上層橋上奔馳，火車在下層橋上奔馳。我們一行車子在江漢飯店停下，原來就是往日德國租界的德明飯店。沉重的德式樓房依舊，門前老樹一大蓬綠葉依舊。往日那洋人和中國富豪的飯店，我們只能在門外瞄一眼。現在，我提著旅行袋，恍恍惚惚走上那一溜又寬又長的樓梯，想起小時候，家住漢口日租界，大熱天，我和弟弟漢仲去買雪糕。日租界，德租界，法租界，英租界，俄租界，流著汗走過五個租界，為的是吃一根漢口最好吃的雪糕。德明飯店在德國租界邊上，我們走到那兒，一根雪糕早已舔光了。汽車一聲不響地在飯店門前停下了。穿白制服戴白手套的司機跳下車，打開車門，哈著腰站在一邊。高鼻子洋人走進那神祕的大樓裡去了。

江漢飯店白衣短裙的女服務聽見我說武漢話，眼睛一亮：妳家會說武漢話？

我是武漢人。

武漢人？

嗯。從美國回來的武漢人，離開三十年了。

三十年？你家想吃麼司，只管說。麵窩、豆皮、武昌魚。

喜頭魚！

她搖搖頭。我們只有武昌魚。

幾帖速寫

東湖的水依然那樣子藍。天上的雲依然那樣子飄。

一個綠衣童子站在夾竹桃下。他轉身看見我，突然笑了。火紅的夾竹桃在他頭上燒起來了，燒紅了他的臉。

他仍然羞怯怯望著我笑。

真個是兒童相見不相識，笑問客從何處來。

◆

一抹青山。一溜垂柳。灰藍的天。灰藍的水。無波，無雲。水天之間，一條小船。披蓑衣的老翁拉著魚網，一把一把從水裡拉起來。

我在水邊跪下，輕輕拍拍水。

◆

一扇褪色的木門半開著。一個老人坐在門內竹凳子上。他身旁一叢翠綠的葉子，綠滴滴的，滴到老人肩上了。

◆

長長的窄巷，灰色的樓房。地上閃著雨水。很靜很靜。

突然，吱——吱——吱——很細很細的叫聲，一聲聲，很肯定，很清晰。我轉身尋找。路旁一個破竹簍裡，兩隻嫩黃小雞吱——吱——又叫起來了。竹簍邊上吊著一片青菜，綠得水滴滴的。

那兩點嫩黃，那一小片水綠，叫我快活了好半天。

黃鶴樓呢？

黃鶴樓呢？我站在渡江的輪船上問，望著對岸兩三縷煙子在煙囪繚繞。

黃鶴樓呢？大江茫茫，到哪兒去找？

大江依舊東流去。白雲依舊空悠悠。江上的黃鶴樓不見了，我卻回來了，和丈夫女兒一起回來了。我一定要到大江上去，我一定要去坐船，和聶家所有的人一起去坐船，一定要從當年父親靈柩回鄉飄著爺爺寫的輓幅「魂兮歸來」的江漢關上船。現在，兩腳踏上船的那一刻，很嚴肅，很隆重，在我生命中畫了個完完整整的圓圈。我向母親默禱：姆媽，您可安息了。

船上擠滿了人，日正當中。我在老人、孩子、年輕人之間擠來擠去。汗臭，體臭。感到切身的親，好像我從來沒有離開過，三十年來，一直和他們在一起，在大江上一起掙扎，一起拚命，一起活過來了。

他們大聲說話叫嚷。

Paul問：他們在吵架嗎？

我笑了：他們就是那樣子講話的。

Paul望著天邊黑濛濛的煙霧說：我想像不出妳是在這兒生長的。

下午，我對**Paul**和兩個女兒、大哥蕙妹兩家人說：今天我可要走，走，走，走遍我生活過的地方。願走的，跟我來！不願走的，留下來！

Paul在愛荷華說過：我要踩著華苓的腳走過的每一寸土地。兩個女兒對家中舊事充滿好奇。沒有一個人留下來。浩浩蕩蕩，我們從江漢飯店出發，走上沿江大道。昔日的沿江大道橫貫漢口的五個租界：英租界、俄租界、法租界、德租界、日租界。沿江的大廈，全是洋行和洋人的住宅。江邊鸚哥綠的草坪上，擺著木椅子。江邊和一溜黑色鐵欄杆之間，有一條水門汀的人行道，洋人有的推著嬰兒車，有的牽著殺氣騰騰的大狼狗，在那兒散步。外國軍艦飄著各自的國旗。租界以外的江上，三三兩兩的舊木船，都是在大江上討生活的人。夏天水漲，每天傍晚，我跟著大人去江邊看水漲水落，總要緊張一陣子。淹水的時候，遭殃的是租界以外低凹的貧民區。民國二十年大水，我們去了北平。我家三層樓房，兩層淹在水中，出去得從頂層在窗口坐划子。民國二十年大水，小時候常常聽見大人講那句話，我想到的是從窗口坐上划子，划著槳去「走人家」。

我們一大夥人一走上沿江大道，我一下子怔住了。大道變成了窄道，大江也看不到了。眼前是一道厚實的堤防，是武漢人兩手一鏟土一鏟土築起來的，現在武漢沒有水災了。江邊大樓出出進進的是藍制服灰制服的工作人員。長長一串板車載著稻草包的貨物，一人拖一輛板車走過來了，彎著腰，繩子搭在肩上，很堅定，很吃力，一步一步向前拖——那是一幅永恆不變的中國人雕像，當年我在大江上看到的縴夫，也是那樣子拖著粗大的繩子，在峭壁懸崖上，一步一步向前拖。

聶家兩代人朝聖似地，走過一條一條街。走過我昔日一個一個租界裡的家。俄租界的上海理髮廳仍然在那三岔路口。理髮廳對面白俄女人精緻的小店，那個有彩虹小洋傘的小店不見了。再走過去，應該就是我記憶中最早那個家了——汽車從鏤花鐵門內長長一條車道上一直駛到樓前，兩根粗大的石柱子頂著寬敞的陽台，從石柱子之間走上台階，走進一抹寬大的樓梯，迎面大鏡裡的人對著你走來，你不得不轉彎向上走去，突然看到爺爺巨大的身影。

我們的家呢？我們的家呢？我站在街頭四處尋找兒時的家。

這就是我們的家！大哥指著我身後說。

原來我正站在我家大門口！我轉過身，只見兩根石柱子，再看一眼，仍然只有那兩根石柱子。經過了半個世紀的大風大浪，我們都活過來了，現在我們一同站在三岔路口，站在兩根石柱子之間，一同尋找兒時的家。我突然明白為什麼一切的舊恨宿怨都消失了。

我們走過英租界的蘭陵街，走到一個弄堂口。同福里！我叫了起來。抗戰爆發，我們母子寄住這兒，日本飛機來了，母親把兒女一把擁在懷裡，躲在桌子底下。

我站在同福里前面。一棟棟小紅磚房陳舊得變樣了。兩個男孩子，手扠在腰間，狠狠盯著我們。

我轉身說：走吧。他們好像要武鬥的樣子。

我們也一同尋找甫義里。父親去後，母親帶著四個兒女，在那兒過著愁苦的日子。

我們又一同走過德租界的一碼頭、二碼頭、三碼頭、四碼頭、五碼頭、六碼頭，走到日租界我最後一個家，在兩條街的岔口，有一抹灰色圍牆，一層層樓，一扇扇窄窄的長窗子。牆內園子角一棵梧桐樹，夏天知鳥吱——吱——一聲聲，日子永遠就那樣子拖下去。改變那單調生活的是父親的死亡，是家族的明爭暗鬥，是母親的悲苦。

國際大團結！薇薇指著我家門口木牌上的字。

現在是派出所啦。大哥告訴我。

我向門內看了一眼。幾個人坐在天井裡板凳上談話。

這兒本來是三層樓房，一個大園子。我對Paul和兩個女兒說：日本人占領武漢，美國飛機丟炸彈，正好丟在房子正中間，就炸出了這麼一個天井。抗戰勝利後，我們從四川回漢口，發現我們家炸成了平房，中間一個很大的天井，天井四周的房間變得明亮了，每個房間都有陽光。我向牆內又瞧了一眼，笑著說：我小時候就想要這樣一個敞開的大天井。

Paul大笑：中國人！中國人！這就是中國人！就是大災大難，他也有逆來順受的道理。

八〇年代，我回鄉多次。一九八〇年，我和Paul再度去大陸。湖北副省長在武漢翠柳村擺宴招待我們，大哥夫婦也在座。我請他查一查二哥的下落。他滿口答應。那一年，我們也去了開封大哥的家。那時他的孩子們才告訴我，大哥在文革中被打成右派，背上背著牌子：地主的孝子賢孫。做苦工，搬磚頭，調石灰。一九七八年，我們重見時，他還沒平反。一九八〇年，在開封大哥家，我問起真君。

大嫂說：妳大哥的媽死了以後……

哪一年？我問。

一九六二年。

我媽在台灣也是一九六二年過世的。

真巧！大哥說。

大嫂繼續說：爺爺在抗戰時期就死了，妳知道。真君跟著妳大哥的媽住，在武昌。解放以後，我們在外地工作，小燕、小斌都是真君扶養的。她把他們照顧得特好。大哥的媽死了，她來開封跟我們住。她叫我姊姊。我們真像姊妹一樣。有一天，組織上叫我去談話，說真君是我們的丫頭，在新社會是不允許的。我解釋說，我們沒把她當丫頭，她一個人，孤苦伶仃，我們要養她，我們和姊妹一樣親。不行，在新社會，組織會安排她的生活。原來他們要把她嫁給一個模範老工人。我沒辦法，最後我只好答應向真君做工作。我回家對她說：真君，妳有個家了。她點點頭說：嗯，有。我說：不是這個家，另外一個家。她還是點頭：嗯，有。我說不清，只好做手勢。我把她幾件衣服包起來，放在她手裡，牽起她的手，向外走。我說：到妳自己的家。她哭了起來：不，我要姊姊。

（大嫂聲音哽住了。）

我對她說：好，姊姊跟妳一起走。她才跟我一道出門。我和她一起去鄭州。哎，一個老頭子，亂七八糟一間小屋子。我對她說：妳在這裡住，常常回來。這是妳的家，那也是妳的家。她大哭，要跟我回家。我只好狠心走了。她每個星期都來看我們。每次來，都帶糖呀、糕呀給孩子們。大約一年多以後，老頭死了。組織上對她說不清，拿她沒辦法。我請了一個星期假，去鄭州陪她。她見到我，大哭，要跟我回來，回來住了一個月，還是不能留下來，還是得走。她回去以後，在醫院當洗衣工。後來他們又把她嫁了，嫁到鄉下去了。文化大革命，就失去聯絡了。我們也自身難保。

一九八六年，我和弟弟華桐沿江重訪母親帶著幾個小兒女，在抗戰中艱苦生活過的地方。重慶、萬縣、三斗坪、宜昌、武漢。最後去開封。湖北應山縣外辦突然來了，提著一包皮蛋，特地趕來邀請我和華桐去應山。那算是我們老家了，但我母親這一房人從沒去過。父親死後，在母親的苦難中，那兒的親友對我們敬鬼神而遠之。我和華桐一時也無法改變早已決定的行程。我對大哥說：你去吧。他說：我算什麼？他們要你們去呀。

我們從外辦那兒終於知道了二哥的情況。一九八〇年，湖北副省長把調查聶華棣下落的工作，交給應山縣辦理。剛好是來開封的這位外辦去調查。二哥的命運，寥寥幾句話就了結了。

五〇年代，二哥從武漢回應山養牛。忽然有幾條牛死了。有人說牛是他毒死的。他就進了勞改營。他在那兒得了肺病。據說一九六〇年左右被釋放了，但應山沒有他回去的紀錄，武漢也沒有。最後外辦找到一個當年和他一起勞改的人。那人說，他在勞改營裡看見過二哥，骨瘦如柴，因為勞改，沒敢說話。過了一陣子，他走過一堆黃土。土堆前面插了一個小牌子：

聶華棣

尋找艾青，一九七八

一九七八年，第一次回鄉，Paul和兩個女兒薇薇藍藍同行。到了北京，我第一個願望就是尋找艾青。七〇年代，我在美國讀過可能找到的艾青的詩，也譯過他的一些詩，知道他在一九五七年因為和「丁陳反黨集團」的關係而被打成大右派，一九五九年下放到新疆。現在，他在哪兒？他在做什麼？仍然寫詩嗎？我到北京之前，就有個預感：艾青在北京。他一九三八年寫的詩有一行：而我——這來自南方的旅客，卻愛這悲哀的北國啊。

到了北京，我一有機會，就說要見艾青。沒有回應。我們卻巧遇另一詩人蔡其矯。一九三八年從印尼回中國，他才十九歲，立刻去了延安。一九五七年「反右」運動，蔡其矯的詩被批判成「脫離政治，放棄社會主義現實主義的基本原則，熱衷於追求資產階級趣味和表現資產階級美學理想，迷戀腐朽的形式主義」。他也沉默了。

我在七〇年代初偶然發現蔡其矯的詩，那正是中國文藝「三突出」時代，就因為蔡其矯的詩沒有什麼「突出」，我到處找來他的詩讀了，並選了幾首譯成英文。他和艾青的詩都收集在我編譯的英文《百花齊放文學》中，哥倫比亞大學出版。

我對蔡其矯說：我非常想見艾青。他在北京，是嗎？

他點點頭，沒有說話。

不見艾青，我是不離開北京的。

蔡其矯微笑著。

你可不可以告訴他？

他仍然微笑著。

第二天，蔡其矯告訴我們，他已安排第二天艾青和我們在景山見面。我們全家都很興奮，將其他節目都取消了。但是，第二天，蔡其矯又告訴我們：艾青不能來了。

我以為見不到艾青了。

一天，電話響了！只聽見「我是艾青。」

哦！你真是艾青嗎？

我馬上和他約好：六月十六日下午四點以後，我們全家去看他。

我也約了蔡其矯去艾青家。

汽車在狹窄的胡同口停下。在日暮夕陽的小胡同裡，我家四人興高采烈地走向艾青的家。遠遠看見一個人站在胡同那一頭。只見那人向我們這頭盯著眼看。

那就是艾青！

Paul 和艾青相見擁抱，兩人都淚汪汪的。

怎麼現在才來？這是艾青對我們說的第一句話。

他和高瑛住在小院一間小屋子裡，一張雙層床和一張單人床占了一半屋子，上層床堆滿了書。兩張小桌子占了另一半，桌上擺滿了招待我們的點心。兩面牆上掛著齊白石的菊花，程十髮的少數民族畫，還有一張周恩來像，他斜坐在椅子上，一隻手搭在椅臂上，微笑望著遠方。

這張齊白石的畫是真的嗎？我問艾青。

我這兒的東西全是真的。

好一個回答！我說。

Paul說：艾青，今天我們一家人見到你，實在高興！我讀過你許多詩，華苓翻譯的。非常佩服。我沒想到會見到你。

我相信我們遲早會見到的。

你們住在這兒多久了？我問。

三年了。我們在新疆差不多二十年。一九五九年去新疆。這屋子是一位年輕的寫作朋友借給我們住的。

兩個年輕人，一男一女，走到房門口。艾青走過去打招呼。他們彷彿是從遠方來的，大概是愛詩的人吧，看見我們在那兒，只好走了。

有很多人來看你嗎？我問。

很多。有很多年輕人。

還有很多編輯來要他的詩。高瑛說。

選以前的詩嗎？

嗯。

現在的詩呢？

也會發表的。艾青說：我剛有一首詩〈紅旗〉在上海《文匯報》發表了，是我二十年來發表的第一首詩，我收到許多讀者的信，高瑛都感動得哭了。

高瑛笑笑：信上說：艾青，我們等了你二十年了，找了你二十年了，我們勒緊褲帶，省下糧票，去舊書店找你的詩，我們一個個人傳著抄你的詩，我們終於找到你了！你終於回來了！

我們坐在雙層床上照了幾張像。人在下層床一坐，艾青就用手頂著上層床，不斷地說：小心！小心！床要垮了，地震震壞的，小心！小心！

上層床堆的書搖搖欲墜。

照完相後，我提議去北海仿膳吃晚飯。

我們第一次坐北京的公共汽車，都很興奮。Paul 一上車，就有個年輕人站起讓座。

Paul 說了聲謝謝，對那年輕人點點頭，坐下後問我：因為我是外國人嗎？

因為你是老人。我笑了起來。

太陽快落下去了。北海的遊人也少了。湖上飄浮著一大片荷葉的綠，映著塔尖的白，湖畔的柳條一路飄過去。

真美！真美！尤其是和你們幾位在這兒。我沒想到會見到你們。我對艾青說。

對面走來一個五、六十歲的男人和一個年輕女孩，大概是父女一同來逛北海吧，艾青突然站住了。那人也停住了。兩人突然走上熱烈握手。

我的老同學。多少年不見了。艾青告訴我們。

這是你第一次見到北京的朋友嗎？

艾青點點頭。

我們繼續沿著湖走，走向漪瀾堂。湖畔的柳條仍然在微風中飄逸撩人。燕子來回穿梭其間細聲地叫。

愛荷華也有燕子。Paul 說。

真的嗎？我從來沒有聽見愛荷華的燕子叫。我說。

Paul 大笑：大國沙文主義！愛荷華的燕子當然也叫，而且，叫得一樣好聽。

蔡其矯不多講話，總是微笑著：中國古典詩裡常提到燕子。這些燕子在漪瀾堂做窩，每年去了又回來，回到牠們的老窩。

艾青，美極了。你應該寫首詩。高瑛說。

我又不是一條牛！一擠就擠得出奶來！

兩個女兒一直聽著我們談話，這時突然笑了，望著艾青笑個不停。

我說：艾青，你好像還沒寫過關於燕子的詩，你寫過耙地的馬，澆地的驢子，為割麥插禾叫喚的布穀鳥。

很對。

Paul 說：我們離開愛荷華的時候，沒有想到有這樣的一天。兩天以後我們就要回去了。見到你們，艾青，是我們中國之行的高潮。我們在武漢見到華苓三十年沒見的家人，今天又和你們在北海散步。這是我們到中國來兩個最動人的場面。

我相信我們遲早會見到的。你們可以多留幾天嗎？

不行。許多許多事，我們必須回去。我們會再來的。**Paul** 望著落日下的白塔：我在想，我來中國之前，並沒打算再來。現在，我真希望再回來，很快地再回來。

你們再來的時候，我們也許已經搬家了，我來做幾樣好菜請你們。高瑛說。

好！**Paul** 說：我們會來的。我會懷念北京。是人，人，非常精采的人，叫人興奮，叫人感動！

我們一同吃了飯，又一同坐公共汽車到華僑大廈，在我們房間裡繼續談下去。

艾青你是南方人嗎？**Paul** 問。

嗯，浙江金華。

你在北方的時候多，這會影響你的詩嗎？

當然。

他的詩多半是和北方的土地、河流、原野、人民有關的。他的詩就有北方的雄渾。我說。

你在巴黎三年。你受了象徵主義詩的影響嗎？**Paul** 問。

有個時期。但我相信人民，為人民寫詩。歐美現在的詩是怎麼樣的？

歐美的現代詩可以說是物象的詩，由具體物象而提示意義。韓波創始了西方現代詩。他的〈醉醺醺的船〉就是個好例子。

Le Beteau Ivre。艾青用法文說出了那首詩的題目：我是相信人民的。王震看過我的詩〈西湖〉。他說：明朝有人寫西湖，清朝也有人寫西湖。你這首〈西湖〉有什麼不同？西湖只有和人民發生關係，才是不同的。

這話很對。你寫敘事詩嗎？

寫。譬如，黑鰻，藏槍記，就是敘事詩。我試驗用民歌的風格來寫敘事詩。

希望你有一天到愛荷華去。Paul 說。

艾青笑笑：我在一九五四年去過智利，是聶魯達（Pablo Neruda）請我去的，慶祝他的生日。我經過莫斯科、維也納、日內瓦去智利。他請了世界上許多國家的作家，實際上，是為了促進世界和平。我寫的〈在智利的海岬上〉，寫的就是聶魯達住的地方。對了，我希望要一張你們全家的照片。

我們用快照相機照了張照片，送給他和高瑛，也要為他們夫婦照一張。他們倆並排坐著，端端正正。Paul 走過去把艾青的手放在高瑛腿上，他連忙縮了回去。

Paul 大笑：別那麼嚴肅呀！

高瑛說：艾青變得這麼嚴肅了。他以前有說有笑，滿有風趣，滿輕鬆的。

艾青看見自己的相說：簡直像妖怪！

高瑛笑著說：又妖又怪，那還得了？快十一點了，最後一班公共汽車要收班了。咱們走吧！

現在就走？後天我們就走了。Paul 說。

明天是我們在北京最後一天。可不可以再見見你們？我說。

什麼時候?高瑛問。

明天四點,好嗎?

好,明天四點。對對妳的錶。艾青笑著指指我的錶。

艾青是有名的等人的人。他總是早到,等別人。高瑛說。

今天你們五點才到。我從兩點就跑出跑進,在門口等你們。我說:他們一到中國,就不守時了。

我笑著對艾青說:我不是在電話中說過嗎?我們要在四點以後才能到。

我不是說過嗎?你們要早來,越早越好!

一九八〇年秋天,艾青到了愛荷華。

林中，爐邊，黃昏後——丁玲，一九八一

園子裡只剩下光禿禿的樹幹了。小雪飄了一陣，飄在地上就化了。Paul在園子裡砍了一截倒下的核桃樹，又劈成短短的柴火，一疊一疊整整齊齊堆在屋檐下，夏天在園子裡烤爐上燻雞燻牛排，冬天在壁爐裡生起火來，圍爐聊天看書。Paul又在園子裡為小鳥、松鼠、兔子、小鹿撒了一把把碎玉米，一面自顧自說：可憐的小傢伙，冬天來了，到這兒來吧！

丁玲和陳明住在山下五月花公寓裡，我們住在山上，散步十分鐘就到了。他倆常常突然出現在我家樓梯上，呵呵笑著走上來了。Paul大叫一聲：丁玲！雙手握她的手。他們在臨河長窗前坐下。Paul張羅著泡茶倒茶，還端出一碟五香瓜子，只因為他看見我每晚必躺在床上，一面看書報，一面嗑瓜子。服務完畢，他就回書房去了。丁玲一直笑咪咪看著他。有時他也留下來談談話，他們彼此都很好奇。談到有趣的地方，我、Paul、丁玲大笑，陳明笑咪咪的，偶爾補充一兩句。

那天小雪之後，我們四個人——丁玲、陳明、Paul和我，從園子走進樹林。小雪已停，渾圓橘紅的夕陽緩緩沉下去，愛荷華河透著柔潤的紅，頂空卻是明淨的藍——愛荷華河上特有的黃昏風情。

我們在鹿園後面林中小路上走。小路鋪著厚厚的落葉。丁玲、陳明手牽手，我和Paul手牽手，兩對人一前一後，只有腳踩落葉的颯颯聲，偶爾一隻兔子嗖的一下跑進林中。

你們這輩子不會分開了。丁玲指著我和Paul說：我們也不會分開了。丁玲微笑著指指她和陳明。

我回頭向他們點頭笑笑。突然想到丁玲的〈牛棚小品〉和陳明的〈三訪湯原〉，想到他們被關在牛棚時，陳明在紙菸封皮、破火柴盒子、包米葉子、廢報紙上偷偷寫信給丁玲，她又如何在沒人監視的片刻，

從心口掏出來撫摸，一再默讀。但當她戴上手銬、衣服被脫光搜身的時候，她用生命珍藏的那些情箋，卻當做廢紙毀棄了。我也想到一九六七年冬天的凌晨，丁玲被兩個戴紅袖章的人抓走之後，陳明亡命地四處尋找，在黃昏的街燈下，突然在地上發現丁玲的藍色頭巾，又驚又喜地緊緊捏著丁玲膚溫猶存的頭巾。

現在，一九八一年的初冬，丁玲和陳明竟和我與Paul在輕寒斜陽的愛荷華樹林中散步。

我們一面談話，我一面翻譯給Paul聽。

我又回頭看了丁玲、陳明一眼。

妳看！她總是這樣！陳明笑著指點丁玲。不管有人無人，她總是要拉著我的手。

親熱嘛！我說。

丁玲笑了起來，頭向陳明肩上一靠，開心得像個小女孩。

唉！陳明故作痛苦狀，彷彿不知道如何對付一個調皮搗蛋的小女孩。

你那篇〈三訪湯原〉寫得實在好。我對陳明說。

我的〈牛棚小品〉就不好啦？丁玲翹起頭，小女孩爭糖果一樣。

我哈哈大笑，翻譯給Paul聽，他也哈哈大笑。

我還沒來得及說呀。我對丁玲說：常想到妳在〈牛棚小品〉裡的幾句話：死是比較容易的，而生卻很難。死是比較舒服的，而生卻是多麼痛苦啊。你們倆分離了多久？

六年半喲。丁玲說。

我告訴Paul，他搖搖頭說：我大概活不下去。

我們都關在秦城。我知道她在那兒，她不知道我在那兒。陳明又笑著指點丁玲：我們後來分到兩個農場。抓我的那天，也抓了她。我在火車站等車，前面有人上車。我進了車站，兩個女兵伸出頭來看了一眼，我心裡就明白了，丁玲也在火車上。我聽見她在另一間房裡咳嗽，就知道是她。我也咳嗽，咳嗽。

她知道嗎？

不知道！陳明指點著丁玲：這個人！她不知道！

Paul 哈哈笑了一聲說：丁玲，我以為妳很聰明。

丁玲笑得前仰後合，拉著陳明的手，頭靠在他胳膊上，指著陳明說：他比我靈，「反右」運動，別人就說，丁玲這個人還可以，就是陳明主意多。

幸虧他主意多。沒有他，妳可活不過來呀。我說。

妳這麼說，他更驕傲了。丁玲指著陳明。

陳明抿著嘴笑，很有把握的神情。

你們分別了六年之後，就去了山西，是嗎？

她先去。他們放我的時候，就告訴我了。陳明說

我都不認識他了。他在牢裡剃光了頭。

分別六年！**Paul** 叫了起來。怎麼可能！

自古以來，中國夫妻久別多年，不是稀奇事。丁玲說。

你們再見面，是什麼滋味呢？我問。

總不會像妳和 **Paul** 那樣，擁抱接吻吧。陳明笑著說。

我們不分別也擁抱接吻呀。這樹林正是擁抱接吻的好地方。**Paul** 笑著說。

我們都笑得很開心。

你們哭了嗎？我問。

沒有。

你們到底是怎麼見面的？

陳明抿著嘴笑，然後一臉認真的神情：當然，六年多不見，見了面總是高興的。

Paul說：我不懂。受了罪，挨了打，坐了牢，沒有一句怨言，還笑得這麼開心，好像談的是別人的事。中國人，中國人，我永遠也不了解。Paul看到躺在落葉上的一根樹幹：啊，橡樹，好柴火。他拖起樹根。

我們四人拖著橡樹根，在林中走了一段，踩著落葉走回屋子。

晚飯後，Paul在臨河的壁爐燒了一爐火，我泡了一壺西湖龍井。四人坐在火光跳躍的爐邊聊天。

丁玲，妳是哪一年逃到延安去的？Paul現在才有機會講話。

一九三六年。

怎麼逃去的？

我在南京，他們本來要殺我的呀！丁玲笑了起來，彷彿是說：多麼荒謬！現在我卻在愛荷華。

聽著丁玲的笑聲，我也恍恍惚惚的。一九三六年我在哪兒？漢口市立六小五年級的小女生。

後來呢？Paul問丁玲。

魯迅、宋慶齡、羅曼•羅蘭、史沫特萊，還有其他國際人士抗議，他們才沒有殺我。剛到南京的時候，好幾個人看守我呀！我真是苦悶，我以為我會死。院子裡有些小石頭，石頭縫之間長著青苔，我就想，有一天，我會葬在那兒。後來，他們看守鬆一些了。他們把我放在和姚蓬子一個地方。姚蓬子變了呀。我不管它。我就看準一點：我絕不認錯！我絕不屈服！我一定要回到共產黨裡去！否則我寧可死！他們想辦法來套我，張道藩，華苓，妳知道張道藩嗎？

知道。幾年前在台灣死了。

張道藩要寫劇本，來跟我說：丁玲呀，我們一道寫劇本吧！我說：不寫！丁玲頭一擺，有一股狠勁。後來，他寫了，把劇本拿來，又說：丁玲呀，妳看看，幫我修改一下吧。我說：不幹！丁玲頭又一擺。我要是跟他扯在一起，他們就有憑據來造謠呀。後來，有一天，我上街，那時候，我可以上街了，碰到張天翼，我問他上海左聯的情況，他說：上海不行了，周揚到日本去了，馮雪峰到蘇區去了。我實在沒辦法，便想到北平去，我想，那裡的人一定和黨中央有聯絡。沈從文的妹妹在南京鐵路局做事，我就跟她要了張眷屬免費票。一上火車，就碰到一個高級國民黨！他的愛人是我朋友，他認得我。我想：糟了，完了。我只好裝著沒事，和他談談笑笑，我說：你可別告訴人，我到北平去。他指指火車角上說：那個人就是《晨報》記者，他認得妳。我求他叫那記者別寫我，我說：兩個星期以後寫，就沒關係了。他就去告訴那記者。記者果然沒寫！好多年以後，我才知道，那個高級國民黨是為共產黨做地下工作的。

我們四人大笑。

丁玲呀！Paul 忍住笑。妳的自傳比小說還玄妙！

真是。丁玲仍然得意笑著：我到了北平，就去找一個老朋友，她丈夫是有名的大學教授。他對我說：丁玲，從今以後不要搞政治了，寫妳的小說吧。我沒有告訴他，我要找黨，我只告訴了我那位老朋友。通過她我找到曹靖華教授。他就寫信給魯迅。剛好馮雪峰到了上海，從魯迅那裡知道了我的情況，就找到張天翼。張天翼在南京，和我聯絡。我就去了解放區。

怎麼去的呢？我問。

上海的黨組織同意我去保安。我們一共五個人，先到西安，從西安坐汽車到洛川，第二天一大早就騎馬走，騎馬真不容易呀，馬欺生，你越怕牠，牠就越欺負你。

在父親馬房裡長大的Paul 大笑：誰也不喜歡一個生人騎在背上呀！

妳怕不怕呀？我想起在我愛荷華田野上，騎上Paul 一匹叫銀月的馬，嚇得我呼天搶地，他卻大笑，我再也沒騎馬了。

剛騎馬，當然怕！丁玲說：後來膽子就大了，眼睛望得遠遠的，就好些了。騎了一天，到了東北軍張學良將軍的一個團部，下了馬，一身骨頭都要散了。我也不能告訴人我是丁玲，我只能說，我是到延安去找丈夫的。

陳明沒和妳在一起嗎？Paul問。

不，不在一起。我代丁玲發言了：那時候，他們還沒在一起。他們在延安時期才……我沒說完，兩個手掌合在一起。

Paul手一揚：中國歷史太複雜了，我永遠也搞不清。

丁玲繼續說：睡了一晚。第二天，東北軍就派人送我們到解放區去。我們得走好幾個國民黨管轄的村子，保安隊全副武裝。東北軍派了一連人送我們。

那時候，周恩來在西安嗎？Paul問。

沒有，沒有，還沒有！不過，那個時候，共產黨和東北軍張學良——可以說是勾結吧。

蔣介石不知道嗎？Paul一臉迷惑的神情。

當然不可能全知道。丁玲得意地笑出聲來：過去不敢講，現在可以講了，張學良也不怕了。

Paul說：張學良的東北軍送丁玲去解放區，這說明了一點。他要打日本人，共產黨也要打日本人。他們有共同目標。

對！丁玲說：張學良的部隊都是東北人，東北老早就給日本人了。他的部隊對國家民族的存亡最敏感了。那時候，共產黨為了要爭取張學良的部隊，就經常去他部隊做工作。張學良本人也全不知道。丁玲又小女孩調皮似地笑了：有一首歌，就是那個時候唱起來的，松花江上。我的家在東北松花江上……丁玲唱了起來。

那裡有森林煤礦，還有那滿山遍野的大豆高粱……我跟著唱了起來。

一個延安共產黨，一個流亡小女生，在愛荷華河上同聲唱松花江上。前生，現世，混混沌沌，分不清了。

唱得他們都哭呀！丁玲說。

那真是非常動人的場面。Paul說。

陳明說：那時候，張學良部隊駐紮的村子，牆上的標語就是：中國人不打中國人！東北軍的弟兄們！打回老家去！

丁玲，妳還騎在馬上過河呢。我要聽那以後的故事。Paul說。

我們夾在護送的軍隊之中走，前面，後面，全是張學良的人，我們和他們穿一樣的軍裝，村子裡人分不出來。

但是，你們是向著解放區走呀。他們不知道嗎？

知道呀！但他們不敢阻攔張學良的部隊呀。

那些士兵也可以說，我們是去打仗的呀。陳明說。

他們站在村頭上，虎視眈眈啊！他們當然看得出我不是男人，但也不敢怎麼樣。我們走了三十幾里路，我生平第一次走那麼多路，走到一個山上，張學良的部隊就在這山上停下了。我們就走下山，山下就是紅軍。下了山，走了半里路吧，七、八個小伙子，年輕的紅軍，來接我們。哎呀，一看見他們……丁玲興奮起來了，彷彿又看到他們了。

Paul又是一臉迷惑的神情：他們知道妳要到了嗎？

當然！我大叫，把他沒辦法：那全是計畫好了的呀！一連人送丁玲！那時候，丁玲到保安去，是件大事呀！

共產黨不是在延安嗎？Paul愣愣望著丁玲。

不在。那時候在保安，離延安還有一天的路。

走路呢？還是坐汽車呢？

走路。那時候，延安還是國民黨的。西安事變以後，我們要延安，才給我們的。啊。

看到紅軍就好了。看到自己人啦。洗腳呀，吃小米飯呀，休息了兩、三天，又走，走了八天，才到。沒有馬，騎毛驢，到了保安。

以後呢？**Paul** 問。

保安只有一棟房子。所有的房子，都給地主逃跑時燒掉了。

那時候，毛澤東也在保安嗎？**Paul** 問。

嗯。他住在窯洞裡，沒有你們在延安看到的窯洞那麼好。保安唯一的那棟房子就是外交部，我們幾個人就住在那兒。

我還是想知道，丁玲，你們怎麼進入延安的？一九八〇年我們去過延安。而且，美國人對延安一向很好奇。

請等一等，**Paul**。我笑著說：你的想像力不要飛得太快了，保安的故事還沒講完呢。我轉向丁玲：到了保安，他們怎麼歡迎妳？

外交部長歡迎我吃了三天好飯！

中國人請吃飯，山珍海味，還說沒菜。**Paul** 中國通的口吻又來了：他們倒的剩菜，我們在美國還可以吃好幾頓。

丁玲笑了：我說的好飯，就是一點點飯，一點點肉。三天以後就沒有了，只有土豆、小米、酸菜。周恩來歡迎我到他家吃了一頓飯，也就是合作社的兩個葷菜，幾個饅頭。還有個別人吃不到的東西，周恩來請我吃了。牛油！他們在陝北邊上搞來的牛油！我吃了牛油！饅頭夾牛油。後來，中宣部舉行了個幹部歡迎會，有二十幾個人吧，在一個大窯洞裡。周恩來那時候是個大鬍子。他坐在門檻上。毛主席進來了，披了件棉大衣，大家就笑他：毛主席今天漂亮啦，刮了臉啦。毛主席說：我還沒理髮呢。

Paul 說：丁玲，是不是在那個場合，毛澤東為妳寫了首詩？

不是，是後來寫的。洞中開宴會，歡迎出牢人。就是寫的那個場合。

他講話了嗎？

沒有。他來歡迎會玩玩的，很輕鬆，很隨便，披著棉大衣。

那天他跟妳講了什麼話？

我也記不清了。後來，他才問我：丁玲，妳想做什麼事？我說：我想當紅軍。他說：那很容易。我又說：我想打仗呀！他說：還有最後一個戰，現在正在布置。

和誰打仗呢？

和國民黨呀！毛主席說：快了，要搞胡宗南了。現在胡宗南走投無路了，妳趕快去！最後一戰！結果，我就上了前方，走了八、九天。

Paul 問：向哪個方向走呢！延安，保安，西安？在地理上我還沒搞清楚。

丁玲用茶几做地圖，杯子、盤子、火柴盒……全用上了，一面說：這兒是South，這兒是North，延安在這兒，保安在那兒……

Paul 大笑：丁玲說英文了！丁玲說英文了！

我現在就寫信給北京，丁玲不回來了，她已經開始說英文了。我說。

我們笑成一團，丁玲眼淚也笑出來了。

幾帖素描

◆美麗的眼睛

丁玲在我家見到美國詩人墨文（William Merwin）。

她兩眼盯著詩人說：多美的眼睛啊！

因為我正看著妳。墨文說。

◆紅葉

我們兩對人在愛荷華的田野上遊蕩。Paul 開著車。他突然停車，走到路邊。我才發現那兒有幾株楓樹，初秋溫柔的陽光照得楓葉猶紅還羞。

Paul 摘了幾片，轉回遞給丁玲說：今年秋天最初的幾片紅葉。

我笑說：現在，沒有我的份了。

◆和尚和風暴

一九七八年，我們在北京找妳，絕沒想到，現在，一九八一年秋天，你們在愛荷華。我說。

如夢如幻。陳明笑著套用一句流行小說的語言。

丁玲說：我一直就不想搞那搞這，我只想安安靜靜過日子。但我總是牽涉到裡面去了。有時候我想去當和尚，但我又不能離開這個塵世。

Paul 說：這就是二十世紀的悲劇，你不要風暴，風暴卻把你捲進中心裡去。

是呀！我總是在那個中心裡。丁玲說。

我和**Paul**開車送丁玲、陳明回五月花公寓。**Paul**下車送他們走上一抹石階。他和丁玲握手。丁玲握著他的手，向石階下的我大叫：聶華苓！我喜歡**Paul**！

◆月光，小鹿

月光中的紅樓。樓中長窗前，我們和巴勒斯坦小說家颯哈、丁玲、陳明，喝著西湖龍井。颯哈和**Paul**在一邊談話。我和丁玲、陳明談中國事。

颯哈，**Paul**，過來和我們說說話嘛。我對他們說。

你知道我們談什麼嗎？颯哈問我。她是巴勒斯坦小說家。

不知道。

Paul在談妳！我從來不知道有人像**Paul**那樣愛一個人。

當然也是被愛的人可愛咯。陳明笑著說。

好！丁玲透著威脅的口吻：你說聶華苓可愛！

Paul哈哈大笑，突然指著窗外的園子，小聲說：看，看，小鹿，從林子裡出來了。

小鹿閒閒走進月光。

◆丁玲脫得精光

你們倆在一起，總是手牽手，非常動人。我對丁玲和陳明說：丁玲大姊，沒有陳明大哥，妳活不過來。

丁玲笑了，指著丈夫說：那他更驕傲了。

我讀了〈牛棚小品〉。文革時候，妳把陳明大哥在紙條上寫給妳的信和詩，藏在身上。紅衛兵把妳脫得精光，要把那些紙條拿走，妳捨不得，甚至說：不要拿走，留在我這兒，以後可以作為我的罪證。

唉！丁玲搖搖頭：那個我最受不了了。

陳明說：以前洗澡，有一種大浴室，大家在一起洗。也有個人單獨洗澡的地方。大家一起洗澡，她就不去！她還是很保守的。

紅衛兵要我脫得精光！

為什麼呢？

檢查呀！

唉！

◆茅草屋子

我在丁玲的相冊上，看到一間小茅草屋子。

這就是你們在北大荒的住處嗎？我問。

是呀！

這就是你們在牛棚裡，渴望要回去的家嗎？

是呀！

在那兒住了多久？

兩年多。

妳就是從那兒被抓走的嗎？我問丁玲。

嗯。他們把手銬扣在我手上的時候，我就想：好了，救命的來了。她淡淡笑笑，透著點兒自嘲。

啊？

牢裡還安全一些呀。

「文革」時候，抄家，挨打，是家常便飯。天天晚上，陳明就在窗口縫向外看。我說，你看有什麼用？他們要來，還是要來的。丁玲望著陳明笑了。

我們有點心理準備，總好一些吧。晚上，吃了飯，九點鐘左右，我就要她睡一覺。我說，妳睡吧，我看著。我們等著他們來。

夜晚來幹什麼呢？

整妳呀！拿東西呀！

啊，在牢裡還好一些。什麼牢？

秦城。

◆丁玲和毛澤東

毛澤東給妳寫了一首詩，是嗎？我問丁玲。

嗯。我還有他寫的真跡。

妳在延安時候，江青是個什麼樣子？我問。

丁玲撇著嘴，兩手在領子上扣別針的樣子，頭一扭說：就是這個樣子，小家子氣！會逗男人喜歡。我說。

對！對！她唱起〈打漁殺家〉，滿台跑！丁玲用手打了個圈子，彷彿那隻手就是在戲台上跑的江青：她用各種辦法叫毛主席喜歡呀，三流演員那一套，全拿出來了。那時候，我還為她不平。騎馬吧，她沒馬騎，跟在後面走。毛主席演講，她站在一邊，和其他侍衛一樣。

妳常去看毛主席嗎？

他們結婚之前，我常去。他們結婚之後，我就不去了。他們結婚請客，今天請幾個，明天請幾個。我沒有去。

毛澤東贈丁玲的詩：

壁上紅旗飄落照
西風漫卷孤城
保安人物一時新
洞中開宴會
招待出牢人
纖筆一支誰與似
三千毛瑟精兵
陳圖開向隴山東
昨日文小姐
今天武將軍

◆阿漫納——丁玲和Paul

阿漫納一溜七個村子。

丁玲夫婦和我們倆開車在一望無際的田野上駛向阿漫納。

Paul 對丁玲講阿漫納的故事。

一八四二年，一群追求宗教自由的德國宗教徒，從德國到美國，在紐約州水牛城附近落腳定居下來。他們發現水牛城逐漸都市化了，一八五五年，結隊趕著馬車從紐約漫遊到中西部，看上了愛荷華河谷綿綿起伏的田野，便停下來了。那正在美國南北戰爭之前。他們施行公社制度，沒有私有房產田地，一切為公社所有，人人為公社服務。他們自成一獨立的烏托邦，不和外界通婚，不受外界的教育，不為外界工作，不講究修飾，不慕名利虛榮。教堂和住家的屋子沒有分別，內部白牆，原木地板，不上油漆，沒有色彩，沒有裝飾，沒有樂器，只有教堂讚美詩的歌聲，和長者所講的聖經教理。女人一身黑袍，黑色無邊小帽，帶子在領下打個小結，不塗脂粉，沒有穿衣鏡，因為身子純潔，不容肉眼看到，甚至自己也不能看。

公社？美國也有公社？丁玲問。

美國也有。阿漫納公社延長了八、九年，是美國，也許是世界上延長最久的公社之一。阿漫納在三〇年代就終止公社制度了。

啊，我們正要實行公社制度呢。

哈！Paul 調皮地笑：美國比中國先走一步。

先走一步，後走一步，沒有關係，只要能走下去，就行了。丁玲說。

Paul 說：阿漫納公社是人人平等，不論工作和能力高低，收入完全一樣，住房平均分配，吃大鍋飯，人人有工作。

什麼人做領導呢？丁玲問。

他們有個最高委員會，管理宗教和日常事務。他們要的是和平、樸實、謙恭、單純的生活，皈依基督，信仰上帝。現在，他們工業化了，有私有財產了。他們的電器是美國有名的。我們家的冰箱就是阿漫納造的。他們的子弟到外面的大學去念書，也許永遠不回來了。他們的女兒也可以嫁給外地人。他們第一個嫁出去的姑娘，就是我的外曾祖母。

有意思，有意思。講給我們聽聽。丁玲說。

那是Paul最喜歡講的故事。我說。

好，南北戰爭結束了。我那年輕的外曾祖父退役回老家雪松川，路過阿漫納，看見一個好看的姑娘在井邊打水，他走上前去和她說話，她不理他。他說：好！有一天，我一定回來！他果然回到阿漫納娶了她。現在，那姑娘就葬在阿漫納墓園裡。

對，對！我說：我和Paul去過那墓園。所有的墓碑都是長方形，小小的，大小一樣，不分長幼。

Paul，你那個老祖宗一定是個逗姑娘喜歡的小伙子。

很帥！穿著軍裝，佩著刺刀。我小時候看到那照片，學著他那神情，照了一張相。看到他的鬈髮，我就希望有一頭鬈髮。

Paul和我們一起大笑。

謝天謝地！幸虧你沒有鬈髮！當年的阿漫納，男女可以約會嗎？我問。

不可以，當然不可以！不過，眼睛也可以約會呀！我給你們講一個阿漫納故事，浪漫的故事，非常浪漫！Paul故弄玄虛笑笑：阿漫納家家戶戶門前有一溜矮矮的木柵。姑娘們喜歡站在木柵前面說說話。她們不能穿色彩鮮亮的衣服，有的姑娘就在黑色的小帽上插一朵小花，粉紅、淡紫、天藍的小花，都是從她們自家園子裡摘下來的。漂亮的姑娘就特別打眼。過路的男人都會看她一眼。有那麼一個姑娘，那麼一個男人，兩人的眼睛在木柵前碰上了。男人說：妳帽子上的小花很好看。姑娘笑一笑。那就是約會了。他們可以在唯一的一條小街上散散步，在愛荷華河橋上會面，說幾句知心話，冬天一道在結冰的河上去溜冰。姑娘不斷在冰上摔跤，男人說：妳乾脆在背上繫一把掃帚，可以把冰掃得乾乾淨淨。阿漫納的年輕男子就是那樣子浪漫。

我們的車子就在那樣一條小街的木柵前停下了。「牛鞅餐館」門口掛著一個牛鞅子。大大小小的木桌子，素淨的藍格子桌布。一眼望去，許多大腹便便的愛荷華農人，也有附近大學的人，帶著家人或客人，在本地人自詡的「旅遊勝地」吃一頓德國飯，就像美國人去唐人街吃一頓中國飯一樣。

丁玲談到她在康州去拜訪史諾前妻海倫。

啊，Edgar Snow。Paul說：中西部人，三、四〇年代報導亞洲的名記者，在中國十幾年。我看過他三〇年代寫中國的書《紅星照耀中國》（*The Red Star Over China*）。他去過延安，同情共產黨，佩服毛澤東。

很對！很對！丁玲高興地回應：一九三七年吧，我在延安見到他的夫人海倫。她在延安很活躍，灰軍裝，紅皮帶，拿著照相機到處跑，很惹人注意。你知道她嗎？丁玲問Paul。

不知道。

啊。我們四十幾年沒見了。我一定要去看看她。看到她很難過。一間小屋子，一張床，一張沙發，一張小桌子，一把椅子。一個小櫃子掛著氧氣筒，原來她得過心臟病。屋子破舊，小院子堆著亂七八糟的東西，兩棵樹也要枯死了。她住在一間屋子裡，我第一次發現美國人沒有客廳。在屋子裡坐下，她對我說：妳是不自由過的，妳的不自由，因為政治問題。我現在也不自由，因為我窮，是經濟問題。後來我才知道，她住一間屋子，為了節省暖氣，另一間屋子租給人了，繳的電費比收的房租還要多。她只靠一百五十塊錢社會保證金過活。我們在中國，像她那樣身分的人，一定得到政府很好的照顧。史諾是那麼有名的作家！

Paul說：在美國，她已經離婚的丈夫，和她毫不相干。甚至史諾多有名，也不相干。美國政府也不能特別照顧史諾，他有他的退休金和社會保證金。海倫只有一百五十塊錢社會保證金，因為她自己沒有工作過。社會保證金是從你工作每月收入按比例抽出存下來的。人人得有工作。沒有工作過的人，就只有那麼一點點社會保證金了。

這個資本主義制度太冷酷了。

妳坐牢，就不冷酷嗎？

那是人整人，不是制度。有些人就是要迫害人！

但是，制度可以給那些人權力去迫害人！

你說共產黨，是不是？丁玲站了起來，圍著桌子走：共產黨不斷在改正錯誤。我個人近二十年的遭遇證明了這一點。我現在不就在美國嗎？中國不會再搞人為的政治運動了。我們不必為生活擔心，我們也不必為寫作煩心。我們沒有個人欲望。

美國也是不斷改正錯誤的。美國人民可以批評總統，可以批評政府，糾正他們的錯誤。美國……

丁玲對我擺擺手：華苓，不要辯了，好不好？

我拿起酒杯，大聲說：喝酒！喝酒！

Paul 立刻舉起酒杯說：好！丁玲，敬妳酒！今天是給妳送行呀。希望我們再見！

他們沒有再見。一九八六年，丁玲去世了。一九九一年，**Paul** 也走了。

丁玲和 **Paul** 兩人，彼此好奇，彼此喜歡，彼此尊重。他們兩人都飽經二十世紀的風雲變幻。他們兩人都有靈敏的感性和率真的性情。他們甚至同一天生日，十月十二日。他們都有非常堅定的使命感，所不同的是丁玲對共產黨的使命感，**Paul** 對美國夢的使命感。丁玲和 **Paul** 兩人在一起，一本現代史的大書就在我眼前攤開了。

壓不扁的玫瑰——楊逵，一九八二

小伙子，大家來賽跑
不為冠軍，不為人上人
老幼相扶持
一路跑上去
跑向自由民主
和平快樂的新樂園

楊逵一九八二年在愛荷華寫下這首詩，臨走時送給我和Paul，還有一顆台灣玲瓏的珊瑚。愛荷華也正是楓葉珊瑚紅的時候，他和兒媳蕭素梅離開愛荷華回台灣。

風骨嶙峋的字跡，自然樸真的珊瑚，也就是他那個人。我永遠記得他在密西西比河上，在落日微風中，用他那沙啞的聲音唱〈補破網〉。

見著網
目眶紅
破到這大孔
想要補

無半項
誰人知阮苦痛
今日若將這來放
是永遠無希望
為著前途穿活縫
尋傢司，補破網……。

那詩，那歌，就吟出了楊逵那個人。為著前途穿活縫，尋傢司。他尋到的是筆桿子。

楊逵一九〇五年出生於台灣。一九二四年中學畢業後去日本，在大學夜間部文學藝術科讀文學。半工半讀，做過送報工。一九二八年回台灣，積極參加抗日農民運動和文化運動，被日本統治當局逮捕入獄十幾次。一九三二年，白天砍柴，晚上寫作，他的代表作〈送報伕〉，就是那段日子寫成的。一九三四年參加台灣文藝聯盟，是《台灣文藝》的日文編輯。一九三六年創辦《台灣新文學》，次年台灣總督下令禁止漢文，被迫停刊。他創立首陽農園，種菜養花，首陽取自春秋時期伯夷、叔齊不食周粟餓死首陽山也不屈服之意。他的作品有〈送報伕〉、〈靈籤〉、〈模範村〉、〈種地瓜〉、〈萌芽〉、〈紳士連仲〉、〈萌芽和模範村〉。戲劇創作有《父與子》、《豬哥仔伯》、《剿天狗》。《羊頭集》是散文和評論的集子。小說集《鵝媽出嫁》，日本當局禁止出版發行，直至一九四五年台灣光復後才出版。

楊逵是台灣日據時代的老作家之一，是台灣新文學運動中的重要作家，有強烈使命感和民族意識，文筆樸實，寫出日據時期的社會現實。

一九四九年四月六日，楊逵發表〈和平宣言〉，登載於上海《大公報》，主張和平解決國共內戰，要求國民黨當局釋放「二二八事件」中被捕者，被國民黨當局逮捕入獄，判刑十二年，囚於火燒島。坐牢時間十倍於他在日本統治下十次坐牢的總和。他在牢中改用中文寫作，寫出〈壓不扁的玫瑰〉等短篇小說。一九六一年出獄後，在台中大度山開墾一個花圃，命名「東海花園」。那色彩繽紛的鮮花，就是他寫的詩。有人問他是否還寫詩。

他笑著說：在寫，天天寫。不過，現在用的不是筆紙，是用鐵鍬寫在大地上。

一九八二年他在愛荷華，七十七歲的楊逵，瘦小的身子，單薄的兩肩，背著旅行包，在大夥人前面，小跑步似的不停地走，走，走。我就想：那麼瘦弱的人，如何擔得起五分之四的二十世紀的滄桑？只因他自己所說的：

能源在我身
能源在我心

寫著，寫著，我又看到，聽到一九八二年愛荷華的楊逵了。

那年秋天，楊逵由他兒媳蕭素梅陪伴來愛荷華，見到世界許多地區的作家，也見到大陸來的劉賓雁和陳白塵，他們彷彿一見如故。我們一夥人到美國朋友丹恩夫婦的農場上去野餐。他們一家三代全來和我們聚會。丹恩首先舉起他八個月的小孫子向我們炫耀。胖嘟嘟的小手向楊逵招著，楊逵和嬰兒一樣開心地笑。主人將嬰兒放在地板上，向我們介紹他的農場：他們夫婦倆，和兒子以及一個助手，四個人種一千多畝地，養十頭牛，還開了一個霜淇淋店。小嬰兒在爺爺腳邊的地板上爬來爬去。丹恩講完了，我們突然發現楊逵和嬰兒一同在地上爬。一老一小，趴在地上，昂著頭，互相望著呵呵笑。就像兒歌唱的：

你對著我，笑嘻嘻

那是我此生所看到的最美的人景之一。

我也從他兒媳素梅那兒更認識了楊逵。她對公公的孝心和愛心，也是一幅美麗的人景。他一咳嗽，她就為他捶背。他講話太興奮了，她就說：爸爸，休息一下吧。素梅對公公照顧得無微不至。

我和我爸爸是同學呀，素梅指著楊逵，連說帶笑對我說。

同學？

我們關在火燒島上的人，都叫同學。

妳也去了火燒島？

素梅仍然微笑著，若無其事地點點頭。我在火燒島五年，從一九五〇年到一九五五年。

啊！你們在火燒島上碰見過嗎？

見過。爸爸可不認識我呀！素梅透著點兒調侃地笑望著楊逵。遠遠看到他，我知道他就是楊逵。

啊！我看著楊逵。他歉然笑笑。妳怎麼做了他的媳婦呢？

我佩服爸爸呀！才嫁了他兒子。

我一下子愣住了。許多女人因為爸爸有錢、有權、有勢，才嫁給兒子。因為爸爸的精神感召而嫁給兒子的女性，我還是第一次見到。

素梅反映出來的楊逵形象更真切更感人了。

他們離開愛荷華的前一天，我們三人在河邊餐館相聚。楊逵告訴我，他此生有一個願望，就是將他多年用鐵鍬寫詩的大地——東海花園發展成文化村，有紀念館，劇場，兒童樂園，當然，還有作家生活寫作的地方。

就像愛荷華！楊逵笑瞇瞇地說。

希望在那兒再見你……

我還沒說完，他已咳嗽起來了。

一九八八年，台灣終止戒嚴法，在余紀忠先生各方奔走後，我才能又去台灣。楊逵已於一九八五年三月十二日病逝台中。

無緣再見楊逵，非常遺憾，所幸我在愛荷華已經看到那座閃耀人性光輝、超越民族意識、永遠屹立的楊逵形象了。

踽踽獨行——陳映真，一九八三

我在台灣從沒見過陳映真。一九六〇年，只有二十三歲的陳映真，在《筆匯》發表一連串小說〈我的弟弟康雄〉、〈家〉、〈鄉村的教師〉、〈故鄉〉、〈死者〉、〈祖父與傘〉。那年正是《自由中國》事件發生，我和外界隔絕，自我放逐，心情極端虛無，沒有讀到陳映真的小說，也沒有見到陳映真，很遺憾，更何況當年他一定是個俊美的男子。一九六四年，我到愛荷華以後，才讀到他的小說，如〈第一件差事〉、〈最後的夏日〉、〈我的弟弟康雄〉，以及後來的〈鈴鐺花〉、〈山路〉，隱約感到他的憂鬱、激情和孤獨。在那個恐怖時代，作家的傾向，盡可能不觸及社會現實。陳映真獨樹一幟，他的小說不局限於鄉土，不賣弄現代，而是基於對人的終極關懷，基於人性，用藝術的手法，挖掘社會現實，表達他的思想，而他的激進思想，是當時的權力統治者要封閉剷除的。

陳映真是思想型的小說家。他的思想可以從他小小的年紀追溯起。他十歲那年，目睹台灣二二八事變，看見被人打在地上呻吟、鞋襪沾著血跡的外省人，聽著大人神色恐懼地談論國民黨軍隊揚威台北。上小學五年級時，老師在半夜裡被軍用吉普車押走，就住在他家後院的兄妹倆也被人押走。他讀初中時，眼看著憲兵在火車站貼出的告示：「……加入朱毛匪幫……驗明正身，發交憲兵第四團，明典正法。」讀初中時在父親的書房發現魯迅的小說集《吶喊》，啟發他對文學的思想的探索。他也讀契訶夫、屠格涅夫、托爾斯泰，畢竟沒有魯迅的《吶喊》那麼親切。上大學時，他對於知識和文學如飢如渴，讀西洋文學，在台北舊書店搜尋魯迅、巴金、茅盾、老舍那些作家的作品，甚至找到《聯共黨史》，史諾的《紅星照耀中國》、《馬列選集》這些沒人敢碰的禁書。他細讀美和審美的社會功利性以及藝術的勞動起源這一類的美學。一九五九年，他開始寫小說了，在尉天驄主編的《筆匯》發表。從此他沒停筆，用他冷峻而又豐潤的筆，寫出大量精緻、理性、批判性的作品。同時，他的左傾思想渴求實踐，和幾個年輕人組織讀書會，那和台灣的現實是絕對對立的。

一九六八年，我和Paul邀請陳映真到愛荷華來，同時接受邀請的，還有捷克劇作家、後來成為總統的哈維爾（Vaclav Havel）。兩人都缺席了。陳映真被捕入獄，哈維爾在蘇聯坦克車進入布拉格時，逃入地下。

我和Paul決定為陳映真辯護。明知那是枉然，早在一九六〇年的雷案即是一例。但我們要對陳映真的被捕表示抗議，提醒當局尊重法治，唯一的辦法，是在台灣找律師為陳映真辯護。沒人敢接那件案子。終於找到一位在台的美國商務律師，當然，他要預付律師費。Paul找到一筆錢，電匯給律師，但給那個隱而不見的最高權威扣下了。陳映真由軍法審判判刑十年。一九七五年，蔣介石去世百日忌的特赦，提早三年獲釋。他一出獄，就給我和Paul寫了信。他在給我的另一信中說：

……在主觀的願望上，我希望能以寫小說終此一生，雖然有許多困難——諸如自己才能的，經濟的，環境的限制——但我相信我會努力地走完這條路，不是對於自己有什麼自信，而是除此之外，我已一無所能，一無所有。

我看不出在一定的未來時間我能有機會到您那兒去。我倒覺得去不去並不重要，重要的是我怎樣同自己的民族和歷史合一，做為反映我們民族和歷史的一個卑微的器皿……

一九七九年九月四日早上，美國詩人辛普森（Louis Simpson）來我家吃早點，在門口按鈴，廚房的電話同時響了。

陳映真又被捕了！家也抄了，父親的家也抄了，岳母家也抄了。帶走了幾箱書。他坐了八年牢，四十二歲了，再坐牢，這一輩子就完了！我們實在不懂。他上次出獄以後，沒有任何越軌的行動和言論。他結了婚，辦了個小印刷廠。他忙著養三家人！父母、養父母、岳家。朋友八月間回台灣看到他，臉色蒼白，提著一個公事包趕計程車，忙得不得了。我們實在不懂，好好一個人，為什麼不讓他過點自由的日子……

陳映真的弟弟映澈講著講著，聲音哽咽了。

我和Paul根本沒吃早點。辛普森胡亂吃了一點。我們都很沉重。三個人談了一上午，討論如何拯救陳映真。辛普森是美國很有名望的詩人，得過普立茲詩獎。我與Paul和陳映真已神交多年，但對於辛普森，陳映真就完全是個陌生人了。

第二天早上，辛普森又在我家吃早點，當天他就要回紐約。他在我家廚房連著吃了兩天早點，廚房的電話響個不停，我則像熱鍋上的螞蟻，在電話和爐子之間跑來跑去，接電話，打電話，和美國各地的中國朋友討論陳映真被捕的事。

我從沒見過一個人家的廚房有這麼多活動，這麼強烈的情緒，又有這麼好吃的食物。辛普森說。他面前擺著陳映真的英譯小說和他的英文簡歷，準備帶回紐約。

電話鈴又響了。

出來了！出來了，我哥哥出來了！

我轉身對Paul和辛普森大叫：他出來了！他出來了！

映澈繼續說：不是釋放呀，是交保候傳呀，隨傳隨到，案子還在偵查之中。

偵查什麼呢？

連他自己也不知道。

陳映真被捕三十六個小時以後，又奇蹟般地獲釋。他不知道為什麼被捕，也不知道為什麼突然獲釋。

他在〈關於十・三事件〉的文章裡寫他當時的心情：

……我在四日夜間九時許被送到警總軍法處，開過一個諭知交保候傳的庭，就由內人具保，回到家裡。我立刻駛車到北投見我年邁的父母。在知道我被捕後一直出奇地安詳，被一位年輕的治安人員讚譽「真有基督的生命的長者」的父親，看見了我，才猛然擁我入懷，我淚落地跪俯在他抖顫的懷中，不知是悲戚還是再生的喜悅……

我和**Paul**仍堅持邀請陳映真來愛荷華，一年又一年，一直到一九八三年，台灣當局一再壓制，我們一再努力，還有海外作家學者的聲援，他終於來到愛荷華。那是我們第一次見面，也是他和大陸作家第一次見面。那年從大陸來愛荷華的是吳祖光、茹志鵑、王安憶，還有台灣的七等生和香港的潘耀明。陳映真和他祖國的作家相聚，正是他多年想望的一天。他先一天到達，要和我一道去機場接他們。大陸的作家看見陳映真，也非常高興。他們好像久別的家人，一見面就談個不停，彼此好奇，彼此關懷。陳映真對他們說：你們說的話，我要記筆記的。他立刻言歸正傳。

那年是中國作家在愛荷華最有趣最動人的聚會。吳祖光詼諧，茹志鵑沉毅，潘耀明寬厚，王安憶敏銳，對人對事，都有她獨特的見解。她最引人注意，紮兩條小辮，明麗透著點兒靦腆，偶爾冒出一句一針見血的話，多帶批判性的。她對新鮮事物特別有興趣，比其他中國作家活動都多一些。七等生風流去了。其他幾位常到我家來，談笑之中皆見性情，甚至透露政治意味。所有的作家都住在五月花公寓，就在我家這小山旁邊。陳映真有時趿拉著拖鞋，端著一鍋紅燒蹄膀上山到我家來。看著他那神歡形忘的樣子，似乎從往日的崎嶇回歸平常了，我衷心為他高興。

一天，吳祖光從密西西比河帶回新鮮活魚，陳映真建議蒸了下酒。潘耀明和吳祖光住在一起，他燒得一手好菜，當然是他下廚了。Paul 一人留在家裡，對我說：妳去喝酒吧，機會難得。

魚蒸好了，陳映真還沒到。

吳祖光說：陳映真給國民黨綁票綁走了。

王安憶說：我聽見他在走廊吹口哨。

我們吃魚，喝酒，不斷給陳映真打電話，沒人回應。魚快吃完了，他來了。原來他在洗衣房洗完衣服，阿根廷女作家突然開門，請他進去喝杯茶。她談到自己身世，猶太人家庭，父母從俄國去阿根廷，母親有精神病，她精神壓力很大。

原來你吹口哨，她就開門了。我說。

他笑說：她太老了，否則，洗也洗不清。

他們到我家來看訪問五位中國作家的錄影帶：丁玲、茅盾、艾青、巴金、曹禺。

陳映真說：真過癮，不必左顧右盼。

我笑說：這兒沒人打小報告。

看完五位作家的訪問後，他說：大陸上的作家吃了那麼多苦，我所吃的苦算不了什麼。

在大陸作家之中，他對年輕的王安憶最關心，最好奇，也最讚賞。那時大陸作家的作品還不能在台灣發表。他在愛荷華一口氣讀完她送的幾本集子。一九八四年，他將王安憶的〈本次列車終點〉發表在台灣的《文季》，也許是台灣初次發表大陸作家的作品，而在那年代的台灣，那是很大的忌諱。

他評王安憶：

……做為一個年輕一代的作家，她的焦點和情感，毋寧是明顯地集中在年輕一代的遭遇和感受上。她在作品中所透露的批判，雖然沒有大陸年輕一代哲學家的深刻，但她所提起的質疑，卻有王安憶的認真和誠實，感人至深。

當然，陳映真對第三世界的作家非常有興趣。他特別訪問菲律賓詩人、戲劇家和文學批判家阿奎拉（Reuel Molina Aguilla），談論菲律賓在西班牙和美國殖民期間的文學和語言問題，以及目前的文學思潮。在長時間的訪問中，最後他問到文學和革命的關係。阿奎拉的回答是：文學不能使革命成功，文學也不可能改變世界。文學只能喚起民眾，喚起他們對公理、正義、愛和和平的意識。

那年有位西班牙作家卡洛斯（Carlos Alvarez）。大家一同乘車到外地去遊覽，黠慧的巴勒斯坦女作家卡梨菲（Sahar Khalifeh）在他身邊坐下。

他只能說幾個簡單的英文字。她轉身對我調皮地笑著說：他用完了那幾個英文字，我就過來和妳聊天。

你喜歡美國嗎？她問卡洛斯，說完和我一起大笑。

喜歡，美國人。政府，不。

你結了婚嗎？

沒有。啊，結了。啊，沒有。和一個女人一起。

我們又大笑。

為什麼不結婚？害怕女人嗎？

是的。離婚。

他們就那樣子用最單純的語言，卡洛斯表達了複雜的個人歷史。他在佛朗哥時期坐過好幾次牢。他為被暗殺的共產黨抗議，在外國發表文章，坐牢，為工人說話，坐牢。最後一次，判刑四年，在佛朗哥死時，大赦釋放，坐了二十個月的牢。他從一九五七至一九八二年，是共產黨員。

我要訪問你！陳映真大聲說，他正好坐在卡洛斯身後。

那年秋天，Paul 患後腦炎，感染細菌，多次去醫院檢查，終至動手術開刀，映真和我以及家人一同照顧他，和我患難與共。在醫院等待室，我和他有談不完的話，談的多半是當時台灣的情況。

你是個宗教家庭，怎麼對左傾思想有興趣？我問。

我爸爸從小就教我們，我們是中國人，所以從小我們就認為中國在那邊，那兒才是我們的國家。父親有魯迅的書，中日對照。我拿來看，也不太懂。後來讀中學，看書有些懂了。讀大學時候，我在舊書攤找到一些抗戰時期的書，和魯迅的書正好配合。我的求知欲特別強，找很多書來看。那時日本外務部有預備外交官到台北來學中文。他們那時就準備以後對付中共呀。他有許多關於中共的書。他說我可以去看，他還把鑰匙給我，我可以隨時去看書。後來，他要走了，對他下一任的人說：這個年輕人不錯，書可以盡量給他看。史諾的《紅星照耀中國》對我影響很大。「文化大革命」發生了，世界許多國家受到影響，到處是學生運動。我在牢裡，有共產思想的人，有兩派：一派贊成蘇聯式共產，另一派贊成中國應該有自己的制度。

你們在牢裡可以談共產主義嗎？

在放風的時候談嘛。反正已經進去了，還怕什麼？哎呀，那時我真佩服「文化大革命」呀！

我一九七八年、一九八〇年去大陸，才知道千千萬萬人受到傷害。

那時不懂嘛！我們有個讀書會。我弟弟老六，那時候讀中學，他也受了影響，他把我油印的文字拿去印了，分給他的朋友看，他有另一幫年輕人。我完全不知道，他不讓我知道。後來，我被抓，他也被抓了。我先在警總，後來在台東的監獄，最後三年在綠島。一出獄就打開收音機，蒙在被子裡聽，剛好是國際歌，我眼淚直流。

你第二次被捕，到底為什麼？

不知道。為什麼放我，也不知道。我一進去，就要我填一種表，那種表是判刑以後才填的。

我笑說：你對坐牢可是很有經驗了。

我第二次一進去，就叫我填表，我心想：完了。第二天，他們把皮帶那些東西還給我，我還以為他們要把我帶到別的地方去。直到我太太、岳母來保我，我才相信，他們真是放我了。

一九八三年陳映真在愛荷華，他父母在美國奧馬哈女兒家。十一月中旬，兩老和女兒、女婿以及兩個外孫女，帶了一桌酒席，特來愛荷華和我們聚會。陳伯父見到Paul，兩人相擁流淚。他們邀請了所有的中國作家到我家，還有韓國詩人漢學家許世旭。陳伯父和吳祖光擁抱，也是淚汪汪的。

陳伯父在飯桌上起立講話，聲音哽咽：十幾年以前，映真出事，親戚朋友全不來了。那是我家最黑暗的時期。那時候，一個美國人，一個中國人，素不相識，卻對我們很大的支持，這是我一輩子也不能忘記的。我們家一向是向著大陸的，今天可以和大陸的作家們在一起，這也是因為他們兩位的關係。我也要特別謝謝他們。

Paul接著說：世界就應該是這個樣子。今晚是我們在愛荷華最動人的一晚。

陳映真在〈現代主義底再開發〉一文中寫過：

> 一個思想家，不一定是個文藝家。然而，一個文藝家，尤其是偉大的文藝家，一定是個思想家。而且，千萬注意：這思想，一定不是那種天馬行空不知所至的玄學，而是具有人底體溫的，對於人生、社會抱著一定的愛情、憂愁、憤怒、同情等等思索的人底思索者，然後他才可能是一個擁抱一切的良善與罪惡的文藝家。

陳映真就是具有人的體溫、人的骨頭、人的勇氣的文藝家，一直在他稱為「台灣當代歷史的後街」中獨行，即令現在，在二十一世紀的今天他仍然是寂寞的，焦慮的，在另一條後街中踽踽獨行。

母女同在愛荷華——茹志鵑和王安憶，一九八三

一九八三年的愛荷華，有一個非常戲劇性的秋天。

在那之前，我讀到茹志鵑的幾篇小說，最欣賞的一篇是〈剪輯錯了的故事〉，在七〇年代的中國文壇，那篇小說在創作手法上，是一個大突破。由於作者巧妙的技巧，小說所表現的人物是多面的，所寫人與人之間的關係是複雜的，所提示的社會問題是客觀的。整篇小說充滿了溫柔敦厚的諷刺和詼諧。〈剪輯錯了的故事〉由一場一場的「景」，共七個「景」而組成。每一「景」是個特寫，集中在一個主題上，幾乎可以自成一體，成為一篇小小說。七個「景」又互相交錯在現在和過去之間。細緻的結構，有節奏的文字。甚至每一景的小標題，也新穎而有含義，例如「拍大腿唱小調，但總有點寂寞」。小說的意義不僅隱含在故事中，也隱含在人物刻畫中，甚至在小標題中。

一九七八年，我在離鄉三十年後，和Paul及兩個女兒一同回鄉。那時我和Paul就十分希望邀請作家來愛荷華，在北京曾努力過，和夏衍先生也談過，根本不可能。一九七九年中美建交後，中國作家才能應邀到愛荷華來。那幾年來的作家，都是文革後的「出土文物」。他們是犧牲過而又被犧牲的一代，活過抗戰，活過國共戰爭，活過「文革」，終於得到第二次解放。他們對隔離了多年的世界，充滿渴望和好奇。

一九八三年，吳祖光和茹志鵑應邀來愛荷華。王安憶那年二十幾歲，已出版小說集，一九八二年並以〈本次列車終點〉獲全國優秀短篇小說獎。那時她的短篇小說就已鋒芒畢露，例如〈迴旋曲〉。小說用非常簡潔的對話，提示了一個社會問題。〈迴旋曲〉分三節，每一節有不同的旋律。每一節提示一個問題。三節提示了三個問題：戀愛期間的問題，結婚期間的問題，結婚以後夫妻分居的問題。第一節一對戀人的旋

律如月光小夜曲般優美，第二節的旋律迫切急促，新婚夫婦要找一個旅館度蜜月。第三節婚後分居兩地，怨而不哀，平淡透著無奈。整篇小說充滿反諷。王安憶在那之後不斷發表作品，不斷出版長篇短篇小說的書。紮著兩條小辮從上海弄堂走出來的小女子，多年之後，已成為當代中國文學的重鎮。《長恨歌》可說爐火純青了。王安憶在上海小市民的命運中，看到「人」的處境。小說是一副大型工筆畫，既細且大。王安憶以一個大時代的變動為背景，用周密的細節結構出一副大型畫面，細緻入微地描繪其中一個個小人物。整幅畫隱喻著生命的無奈。但在一九八三年，二十幾歲的王安憶還得隨母同行。

那年陳映真在我們多次努力以後，來到愛荷華。也是他第一次從台灣出境。因為左傾思想而坐牢八年，一出獄就蒙著被子聽中國大陸的消息，聽到國際歌熱淚滿面的陳映真，居然在愛荷華碰到來自中國大陸的茹志鵑、吳祖光、王安憶，還有個香港的左派潘耀明！他真個是如魚得水，笑得很開心，有時調皮地賣弄一兩句黨的領導的話，還是標準的京腔。

他對王安憶是老大哥的關懷、探究、欣賞——她是年輕一代的希望。王安憶對他是女孩對兄長的信賴和仰望，但有時也一針見血點出他的迷信。陳映真和茹志鵑一拍即合。他好不容易碰到一個祖國來的同志！茹志鵑呢？一個台灣同胞居然有如此進步思想，實在佩服！

吳祖光對中國的現實多持批判態度，慷慨激昂，毫不留情。王安憶是探索者的質問，透著年輕人的叛逆。她對吳祖光那一聲「伯伯」叫得還是很親切的。

茹志鵑和王安憶母女在思想和對現實的看法，正如她們的創作，都反映了兩個不同的時代。王安憶對母親常持反對態度。母親對她永遠微笑著。

我在他們之中，可有戲看了。

王安憶紮著兩條小辮，羞澀透著好奇，閃亮的眼睛可是不停地搜尋。我特別安排一位讀文學博士的助教Anna帶她參加許多活動。她們成了朋友。安憶目不暇接，總是很興奮的。她是歷年在愛荷華活動最多的中國作家，和美國年輕人的接觸也最多。她活動之餘，才來參與中國作家的聚會，攪在中國人憂國憂民的情結之中。但她比他們灑脫。她擺脫牽牽絆絆的中國事，獨立在那一刻而看外面的世界。

茹志鵑和我同年，但生活經歷完全不同。彼此好奇。我們常常談到不同的過去。你那時在哪兒？你那時在幹什麼？彼此常有這樣的問話。

他們有時從山下的五月花走上山到我家。王安憶參加活動去了，她對我們這些人的談話沒興趣。

茹志鵑問到我過去的生活。我談到一九三六年正月初三父親在貴州被紅軍殺死，屍首不全。

貴黨實在太殘忍了，陳映真笑著對茹志鵑說。

那時候就是那樣的呀，茹志鵑說。

那年我十歲，父親靈柩從貴州回武漢。小弟弟華桐只有幾個月，從沒見過父親……

妳知道那時候我在哪兒？茹志鵑說。我姑母要把我送到尼姑庵去當尼姑！

妳竟當了解放軍！妳和王嘯平在哪兒認識的？

在解放軍裡呀！他是導演，我在文工團。我們渡江以後，在南京結婚的。

渡江以後，妳在南京結婚呀！我大叫了起來。那時候，我們剛從南京跑走，跑到北平，又跑！跑到上海，又跑！跑到武漢，又跑！跑到廣州，又跑！八路軍跟著我們追！妳就在那時候在南京結婚呀！

我們大笑。

茹志鵑從小是孤兒，住在孤兒院。一九四三年十八歲，跟著哥哥到蘇北解放區，參加新四軍，分配到部隊文工團工作。

我談到台灣的生活，談到大弟漢仲：他抗戰末期加入空軍，飛行偵察日本人。後來偵察你們共產黨！我指著茹志鵑笑了起來。一九五二年，在台灣例行飛行失事，他才二十五歲。

我和妳不是錯過了，就是幹上了。茹志鵑說。

一點也不錯！我第一個丈夫，在你們抗美援朝的時候，正在東京的盟軍總部當翻譯官，打北朝鮮！我們又幹上了！茹志鵑揮起拳頭，一面笑著。

有一位臨時來訪問的中國作家演講，題目是「中國的知識分子」，因為題目尖銳，而且用英文講，聽眾滿堂。他講到幼年家境貧寒，遭受迫害，勤工儉學，留學英國，解放前一刻回國。那以後的經歷，幾句話就滑過去了。講完聽眾提問題。

你在二十幾年的沉默中，寫作沒有？有人問。

沒有。

為什麼？

我不要和文學發生關係

一九七九年中美建交以後，才有中國作家來愛荷華，我發現他們講話很小心。最近中國好像開放一些了，並且制定了憲法。不知道年輕人如何反應？

那位作家笑笑：嗯——這個問題，這個問題，在於……

我所接觸的年輕人對此毫無興趣！吳祖光代他回答了。

王安憶是年輕人呀！有人說。

我們有興趣的是現實問題，不是紙上的文字，她說。

假若中國有法治的傳統，就不會有這麼多政治運動了，吳祖光做了結論。

散會後中國作家自然是到我家聊天。

伯伯，王安憶對吳祖光重重叫了一聲。您是怎麼入黨的？

文化部長周巍峙把我叫去，要我入黨，我就入了黨。後來，報紙訪問我，要我談入黨感想。我說，不談！

那時，陳映真的〈山路〉在台灣《中國時報》獲得小說獎。我們舉杯慶祝。

映真，為什麼現在給你獎？我問。

我不懂！為什麼在這個時候突然給我獎？

〈山路〉很尖銳呀，我還擔心招麻煩呢！

我們各自揣測。

國民黨開明一些了吧。有人說。

陳映真說：你不懂！這一定是國民黨的政策。中國大陸有一定的政治方向，一定的思想。台灣不是這樣的。他們只是一些不同的官僚在一起，東一下，西一下。沒有系統。

那麼，國民黨變聰明了。

也不是，你不懂！你沒在那個社會生活，你就不知道台灣那個社會。

那麼，到底為什麼給你獎呢？

我也不懂！

但是，有一點是可以肯定的，你出來了，你得了獎。這對你在台灣是有利的。我說。

這是一定的。

我談到波蘭作家葛羅瓦基（Janusz Glowacki）的母親從波蘭打來電報。他家搜查一空，家具，文件，信件，全部搜走了。抄家！

混蛋！吳祖光氣沖沖罵了一聲。

我們有時也笑鬧。有天晚上，當然又是在我家，不知怎麼，大家唱起歌來。陳映真學公雞叫，學母雞下蛋叫。各人唱各人的歌。有人唱起我兒時的歌——〈葡萄仙子〉：

高高的雲兒罩著，淡淡的光兒耀著，短短的籬兒抱著，彎彎的道兒繞著……

我居然學兒時模樣牽著衣角跳舞。大家笑成一團。

茹志鵑第二天告訴我：昨晚我回去後，感觸很深。我們中國人的生活沒有音樂和詩了。我們從沒有像昨天晚上那樣歡笑唱歌。關閉，心靈的關閉。中國是有音樂和詩的民族呀！

王安憶父親是新加坡華僑，一九四二年抗戰時回國，參加解放軍，一九五七年被打成右派。茹志鵑沒告訴兩個女兒和兒子，到「文革」時才告訴他們。

茹志鵑對我說：安憶下放農村時候，十六歲。我和她每星期通兩次信。她在信裡形容她那兒的生活。那時候我就發現她可以寫。譬如，她描寫她住的農家。燕子來做窩，就是吉祥之兆，燕子不來做窩，就是不吉祥。她在一封信裡告訴我：好了，燕子來做窩了。

我對王安憶很好奇，有一天問她：妳現在剛到美國，是什麼感覺？

她說：我印象最深的是美國的富裕。中國人嚷著精神文明。沒有物質，沒有起碼的生活條件，談什麼精神文明？

但是，物質太豐富了，也帶來很多問題。

很對。但我們現在還沒有那些問題。我們只要吃飽飯。以前叫我們學雷鋒，現在叫我們學張海迪！要把我們都從一個模子磕出來，毫無自己的個性。到現在為止，我只看到美國好的一面。

妳以後到了大城市，就看到另一面了。我說。

美國人有活力，又會玩。我們簡直沒有享受到生活！人是自私的，先顧到自己，才顧到社會。自己好了，社會也好了。

有一次，她談到中國的年輕人：生活沒有目標。你會看到一個年輕人，在黑影地裡，靠著電線桿站著，你會看到年輕人很無聊地在街上閒逛嗑瓜子。

安憶，妳回去後，會有什麼感覺？

我會很憤怒。

妳回去後，很難適應了。

我相信。她轉頭笑對陳映真說。你的論調和我們完全一樣！學雷鋒呀！為別人犧牲呀！雷鋒當然好！但我們不要被人逼著去學！

妳必須為整個國家著想，把自己貢獻出去。陳映真說。

我首先得找到我自己，才能把自己貢獻出去！來美國對我衝擊很大，但我是要回去的。我覺得有許多東西要寫。作為一個中國作家，我很幸運！

他們在愛荷華三個月，然後在美國旅行一個時期。

安憶回上海後給我來信：

華苓阿姨：

……這次去美國，對於我的創作，對於我的人生，都是非常非常重要的。世界很大。而我們活動空間和時間都那麼有限。說真的，我實在從心裡感激您和安格爾伯伯給了我這麼一個機會……不僅是可以認識美國，還使我認識台灣，認識香港，認識西歐，東歐，非洲。您為我安排的內容最多。還有藍藍，她對我最大的幫助，是幫助我這麼貼近地去認識了現代舞。這使我對現代藝術、現代生活有了了解。

這些時，我開始去寫東西了。真糟糕，寫得不順心。最近我對自己頗不滿意，已經將兩萬字的一個中篇中途放棄了。心裡也十分煩惱。這也是沒有心情寫信的一個原因。我感覺到自己的創作面臨一個危機。但願能安然度過。

……愛荷華好嗎？聽說愛荷華的春天美極了，花一下子開了。這真是個美麗的地方……

安憶

八四，四，八

華苓阿姨：

……自從我從深圳回來之後，不曉得怎麼一來，開了竅。那些混亂的思想——由於受了極大的衝擊而混亂的思想，似乎一下子條理起來，並且平靜下來，就開了路。讓我能夠坐下來寫東西了。上半年寫的兩個中篇已經發表。這是從美國回來之後頭兩篇小說。反應很大。都說我有了極大的變化，我自己也這麼覺著。下半年開始至今，我已經寫了兩個短篇，兩個中篇。第三個中篇已經在寫第二稿了。這些東西，凡看過的人都覺著，變化和進步很大，認為是我新的里程。我很興奮地等待著它們被發表以後將得到的反應。我有時會默下神來想想這一年的情況。我想大概是這樣的。到美國之後，我得到了一個機會。我是拉開距離來看中國的生活。當我剛來得及看到的時候，只看到一片陌生的情景。距離使往日熟悉的生活變陌生了。而我又不能適應這個眼光。於是便困惑起來。後來，慢慢的，適應了。再度看清了。在距離之外將陌生的又重新熟悉起來。於是，又能寫了……

安憶

八四，十一，十五

郭衣洞和柏楊，一九八四

我先認識郭衣洞。

《自由中國》半月刊，一九四九年十一月在台灣創刊，雷震對編輯委員會的組成，可說煞費苦心，包括當時從大陸去台灣的各方有代表性的人士，如思想激進的殷海光，溫和穩健的北大教授毛子水，開明的國民黨教育部門長杭立武，還有早在三〇年代和施蟄存同辦《現代》雜誌的戴杜衡，也就是為藝術自由而筆戰的蘇汶，他在〈第三種人的出路——論作家的不自由〉一文中語重心長地說：……永遠的沉默，長期的擱筆，確實，有一部分作家是在那兒「靜待」自我的沒落了……

《自由中國》最初的文藝版，只有調劑的作用，沖和嚴肅的政論文章。雷先生那時似乎也不重視。他和大陸到台灣的國民黨文人還有來往，收到他們的小說或散文，也就順手登了。應鳳凰在九〇年代所寫〈《自由中國》《文友通訊》作家群與五十年代台灣文學史〉中，特別著重寫到《自由中國》的文藝作品：

> 十年中只有創刊之初的這段時期，文學作品的「反共」意識形態最為濃厚，刊的幾乎是清一色，單刀直入的反共小說，藝術技巧比較低。撇開意識形態不談，創刊後至一九五二年底，即最前面的三年餘總共（七卷）七十五期，整個文學的質與量，也是前中後三期中成績最差的，這種情況可能與此一時期還沒有一個專責的文藝主編有關。聶華苓是在《自由中國》工作了一兩年之後，有一天雷震在報紙上看到她居然也能「寫文章」，才跑去請她改當編輯，「特別負責文藝稿」的。……
>
> ……根據它已發行的二百多期的文學作品，加以分期分類，從中追蹤其內容與風格的逐漸轉變，也

藉此突顯五〇年代在「反共文學」之外的多樣面貌。這份刊物的本身就具備風格不同的作家群……………十年間二百六十期，登出約三百篇文學作品，包括八部中長篇小說，三部劇本，及其他新詩、短篇小說、抒情散文、文學理論、書評等不同文學類別的文本，隱隱然呈現五〇年代台灣一個文化層次的風貌，文學歷史的縮影。

現在回想起來，雷震先生對一般的稿子，都是字斟句酌。我採用的文藝作品，他根本不看，好像是說：妳決定就行了。大概認為文藝作品不會惹禍，就讓我自由去填補雜誌的空白吧。我就在那一小塊園地上撒種栽花。採稿著重藝術性。流行的反共八股全不要。《自由中國》登出並出書的，如梁實秋的〈雅舍小品〉，吳魯芹的〈雞尾酒會〉，陳之藩的〈旅美小簡〉。此外林海音的短篇小說如〈城南舊事〉，朱西甯的短篇小說如〈鐵漿〉，余光中的〈一八四二年葡萄酒〉、〈黃昏星〉、〈二月之月〉、〈仰望〉等十幾首詩，都是五〇年代在《自由中國》登出的。那時《自由中國》登出的小說，著重寫真實，寫的是動蕩時代的小人物，不是口號的叫喊，不是理念的渲染，可說是台灣六〇年代的現代主義的前奏，後來和夏濟安主辦的《文學雜誌》相呼應。

郭衣洞那時寫小說。《自由中國》登出〈幸運的石頭〉，〈被猛烈踢過的狗〉，諷刺官場和所謂的「尊師重道」，瀟灑潑辣，簡直就是黑色幽默。他文筆有魯迅之風。郭衣洞大概不同意將他和魯迅相比。他在當時的台灣文壇，還是冷門作家，在《自由中國》登出的小說，卻是一陣久旱的暴雨，洗刷得人神智清新。他那時的小說，已具有後來柏楊雜文的特殊風格，嬉笑怒罵之中，隱含深厚的悲天憫人情懷。

台灣五〇年代的文化沙漠的確寂寞，為《自由中國》寫稿的一小撮文藝作家，有時聚在一起，喝咖啡，聊聊天。後來詩人周棄子發起，乾脆每月聚會一次，輪流召集，稱為「春台小集」。每月在便宜的小餐館，或在某個朋友家裡聚會。琦君散文寫得好，也做得一手好菜，她的杭州蝴蝶魚令人叫絕，輪到她召集「春台小集」，我們就去她在杭州南路的小屋，大吃一頓她精緻的美味菜餚。「春台小集」也幾經滄桑。郭衣洞突然放棄小集了，司馬桑敦去日本任聯合報特約記者。夏濟安，劉守宜，吳魯芹創辦《文學雜誌》，「春台小集」就由劉守宜主持，每個月到他家聚會一次。《自由中國》和《文學雜誌》在文學上是聲氣相通的。一九六〇年，《自由中國》被封，雷震被捕，「春台小集」也就風流雲散了。有位作家立刻擺出另一個面孔，寫文批判《自由中國》和雷震先生。人間冷暖，立見分曉。

郭衣洞參加「春台小集」的時候，我們可真年輕！都是在動蕩不安中逃亡到台灣的。各人有各人現實生活的問題，在創作中都在各自摸索，有的人甚至在情感生活中也在摸索，郭衣洞就是如此。但那時我並不知道。他是蔣經國創辦的中國青年反共救國團的重要人物，是中國青年反共救國團的中國青年寫作協會總幹事。我這個和《自由中國》關係密切的人，對他自然有幾分戒備，但他語必驚人，嬉笑怒罵之中，一針見血，逗人大笑，卻叫人無奈。我只是站得遠遠地看他。

一九六八年郭衣洞因翻譯一則〈大力水手〉而被捕，以叛亂罪判刑十二年。一九七七年獲釋。

一九八四年，他和張香華應邀來愛荷華，三十年後，我才從柏楊那兒，認識了當年的郭衣洞。

他離開「春台小集」，原來是他因愛情而離婚，被迫離開救國團，以為我們對他的婚變有意見。其實，情感的風風雨雨，寫作的人應當了解，對朋友的婚變，也只是旁觀而已，好事者頂多說一句：郭衣洞出事啦。然後，你一句，我一句，將零零星星的情節湊起來，就是一則故事了。郭衣洞到底是我們的朋友，有人總結一句：郭衣洞怎麼辦呢？好奇透著關懷。多年之後我們才知道，他那次為愛情而身敗名裂的婚姻，因為他坐牢而破裂了。九年牢獄後，碰到張香華，終於得到晚來的幸福。香華是他的鎮定劑。

我在愛荷華對他說：衣洞，你現在是柏楊了。以前沒想到你會如此偉大！

我們大笑。寒夜，風鈴，爐火照亮斑白的鬢髮。

也是在三十年後在愛荷華，我才知道衣洞的身世。他一九二〇年出生在河南開封一個中等家庭，乳名小獅兒，一歲多母親去世，受繼母虐待。他還以為她是親生母親。兄弟姊妹每天早上吃個荷包蛋，他可沒蛋吃，站在一旁，不懂為什麼只有他一個人沒有荷包蛋吃。到了十幾歲，才知道母親早死了，母親是什麼樣子，他不知道，甚至不知道自己的生日。北方的冬天，小獅兒的手凍裂凍爛了，也沒人管。父親在外地工作，回家發現他渾身被繼母打的傷痕，才送他到祖居河南輝縣，在當地學校讀書，老師很凶，時常體罰學生。他算術本來不錯，「結果我的一點算術頭腦，就給老師打壞了」。

小獅兒考取輝縣的私立中學，學校規定學生星期天也留在學校，不能外出。小獅兒偏在星期天溜回家。老師發現了，小獅兒和老師爭辯。老師動手打他，把他拉到校長室。小獅兒抗議老師打人。校長威脅要叫警察，他拔腳飛跑。「這一跑就再也回不去了！被學校開除了。」

小獅兒回到開封。父親罵了他一頓。他考上當地最好的一個高中，念高二時，抗戰爆發了，他停學從軍。後來進了四川三台的東北大學。一九四六年畢業，抗戰已勝利了，他已到了東北。

衣洞一九四九年從大陸到台灣，常寫小說。一九六〇年在《自立晚報》用筆名柏楊寫專欄。一九六七年翻譯美國的連環漫畫《大力水手》（*Popeye*）。美國的《大力水手》自三〇年代起，和現在的《超人》一樣流行，成為漫畫、卡通、電影的傳奇人物。那時甚至市場上鉛筆、食具、小擺設等，都描上大力水手。他力大，熱情，可以克服任何困難，永遠是勝利者。柏楊當時的妻子倪明華主編《中華日報》家庭版，柏楊每天翻譯一則《大力水手》漫畫，在《中華日報》家庭版登出。一九六八年一月二日的一則漫畫：父子兩人在一個小島上，要建立一個王國，島上只有他父子倆，兩人都要競選總統。漫畫中fellows那個字，可以譯成朋友們，夥伴們。可是，柏楊的神來之筆一揮：「全國軍民同胞們」。他那個流亡學生在抗戰中聽過領袖人物的「告全國軍民同胞書」。這就惹禍了。柏楊以打擊國家領導的罪名，於一九六八年三月七日被捕，以叛亂罪判刑十二年，初囚禁台北景美軍法處，於一九七三年囚禁綠島，也就是火燒島。一九七七年獲釋，他把生日訂為三月七日，也就是他一九六八年入獄的日子。

父——我是國王，我是總統，我想幹啥就幹啥！

子——我哩？

父——你算皇太子吧。

子——我要幹就幹總統。

父——你這小娃子口氣可不小。

子——老頭，你要寫文章投稿呀？

父——我要寫一篇告全國軍民同胞書。

子——全國只有我們兩個人，你知道吧。

父——但我還是要講演，敝國乃民主國家，人人有選舉權。

子——人人？只有兩個啦！等我想想……嗯，我要跟你競選。

父——我先發表競選演說：全國軍民同胞們……。

子——開頭不錯。

父——千萬不要投小娃票。

子——這算幹啥。

郭衣洞在一九六〇年用柏楊筆名寫雜文時，正是我一生中最暗淡的時期，閉門寫作，和外界隔絕。一九六四年到愛荷華後，才在台灣報刊上看到柏楊的雜文，尖銳潑辣，揮灑自如，主題總離不了人權和人道——二十世紀人的兩大問題。柏楊是誰呢？柏楊雜文似曾相識，雜文中的「悲」和「憤」，早在郭衣洞五〇年代的小說中萌芽了。原來郭衣洞化成柏楊了！

柏楊說：選擇雜文這一文學形式，是因為現代時空觀念，對速度的要求很高，而在文學領域中，雜文是最能符合這個要求的。它距離近，面對面，接觸快，直截了當的提出問題，解決問題，不像小說詩歌，必須經過縝密的藝術加工，把要反映的事情加以濃縮，它的價值和影響力，需要頗長的時間才能肯定。

柏楊已出版小說、雜文、報導文學、歷史著作等五十幾本書。就是在獄中，他也寫作，完成《中國人史綱》、《中國帝王皇后親王公主世系錄》和《中國歷史年表》。半個世紀了，他沒停過筆，用多年時間將《資治通鑑》譯成現代語，並加評語，成為《柏楊版資治通鑑》。

他一九八四年在愛荷華時，正為《柏楊版資治通鑑》日夜不停地沒命地工作。每月一書。晚間到我家來，也就是休息。謎容那時也在愛荷華。我們坐在爐前聊天，黑底鑲彩石圓桌上，一壺清茶，兩包香菸，他們兩人不斷抽菸，我們東南西北地聊天。Paul 時而從書房出來，為我們添茶倒水，開兩句玩笑，又回他書房，讓我們用中文暢談。後來柏楊回憶：有一天，我們談到午夜一點，興猶未盡，可是，菸已吸完，起身告辭。這對難得一聚的華苓是件掃興的事。稍後某天晚上，保羅告訴我，他特地買了一條菸放在客廳，保證我們吸到天亮都吸不完。我撫摸著那條菸，忍不住告訴他：這就是愛！

此間華人邀柏楊演講。他的講題就是「醜陋的中國人」，後來在各地華人之中，引起一片轟動。他所批評的是中國幾千年的醬缸文化所造成的中國人的劣根性。他仍不斷寫作，不斷出書：《醜陋的中國人》、《異域》、《金三角》、《荒城》、《家園》、《中國人史綱》、《中國人，你受了什麼詛咒》、《我們要活得有尊嚴》，等等。

柏楊有強烈的歷史感，半個世紀的冷嘲熱諷，卻蘊藏著深厚的愛人情懷。他就因為那份情懷而苦惱，快樂，憤怒，悲哀，希望。《醜陋的中國人》，是憤怒。《我們要活得有尊嚴》，是希望。

柏楊多年前在獄中寫給他親愛的女兒的信，就自然流露出他內心的悲天憫人之情：

佳佳：

……吾兒，妳要馬上去買一份（或數份）十月四日的《青年戰士報》，在第七版登有屏東縣林月華小妹，一個六歲的小女孩患血管瘤的消息和照片，她在照片中露出可怕的病腿在哭，爸爸看了也忍不住在哭。吾兒，妳要幫助她，使她早日治癒，她不過是為了父母貧窮，便眼睜睜看著自己死亡而呼天不應……這小女孩就是我心中的小女兒，我能看到她得救，死也瞑目。

爸爸

七四，一〇，一三

佳兒：

有一件事囑兒，報載竹東鎮大同路七一〇巷十二號的徐佳銀小妹，右腿紅腫得跟腰一樣的粗，家產已經用盡。看後落淚，爸爸不便寄錢，希吾兒速給徐小妹五百元（爸爸還妳），作為捐款，此錢雖杯水車薪，但是表示人情溫暖和對她的關心，盼能提高她的求生意志。十二歲的孩子，命運如此殘酷……

爸爸

七六，一一，一六

苦難見真情。我所看到的，是苦難中的那個柏楊。有幸可以稱呼他：我的朋友柏楊。

鄉下人沈從文，一九八四

一九八〇年四月，我和Paul到北京，在中國作家的晚宴上，突然回到年輕時光。

回到卞之琳的〈斷章〉：「你站在橋上看風景，看風景人在橋上看你。明月裝飾了你的窗子，你裝飾了別人的夢。」

也回到馮至的〈南方之夜〉：「……燕子說，南方有一種珍奇的花朵，經過二十年的寂寞才開一次——這時我胸中忽覺得有一朵花兒隱藏，它要在這靜夜裡火一樣地開放。」

也回到沈從文的〈鄉下人〉：「這些人生活卻彷彿同自然已相融合，很從容的各自在那兒盡其生命之理。」

那時光是很久很久以前了。

現在，我和Paul一走進大廳，卞之琳、馮至、沈從文就在眼前。我恍惚了一下子，只見一張發光的臉，微笑望著我們。

我立刻知道那是誰，跑過去不斷叫著：沈先生，沈先生，沒想到，沒想到！

他握著我的手，仍然微笑著。

我轉身拉來和人寒暄的Paul：你猜這是誰？

Paul兩眼盯著他。

就是那個在衙門口轅門上、雲梯上看到許多人頭、一串串耳朵的小男孩！我說。

沈從文！沈從文！Paul驚喜大叫。他雙手捧著沈先生的手說：我在華苓的沈從文評傳裡，讀到你小時候去看殺頭的情景。

每逢他講到中國人的處境，他就會講那小男孩看到的那一串耳朵。我告訴沈先生。

他仍然淡淡笑著。

那天，我舉杯暢飲，一連乾了幾杯酒。**Paul** 吃驚地望著我，對在座的人說：華苓從沒這樣子喝酒。兩桌人酒酣耳熱，談笑風生，好像各自都有可慶祝的事。只有沈先生沒說話，也沒吃什麼，只是微笑著坐在那兒。他的臉特別亮。

沈先生，怎麼不吃呢？我正好坐在他旁邊，為他揀了一塊北京烤鴨。

我只吃麵條，吃很多糖。

為什麼呢？吃糖不好呀。

我以前愛上一個糖坊姑娘，沒成，從此就愛吃糖。

滿桌大笑。

Paul 聽了我的翻譯，大笑說：這就是沈從文！

我說：小說家又編故事了。沈先生，海外許多人喜歡你的作品。我在台灣有你的《湘行散記》，一位好朋友忍痛割愛送給我，封面很可愛，有個小虎花園，還有幾筆小孩畫的樹木、小屋……

小虎是我兒子。他開心笑了。

那本書傳來傳去，書頁都散了，有的一碰就碎了，我放在卷宗夾子裡。離開台灣，我只帶了那本書。

我的書都落伍了。

落伍了？

沈先生沒有反應。

沈從文的小說，是我六〇年代從台灣到美國以後才一篇篇細讀的。五〇年代在台灣，朋友之間私自流傳《湘行散記》和《從文自傳》，再也找不到沈從文的書了，凡是留在大陸的作家的作品，都是禁書。那時沈從文在大陸也沉默了。

一九六四年，我到美國以後，遍尋沈從文的書。斜靠床頭，讀鄉下人的小說，嗑五香瓜子，瓜子殼撒了一地，又回到故鄉的土地上了。沈從文在〈習題〉一文寫道：

> 我實在是個鄉下人。才說鄉下人我毫無驕傲，也不自貶。鄉下人照例有根深蒂固永遠是鄉巴佬的性情，愛憎和哀樂自有它獨特的式樣，與城市中人截然不同。他保守，頑固，愛土地，也不缺少機警，卻不懂詭詐。他對一切事照例十分認真，似乎太認真了，這認真處某一時就不免成為「傻頭傻腦」。

沈從文說過，他能夠在一件事上發生五十種聯想。這大概不是誇大的話。他的作品有四十多本，題材廣博，包括各種各類的人物：小科員、大學教授、年輕學生、潦倒文人、軍閥、官僚、政客、土豪、姨太太、妓女、私娼、野雞、軍官、老闆、獵人、走私犯、劊子手、土匪、大兵、小商人、農夫、船伕、工人。上中下九流人物都出現在他作品裡。

他寫得最好的還是鄉下人，土地上和水上的人。

沈從文的文字似乎是平鋪直敘，但那是經過藝術家選擇安排之後，和具體意象組織而成的文字——詩的文字，視覺、觸覺、嗅覺、味覺，叫人五官一起用來欣賞它。沈從文說「文字在一種組織上才會有光有色」。他把自己的文章叫作「情緒的體操」。又說：「一個習慣於情緒體操的作者，服侍文字必覺得比服侍女人還容易。」

沈從文是相信自然生命力的。他小說裡的人物多半是那種和自然相融合的人。元氣淋漓，生機活潑的自然，和文明、理念都沒有關係的自然。「從容的各在那裡盡其生命之理」——那就是維持中國人在戰爭、殺戮、死亡中活下去的自然生命力。

自然也可變成毀滅的力量。沈從文在某些作品裡也寫出與自然相悖逆的人——在戰爭、現代文明、機器、不幸的命運（好像什麼地方有毛病、不合理的那種不幸）各種大力下壓抑的人。在那些人物身上，「自然」就有毀滅性了。

中國人是順應自然的民族。中國人的性格中有山明水秀的平和，也有狂風暴雨的野性。沈從文筆下的人物就是那樣的。那些鄉下人的愛、憎、欲望、死亡、青春、殘暴，全是赤裸裸的自然，是文明人所不認識的自然。現代文明社會的一切規範和他們沒有關係。因此，他們在文明人眼中是荒謬的。鄉下人認命，安於命，安於死亡。他們沒有未來，沒有希望，沒有幻覺，絕不退卻。他們都要活下去，因為活著是很好的。他們都有些荒謬。

例如沈從文在〈夫婦〉那篇小說裡所寫的，就是被文明、習俗、法律所摧毀的自然。故事是從一個叫「璜」不敢吃帶血炒小雞的城裡人的觀點來講的。他到鄉下去為了要治療神經衰弱症。聽見有人叫「捉了一對東西！」他以為是「捉到了兩隻活野豬」。村民圍著看熱鬧。

> 原來所縛定的是一對年輕男女。男女全是鄉下人，皆很年輕。女的在眾人無憐憫的目光下不做一聲，靜靜的流淚。不知是誰還把女人頭上插了極可笑的一把野花，這花幾幾乎是用藤縛到頭上的神氣，女人頭略動時那花冠即在空中搖擺，如在另一時看來當有非常優美的好印象。

這段文字是〈夫婦〉這篇小說最重要的一段文字。那一把野花是小說的基調，在小說裡一再出現。野花，活野豬都是自然界的「東西」，那一對年輕男女也被叫做「東西」。他們兩人和野花野豬一樣是「自然」的生命。他們兩人體現的自然，就被作者不著痕跡地暗示出來了。

那一對年輕人大白天在山坳撒野，被一群漢子捉來示眾。為什麼必須捉來，被捉的人和捉的人皆似乎不甚明白。

> 璜又看看女人。女人年紀很輕，不到二十歲。穿一身極乾淨的月藍麻布衣裳。漿洗得極硬，臉上微紅，身體碩長，風姿不惡。身體風度都不像普通鄉下女。這時雖然在流淚，似乎全是為了惶恐，不是為了羞恥。

女人那一身打扮，叫人想到月亮的藍，叫人聞到漿洗得極硬的衣裳透著的太陽氣味，叫人摸到麻布衣裳的粗糙。那些感覺全叫人聯想到自然。自然是不知羞恥的。

> 一個大酒糟鼻子的漢子，滿臉腫起肉塊，像才喝了酒，從人叢中擠出來，用大而有毛的手摸了女人的臉一下，主張把男女衣服剝下，用荊條鞭打，打夠了再送到鄉長處。有人扯了這漢子的褲頭，說有城裡人在此，他才停住了。

屬於自然的欲望是美麗的，就像女人頭上插的那一把野花，和那喝了燒酒的漢子經過刺激的肉欲是一對照。

一個軍人模樣的人出現了。大家喊他做練長，是本地有實力的人物。他吆喝人站開，向城裡人炫耀威風，用稅關中盤問行人的口吻，盤問那一對年輕男女。

那女人不答，抬頭望望審問她的人的臉，又望望璜，害羞似的把頭下垂，看自己的腳，腳上的鞋繡得有雙鳳，是只有鄉中富人才會穿的好鞋。這時有人誇獎女人的腳，一個無賴男子的口吻。那練長用同樣微帶輕薄的口吻問：你從哪裡來的，不說我要派人送你到縣裡去！

大家提出各種處罰的辦法。餵尿給男子吃，餵牛糞給女子吃——那一類近乎孩子氣的話。那一對男女都不作聲。

作者寫到這兒，小說的主題完全發揮了：人性中的自然和文明、法律、習俗的對比。

那時做練長的裁判官最後才知道：那一對年輕鄉下人原來是一對夫婦！新婚不久，一同回娘家，走在路上，天氣太好，兩人就坐在新稻草堆旁邊看山上的花。風吹，鳥叫。他們就想到一些年輕人做的事，就被人捉到了。

一九八〇年四月，我和Paul在北京見到沈從文先生後，又去了十幾個地方。兩個月以後回到北京。在我們離京返美之前，一定要去看看沈先生夫婦。沈先生作品裡寫到「黑裡俏」，也許當年的張兆和是個黑裡俏的美人。眼前的張兆和仍然俏麗，俏中透著滄桑。

那時從美國到北京，必須經過香港。在香港就有朋友告訴我，沈先生的處境好一些了，以前只有一間小屋子，現在搬到社會科學院新宿舍了。沈先生改善的家有兩間房。四月見面時，沈先生臉色紅潤。這次見面，他兩腿已患風濕，行動不便。僅僅兩個月，沈先生就衰老一些了。室內陳設簡單，一張鑲嵌波斯人玩球的古雅木櫃，也就特別顯眼。那才是寫出〈靜〉那樣精緻小說的沈從文所欣賞的藝術品，我盯著那櫃子如此想。

我以前收集的東西很多，在「文化大革命」中全丟了，沈先生說。他彷彿已體會到我的悵惘。

我轉頭看靠牆的書架，上面擺著一些書。

我的書，在「文化大革命」中，論斤論兩賣掉了。

我告訴沈先生，六〇年代美國傳文出版社（Twayne Publishers）計畫出版一套世界文學家評傳的叢書，約我寫沈從文評專，我到處找他的書。跑遍了美國幾所大學的圖書館，在香港布滿灰塵的舊書店挖掘，才收集了他部分作品。

沒有什麼值得寫的，沈先生說。

您是我最佩服的現代中國小說家。

沈先生謙虛地笑笑。

您不寫了，是中國文學一大損失。

我的小說過時了。

好的藝術品永遠不會過時。

現在研究古代絲綢，不是寫作的心情了，也寫不出來了。

沈先生夫婦帶我們走進內室。到處堆著資料。他倆捧出一疊厚厚的本子，上面全是古代服飾，絲綢錦繡紋樣。一片片精美厚樸的錦繡，明暗交織著細緻的色彩，就和沈先生一篇篇小說一樣。那是他在漫長艱苦的日子裡，用另一種方式而凝練的藝術匠心，是否用筆寫出，也就無所謂了。

我和Paul驚嘆得說不出話了。

沈先生微笑著，笑得那麼自然，那麼恬適，無掛，無慮，無求。那微笑透著摸不透的禪機。

這麼一間小屋子，這麼多的資料，怎麼工作呀！我說。

屋子在大街上，來往車輛太多，太吵了。沈先生說。

這些絲綢錦繡，有藝術價值，歷史價值，學術價值，甚至有實用價值。

很對，可以仿造，增加外銷。我建議了。

有結果嗎？

沒有辦法。他搖搖頭，仍然微笑著。

我們離去時，沈先生夫婦送到樓梯口。

我說：下次來北京，再來看你們。

走出公寓大樓，我對Paul說：沈從文是中國現代最好的小說家，三十年沒寫小說了。現在，我覺得他並沒浪費三十年。他保持了人格和藝術的尊嚴。

我完全同意。妳不知我有多感動。他是中國的國寶呀！竟然冷落了這麼多年，現在仍然被冷落！

四年以後，一九八四年六月，我一人到北京。沈先生在頭一年已中風了。本不敢去擾他，但是，不去看他就來不及了。老一代逐漸凋零了。一九八〇年，去看茅盾先生，他剛從醫院回家。見到我和Paul說：我很想見你們。離去時，他堅持要送到大門口。我們攔住他。我永也忘不了他喘著氣拄著枴杖站在天井裡，向我和Paul頻頻招手的神情，依依不捨——不捨他最後尚存的生命。我們一步一回頭。他不斷招手，微微的，依戀地。走出門外，我很久說不出話。在他們那一代人身上看到的，是個人遭遇所反映的充滿矛盾的中國現代史。

我終於決定去看沈先生。他還可以站起來，但不便行走。當天下午他還得去醫院檢查。我沒久留，也沒多說話，只是要沈先生知道，天涯海角有那麼一個人，在為人和寫作上，沈從文是她仰望的天空。離去時，沈先生堅持拄杖送我，未必他知道那就是最後一面了？一個中年男子扶著他，送我到樓梯口。那就是我捧著讀的《湘行散記》的封面上小虎花園的小虎。

【外一章】秋郎梁實秋

我真正認識梁實秋先生，正是我一生最黯淡的時候。一九四九年，《自由中國》創刊時，雷震曾邀他參加，他不加入，但願在一旁協助。後來《自由中國》登出並出版他的《雅舍小品》。那時，我們只是作者和編輯的書信來往。一九六〇年，雷震等四人被捕，《自由中國》遭封閉。我的生活宛如孤島。就在那期間，梁先生常邀我同林海音、孟瑤去他家。那是我那段幽暗生活中的一扇天窗。

梁先生家一片春風，甚至他家幫傭的小姑娘名字也有「春」意：春綢。那是我聽到的最好聽的名字之一。梁先生和我們三人正好湊一桌麻將，只打四圈。梁先生夫婦都是美食家。我們去他們家之前，就知道那天梁師母將給我們吃什麼：餃子呀，薄餅呀，炸醬麵呀，全是梁先生喜歡吃的。他那時已有糖尿病，只有望食興嘆，淺嘗即止。我們可樂了，不但吃得好，還可聽梁先生講笑話，還可看梁先生故做饞相扮小丑——他是很好的演員，妙語如珠，嘲弄透著睿智。他用笑話解饞，我們笑，他高興，逗我們笑得噴菜，笑得流淚，笑得告饒。海音和我都愛笑，孟瑤也笑。麻將桌上，飯桌上，梁先生的妙語，我們的笑聲，迴個不已。他給我們講過一個單身漢的故事。

某君從美國學成歸國，找不著女朋友。他長得不錯，只是個頭太矮。他認為只要有錢，就可以找到女朋友。於是他將由美國帶回的四百美金視若生命。他買了個特製的夾層皮帶，將美金塞在兩層之間，用拉鏈封好，日夜綁在身上。他外出購物，拿不出錢，就進廁所，解開皮帶取錢。因此，他需要錢的時候，必上廁所。久而久之，有人知道了他的祕密。有天晚上，鬼使神差，他睡覺前把褲子連皮帶一起順手搭在椅背上。半夜醒來，褲子不見了。他到處尋找，在院子裡找到褲子，皮帶不見了，四百美金不見了。他從此發憤賺錢，身兼數職，非常節省，吃飯用魚內臟下飯（我們正吃梁師母親手做的鮮肉餃子。梁先生調弄地笑望著我們）。他存了許多錢，還買了四棟房子出租。他每天必去看看房子，摸摸房子的磚頭。但是，他還是找不著女朋友。因為太矮了吧。他便訂做了雙高底鞋。在人多的場合，他必站在高處顯眼的地方。他還是找不著女朋友。還有什麼毛病呢？單眼皮，他去醫院動手術割眼皮。醫生得從他手臂上割下一塊皮，黏在眼皮上，皮連著手臂，要等手臂的皮在眼皮上黏牢了，他才能將手臂放下。一連好幾天，他舉起手臂貼在眼皮上。眼睛成了雙眼皮，仍然找不著女朋友。

梁先生說那是真人真事。我們逼著問：是誰？是誰？他笑而不答。梁先生講笑話時就是那副真真假假的神情。一直到今天，我也不知道梁先生是否講的真人真事。那簡真就是契訶夫的短篇小說！

吃喝談笑之中，偶爾也談文壇舊事。我們巴巴地問到徐志摩、陸小曼、冰心、老舍、沈從文……三、四〇年代的作家們，那時他們都好像是另一個世界的人。我們對那些作家本人，比任何文壇事件更有興趣，如梁實秋和魯迅的論戰，以及抗戰無關論等等。我們會問：冰心是不是叫你「秋郎」？來不及等他回答，我們緊接著問：「冰心是什麼樣兒？」梁先生笑笑：「長得不錯。」他沒多說。從他那一笑之中，我就可以想像冰心年輕時清麗的模樣。

梁先生那時還沒從師範大學退休。他不喜酬酢，很少外出，也很少有客人，對外界的事也不問不聞，似乎很怕惹火燒身。他是懷鄉的。一九七四年，我和Paul到亞洲好幾個國家。他在信中說，我應該也到大陸去。當然去不了。六〇年代在台灣時，我和海音、孟瑤似乎為他們夫婦倆的生活添了點兒樂趣。只有女兒文薔一家人從美國回去看兩老的時候，他們就不理我們了。我覺得梁先生很寂寞。他有心和現實保持距離，保持沉默的自由。他知道我沉默是因為恐懼。我在他家可以暢懷大笑，也只有在梁先生家，我才會那樣子笑。

一九六四年，我從台灣來美國之前，去看梁先生。

妳沒有路費吧？梁先生在談話中突然問我這麼一句話。

您怎麼知道？

我知道。妳需要多少？

我到美國的路費，就是梁先生借給我的。到美國後申請到一筆研究金，才還給了在西雅圖的文薔。

我和梁先生通信多年；信雖不多，但一紙短箋，寥寥數語，卻給我無限鼓勵和溫暖，我也對至情至性的梁先生多了點認識。

一九七二年，我和**Paul**去西雅圖，正值梁先生和梁師母在文薔那兒。楊牧（那時候他還叫葉珊。在我心目中，他永遠是醉倒我愛荷華家中地板上，手指自己鼻尖說：「我，葉珊，二十五歲，處男。」）已從麻州大學轉到華盛頓大學去教書。他邀我們和梁先生夫婦相聚。我們一起開車去文薔家接兩老去一中國餐館。八年不見，相見特歡。梁先生和**Paul**一見如故。我隱約感覺到梁先生兩老都有些異國飄零的心情。他們非常鍾愛女兒，也非常享受兒孫的繞膝之樂，但他們似乎不知如何安頓自己。他們說，女兒女婿太忙，忙得他們心疼，要幫忙吧，又插不進手，而且，女兒女婿也不要兩老動手。父母的慈愛，兒女的孝心，在美國全無法表達，宛如交響樂中的鋼琴、小提琴，各自美則美矣，卻無法合奏起來。

從那次見面以後，就沒再見到梁先生、梁師母了。我們仍然書簡往來，就是我到國外去，也告訴梁先生一聲。一九七四年春，我和**Paul**在亞洲七、八個國家旅行了兩個多月，也到了台灣，梁先生梁師母卻仍在西雅圖。六月回到愛荷華，就看到梁先生的英文信。那是他寫給我的唯一一封英文信，為的是要**Paul**也立刻看到，不必經我翻譯。他迫不及待地要我們知道他喪妻的悲痛。梁師母在去超級市場途中遭鐵梯擊倒去世了，那天是四月三十日。梁先生的信是五月四日寫的，正是為梁師母悼祭的日子。讀著梁先生的信，我可以看到在心中哭泣、掙扎活下去的梁先生。我非常擔心他如何打發以後的日子，因為我知道他如何依賴梁師母。《槐園夢憶》就是他對妻子深情的回憶。

華苓：

我用英文寫此信，以便Mr. Engle也可讀到。現在你們一定已從亞洲遠遊歸來，可惜大陸未入行程。也許不應在你們一到家就告以噩訊，內人於四月三十日慘遭意外去世。我們步行去附近超級市場買菜。市場屋檐旁豎立一架可伸縮的鐵梯。附近並沒修理工人。也許是一陣風吧，梯子突然倒下，正打中內人的頭，打得她倒在水泥地上，頭破血流。臀部嚴重受傷，無法動彈。我找來救護車送她去醫院。動手術後，情況尚好，但怎麼也不能恢復知覺，當晚十一時去世。今日安葬，「永久居留」此間墓園了。我們在墓園亦購地四處，一處留給我日後之用，另兩處留給小女夫婦。內人將不致有飄零異域之感。我等所能為者僅止於此。

現正找一勝任律師處理此案。我們當然有理勝訴。但會爭論許久才會上法庭。妻子為無價之寶，金錢豈可抵賞不可彌救的傷亡之痛！

我突然想起哈代的一首詩：〈雙線交叉〉，描寫豪華遊艇「泰坦神輪」與冰山相撞沉沒的慘劇。哈代稱之為命運。也許他說的對，因為我實在想不出任何其他原因。

我將盡快恢復寫作。打擊雖重，現我尚好。

即頌

近安

梁實秋

六三，五，四

（註：六三即一九七四年，餘信類推）

幾個月之後，一九七五年初，我又收到梁先生從西雅圖來的信，告訴我他回台灣認識了韓菁清，並已結不解之緣。「我的友好幾乎都持反對或懷疑我的態度……」我將信譯給Paul聽。我倆立刻各自給梁先生寫了信，告訴他我們十分高興他又找到幸福，不必為外間閒言閒語所擾。我們也告訴他，年齡的差別不是幸福的障礙，甚至文化的區別也不是，重要的是彼此尊重、體諒、寬容和忠誠。我和Paul就是非常和諧的婚姻。

梁先生立刻又來了信，又是迫不及待，表示「感激涕零」。他忽然成了個戀愛中的慘綠少年，需要支持，需要保證，需要信心。梁先生在我心目中一直是位給人支持、給人保證、給人信心、大仁大智的人，沒料到他在愛情面前也會如此脆弱。就因為這點兒「脆弱」，梁先生才更可愛、可親！

華苓：

好久未通信，甚念。我在台灣住了兩個多月，近始返回西雅圖。在台北和林海音等友玩過好幾次，每次都提到你。我在台北也有奇遇，結識了一位韓菁清小姐，一見如故，遂結不解之緣，她年三十有八，過去歷史亦不平凡，我的友好幾乎都持反對或懷疑的態度，我則認為這是奇蹟，情之所鍾，無所顧忌。擬於端午前後再度返台，做長久之計。把此事來告，不知能否邀你與Paul之同情也。

匆此　　即問

雙安

梁實秋

六四，一，一五

華苓：

接到你和Paul的信，真是感激涕零，因為近來台灣報紙連連的渲染我和韓菁清小姐的事，滿城風雨，使得她極感困惑，我也不安，近且收到匿名信表示反對此一婚事。你們是極少極少數的肯給我同情的朋友！社會對女性殘酷，不公道，實在可驚之至。韓小姐是一個善良可愛的人，我願下年有機會我們到美國來玩，能夠到你們府上相會，請你們看看我所選中的是怎樣一個人。你的孩子均已成家，你無事一身輕，祝你們快樂，寫作順利成功！

梁實秋

六四，一，廿七

請口譯此函給Paul聽，我不另寫

華苓：

好久沒通信了。我三月底返台，五月九日與韓菁清結婚，前前後後引起報刊上許多不必要的轟動。也有不少人（識與不識）給了我們無情的打擊，我們一概置之不理。朋友們祝福我們的，繼續是我的朋友，否則也就不勉強了。我臨離美時收到你和Paul的信，我很感激你們。玆附上婚後照片一幀，乞留念。我現在生活很好，菁清是一個聰穎而懂事的好孩子，我們打算秋涼後到美國一遊，能有機會見到你們就好了。我仍然過的是爬方格子的生涯，仍是從前的我。得暇盼能惠我數行。即祝

儷安

梁實秋

六四，七，十四

韓菁清附候

梁先生早在七〇年代初就一再提到，我應該回大陸看看。直至一九七八年才成行。三十年以後再回故鄉，心情激動，回到愛荷華，在百忙中，一口氣寫出了《愛荷華札記：三十年後》。在北京見到的第一位作家，就是當年我們在梁先生牌桌上巴巴問到的冰心。也見到曹禺和夏衍。他去西雅圖在馬逢華那兒看到了書，「愛不釋手」，帶回台灣了。那時，我和那本書都是不能入境的。我仍在台灣的黑名單上。一九八八年，余紀忠先生不遺餘力為我奔走，我終於又到台灣。但是梁先生已在一九八七年十一月三日去世了。

II.

流放吟——二十世紀

羅馬尼亞小說家易法素克（1968-1969）和伊朗詩人臺海瑞（左），以及妻子狄塔（Tita），1969年在我家送別晚會上，即將離開愛荷華。

易法素克（中）曾因反蘇坐牢多年。妻子（右一）是忠實黨員。現在，他熱愛臺海瑞（右二），但絕不可能離婚。1972年，他在羅馬尼亞大地震中死亡。臺海瑞要去羅馬尼亞悼念，並探望狄塔。但沒得到簽證。安格爾，左一；聶華苓，左二。（1969，愛荷華）

1970年除夕，捷克小說家魯思遜克（1970-1972，中立，身穿條紋衫）在家舉行晚會，要求每人穿奇裝異服。魯思遜克在門口迎接說：歡迎到奧斯維辛來！他一家四口穿著破舊的汗衫褲，手臂描著黑色囚犯號碼。原來魯思遜克在二次大戰中，和父母一起被納粹關在波蘭的奧斯維辛集中營，他才九歲。父親在毒氣室死去。（1970，愛荷華）

那天去魯思遜克家，聽主人吩咐，穿上奇裝異服的古典裝，和他一家子奧斯維辛集中營的囚犯打扮一對照，反襯出當年集中營的殘忍——簡直就是小說的反諷。我和魯思遜克無意中一同用形象寫了一則反諷小說。（John Zalensky攝影，1970，愛荷華）

西德作家柏昂（Nicolas Born，1969-1970）和小兒科醫生妻子爾茉伽來愛荷華。Paul有一棟A形小屋，在鄉下一大片玉米田中。那年10月12日，柏昂要我們開車帶他倆去看那小屋。一下車，作家們大聲歡呼：Paul！生日快樂！他們圍著一棵小櫻桃樹，場地上已挖了泥洞。柏昂說：我們來作一首詩吧，一人一行，埋在櫻桃樹下。Paul笑說：我大學畢業，全班畢業生在校園種了一棵樹，我寫了一首詩，埋在樹下，樹就死了。柏昂說：這棵樹死不了。幾年以後，玉米田中的小屋已無蹤影。

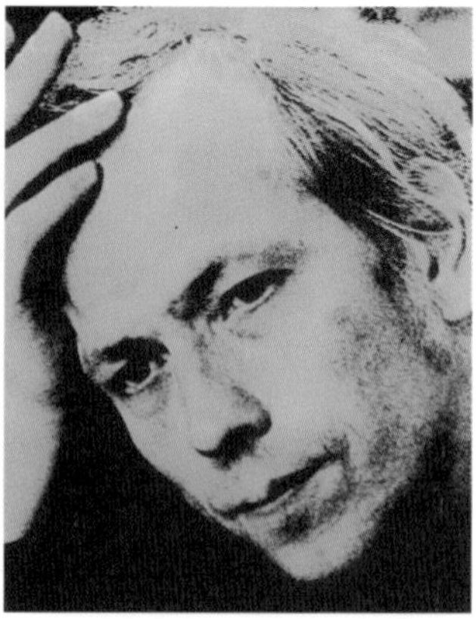

三十三年以後，2005年的今天，一個名叫凱撒瑞娜（Katharina）的人來了信。原來她是柏昂的女兒。我當即給寫了信，立刻接到她來信：

親愛的華苓：……我父親在1979年12月7日因癌症去世……我那時只有6歲。就在他於1979年春天發現癌症時，成為一位非常成功的小說家，小說《反面故事—歷史》（*The Other side of the Story-History*）轟動一時，翻譯成多國文字。另一小說《欺騙》（*Deception*）也譯成多國文字，開拍成電影，名導演史隆朵夫（Volker Schlondorff）導演……我媽媽爾茉伽，小兒科醫生，即將退休。她會給你寫信……

凱撒瑞娜　　2005年7月19日

（日本小田基Motoi Oda，左一，旁邊為柏昂夫婦）
（1969，愛荷華）

戈艾姬在愛荷華時，內心充滿矛盾：她不愛的美國對她很好，而她愛的祖國卻不愛她。一下子無法適應。而且，有些美國人把東歐人當作六個指頭的人。（1978）

戈艾姬（1973-1974），匈牙利詩人、小說家。那年她在愛荷華並不快活。她剛出版一本小說，寫一個匈牙利女人和一亞美尼亞人的愛情故事，各人受各人社會的牽制，又互不了解對方的處境，終致分離。書遭查禁。（1973）

戈艾姬在我們家，Paul拿著一盆花當寶劍說：我是拿破崙。戈艾姬立刻回應：我是瑪麗亞・路易莎。（奧地利公主，拿破崙第二任皇后。）至今三十多年了，她回愛荷華許多次。（1973，安寓）

海德（Bessie Head，1977-1978），非洲小說家。她本是南非人。母親是南非白人，和一照管馬房黑人有染。因為那罪名，她被囚在精神病院，1937年海德就在那兒出生。從南非流放到博茨瓦納，開始寫小說。她從各種角度寫出種族歧視、女性歧視、流放、非洲歷史、貧窮等題材。（1977，愛荷華）

愛荷華是個世界舞台，每年不同的作家，呈現不同的角色，上演不同的戲。戲的背景都離不了個人和國家的處境。20世紀是流放人的世紀。海德是從南非自我流放到博茨瓦納。（1977，愛荷華）

海德和作家們在我家。Paul妙語逗笑，作家們逢場作戲。各自都有隱而未現的心靈之戰。但那一刻我們都很快活。（聶華苓，前左一；安格爾，前右二，1977）

羅馬尼亞小說家卜瑞邦（1977-1978，中）。1972年，我和Paul在羅馬尼亞首都布加勒斯特和他迎面而過，他甚至不能和我們打招呼。終於在五年以後，1977年到了愛荷華。帶來一張唱片，查夢非（Gheorghe Zamfir）的潘神（排）簫吹奏的羅馬尼亞民歌：〈寂寞的牧羊人〉、〈冬天的鳥〉、〈美麗的夢〉、〈黑玫瑰〉、〈花神的舞蹈〉……他著魔似的獨自恍恍惚惚慢舞。南斯拉夫的易馬非（Ahmed Muhamed Immovic）右：聶華苓，中；安格爾，左一。（1977，愛荷華）

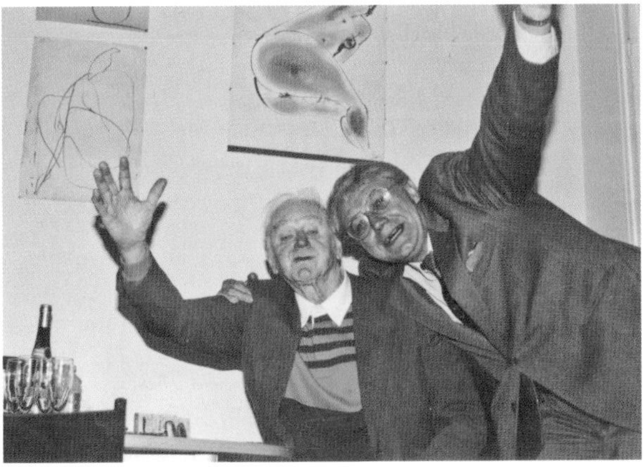

1988年，十一年之後，我們和卜瑞邦在巴黎重逢。他告訴我們：我離開布加勒斯特已經兩年了，現在巴黎生活很好。我可以寫作，我有個很好的妻子，柯麗絲婷，我母親還活著。我們沒有錢，但很快活。我在寫一個大部頭的小說，已經寫了兩千頁了，大概還要寫兩千頁。我們在他倆異地而築的小窩喝酒聊天。

卜瑞邦的妻子柯麗絲婷在巴黎的藝術書店工作，綑紮書本畫冊，磨得兩手流血，後來當上那家書店經理。她辛苦工作，只為丈夫專心寫作。

卡梨菲那少女，叛逆家庭。結婚。離婚。寫作。戀愛。現為阿拉伯女權運動重要人物。出版多本小說，譯成多種文字。

卡梨菲（Sahar Khalifeh，約旦西岸，1978），巴勒斯坦小說家。魅力，叛逆，才華，集於一身。在眾人之中，她大聲說：我帶著一支筆，沒帶機關槍。說完自己笑了。聽眾也笑。（1977，愛荷華）

1982年，三位波蘭作家：宓責斯基（Artur Miedzyrzecki，中）、哈特薇格（Julia Hartwig，1970-1971）、葛羅瓦基（Janusz Glowacki，1977-1978）又回愛荷華。1980年波蘭團結工會大罷工，1981年12月至1983年7月實施緊急戒嚴法。三人回不了家，愛荷華重聚，愁雲慘霧。（1982，安寓）

1985年秋天，蘇聯詩人佛茲尼桑斯基（Andrei Voznesensky）來愛荷華朗誦，用俄羅斯語朗誦了一首長詩〈湖的呼喚——獻給納粹屠殺的犧牲者〉。朗誦前用英文解釋了一句：當年納粹殺死猶太人的地方，現在成了一個湖，朗誦後到我家喝酒。以色列小說家巴拓夫（Hanoch Bartov，正中），送給他一本小說，題詞：湖中一個姑娘的女婿。（法國作家艾特蘭Liliane Atlan，其後。印度小說家默惕U. R. Anantha Murthy，右一。以色列詩人銳赫Asher Reich，右二，烏干達作家Augustine Ejiet，左一。）（1985，安寓）

尤昂娜（Joanna Salamon，1981）和丈夫馬丁一同從波蘭來愛荷華。那年12月，賈則斯基（Wojciech Jaruzelski）取得波蘭政權後，12月宣布緊急戒嚴法。詩人尤昂娜要回去，丈夫馬丁要她同去荷蘭，他是荷蘭人。當時的波蘭軍政府不准外國人入境。回去呢？還是不回去？（左起：安格爾、聶華苓、馬丁、尤昂娜。1981，安寓）

他們離開愛荷華後，終於去了荷蘭。過了一陣子，尤昂娜來信說：我和馬丁離婚了。（1982，寄自荷蘭）

1988年，我和Paul在南斯拉夫，去克拉庫耶伐次（Kragujevac）。那兒是1941年10月21日三百個孩子被納粹集體殘殺的地方。一個巨大的白色V形石雕矗立山坡上。穿紅紅綠綠雨衣的孩子們在石雕一邊。披黑披風的合唱團在另一邊。還有一抹天藍——穿制服的樂隊。（1988，南斯拉夫）

小說家迪彌奇（1977-1978）向我們倆介紹兩位老人——1941年納粹在克拉庫耶伐次殘殺中僅有的兩個生還的孩子。地上人已老，地下孩子仍是童年。（1988，南斯拉夫）

1988年，我和Paul去捷克。古橋上沒有車，只有兒童、年輕人、老人、推嬰兒車的母親。一條人情溫暖的橋。一走上查理士橋，詩人史若特就告訴我們：哈維爾又被捕了。

布拉格有個書店老闆，特別支持詩人，他們常在那兒朗誦詩，是在當時的捷克沒能發表的詩。Paul在那兒朗誦他的詩之後，我們和老闆照相留念。（1988，布拉格書店）

我們在布拉格又見兩位到過愛荷華的詩人：柯然（Jaroslav Koran，右）和史若特（Pavel Srut，左）。他們是哈維爾多年的有力支持者。聶華苓（中）。（1988，布拉格）

吉增剛造和瑪瑞亞在我記憶中，永遠是金童玉女。（1981，愛荷華）

日本詩人吉增剛造和巴西的瑪瑞亞1970年在愛荷華相逢，不聲不響地去巴黎約會。1971年秋，兩人在日本結婚。從此他們回愛荷華多次。當年年輕的吉增剛造。現在是日本詩壇重鎮。他並攝影，遊歷，詠詩。（1973，愛荷華）

帕慕克（Orhan Pamuk，前排左三），2006年獲諾貝爾文學獎的土耳其小說家，1985年來愛荷華「國際寫作計畫」時，三十三歲，已出版兩本小說，那時他大概正在寫《白色城堡》（*The White Castle*），生活日夜顛倒，寫作通宵。小說的背景是17世紀的伊斯坦堡。一個年輕義大利人，乘船從威尼斯去那不勒斯，遭土耳其軍艦擄獲，拒絕皈依伊斯蘭教，成為富有的土耳其何嘉的奴隸。截然不同的兩個人，互相吸引，撲朔迷離，象徵模稜兩可的人性，象徵伊斯教和西方對立，而又互應的錯綜關係。小說還包括《黑色之書》（*The Black book*）、《新人生》（*The New Life*），《我的名字叫紅》（*My Name is Red*）。《雪》（*Snow*），寫出土耳其今日社會中的政治衝突以及宗教衝突。帕慕克是土耳其的社會良心，但他不以社會異議分子自居。他崇奉的是藝術。但他也絕不放棄說話的自由。（後排左一，馮驥才。倒二排左二，安格爾。左五，方梓。倒二排右一，張賢亮，前為王潤華。倒三排左一，楊青矗，左二，向陽。桌前右一，聶華苓。1985，愛荷華）

二十世紀是流放人的世紀。廣義的流放：隔離社會，或是家園，或是故土，或是政治主流，都是流放。坐牢是流放，離開家園是流放，甚至在自己的家園，也可能流放。還有被迫的流放，自我流放。

櫻桃撒了一地（羅馬尼亞，一九七二）

一九七二年。布加勒斯特的夜。馬路兩旁的菩提樹、櫻桃樹、鮮花。清淡的香味。柔和的夜光。我和Paul同羅馬尼亞作家易法素克（Alexandru Ivasiuc）從小酒店出來，在菩提樹下走著，談著。他在一九六八至一九六九年到愛荷華，是第一位從羅馬尼亞來的作家，留了八個月。三年以後在羅馬尼亞重逢。

我們走到一棟灰色大樓前面，易法素克突然停住了。

這兒，就在這兒，他用腳點點他站的地方。就在這下面的地下室，他們拷打我，把我牙齒都打掉了。他轉身笑著對Paul說：記得嗎？一九六八年我在愛荷華就是一口假牙。我要去加州演講，頭天假牙突然斷了，我打電話給你……

我接電話，只聽見勿我……勿我……，Paul連說帶笑地說：一個字也聽不懂！我想，糟糕！莫非是個神經病！好不容易聽懂了……

你大笑。你馬上打電話找你自己的牙醫。

很對。一般的牙醫，要一兩個月以前約定。我那牙醫特別臨時抽出時間見你。修好了假牙。第二天一大早我就到加州去了。

我說：有一天上午，你見到我就說，那天是你到愛荷華以後最得意的一天。你說：我在羅馬尼亞，警察跟在我後面，剛才在路上，我跟在警察後面！

我們三人在菩提樹下大笑。

他們把你牙齒打掉了！為什麼他們那麼折磨你？我問。

為什麼？我愛我的國家。我反對蘇俄。一九五八年，我就被捕了。這兒，就在這地下，他又用腳點地。他們把我打得半死不活。一個眼睛鼓鼓的女人在一旁叫好，不斷地叫：我要把腳塞在他嘴裡！我要把腳塞在他嘴裡！她差點把我啰死了。

我們在菩提樹下繼續走下去。

我們的朋友不停地說下去：他們把我帶進囚車，一副很大的黑眼鏡罩在我臉上。我什麼也看不見，不知道到了什麼地方。我仔細聽外面的車聲，揣測那是什麼地方。我在牢裡看了很多書：哲學，文學作品。我還寫詩。在那以前，我是醫科學生，從來沒有寫過詩。在牢裡，我要寫詩。出牢以後，我又不寫詩了，我要寫小說。每天，看守的人帶我去上兩次廁所，那是我唯一外出的時候。

你一定很喜歡上廁所，我笑說。

不，一點也不，因為那看守牢房的人很凶，很冷。他打開牢房，說一聲：去上吧！就遞給我那副大黑眼鏡。我進了廁所，從一個小窗洞把眼鏡遞出去，他就遞給我一張衛生紙。只有一張，絕不通融。時間大約是五分鐘，也絕不通融。但是，就是廁所，也比牢房好一點，因為我和一個瘋子同房，瘋子自言自語，說個不停，說有人揑著他脖子。他對我是個威脅，時時刻刻得防著他。我在廁所裡反而感到安全。進了廁所，我還不想出來呢。五分鐘到了，我非回牢房不可。有一天，半夜，那看守牢房的人突然打開我的小窗子，很溫和地對我說：醫生，請幫幫忙，我的孩子從樓梯上倒栽下來了。他會不會成為白痴？我叫他去找我太太，她是遲鈍兒童專家。第二天，他帶我上廁所，一切照舊。他仍然從廁所小洞遞給我一張衛生紙。但是，停了一下，他又遞給我一張。我非常感激，鄭重地謝謝他。

他的孩子怎麼樣了？

我太太為他檢查。沒有毛病。

你在牢裡坐了多久？

五年。進去三年多之後，聽說可以出獄了。我天天等，天天幻想出獄以後的情形——我會頭也不回地走出監獄，跳上電車，看著馬路兩旁的菩提樹，哪棵是彎的，哪棵是直的，我全記得。我要去找我妻子，她也許搬家了，不知道她在哪兒，我坐牢期間，和家裡人完全隔離了，連信也不能寫。我想：找不著她，就去找她妹妹，她總在那兒吧。我會拾起一塊小石子，輕輕扔在她窗子上。她打開窗子，我站在窗下，不說話，她該認得我吧。也許咕噥一聲，關上窗子，以為窗下站著的是個老乞丐。我在牢裡認識了一個男孩子，他十二歲就坐牢，只因為父母犯了罪。他坐了五年牢。他在牢裡不住嘴講話。我當然希望他也快快出獄，但不要和我一道出獄……

為什麼呢？我問。

易法素克笑了：我要一個人大搖大擺走出去，一個人好好享受每一分鐘，每一秒鐘所得的自由。有一天，我的牢門打開了。我可以出獄了。我到監獄辦公室去辦手續。一個女人問我叫什麼名字。我說：易法素克。她看看名單，看看我……

你們是老朋友嗎？我問。

老朋友？她說：不行！你還不能出獄。沒講任何理由。這一下子，我兩腿發軟，幾乎昏倒了。我又回到牢房。

啊！我和Paul一同嘆息了一聲。

半夜，有人進來宣讀一紙命令……。

誰發的命令？

還有誰？歸根到柢，北極熊！命令說我要放逐一輩子！第二天，我被送到一個荒島。在那兒，我可以有一點活動範圍。我可以種番茄。非常非常美麗的番茄。我在那兒又待了一年多，才得到自由。但我妻子已經和我離婚嫁人了，因為我是政治犯。我們至今還是好朋友。我愛我的國家，我贊成社會主義。但我們必須獨立，必須自主。

你在監獄裡可以寫作嗎？Paul 問。

那地下牢房在河下，在丹波非達河（Dambovita River）下面，天花板滴水，牆上總是濕漉漉的。我可以在上面寫字，否則我要瘋了。寫一行，看著它模糊下去，滴到地上。我再寫一行。他們酷刑逼供的時候，不打你的臉，以免留下傷疤，作為見證。他們打你身體下半部，甚至電擊生殖器。易法素克笑了一下。別急，不會性無能。他頓了一下：Paul，你剛才問到我的寫作。我出獄後，寫了篇小說，寫一個坐牢的醫生，特務帶他去看一個被打得昏迷的犯人，要醫生把他救活，只因為要逼他交出同謀的人。這醫生就面臨一個道義的選擇了——救活他呢？還是不救？救活吧，他還得忍受殘酷拷打。不救他吧，我自己得受拷打。

我們正走到大理石的音樂廳前面，站在一叢鮮花旁邊。一陣花香撲來。一對年輕人手牽手走過去了，走到一棵櫻桃樹下，女孩突然停住了，仰頭跳起用嘴叼樹上吊著的櫻桃。

櫻桃灑了一地。

這個世界應該很好的，我希望我們共產主義的社會是有人道的社會。易法素克說。

我的錶騙我（伊朗，一九六九）

伊朗女詩人臺海瑞（Tahereh Saffarzadeh）在愛荷華兩年（一九六七—一九六九）。一九六八那年，羅馬尼亞小說家易法素克也在愛荷華。

臺海瑞在一九六七年國際寫作計畫創辦的第一年，就來到愛荷華。那正是伊朗巴拉維國王（Mohammad Reza Pahlavi）專政的時代，對異議分子採取高壓手段，臺海瑞便在愛荷華又留了一年。我剛離開台灣不久，當年的白色恐懼心有餘悸。我們對政治有相同的體驗。她父母早故，姊姊撫育她成人。一個女孩對自立自強的渴望，我也是深深了解的。結婚離婚，人世滄桑，我們都經歷過了。她在愛荷華兩年，我們一起談人，談事，談寫作，也可一起大笑。

臺海瑞濃眉大眼，調皮幽默。她對男性自有其不即不離的性感。我告訴她。

她笑笑說：有什麼用？

我說：中國人有句俗話——英雄無用武之地。

她大笑說：愛荷華的男人，我還沒看上一個。

有一次，我們和另外幾個作家朋友同乘一輛車，有人講了個笑話，我大笑，別人停了，我仍然笑，笑得不能停止。那正是我心情非常低潮的時候。下車分手後，臺海瑞打電話給我，說她回去後哭了。

為什麼？我問。

妳那笑簡直就是嚎哭。哭得很傷心。我懂。

她給我看在愛荷華寫的一首詩：

我的錶騙我

啄木鳥知道
我住在光禿禿的樹枝上
何必在印滿足跡的壁上
展現我不盡的語言
我的錶永遠騙我
交通指標也是
停止——等待——不轉彎——左轉——右轉
有個思念我的人
不知道如何握我的手
如何撒謊
總是缺點兒什麼
我永遠有點兒搭配不上
今天黎明在灰色柏油路上閒逛
我不該穿緞子鞋，也許

一九六九年五月初，作家們在愛荷華八個月之後，都要離開了。那晚臺海瑞請我和Paul，還有易法素克和他的妻子狄塔，在她五月花公寓吃中東菜餚。荻塔瞪著大眼睛，馬尾頭，黑面孔，很嚴肅的一個女人。小小的廚房，正好容五個人。Paul帶進一陣春風，頓時熱鬧起來。他談到十二歲時幫父親修馬鬃的故事，連說帶做，非常生動。

馬的頭非常敏感，一碰牠就會跳起來，**Paul**說。我就用繩子，一根很粗很粗的繩子，套住馬的嘴，使勁扭繩子。扭——，扭——，扭——，**Paul**兩手做扭繩狀，微微低著頭，兩眼直直盯著身旁的臺海瑞，彷彿她就是要剃鬃的馬，盯著她的那雙眼睛透著防衛，盤算，挑釁。

Paul猛然一把抓住臺海瑞的手臂。

好痛呀！她大叫一聲。我不是馬呀！

我們大笑。

Paul一面笑一面說：繩子猛地一下子扭緊了，馬痛得忘了剪刀！

易法素克雖然也笑，但透著點兒傷感。他那晚對每個人特別親切。臺海瑞給他一杯咖啡，他一手拿過咖啡，一手捏著她手臂，望著她沉沉地說謝謝。他平時滔滔而談，那晚卻很少說話。第二天他就要離開愛荷華回羅馬尼亞了。

我和**Paul**午夜離開五月花。易法素克送我們到樓下大門口。他兩手搭著我和**Paul**的肩說：我非常高興認識了你們兩位。

假如你情況有什麼不好的變化，想辦法告訴我們，**Paul**說。

我一定不斷寫信。假若半年沒我的信，便是發生事情了。

他匆匆說了再見，匆匆走了。

我和**Paul**轉身走出五月花，都說不出話來。

第二天中午，臺海瑞打電話給我。

我剛去機場送走了易法素克。昨晚有事發生了，她說。

什麼事？

很晚，很晚，易法素克和狄塔離開我這兒。我送他們到樓梯口，他們就住下面七樓，妳知道。

我知道。

易法素克要我到他們房間去。我說太累了。

狄塔，他對她說。妳先回房吧，我想和臺海瑞談談。

我們兩人轉回我的房間。關上房門，坐下後，他突然脫下我的鞋子，彎下身子吻我的腳。他說：希望在我之前沒人吻過妳的腳。

他說他的一舉一動都是為了要我高興。他和狄塔之間並沒愛情，只是湊合在一起。但他也不能隨便對付她。狄塔是忠誠的共產黨員。他離開我房間的時候，在門口要我說一句：我也愛他。我說不出口，沒有說。他只好走了。我很抱歉，所以今天一大早，我去機場送他。臨上飛機告別時，他深情望著我說：不要忘記我。

啊，臺海瑞，我說。我沒想到他對妳有這樣的感情。妳本來很佩服他，說他很有才華。後來妳又批評他自我中心。

很對！他對我那樣好，我真是措手不及，不知道怎麼辦。華苓，妳知道我現在的心情嗎？我從機場回來，看到他留下的敞開的空房，忽然渴望再見他！我要到羅馬尼亞去看他。我忽然覺得他才是我需要的人。

臺海瑞天天等待易法素克的電話。他沒打電話，也沒來信。她終於離開愛荷華，經過台灣、香港、印度回伊朗去了。她不斷給我來信：

我剛到家。反覆讀著妳的信……

一回來就有不愉快的事。在我抵家之前，報紙上有人匿名寫文攻擊我，說我這樣一個作家不應該說：愛荷華的生活，正是我需要的生活……妳一定記得，我曾經告訴過妳，我回來後會遭遇一些困難……但我仍然相信愛荷華對於我，是一段非常重要的經驗，對我的文學生涯非常重要……

◆

……我現在的處境是，被禁出國。再見妳的希望沒有了，我也不能去歐洲了。（不能解釋為什麼）此信是請人轉給妳的……我在這個國家的生活非常困難，因為我的詩是創新的，因為我主持正義，那也反映在我的詩裡。正義在今日毫無意義！……

妳能來伊朗嗎？我在愛荷華的房東太太海墨斯就要來了。快給我來信。

◆

海墨絲太太今晚離開伊朗。非常高興她來了，我深深懷念愛荷華的生活，主要因為我們的友誼。我託她帶給妳一面銀雕古鏡，妳可掛在臥房牆上，朝夕看看鏡中的臉，我所看不到的臉……

龐德（Ezra Pond）死了。我哭了幾天。（在我詩裡也寫到了。）是否有關於他的傳記？他的詩集我全有。妳說過會寄書給我，評論詩的書。這兒簡直找不到好書，任何文學藝術的好書，盡可能寄給我。這是我唯一需要的。

給我來信！

◆

從沒這麼久沒接妳的信……

我的詩集在一個月之內連續出了兩版。這在伊朗是驚人的現象。我已無心情來接應，只因為生活中種種困擾。關於他們對愛荷華的批評，我極力辯護。可笑的是，他們也攻擊我在愛荷華的私人生活。我倒希望我在愛荷華幹過更有趣的事！不僅僅是寫詩和讀書。現在，顯然有些政治陰謀暗中傷害我。我絕不停止寫詩，絕不停止表達我對自由的信仰……

現在，我最大的渴望，就是再見妳，和妳談上幾天幾夜。

快給我來信！

◆

……我失業了。因為他們堅持要我保證某些條件才能出國。我拒絕保證，現在是我例行休假時期，他們無權做此要求。行裝已備，機票在手。我的處境非常困難。心情非常沮喪。失業是我這個作家對自由所付出的代價。給我來信吧，說點兒好聽的話吧。

◆

過去幾個星期，是我有生以來最悲傷的時期。撫我育我的姊姊去世了。她突然倒下，只有四十六歲。我的悲哀一言難盡……在這種時刻，我渴望見妳，渴望和妳談話。因為妳比任何人都能了解我的痛苦。我仍然不相信她留下我孤身一人……

給我來信！

◆

妳的信給我無上安慰。但無論什麼都比不上見到妳本人。我的信都是給出國的朋友帶出寄給妳，仍然不敢談論目前的處境。但我永遠不會罷休。這個國家，世界上的任何國家，都需要我們這樣的人貢獻我們的藝術，我們的言論，來說明人的困境，當代人的困境……

告訴我易法素克和其他朋友的地址。妳有他們的消息嗎？……

◆

許久沒收到妳的信了……

伊朗的情況時好時壞。整個國家浮躁不安。我又被大學解聘了，不能在大學教書了。

現在我們可以和外界直接聯繫。告訴我妳的電話號碼。告訴我易法素克和朋友們的地址，越多越好。別忘了給我妳的電話號碼……

（此信寫於一九七七年，在她離開愛荷華八年之後。）

一九七八年五月八日。我和Paul從紐約坐火車去華盛頓。

Paul打開《紐約時報》。頭號標題：羅馬尼亞大地震

Paul唸給我聽：……一位詩人舉行酒會，很多作家和藝術家在場。地震時，全部死亡。地震的犧牲者，還有易法素克……

Paul，Paul！我抓著他拿報紙的手臂叫著。不可能！不可能！不可能是易法素克！

臺海瑞要去羅馬尼亞悼念易法素克，並探望狄塔。但沒獲得羅馬尼亞簽證。

就在那一年，伊朗爆發反對巴拉維國王專政的群眾運動，迫使他於一九七九年一月逃亡國外。同年二

月，宗教領袖霍梅尼（Aytollah Khomeini）接管政權，宣布成立伊朗伊斯蘭共和國。巴拉維十月從埃及到美國治病。憤怒的伊朗學生要求美國引渡巴拉維，遭美國拒絕。學生占領德黑蘭美國大使館，扣留五十二名美國人質，經過四百四十四天的外交鬥爭，才得以釋放。但美伊從此陷入敵對狀態。

我從此失去臺海瑞。

愛情，友情，全在政治中淹沒了。

我在奧斯維辛集中營（波蘭，一九七二）

一九七〇年除夕，捷克小說家魯思逖克（Arnost Lustig）為作家們在家舉行晚會。他特定每人奇裝異服赴會。我和Paul都穿上自以為特出的服裝去魯思逖克家。進門迎面見到魯思逖克：歡迎到奧斯維辛來！他一家四口穿著破舊的汗衫褲，臉上畫著紅色血跡，手臂描著黑色囚犯號碼。他們唱起德國小調〈鯊魚歌〉：

> 啊，鯊魚有許多牙，我們從沒見過牠的牙。
> 麥基斯有把刀，我們從沒見過他的刀……

他們一面唱，一面歡樂地跳舞，著了魔似的，唱著，跳著，停不了。德國人、法國人、瑞士人、日本人、印度尼西亞人、烏干達人、尼日利亞人、埃及人、中國人……全跟著跳起來，唱起來了。我們就那樣子瘋狂了個通宵。

魯思逖克在二次大戰中，和父母一起被納粹關在波蘭的奧斯維辛集中營（Auschwitz Camp），他才九歲。父親在毒氣室死去。他隔著通電的鐵絲網，看見一群赤裸瘦弱的女人向著死刑營走，突然，他發現了母親。他大叫。她回頭看看，沒有表情。

魯思逖克小說寫得好。除夕晚會，我那一身古典中國服裝，和他那奧斯維辛囚犯形象成了強烈對比。我們無意中，一同寫出一則隱喻反諷的小說。

一九七二年，我和Paul從波蘭的克拉科（Krakow）去奧斯維辛。陪同我們的是到過愛荷華的波蘭詩人馬瑞克（Marek Skwarnicki）。他全家在二次大戰中也被納粹關在那所集中營裡。他那時十歲。犯人太多了，毒氣室不夠用了。他們雖然在死刑營中，一下子也死不了。犯人進毒氣室就是去「洗澡」。一天，看守的人告訴馬瑞克，他要去洗澡了。他想：完了。但那次他可真洗了個澡，難得的一次享受。戰爭結束了。家裡人一個個回家了，只有姊姊沒有回來，一位難友帶回她的手錶。她死在集中營了。一年以後，馬瑞克在街上玩，突然看見姊姊走來了，他好像看見鬼似的大叫，嚎啕大哭。

我們從黑色的大鐵門走進奧斯維辛。一排排污黑的磚房。一陣陣陰森的潮氣，一直鑽進人骨子裡。磚房四周的場地，圍著雙層鐵絲網，還有一個接一個的瞭望台，台上架著機關槍。靠近鐵絲網的是「中性地帶」，犯人一走進那地帶，就有逃亡的嫌疑，瞭望台上的守衛就一槍把他打死。黑色大鐵門上掛著一個骷髏頭，還有個大牌子：停！看到那個「停」字的人就得停，否則就是死路一條。

靠近大門的一排營房現在成了展覽室。玻璃櫃子裡展覽囚人的遺物。有間展覽室專門陳列孩子的東西：斷手的洋娃娃、破舊的小鞋子、蘇格蘭呢小裙子、幾塊積木、半串珠子項鏈、鉛筆畫的馬頭、小喇叭、童話書——封面上的白雪公主安詳地睡著了。窗台上有人放了一束紅豔豔的玫瑰花。

成人的遺物陳列在其他房間。全是安分守己的平凡小市民的日常用品：縫紉機、剃鬍刀、針線包、牙刷、沾水鋼筆、照相機、鍋、盤、碗、杯、長裙、斷了腳的眼鏡、停止的小鐘還在三點二十分上、黃底黑條披肩，一條不鏽鋼的義腿。一堆堆的箱子，上面有人名和住址。有的箱子上寫著：魏生甘，孤兒。有個玻璃櫃放滿了各種不同的錢幣：英鎊、美金、法郎，還有滿洲國的一分錢。不知那一分錢的主人如何逃過了日本人的槍彈，卻逃進了納粹的集中營，而他身上只有一分錢。

另有一間屋子，堆滿了女人的頭髮，發亮的金髮，有的披散著，有的結成辮子，有的盤個S髻，就是乾淨利落的女人才梳得出來的那種盤來扭去的光溜溜的髻。戰爭結束後，集中營裡堆了七千多公斤的頭髮。納粹留著死刑犯的頭髮，只因為頭髮可以做床墊子，衣服料子，甚至於槍彈。每間屋子的牆上掛著囚人的照片。一雙雙驚恐絕望的眼睛，瞪著川流不斷的遊客。遊客之中也有德國人。

一排叫做死巷的房子，是關死刑犯的。十八號是波蘭柯爾牧師的房間。他代替一位難友進了毒氣室，因為那人有妻子兒女。陰暗小房的欄柵上掛著一束白色的康乃馨。二十號大約有三個榻榻米那麼大，曾經關過三十九個人，一半人悶死了。十五號裡有人餓得吃過人肝。二十一號有人用指甲在牆上畫了一個女人抱著嬰兒。

毒氣室在集中營邊上，當年有火車將死刑者運到那兒去，納粹撤退時燒毀了，只剩下許多煙囪和瞭望台。我們三人走上瞭望台。細雨迷濛。一眼望去，黃漫漫的枯草。不知在哪兒，火車哨子突然叫起來了。馬瑞克怔了一下。沉默了一會兒，他轉身對我們說：以前我在這集中營，看見瞭望台上的納粹，認為他們是勝利者。現在我站在這瞭望台上並沒有勝利的感覺。

為什麼呢？我問。

他沒有回答。

一輛黑色蘇聯大轎車，「呼」的一下撞進了集中營的大鐵門。

牆裡牆外（西德，一九七二）

訂閱

牆裡發生了很多事
我也曾在牆上塗抹
報紙充滿硝煙騷亂
我瀏覽一件件新聞隨時要暈倒

死去活來得疲憊不堪
灌了滿肚湯水
於是，準備看晚間新聞
一頁頁看得心神交瘁
每天幾個馬克買來世界的謊言
我也沒占什麼便宜
訂閱的是
成堆的災禍和革命
鮮花展覽的報導也叫我心驚

那是西德作家柏昂（Nicolas Born）在六〇年代寫的詩。柏林圍牆仍然森然隔離著東西柏林。猶太人對納粹的殘忍仍然記憶猶新。

柏昂和他醫生妻子爾茱伽（Irmgard）一九六九年秋來愛荷華。那年以色列夫婦檔作家森乃德（Yonat, Alexander Sened）也來這兒。兩對夫婦同天到達。我和Paul請他們去餐館吃午飯。Paul開著他的白色大吉普，和我去愛荷華河邊的五月花公寓，只見他們兩對夫婦分別站在台階的兩端等待。互不相識，這也罷了。

我坐在Paul旁邊的前座。他們一一進了後座，擠在一起。

我叫柏昂，從西德來的。他向森乃德伸出手。

森乃德嗯了一聲，沒有和他握手。

Paul望了我一眼。

滿車的人，寂靜無聲。

看！Paul突然大叫。看河上划船的年輕人！當年我在牛津是划船選手，代表我的墨藤學院。最後一年，五天五次大勝。每人得到自己划的槳，上面有各自的描金名字……

那是Paul生平最得意的事，我說。

從那一刻起，我們和那兩對夫婦分別談著中性話題，沒有戰亂，沒有殺戮，沒有敵意，天下太平。

飯後送他們回五月花。柏昂夫婦向我們道謝後下車。

森乃德對我和Paul說：非常謝謝！到了愛荷華立刻就見到你們。很對不起，我們沒有禮貌，拒絕和那兩個德國人握手。

我了解。Paul說。

請原諒，我們再也不能和他們在一起了。

慢慢來吧。柏昂是個好詩人。他有首詩的第一行：她是個金髮女郎。他是個工程師。

不，我們不想見他們。森乃德說。

從那以後，我們只得和那兩對夫婦分別聚會。森乃德一九二一年出生在波蘭，一九三五年移民以色列。二次大戰後，到歐洲處理猶太難民移民以色列的問題，遇到尤娜遞，她一九二六年出生在波蘭，二次大戰中曾在華沙猶太集中區生活。他們相遇幾天後，她去了維也納大學，專修法國文學和哲學。一九六七年以色列和相鄰的阿拉伯國家在六日之戰中，埃及約旦和敘利亞聯軍被以色列打得慘敗。夫婦倆在戰爭期間潛赴以色列，在沙漠的集體農場定居下來，種水果和蔬菜。森乃德是出版社總編輯，尤娜遞教希伯來文學。兩夫婦聯名寫小說。

柏昂被拒之後，幾番給森乃德打電話，要求和他夫婦倆談談。他說二次大戰期間，他只有幾歲。他要他們重新認識他這一代的德國人。

但是，沒有用。

那年，波蘭作家司崔考思基（Julian Strykowski）也是猶太人，大約五十多歲吧，二次大戰中身受納粹虐待，在那六〇年代，在波蘭又受到政治壓制。一天，他來我辦公室，遞給我一束康乃馨，一面說：我可以和妳談談嗎？他告訴我，他和一個女子相愛，但不能結婚。為什麼呢？我問。因為他是猶太人，又是被禁的作家。他不能連累她和她兒子。

我一定要回去！和她母子在一起！他說。

那不是一樣要連累他們嗎？

不同。抄家，總不能抄他們的家吧。

我們和所有的作家應邀去伊利諾州的約翰迪爾農業機械公司（John Deere Company），乘遊艇看密西西比河上風景，參觀工廠。最後去約翰迪爾公司本部。那簡直就是個現代博物館，在莫林（Moline）郊野，著名的芬蘭建築家薩瑞能（Eero Saarinen）設計的。一座赭色鋼架獨立原野，八層鋼架，層層疊疊，鑲嵌透明玻璃，樓前湖水漣漪。藝術和自然融合。鋼水相映。鋼架內部到處點綴著現代畫和雕塑。

公司總裁何偉特邀我們傍晚去他家。她妻子大塊頭，大花大朵的長袍，色彩濃豔，閃亮的大耳墜，輪廓堅硬的臉。那麼豪華的家，夫婦倆特別得意的，卻是那間簡陋的閣樓。從三樓的小梯，再上一層，只見一間小小的閣樓，鋪著日本榻榻米，閣樓天花板下一溜柔軟的通鋪，沿著屋頂繞去，玩具似的小梯子，可再上一層，上到軟綿綿的鋪上，再也上不去了。人只好躺下了。在拚搏的工業社會中逃到家裡，逃到閣樓，逃到天花板下，無處可逃了，就躺下來吧。愛，恨，悔，貪婪，虛枉，全湧在那一小角天花板下了。世界雖大，竟沒容身的地方。

飯後大家去客廳喝酒。音樂奏起來了，一人彈鋼琴，一人拉小提琴。喝酒，談天氣，談旅遊勝地，談當時東歐流行的笑話：

> 一個社會主義者死了，升到資本主義天堂。一個資本主義者死了，升到社會主義天堂。社會主義者發現天堂有許多電腦。資本主義者發現天堂有許多會議。兩人都很受罪。
>
> 於是，兩人都下地獄了。社會主義者下到社會主義地獄。那兒的共產黨永遠在開會。資本主義者下到資本主義地獄，那兒到處是電腦。兩人在地獄裡都很快活。

美酒，笑聲，音樂。人熱絡起來了。

烏干達作家畢特可（Okot p'Bitek）坐在地上唱起情歌，男歡女拒，逗來逗去，女人終於委身。他兩手叭的一下，閉著眼，回到非洲的原始森林做愛去了。阿根廷作家露伊姵（Luisa Valenzuela），彩虹紗巾兜著有稜有角的臉，眉濃眼黑，和男主人雙雙舞得有情有意。

突然，三個猶太人——司崔考思基、森乃德、尤娜遞高聲唱起來了，原來鋼琴和小提琴奏起一首猶太曲子。司崔考思基突然跳起舞來。音樂悠悠盪著流放人的哀傷，司崔考思基幽靈似地舞動，森乃德、尤娜遞低聲吟唱。那猶太曲子突然高昂急速起來，悲愴透著強悍，司崔考思基著魔似地快步舞起來，閉著兩眼，——死亡，災難，生存，又魔幻地呈現眼前了。

我們全怔住了。

柏恩獨自站在一旁，臉色沉重，沉默不語。

作家們在愛荷華八個月，終於要離開了。**Paul**和我在家裡有個送別晚會。相處幾個月，都有些留戀不捨，在那個年代，此別也不知何日再見了。滴酒不沾的人，也喝起酒來。只見柏昂拿著酒杯，走到森乃德、尤娜遞面前，舉杯對他們說：我敬你們酒。他喝了一口：離開愛荷華以前，我可不可以和你們談談？

森乃德、尤娜遞笑笑，未置可否，舉杯敷衍了一下。

第二天下午，柏昂來了電話，興奮地對我們說：森乃德、尤娜遞邀我和爾茱伽明天吃晚飯！

他們的友情就從那夜的長談開始了。

森乃德夫婦離開愛荷華時，甚至邀請柏昂夫婦去以色列，做他們沙漠上集體農場的客人。

Paul的祖先來自德國的黑森林。他在牛津三年（一九三三—一九三六），每年三分之一的時間遊歷歐洲，他必去德國。第一個暑假，他住在德國南部巴伐利亞的山中，在那兒認識了一位非常「歐洲」的德國人傅然子。他唱法國民歌，在英國貴族學校教過書。他邀**Paul**去柏林和他家人共度一九三四年的耶誕節。他們住在柏林郊區。**Paul**常去逛書店。那時他要翻譯里爾克的詩，常去逛一家書店，因為那兒有一架子里爾克精裝本的詩集。他雙手捧著書，那軟皮書面，那印著題目的彩色書頁，彷彿就是里爾克那個人。

一天，書店老闆走過來對他說：來喝杯茶吧！

老闆帶他走進一間小屋。他把里爾克的書全搬出來了，放在桌子上。一個十五、六歲的女孩端著茶進來了，透亮烏黑的眼睛，欠欠身退出去了。老頭兒一面為Paul斟茶，一面說：這些書全是你的！

那些書全是他的！就是大打折扣，Paul也買不起。

你全拿去吧，老頭兒說。

突然之間，里爾克的書全是他的！那個永遠在逃避的詩人寫的美麗的詩篇，到過巴黎、瑞士、亞得里亞海上，身邊永遠有女人，德國人稱為軟性詩人的里爾克。

Paul問：為什麼給我呢？

我是猶太人。他們會把這些書毀掉的。

他說起納粹，就是「他們」。

然後他轉身指著那個可愛女孩走出去的門說：我老了，沒關係。但是我女兒，那個女孩……他說不下去了。她必須走。離開德國。我們是該死的猶太人。你是美國人，你是幸運的。把她帶走吧。我留在這兒等死。

我想辦法，Paul說。我一定想辦法。

一個月以後，他找到人答應幫忙，給老頭兒寫了信。信退回來了。郵戳註明：無處投遞。

一九七二年五月，我和Paul去西德和東歐。柏林已分裂成東西柏林了。在西柏林重見分別兩年的柏昂夫婦，還有一九六七年第一位到愛荷華的西德作家卜赫（Hans Christopher Buch）。

柏昂和卜赫兩家住在一棟陳舊大樓裡，街道兩旁一溜菩提樹，仍有樹大根深的氣派。

Paul看見菩提樹如逢故人，歡喜得大叫：對！我認識！我以前就住在這個區域！

我們又看見美麗的爾茉伽。兩個作家的妻子都是醫生，工作辛苦。他們寫作，編輯，在家照顧孩子。生活艱苦。西柏林雖然有戰爭遺留的殘骸，但到處波動著掙扎的生命。我們在柏昂和卜赫那兒見到許多作家。柏林作家多，因為柏林特殊情況，生活便宜。文壇也特別活躍。他們在戰爭的廢墟中忙碌地生活，重建家園。

西柏林牆上仍有點點彈痕。在柏林牆邊，可以看到東柏林。但在西柏林這邊，居然有一尊蘇聯陣亡將士紀念碑巍然屹立，碑前還有兩尊火藥味濃厚的大砲，站崗的士兵筆挺地拿著刺刀。

西柏林的居民不能去東柏林，但旅客可以去觀光一下子。我和Paul搭上遊覽車。服務員告誡我們：不能帶任何文字的報紙刊物，每人必須帶著護照。

車到柏林牆邊，西柏林的服務員下車。東柏林的女嚮導上車。另一穿制服的女人上車，檢查護照，並收每人十馬克，同時記下每人隨身攜帶的錢，防人做美鈔買賣，或將錢接濟政治分子。另有一身穿軍服的人，用長柄反光鏡探查車底。氣氛突然嚴肅起來。

車子開動了。車子在菩提大道上行駛，行人好奇地看著遊覽車。Paul說，以前那是柏林最繁華的一條長長的大道，是柏林文化中心，現在給柏林圍牆堵斷了。矗立大道兩旁的宮殿和博物館，許多在二次大戰中毀於一旦。昔日的皇宮遺跡，已被鏟平成廣場，作為群眾運動的場地。這樣一條史績輝煌的大道，現在卻是陰森森的。車子一路駛去，滿目廢墟，到處彈痕。列寧像威立街頭。陣亡將士紀念碑，卻是紀念蘇聯的陣亡將士，站崗的德國士兵正舉槍正步換防。

為什麼要豎立一道柏林牆？有個美國旅客問嚮導。

因為東柏林的教育全是政府供給的，政府培養的人才，不能外流到西柏林。

為什麼士兵仍用正步換防呢？

那是普魯士傳統。普魯士軍就是解放軍。

牆上貼著標語：社會主義越強盛，和平越鞏固。

一張大海報：拿破崙的一隻大手血淋淋的。

一隻大熊豎立在一棟大樓頂上。

熊是東柏林的市徽，也是西柏林的市徽。同一個市徽，卻被一堵森嚴的牆隔開了，隔成兩個截然不同的世界。

德國是個悲劇。我回到西柏林後，對柏昂和卜赫說。

不！我們不是悲劇！兩人同時回答：上一代做錯了，我們受處罰，罪有應得。不是悲劇！

而我沒有鞋子（匈牙利，一九七四）

戈艾姬（Agnes Gergely），匈牙利詩人小說家，一九七二年我和Paul去匈牙利，在布達佩斯一個酒會上，第一次見到她，她正為一個文學週刊寫稿，要訪問我。我們就在酒會上找了個角落談起來。

她問：Hungary在中文裡怎麼說？

匈牙利。

什麼意思呢？她問。

很凶很利的牙齒。

我倆大笑。陌生人可以一同大笑，就可以做朋友。一九七三年，她來愛荷華。我們成了親近的朋友。無話不談，包括愛情和文學。即令三十多年以後的今天，我們仍然在長途電話上談心，常開懷大笑。

戈艾姬出生在匈牙利東南部平原上一個小村的猶太家族裡，後隨新聞記者的父親移居山巒地帶。她慶幸從小就浸潤在山水之中。第二次世界大戰，匈牙利參加軸心國，納粹被蘇聯襲敗。她父親在戰俘營中死於傷寒。一九四四年納粹占領匈牙利，迫害猶太人。戈艾姬母女被囚在布達佩斯監獄中。一九四五年一月戰爭一結束，她母女在冰天雪地中，步行一百六十公里回那小村老家。雪深及膝，紙板靴底，走了七天。到了老家，她已癱瘓，兩腿必須鋸掉，但一老農婦用肥油按摩她的兩腿，三個月後，她終於又能行走。戰爭結束，蘇聯進入匈牙利。

我第一次看到妳，妳很像義大利的電影明星蘇菲亞•羅蘭，我對戈艾姬說。

她笑笑：我十七歲進戲劇電影學院，上了幾個星期的課，被迫離校。因為我是知識分子的女兒，不能參加新貴的工農階級。我到布達佩斯機車場工作，一面努力自修。終於可以進農業學校了，照顧病馬。

照顧病馬？妳這樣斯文的人？我笑說。

她也笑：沒辦法。

妳對Paul談過馬嗎？

沒有。我和他談詩人葉慈。

她和母親相依為命，都辛苦工作。父親死後，母親做個小職員維生。一九六六年，母女倆終於在靠近多瑙河畔的地區買了間公寓。母親喜歡看飛撩河上的海鷗。

她掙扎多年，在一九五三年進入布達佩斯文理大學，後來教過中學，任文學雜誌和出版社編輯，也在電台工作過，一九七五年開始在賽格德大學教美國詩史，年近六十，還在布達佩斯大學研究並得到博士學位，專長葉慈（W. B. Yeats）的詩和詩的翻譯。從一九六三年起，出版幾本詩集，四部小說，翻譯喬哀思以及托馬斯（Dylan Thomas）和狄金生（Emily Dickinson）的作品。所寫的詩和小說，涉及甚廣——歐洲、美洲、亞洲、非洲。三部小說在瑞典和德國出版，獲得匈牙利文學大獎，被選為匈牙利國家院士。一九六一年結婚，次年離婚。後與一位美國文學翻譯家相愛。一九八四年，丈夫心臟病突發而死。一九八八年，相依為命的母親逝世。

她說：我到今天，驅使我的不是成功，而是生命中的喪失感。了解如何哀痛的人，知道如何活下去。

她那幾句話，正點中我心坎。那也就是我的三生。

傳記家

而我沒有鞋子。

我父親是搬運工人，他也沒有鞋子
我父親的父親是牧羊人
趕著羊從一個穀場到另一個穀場，
在睡夢中，他也沒有鞋子；
我愛的一個有肺癆的歌唱隊女孩，
啊，吟唱死亡！戰爭；復興；
當然，我犯過錯誤；
然而，在一個十月的早上
我全看到了；從此
我不斷對自己說「我沒有鞋子」

此外，我隱藏過幾個猶太人
而大詩人尤塞夫[1]是我的朋友
在幾個場合。
而且，我甚至借給他我的鞋子。

1：尤塞夫（Attila Jozsef，一九〇五—一九三七），匈牙利二十世紀大詩人，信奉馬克思主義，歌頌工人階級。

橡皮擦和天堂（博茨瓦納，一九七七）

海德（Bessie Head）是非洲著名的小說家。從南非自我流放到博茨瓦納。一九七七年來愛荷華。她本是南非人。母親是南非白人，和一照管馬房的黑人有染。因為那罪名，她被囚在精神病院。一九三七年海德就在那兒出生。一個黑人家庭收養她到十三歲。她進了孤兒院。五〇年代和六〇年代，做過教師和記者。後自我流放到博茨瓦納，開始寫作，並且不停地寫作。作品包括《權力的問題》（*A Question of Power*），《風雨欲來》（*When Rain Clouds Gather*），《收集寶貝的人》（*The Collector of Treasures*），《風雨村》（*Village of the Rain Wind*），《著魔的十字路口》（*A Bewitched Crossroad*），《柔情和權力的故事》（*Tales of Tenderness and Power*），《一個女人孤立》（*A Woman Alone*）等等。一生憂患，多表現在她長篇和短篇小說中：她從各種角度寫出種族歧視、女性歧視、流放、非洲歷史、貧窮等題材。她的小說寫實透著夢幻的理想，很能代表南非種族隔離時代的矛盾。一九八六年逝世，年僅四十八歲。她曾敘述愛荷華快樂的記憶：

> 我在愛荷華立刻就感到快樂自在。人口和我的村子一樣，四萬人。那小城很好適應，我立刻就如魚得水了。去郵局買郵簡，好象我從來就沒離開過我那小村子的郵局。
>
> 對不起，那人說。郵簡完了。
>
> 購物有時有問題。美國英文不是南非的英國英文。我到雜貨店對櫃檯後的人說：我要一個橡皮擦。
>
> 他說：我們不一個個地賣，要買就買一包，一包三個。

我說：我只要一個。

他狠狠地說：我告訴妳的，要買就買一包。

我說：好吧，我就要三個。

那人走到鋪子後面，帶回一小包避孕套遞給我。他那怪模怪樣的表情，好像我是個妓女，突擊到愛荷華來了。

我差一點兒要暈倒了，很費力地對他說：我要的那個東西，是擦掉紙上寫的字。

啊，我明白了，妳要橡皮擦子。

無論我到哪兒，我自有一套有規律的生活方式。我住在五月花。郵差還沒來，我就吃過早餐了。九點鐘就望著窗外，看著他的郵車到達。我就下樓等著他將郵件一一分別放進每個郵箱。凳子上堆著各種報紙。我隨意看看報。雞糞那一類田上的事，可能是頭條新聞。然後就麻煩了，貝得在獄裡被人殺死了呀，埃及總統薩達姆到以色列去了呀。雞糞從此在報紙上消失了。

我正為一篇歷史小說參看一些資料。在家時就做了一些工作。現在我要去愛荷華大學圖書館看看。第一次去，我就昏頭轉向。一個年輕人在櫃檯後一張卡片上寫什麼。

他抬頭問了一句：要我幫忙嗎？

我的回答很長：我在寫一篇歷史小說，要做關於南非的研究工作……

非洲，在五樓。他又回去寫卡去了。

我站在那兒，驚惶得發抖。我習慣於親切的圖書館人員，幫你找書。那個年輕人對我毫不理睬。我鼓起勇氣上了電梯到五樓。從沒見過那樣寂靜無聲遍布書本的荒涼。從沒見過那樣的圖書館，我到過的圖書館到處是人。但是，我發現有什麼書在那兒，就很開心了。幾乎所有關於非洲的書都在那兒。絕版的書！那些書就是我非看不可的書。我驚訝地看到一本老書：南非的土民生活。那書居然從沒人借過讀過。我得將一些黏著的書頁一頁頁分開，才能看書。波赫士（Jorge Luis Borges）說過：天堂就是圖書館。那五樓就是我的天堂。

我喜歡和農家的人在一起。有個農家的妻子請我們作家吃了一頓豐盛的晚餐。離開時，她問是否可以看看我們什麼作品。我寄給她一本愛情小說。幾天以後，她打電話來說，有個婦女讀書會，非常希望和我談談。我可否去一個晚上，在那兒住一夜，第二天送我回五月花。我同意了。

那婦女讀書會非常有趣。壁爐台上掛著美國國旗。那些婦女首先對著國旗吟誦著什麼話。然後才由主持人開場了。

「我們都讀了妳的愛情小說，非常喜歡。現在，我們來講對主的愛。」所有的婦女都低著頭，她祈禱了幾句話。然後，她們都抬頭期望地看著我。接二連三地提出一大串問題，熱切地要了解我來自的那個世界地區。我很欣賞她們的誠意。生活在一個安靜的、閉塞的、保守的小世界中，但是，也接受外來的新奇事物。

甘迺迪總統對美國這個國家說得很肯切：「我們是個保守的民族。」他一定了解歐洲和英國的那些小村子，多年以前他們就移民美國了。村民永遠是保守的。

我沒帶機關槍（巴勒斯坦，一九七八）

卡梨菲（Sahar Khalifeh），巴勒斯坦小說家，也是阿拉伯國家婦女運動的重要人物。她家住約旦首都安曼。一九七八年，她在愛荷華說：我只帶著一支筆，沒帶機關槍。

她十九歲高中畢業即結婚，是阿拉伯傳統的婚姻。十三年後終於離婚。一面撫育兩個女兒，一面求學，一步一步，在約旦和美國，一九八八年終於在愛荷華大學得到婦女研究和美國文學的博士學位。回約旦後成立婦女事務中心，現已分布三個地區。一九七四年出版第一本小說《我們不是女奴了》，立刻被改編成廣播劇和電視劇。已出版六本小說，是第一位巴勒斯坦女權作家，影響之大超越了巴勒斯坦和阿拉伯世界，作品在英國、美國、法國、義大利、馬來西亞翻譯出版。

卡梨菲說話利如尖刃。一天，我和Paul從愛荷華市區開車回家，五月花就在我們山下，卡梨菲和一位男作家搭車回五月花。我們四人一路談笑，你一句，我一句。

那男作家對她說：妳在臥室一定很迷人。

她咬牙回答：你來了，我一定閹割你！

她跳起舞來，也是忘我地沉迷，和每一個在場的男人跳，挑逗的眼神，招惹的舞姿，不停地跳下去。別人都停下來了，她獨自跳下去，逗得人又和她舞起來。

卡梨菲是個有魅力的女人，恨得強烈，愛得也強烈。她對我談到她的戀人，渾身顫抖。在愛荷華時愛上一位東德小說家。她卑微地照顧他，洗衣，做飯——燒一手非常鮮美的阿拉伯菜餚。她化身成一個甘願獻身的十足的女人了，也正是她熱中的女權運動要維護的那種女人。

我可以想像妳在寒冷的冬夜，脫去他的長靴，抱住他凍僵的腳，摀暖起來。我笑對她說。

她大笑。

自從一九七八年，她一再來愛荷華。一九八八年從愛荷華回約旦以後，給我和Paul來信：

……我只對你倆講我心底，我心底的話。

作為阿拉伯人、巴勒斯坦人、女權運動者，我對美國在意識中和情緒上感到迷惑。但是，愛荷華對於我永遠是美國最美麗的一面。種族、國籍、信仰，只是一首多采多姿的交響樂不同的變奏曲，而不是衝突和分裂。假若美國就是那個樣子，就夠了，太夠了……

在美國種族歧視的對照中，我看到平等的兩極之間最和諧的婚姻：Paul和華苓。相對我在美國體驗到的封閉和傲慢心態，卻是Paul和華苓的謙遜和寬容。我親眼看到Paul和華苓做別人為自己都不屑做的事。我看到Paul為人搬箱子，提行李，開車帶作家去買菜，去機場，在大庭廣眾前替卑微的詩人朗誦卑劣的詩，詼諧逗趣，笑得人流淚。我親眼看到華苓擔心一位伊朗作家朋友的安危以致淚眼汪汪。在他們溫暖的家中，我聽到從未聽過的音樂，吃到從未吃過的美餚。那小山上的紅樓，在我記憶中永遠是愛的支柱。我在那兒慶祝生日，瘋狂跳舞，酩酊大醉，辯論政治凶如猛獸。他們永遠待我以愛心和耐心……

黑色，黑色，最美麗的顏色（波蘭，一九八一）

電話鈴又響了。

Paul拿起電話筒，靜靜聽了一會兒，只說了聲：好，馬上來吧。就掛上電話，轉身對我說：可憐的尤昂娜（Joanna Salamon），她的聲音發抖。

怎麼回事？

她要馬上來和我們談談，和馬丁一道來。她仍然要回波蘭。

我和Paul用他在後山林子裡砍的樹枝，在壁爐裡生了一大爐火，在爐前小桌上擺出乳酪，核桃和滿滿一瓶伏特加。

一九八〇年，波蘭發生嚴重饑荒。沃勒薩（Lech Walesa）發起組織團結工會。罷工風潮遍及波蘭。終於有革黨斯可協定（Gdansk Agreement），工人有權罷工，並有權組織獨立工會。一九八一年，賈則斯基（Wojciech Jaruzelski）取得波蘭共產黨領導權，十二月宣布緊急戒嚴法，宣布團結工會非法，逮捕沃勒薩，解散團結工會，並逮捕許多擁護工會的人士，包括作家。

那天，尤昂娜來到我們家，穿了一件黑底繡白色碎花的長袍，披著深褐色的長髮。她不停地抽菸，不停地喝酒。菸捲和酒杯都不停地顫抖。

她兩天沒吃東西了，兩夜沒睡覺了。馬丁望著他妻子說。她是荷蘭人，一頭好看的金色鬈髮，粗壯的個頭，像個莊稼人，可又透著藝術家的瀟灑。

尤昂娜，妳一定要吃點東西，我說。我給妳去拿點什麼吃。

不要。她望著跳躍的亮紅的爐火：馬丁，再來一杯！

她將杯子遞給他。

馬丁為她斟了伏特加。

我一定要回波蘭！一定要回去！一定要回去！尤昂娜喝了一口伏特加。我一定要回去！

妳不能回去！我親愛的尤昂娜。Paul 說。

尤昂娜，妳若回去，就是自投羅網。我說。

那算什麼？她幾乎是生氣地說。我許多朋友都被捕了。有些還來過愛荷華。

妳怎麼知道的呢？Paul 問。

我們今天聽廣播知道的。馬丁剛買了一個短波收音機。

尤昂娜深深吸了一口菸，將菸蒂在菸缸裡重重摁熄了，喝了一口伏特加：我一定要回去！我寧可關進森林，也不留在外國！我許多朋友都關進森林了。

森林？我迷惑地問：打游擊嗎？

她所說的森林就是集中營。Paul 說。

是的，集中營。尤昂娜的嘴唇顫抖：我的朋友們都進了集中營！我卻在這兒自由自在！見了人還得裝笑臉問好：我很好，謝謝，你好嗎？我現在的情緒非常簡單，非常極端：愛、恨、恐懼、感激、焦慮。我的父親，我的母親，我的女兒，我的朋友，我的鄰居，現在都不知道怎麼樣了。我的女兒在戒嚴令以後從維也納回波蘭。不回去就失掉國籍了。我最好的朋友艾娃，一個很好的詩人，也來過愛荷華，她也進了集中營！

她也進了集中營！我叫了起來。她的詩沒有一點兒政治性！只是對人生和生命的感悟。她的詩充滿了死亡的意象。

很對。她沒想到她會活下去。她十六歲就得了癌症。動過六次手術，在喉頭。難怪她總是穿高領衣服，很有古典風味。

她在愛荷華愛上巴達可醫生。他非常愛艾娃。但她回去了。

天空飄起了鵝毛雪。**Paul** 在爐子裡加了幾根橡樹木。

為什麼？為什麼？艾娃呀，為什麼不嫁給巴達可？我們像親姊妹一樣，我實在不忍心她在集中營受苦。艾娃，艾娃，親愛的艾娃……尤昂娜痴痴望著寥落的雪花，彷彿艾娃就在雪花中飄蕩。好一會兒，她才將酒一仰而盡，將酒杯遞給馬丁：再來一杯！

我們都沒說話。**Paul** 臉色沉重。

今天我來告別，特地穿了這一身黑衣服。尤昂娜說，看著身上繡小白花的黑色長袍：我在俄羅斯讀了六年書，翻譯過一些俄國詩。有個女詩人寫過這麼幾行詩：

黑色，黑色，最美麗的顏色
當你失去一切
只有黑色
黑色是最美麗的顏色

現在，對於我，黑色是最美麗的顏色！任何其他顏色，都不是我的！尤昂娜頭一擺，燃了一支菸，抽了一口，低聲說：黑色，黑色，美麗的顏色。她頓了一下。我要回去！我一定要回去！

但是，尤昂娜，我去不了。馬丁終於說話了。

為什麼呢？**Paul** 問。

我是荷蘭人。現在的波蘭軍政府不准外國人入境。

尤昂娜柔情地望著馬丁，伸手去撫摸馬丁美麗的金髮：我回了波蘭，這輩子也許見不到了。怎麼辦呢？

你們夫妻可不能分開呀！誰知道這局面要拖多久呢？我說。

我同意。尤昂娜在荷蘭等一陣子吧。Paul 說。

尤昂娜一隻手夾著菸捲，另一隻手拉過馬丁的手緊緊握著，望著爐火自顧自說：我們在克拉科有兩間屋子，不大，但很美，掛著我們心愛的畫、木雕，還有些小玩意兒，都是我和馬丁收集的。我離開克拉科時，竟然心血來潮寫了一首詩，寫的就是我們那兩間屋子。那就是我們的家啊！她猛抽了一口菸。我要回去！我要回去！

妳不可以丟下馬丁呀！我說。

啊，不，不，我絕不丟下馬丁。尤昂娜把菸捲往菸盤一扔，對我抗議。我絕不會丟下馬丁！她頓了一下：不行，不行，不行！她連連搖頭，猛抽了一口菸。我不能在荷蘭住下去！

我並不要妳在荷蘭住下去。我們可以在那兒等一等，等到波蘭局勢好轉，我們再回波蘭。馬丁說。

等，等，等！尤昂娜嘲諷地笑了一下。等到哪一天呢？我等不了。

那你們怎麼辦呢？Paul 說。

不知道，不知道，不知道。尤昂娜拿起酒杯一仰而盡。

再來一杯！馬丁！她向馬丁舉起酒杯。

湖中的姑娘（以色列，一九八五）

一九七八年秋天，蘇聯詩人佛茲尼桑斯基（Andrei Voznesensky）第一次來愛荷華朗誦。他說得一口好英文，但他永遠用俄羅斯文朗誦。我們從他聲音的韻律和節奏中，可以聽出他的詩所要表達的感情和含義：憤怒，嘲諷，悲哀，壯烈，歡樂。他在愛荷華朗誦的〈莫斯科鐘聲〉，氣勢磅礴，盪著一股震撼的力量。我一九八九年和Paul去蘇聯，在紅場上就聽到那鋪天蓋地的鐘聲。

一九八五年秋天他又應邀來愛荷華。佛茲尼桑斯基朗誦了一首長詩〈湖的呼喚——獻給納粹屠殺的犧牲者〉。他用英文解釋了一句：當年納粹殺死猶太人的地方現在成了一個湖。

我的鞋凍結在地上……
寂靜。
湖中猶太區。湖中猶太區。
三英畝的湖中蕩漾著生命。
……
你的船攪混了湖水呀。
別動，朋友。
用手拍拍水吧，

多麼燙手的水啊！

液化在水中的可能就是我新娘的手——
可不是那很久以前活著的姑娘——
還有她的乳房，她的頭髮，她的欲望。

透著溫暖的那個身子，
喜歡坐在我腿上的那個身子，
也許正在市場人潮裡一個桶中
盪呀盪的。

……

佛茲尼桑斯基朗誦後，到我們家喝酒。還有以色列作家巴拓夫（Hanoch Bartov），托洛斯基的外孫女，又是墨西哥詩人的芙蓉妮珈（Veronica Volkow Fernandez），張賢亮和馮驥才。佛茲尼桑斯基六年前在墨西哥參加詩歌節就認識了芙蓉妮珈，她曾帶他去訪托洛斯基故居。她父親也是俄羅斯人，移民到墨西哥。她在那兒出生。

巴拓夫是以色列很重要的小說家，很欣賞張賢亮的《綠化樹》，在討論會上，他不談自己的作品，而談《綠化樹》。他說：作家有兩種，一種是沙漠中的象牙塔，另一種是樹林中的一棵樹，屬於整個樹林。

我們在臨河長窗前坐下。我拿出一瓶道地的俄國伏特加。

佛茲尼桑斯基高興得大叫：伏特加！在俄國也買不到！

以色列的巴拓夫坐在那兒，手中拿著一本書，微笑著。

各自斟酒。一杯伏特加喝下，每個人神色煥發。

這時，巴拓夫拿出他的書，隔著黑面鑲彩色雕像的茶几，遞給佛茲尼桑斯基說：我的小說，送給你。

他仍然微笑著坐在那兒。

佛茲尼桑斯基翻開書面，一下子怔住了。

他兩眼盯著巴拓夫說：我不相信！我不相信！

巴拓夫仍然微笑著。

「送給佛茲尼桑斯基——湖中姑娘的女婿，巴拓夫贈」。佛茲尼桑斯基唸著書上的題詞，抬頭怔怔望著巴拓夫。

我妻子的父母，就是在你詩中那塊土地上，被納粹殺死的。巴拓夫淡淡地說。

我們都啊了一聲，久久說不出話來。

佛茲尼桑斯基終於拾起我脫在地毯上的一隻鞋子，將他酒杯放在鞋子裡，一手拿著鞋和杯，一手指指在座的每個人——巴拓夫、芙蓉妮珈、張賢亮和馮驥才，又指指他自己說：我們就是二十世紀的歷史！我們都活過來了。現在，就用俄羅斯人感謝主人的方式來慶祝吧！慶祝這個世紀活過來的人！

我們一飲而盡。

親愛的爸爸媽媽（南斯拉夫，一九八八）——三百個孩子最後的呼喚

一個外國人從一個國家帶走的最深刻的印象，是他在那兒感到的痛苦。我在南斯拉夫的克拉庫耶伐次（Kragujevac）感到了。

納粹的殘酷將其所有的暴力發洩在這個溫和的小城。整個城成為一座巨大的墳墓，埋葬他們屠殺的七千人。那就是我帶走的沉重記憶。但是個美麗的記憶。無論何時，只要有人提起南斯拉夫，我就想起克拉庫耶伐次，和那兒的人被敵人殺戮的那一刻，我就想起整個民族的英勇。

——薩特（Jean-Paul Sartre）

我和Paul在克拉庫耶伐次狹窄的山路上走。

淒風，苦雨，天昏，地暗。

老年，青年，孩子們，一群群湧向那青青山坡——那兒就是一九四一年十月二十一日三百個孩子被納粹集體殘殺的地方。

南斯拉夫小說家迪彌奇（Momcilo Dimic）曾於一九七七年在愛荷華。我們叫他莫馬。他為我撐著雨傘，在山路上邊走邊談。

自從一九四五起，每年十月二十一日，成千上萬的人從四面八方到克拉庫耶伐次來，悼念被納粹殺死的三百個孩子。莫馬告訴我和Paul。

大雨，冷風。

納粹為什麼要選克拉……

克拉庫耶伐次。莫馬接著我說。

克拉庫耶伐次。納粹為什麼要選這個小城殺人呢？

克拉庫耶伐次是我們塞爾維亞的中心。他們殺孩子、老師，也殺牧師、工人、木匠、小店老闆、鞋匠——全是淳樸勤勞的小市民。

為什麼呢？

納粹要滅種呀！甚至於男孩子一個也不留！孩子們就在課堂裡被抓走，還有十幾位老師。有一位老師，納粹要他合作。他說：開槍吧！我給孩子們上最後一課！

雨嘩嘩淋下。山路上的人，在傘下低著頭，朝聖一般向山上走。走不完的人。望不斷的路。

七千多人呀。莫馬繼續告訴我們：一天之內，全殺光了！屍首染紅了三百五十多英畝。每年這一天，我們到這兒來紀念他們。詩人、畫家、雕刻家、劇作家、演員、音樂家——各種藝術家，用各種藝術作品紀念他們。妳看！莫馬指著前面。

我們在蜿蜒的山路上一拐彎，只見一個巨大的白色V形石雕矗立山坡上。石雕一邊一大片色彩——穿紅紅綠綠的雨衣的孩子們。另一邊一抹黑——披黑披風的合唱團。還有一抹天藍——穿天藍制服的樂隊。

那V石碑象徵被害孩子們的班級——五年級。莫馬說：孩子們就在那兒被納粹殺死。

人已滿山滿谷。人潮仍然沿著山路瀉下。白色V形石雕兩邊鮮烈的色彩一抹一抹漫開去——孩子們仍綿延不斷湧來。他們正站在半個世紀前三百個孩子發出最後一聲呼喚的地方：親愛的爸爸媽媽。

Paul 一臉肅穆，在我和莫馬後面走。

華苓，Paul，跟我來。莫馬挽起我手臂，帶我們走到人群最前面兩位老人面前。兩人頭髮斑白，神色淒切，定定望著籠罩山谷的V形石碑。

他們兩位是僅有的生還的孩子。莫馬向我和Paul介紹那兩位老人。

我恍惚了一下，緊緊握住他們的手。老人眼神木然，毫無表情，彷彿眼前的景物根本不存在，他們又回到半個世紀以前去了。

地上的人已老。地下的兒童依舊。但在那一刻，他們又在一起了。

歷史，現實，在雨中融合了——融成一幅悲哀而美麗、真實而荒謬的畫面。

他們全是南斯拉夫著名的演員和音樂家。莫馬指著幾個走向擴音器的人對我和Paul說。

雨下得更大了。樂隊奏起了音樂。一位女演員朗誦當代著名女詩人迪桑卡（Desanka Maksimovic）的詩：

……
他們坐在書桌前
就在那喪命時刻前五十五分鐘
小小的孩童，
急切地回答
艱難的問題：
假若一個人步行，結果是多少……
許許多多這類的問題。
小腦子充滿了數字，
書包裝滿了練習簿，
打的分數有好也有壞，

兜兒還塞一把夢想和祕密，
全是愛和盟誓。
每個人都以為
自己將在陽光下奔跑
很久，很久
跑到任務了結時。
……

一首首詩，一段段合唱，一幕幕短歌劇，在兩小時之內，將半世紀前的殘酷歷史呈現在我們眼前。沒有冗長的儀式，沒有沉悶的演講，沒有憤怒的疾呼，沒有空洞的口號。孩子們對未來的憧憬，對生命的喜悅，對死亡的恐懼，對親人的呼喚，父母失子的哀傷和控訴，塞爾維亞人對暴力的反抗和對自由的執著——世世代代人的聲音，在詩和音樂的韻律中，響徹雲霄，響遍山谷。回音在傾瀉的雨中繚繞不絕。天地與人同哀。南斯拉夫的塞爾維亞人就是那樣子年年歲歲訴說他們的歷史，沒有仇恨，沒有憤怒，只有記憶，只有警告——世間永遠不能再有戰爭和屠殺了。

紀念會結束。我們順著人潮，淋著雨在山路上往回走，默默地，沉重地走下去。

華苓，**Paul**！莫馬指著山路邊兩座墓碑：你們看這兩個孩子！男孩，女孩，一對小情人，就在這兒被納粹殺死了。

墓前兩把血紅的鮮花，在雨中閃閃發光。

我們六十幾位作家，從世界許多地區應邀到南斯拉夫討論放逐與文學。所有的作家都感染到克拉庫耶伐次山谷中重現的半世紀前一段歷史。歷史是沉重的，目前是冷，餓，潮。主人莫馬帶我們去當地文化中心吃午飯。

熱騰騰的塞爾維亞茶（南斯拉夫人稱為「茶」，其實是暖過的塞爾維亞白蘭地），滾燙的牛肉湯，鮮美的烤羊肉。吃，喝，談。人們熱絡起來了，只有一個人沒吃，沒喝，沒談，坐在那兒，一臉沉思的神情。那就是西德作家孟賀白（Olav Muncberg）。

Paul 在餐桌上寫克拉庫耶伐次的詩。只見他寫下：

> 黑暗在這兒也太明亮了。
> 嫩草驚惶地叫，宛如夜裡驚恐的孩子，
> ………

莫馬請 Paul 講話。他說從沒見過任何民族用如此強烈而優美的藝術語言，將如此殘酷的歷史一再告訴世人，他非常感動，感動得要寫詩。其他作家紛紛發言。以色列作家講納粹對猶太人的迫害和殘殺。蘇聯詩人說，納粹占領他家鄉時他只有四歲，他能活過來，並且成為詩人，是個奇蹟。中國作家楊旭講到南京大屠殺。一九三七年他只有五歲。他是那一場大屠殺的倖存者。

西德作家孟賀伯緩緩站起來了。他沉重地一個一個字說出一大串納粹集中營，包括我和 Paul 在波蘭看到的奧斯威辛集中營。

> ……我有犯罪感：我感到是我殺害了那些孩子。我們簡直就是獸！所有集中營都必須粉碎！你們容許我和你們在一起，我非常感激……

他說不下去了，坐下來蒙面哭泣。

我和Paul走過去和他握手。許多人走過去和他握手。

一條好漢！Paul用德文對他說。

克拉庫耶伐次血腥的悲劇中，被害人在臨死前幾分鐘，在小紙片上，或在身分證上，給親人寫下最後幾個字。字跡模糊，語無倫次，卻表達了赤裸裸的愛，赤裸裸的心願：

親愛的爸爸媽媽最後一次了——魯畢沙（第一中學六年級學生）

爸爸，我和密索在舊軍營中，給我們送飯來，也要工裝褲和毯子，送點果醬來。爸爸去找校長假若有用送點東西給我們吃吧，媽媽、彼得舅舅也在這兒，給他送三包菸還要些紙——巴法爾（第二中學六年級學生）

我最親最愛的美拉為我親親孩子們聽媽媽的話好好照顧自己永別了愛你們的爸爸——賴沙一九四一年十月二十一日（第一中學副主任）

永別了美莎我今天死了再見我最最親愛的我最後一刻想到的是妳我的兒子沒有爸爸也要快樂再見——史密奇（工人）

爸爸媽媽孩子們弟兄們姊妹們和剛桑卡永別了——拉迪沙（工人）

我親愛的孩子們邁立和安德拉和美莎和美索和我親愛的家你們的爸爸留下遺言永別了我要死了上帝保佑你們你們的爸爸——迪爾（旅店老闆）

親愛的妻也許我們永遠不能相見了孝順媽媽聽她的話照顧我們的孩子們永遠快樂愛妳的德哥路（鞋匠）

孩子們為父親報仇——史迪爾（工人）

親愛的請照顧孩子們永遠不要離開他們再見——無名（木匠）

永別了我所有的親人我最最親愛的我就要死了雖然我無罪，永遠是你的安德拉（牧師）

明天別送麵包來了——賈可夫（書店老闆）

親愛的妻福珈，好好照顧孩子們在店裡好好幹，妳和孩子們都有天保佑，盡可能教育，永別了——無名（賣菜小販）

我最親愛的魯姬珈在這最後一刻原諒我一切吧留下八百五十元愛妳的包仔（工人）

親愛的莉拉，塞珈，芭達，現在是最後一刻了，原諒你們的爸爸吧，吻你們所有的人，拉扎爾。莉拉我要和妳照幾張相，妳不肯，很遺憾。——無名（工人）

親愛的包瑞卡好好照顧美莎給她找個好丈夫問爸爸好請他也找愛妳的包季達（生還的工人）

命定的捷克人哈維爾（Vaclav Havel，一九八八）

一九八八年秋天。火車從維也納駛進捷克，只見兩邊望不斷的蒼白的白楊，一棵棵傲然挺立在寒風中，綠得發亮的纖薄葉子微微抖索。

火車在布拉格停下了。車站冷清清的，沒有一個人影。這就是布拉格嗎？Paul 抓著一個過路的捷克人問。一點兒也不錯，這兒就是布拉格。有推行李的車子嗎？沒有。有人搬運行李嗎？沒有。車站上只剩下我和 Paul。寒風刺骨，四顧茫然，突然看見詩人朋友史若特（Pavel Srut）向我們大叫奔來。

我等不及，早來過一趟了。史若特喘著氣說，一面和我們擁抱。他曾於一九八七年在愛荷華三個月。

我們下榻的三鴕鳥旅館，別緻古雅，只有十二間房，面對法達法河，在古老的查理士橋頭。從我們房間窗口，可以看到石橋上一溜聖徒石像，和橋上三兩個畫家。房中手雕木床、木桌、木燈座、木沙發架，樸實透著匠心。

我們一放下行裝，就到查理士橋上去散步。古橋上沒有車，只有兒童、年輕人、老人、推嬰兒車的女人。一條人情溫暖的橋。走到橋上就看到兩岸金色泛黑的堡壘、教堂和沉重的石頭城門——捷克歷史留下的遺跡。黝黑的古堡巍然屹立在天邊。那就是古代的皇宮，現代的捷克總統府。

哈維爾又被捕了，為什麼？一走上查理士橋，Paul 就問。

什麼也不為，只為他影響力太大了。史若特說：就在示威前一天他被捕了。沒關係，他會出來的。

我望著史若特說：你好像很輕鬆的樣子。我們還以為你們會很緊張呢。我們在火車上就緊張起來了。

他笑笑：我們一直就是這樣子生活的。

史若特在一九六八年蘇聯占領捷克以前，就出版過三本詩集：《滿天羽翼的夜》、《元音字的變化》、《蟲蛀的光》。一九六八年以後，停止寫詩，因為可能闖禍。他為兒童寫兒歌，翻譯兒童詩，做剪紙，畫畫冊，後來也翻譯美國現代詩。

橋上一位畫家把他已畫好的一幅幅小畫貼在一塊很大的畫板上：古堡、石頭城、古城廣場、彩石鐘塔、藍天下的堡壘廢墟，法達法河中金色樹影。

一個年輕女子推著嬰兒車打我們身邊走過。車中的嬰兒，裹得像個小棉球，露出一張小臉，望著我們笑。

法達法河在暮色中閃爍發光。

史若特說：我打這條橋上走過已經二、三十年了。每次走過，我都有不同的感受。這是我所見過的最美的一條橋。

第二天，我和Paul去看古堡中昔日帝王的皇宮，空寂冷清，剝落的牆壁，掛著奧匈帝國帝后褪色的畫像，沒有維也納皇宮對奧匈皇族所展現的珍惜和驕傲。從皇宮步行下山，走過名叫金巷的小巷，一條長長的石板小路，那兒有卡夫卡住過的小屋，就是他在布拉格做保險公司職員時住的地方，那就是他的小說《變形記》的蝸居吧。一群小女孩吱吱哇哇地打我們身邊走過。只見一個草綠軍服的彪形大漢從山坡上衝下來，一把抓住一個小女孩，像老鷹抓小雞似的，殺氣騰騰對她大叫大嚷。小女孩嚇得臉色慘白。其他女孩站在一旁，敢怒不敢言。我和Paul也怔住了，直到那彪形大漢放了小女孩，我們才繼續在金巷走下去。

我們將這件事講給史若特聽。

那個穿軍服的人一定是特務！Paul說。

史若特大笑：特務還會穿軍服讓你看見嗎？

離開布拉格的頭天晚上，Paul在一個書店朗誦詩。我們到達時，書店已站滿了人。史若特已將Paul的一些詩譯成捷克文印出，非常精緻的詩集。書店櫥窗裡擺著我和Paul的書，還有一幅放大照片，我們和小外孫女Anthea的照片。他們為Paul選出朗誦的詩，許多是他《中國印象》裡的詩，包括〈文化大革命〉。那首詩是他一九八〇年在中國寫的，朗誦時博得熱烈掌聲：

> 我的手拾起一塊石頭。
> 聽見一個聲音在裡面吼：
> 不要惹我，
> 我到這兒來躲一躲。

哈維爾的弟弟和弟媳也在聽眾之中。凡是哈維爾缺席的場合，就由他弟弟代表。他是捷克著名的數學家。

我走過去和他們夫婦握手：我們來布拉格，最想見的人是哈維爾先生。

他剛剛被釋放了。

真的嗎？

嗯。他一回家，就又忙起來了，來不了了。他坐過四年八個月的牢。還有許多短期的。一有風吹草動，他們就抓他，怕他發生影響力。搜查他的住處是常事。他這次被捕，連我的家也搜查了。

他可以出國嗎？

許多地方邀請他，他不肯去，他怕一離開捷克，他們就不讓他回來了。他要留在這兒。

一九六八年，哈維爾的劇本《備忘錄》（*The Memorandum*）在美演出，十分受歡迎。該劇諷刺官僚結構和官僚語言，以及那種語言所表達的意識形態。一張簡單明瞭的便條竟是滿紙胡言亂語：「嘰哩呱啦八拉雜決啞瓜」毫無意義。利「民眾」之名的人規定這就是官方通用的語言。但是，沒人聽得懂。於是，在預算縮減的情況下，必須成立一個本無必要的翻譯中心。機關主管葛駱思堅決反對用這種莫名其妙的語言和人溝通。他說了一段話，當可代表作者的聲音吧。

> 你們說是民眾，但卻是烏合之眾。我是人道主義者，我主持這個機構的原則是：每一個工作人員是人，而且必須越來越有人性。假若我們取消了人性的語言——千古民族文化傳統所創造的語言，我們就限制他成為非常有人性的人，就會使他陷於胡說八道的自我疏離處境。我絕對不反對官方行文必須準確。但我要堅持一點：只有官方所採用的語言是有人性的，我才同意……

哈維爾的幽默恬淡而深刻，淚中帶笑而又能自嘲，沒有刺，沒有恨。一九六八年，我們邀請哈維爾到愛荷華來。他接受了邀請，九月就可到愛荷華了。八月間，我和Paul去紐約。一天晚上，我們在收音機上找古典音樂，碰巧聽到晚間新聞：蘇聯坦克開向布拉格。我們立刻打電報給哈維爾，催他和家人立即到愛荷華，全家飛機票將寄往任何他所指定的地方。我們希望在蘇聯進入布拉格之前他可以收到電報，先到維也納或西德，再到美國。杳無回音。捷克從此與外界隔絕。我們不斷打聽他的消息。哈維爾轉入地下了。哈維爾戲劇被禁演了。哈維爾書被禁出版了。哈維爾參加七七人權宣言，被捕了。哈維爾在啤酒廠搬運大桶大桶啤酒。哈維爾被釋放了，但有人監視跟蹤。哈維爾參加和平示威，又被捕了。哈維爾又參加和平示威，又被捕了。哈維爾又被捕了……不斷被捕的消息就是好消息：哈維爾還活著，實實在在地活著，那就是哈維爾在他〈無權威者的權威〉（Power of the Powerless）那篇文章中所說的話。我們在布拉格幾天，他雖關在牢裡，但無處不感到他的存在。哈維爾、哈維爾、哈維爾……見到的人都在談論他。人們談到他不斷的被捕，就像講笑話一樣，和哈維爾的戲同樣荒謬可笑，但卻有非常嚴肅的意義。許多捷克人就是那樣子生活的。各人有各人實實在在活著的生活方式。可笑嗎？很對，我們可活得很有勁。同情嗎？大可不必！我們活得很實在。

捷克朋友連說帶笑告訴我們：他們根本看不到外界報刊。一個外國使館的捷克司機將每期《時代週刊》和《紐約客》專程送到家。司機是什麼人呢？捷克特務！他會打小報告呀！對，但是小報告太多了，管不了了。再說，司機也許有特務之名卻不行特務之職。這樣沒有安全感的生活怎麼受得了呢？朋友說：我們習慣了這種玩戲法的生活，倒覺得很有趣，也不覺得可怕了。

哈維爾說：

我是捷克人。這不是我的選擇，而是命定的。我在這個國家活了一輩子。這兒是我的語言，我的家。我和其他人一樣在這兒生活。我並不覺得我是愛國，因為我並不覺得做捷克人比做法國人、英國人、歐洲人、任何人，就多點兒什麼。上帝（我也不知道為什麼）要我成為一個捷克人，那不是我的選擇。但我接受了，就盡力為我的國家做點兒事，因為我在這兒生活。

一九九四年，我接到哈維爾的新書《走向文明社會》（*Toward a Civil Society*），他在簽名下面畫了一顆心。

遊子心（羅馬尼亞，一九八八）

一九八八年，我和Paul應南斯拉夫的塞爾維亞作家協會之邀，參加國際文學討論會：流放與文學。飛抵巴黎，在那兒停留了幾天，然後和羅馬尼亞流放巴黎的小說家卜瑞邦（Nicolai Breban）開車到南斯拉夫的首都貝爾格賴德。

異鄉人：卜瑞邦

卜瑞邦（Nicolai Breban）迎於巴黎機場。

一九七二年，我們邀請卜瑞邦到愛荷華來，羅馬尼亞政府沒有批准，他是被禁止出境的人。那年我和Paul去羅馬尼亞，在首都布加勒斯特碰巧和他迎面而過，他沒有和我們打招呼。我們每年堅持邀請，他終於在五年以後，一九七七年到了愛荷華。他送給我們一張唱片，查夢非（Georghe Zamfir）的潘神簫吹奏的羅馬尼亞民歌。每逢他和作家們到我們家，就聽那〈寂寞的牧羊人〉、〈冬天的鳥〉、〈美麗的夢〉、〈黑玫瑰〉、〈花神的舞蹈〉……不自覺地都跳起舞來。羅馬尼亞的鄉村、田野、村姑、牧羊人，在簫聲蕩漾中映現在鹿園上了。卜瑞邦著了魔似地在那已失去的美好時光中獨自曼舞。我們都停下了。他仍然旁若無人，恍恍惚惚舞下去。

一九八八年，十一年之後，我們和他在巴黎又見了，晚上和他一同到阿爾薩斯飯店吃飯。

我離開布加勒斯特已經兩年了，現在在巴黎生活很好。卜瑞邦告訴我們：我可以寫作，我有個很好的妻子，柯莉絲婷，我母親還活著。我們沒有錢，但很快活。柯莉絲婷在藝術書店工作，開始很辛苦，現在她是經理了，剛剛到法蘭克福參加書展去了。她要我專心寫作，我在寫一個大部頭的小說，已經寫了兩千頁了，大概還要寫兩千頁。

很有托爾斯泰的氣魄。我說。

不，不。托爾斯泰是上帝。我接近杜思妥也夫斯基。十九世紀很偉大。二十世紀是十九世紀的敗家子。

說得好！Paul讚了一聲。

我們去酒吧喝酒。幽幽的燈光，三三兩兩的年輕人，每張面孔表情生動，都在熱烈地談著什麼。一個中年女人，獨自靠著酒吧的櫃檯，微低著頭，彷彿在沉思。

這幅酒吧的畫必須莫內來畫。卜瑞邦賴望著酒吧的人說。

很對！Paul說：你看這一張張年輕的臉，青春真是好呀，年輕人可不要浪費了。

清晨。

卜瑞邦一見到我們就說：今天我們要走上陽光道。

他開車帶我們去遊法國南部。

細雨。農舍。田野。遠山。古堡。彩色的樹，翠滴滴的綠，灑著閃閃的金。

駛過布林剛尼（Bourgogone）和麥匡（Macon），都盛產紅葡萄酒。我們在一片樹林邊停車野餐。卜瑞邦將家中冰箱一掃而空，火腿、瑞士乳酪、羊奶乳酪。法國麵包、番茄、蜜猴桃，全帶來了，然後拿出幾根香腸，向Paul亮了一下：德國香腸！他們倆的祖籍都是德國。最後他兩手各舉一瓶石榴紅的酒，大叫一聲：百根滴！

我們在林中草地上坐下。

卜瑞邦舉起酒杯說：為了生存！

有尊嚴地生存。Paul 說。

對！我說。

三人一仰而盡。

卜瑞邦為我斟酒。

我說：夠了。

象徵吧，象徵繼續生存下去，這個很重要。

我笑說：繼續喝下去，我就倒下去了。

我們三人在疏林微風中，大吃大喝了一頓，又上路了，沿著蓉河（Rhone River）行駛。經過里昂，一九八七年曾在那兒審判納粹，大戰中納粹在里昂殺害了許多猶太人，甚至學校的小學生也不能倖免。沿著蓉河繼續行駛。到了水上，我就回鄉了，雖不是長江，雖不是黃河，江河都是天長地久地流下去，叫人想到遠方，想到生命的源流。更何況沿河楊柳依依。

車內流盪著舒曼（Robert Schumann）的《童年小景》（*Scenes of Childhood*）。

霍若維茲（Vladimir Horowitz）的演奏。卜瑞邦說。

我說：他流放六十年以後，一九八六年回到蘇聯，有兩場演奏，非常動人。他彈的《童年小景》，滿心的鄉情都從他手指尖流出來了。我聽得感動地流淚。

我見過霍若維茲。Paul 說。

你怎麼見到他？在美國嗎？卜瑞邦問。

不，不，在地中海上的艾澤村（Eze），古老的法國村子，在蒙特卡洛和尼斯之間。說來話長。你要聽嗎？

Paul，我就愛聽你講故事。卜瑞邦說。

妳可別打斷我。**Paul** 笑著對我說：妳聽過了。

豈止聽過了，聽過許多遍了。

Paul 大笑說：可憐的華苓！好，一九三二年，我第一次去英國，在康納德船上碰到巴洛（Samuel Barlow）。他是作曲家，交響樂團指揮，熱心贊助音樂。他一生獻身音樂，寫歌劇，交響樂和室內樂。巴洛是位活躍的開明分子，很有錢。他在紐約和鱈魚岬（Cape Cod），在法國的愛澤村和巴黎的家，都是藝術家和音樂家聚會的中心。

巴洛的妻子爾妮絲塔（Ernesta）是個大美人，出生費城世家，才貌雙全，充滿活力，腦筋靈活，是有名的室內設計家，為《時裝》（*Vogue*）雜誌和《大西洋月刊》寫稿。據說她第一任丈夫是位美國外交官。他們在巴黎結婚，立刻坐夜車去地中海。爾妮絲塔一頭黑髮，過了一夜，全白了！

我們大笑。

從英國回美國以後，我上哥倫比亞大學，常去巴洛在紐約的家。他家有一間特造的音樂室。爾妮絲塔在法國發現一座十八世紀廢棄的古堡，買下了古堡的石牆和木料，運回紐約，造了一間音樂室。四面石牆，加上兩百年之久的木料，將最輕微的音波、最準確的顫音全集中在那間屋子裡了。你就整個浸沉在音樂裡。我一直喜歡音樂。但是，我這個從馬房來的年輕人，突然坐在那樣的音樂室裡，聽朱利亞四重奏，那是我從沒夢想到的。我也沒在其他地方聽過那麼美妙的音樂。

Paul，我打斷他的話。卜瑞邦要你講霍若維茲呢。

好。我和霍若維茲怎麼碰上的呢？一九三三年我考上牛津的若茲學者（Rhodes Scholar）的研究金，十月到牛津。巴洛寫信邀我去艾澤村過耶誕節。他在艾澤村的堡壘，建築在羅馬時代一座古廟的基石上。聖誕假期第一天我就乘夜船過英法海峽，那樣可以省一天旅館費。然後坐火車去巴黎，再換車去尼斯，那兒是離艾澤村最近的火車站。艾澤村在面對地中海的山上。

耶誕節前一兩天，巴洛告訴我：我請了幾位非常特殊的人物來吃聖誕晚餐。我問：法國人嗎？他說：俄羅斯人。

三位流放的俄羅斯音樂家在耶誕節那天來了。霍若維茲，彼惕果斯基（Gregor Piatigorsky）和彌爾斯坦（Nathan Milstein）。他們都是在俄國政權改變之後離開蘇聯的。霍若維茲和托斯卡尼尼（Arturo Toscanini）的女兒宛玳（Wanda）一道來的，他們就要結婚了。聖誕晚餐非常豐富。我喝了許多酒，比我平時喝的多得多，而且是好酒。我在愛荷華的家從來沒有酒。酒是不准進我家門的。飯後我們去客廳，那兒有架大鋼琴。

想想看，剛從愛荷華來的這個馬伕的兒子，在一天晚上見到三位大音樂家！巴洛的家很大，半圓形，客廳正好在半圓的末端，坐在那兒，地中海就在眼底下。彼惕果斯基是個魁梧大漢。很多音樂家拿著大提琴就顯得人很小。但是，彼惕果斯基拿著大提琴，輕而易舉。他的音樂充滿感情。這都是我多年以後了解的。那天在巴洛家，他並沒帶大提琴來。彌爾斯坦也沒帶小提琴。那天他們並沒準備演奏。但是，霍若維茲看到巴洛的大鋼琴，再也忍不住了，立刻坐下彈了起來，向他未來的新娘炫耀一下子。他開始彈得非常輕柔。他的感情，不是從他腦子裡，而是從他手指間流瀉出來的。

我正坐在鋼琴前面的地上。我睡著了！霍若維茲下了決心要我醒來，使出渾身解數，在鋼琴上猛敲猛打，彈出最響亮的樂曲，而他是那個時代彈得最響亮的鋼琴家。我終於醒了。所有的人大笑。

卜瑞邦，Paul 和我也大笑。

Paul 笑著繼續說：他們不但不說我這個小子無禮，反而覺得很有趣！客人走了以後，巴洛對我說：Paul，你的表演非常成功！你是世界上唯一聽霍若維茲彈琴聽得睡覺的人。一場偉大的勝利！

Paul，你的生活真是豐富。卜瑞邦說。

嗯，我很幸運。第二年復活節我去艾澤，在摩納哥碰到毛姆（Somerset Maugham）。

毛姆？我非常喜歡他的小說！

《人性的枷鎖》，我尤其喜歡。我說。

啊，好書！你怎麼碰到毛姆？卜瑞邦問Paul。

在蒙地卡羅賭場。一天晚上，我和巴洛的一些朋友在他家喝了很多香檳，聽了一晚的音樂，就開車去蒙地卡羅賭場。我第一次去賭場，那些賭徒看上去很可悲，尤其是女人，濃妝豔抹，毫無表情，硬邦邦乾巴巴的臉，化了妝的死人。夜晚醒來，在枕上看到那樣的臉，一定很可怕……

你假若和那樣的臉同床共枕，你也很可怕。我笑著說。

你知道嗎？娶老婆不要娶聰明女人。Paul對卜瑞邦說

沒辦法，我的命運已經決定了。卜瑞邦笑著說。

Paul繼續說下去：那些賭徒兩眼盯著綠色台子上的籌碼，輸贏不眨眼，也不說話，別人都不存在了。那是世界上一小灘死水，流不動了，活不下去了。賭場上有許多流放的白俄。不過，那賭場也有吸引人的地方。賭場正在地中海上，你可以站在大窗前面，看著白浪湧來，打在你腳下的岩石上，打得粉碎，嘩啦一片白沫，噴進燈光，就在你窗外，就在你眼前。地中海是天下最壯觀的海，蒙地卡羅的海又是它最美的一景。

Paul，我們要毛姆呀？我笑說。

卜瑞邦笑笑，表示同意。

好。我們在那寬敞的樓梯上往上走，毛姆和一個年輕的小伙子正站在樓梯頂上。巴洛向他介紹我，說我是從美國來的，寫詩。毛姆有隻腳是畸形的，走路一瘸一瘸。他介紹那年輕人是他的祕書。毛姆是同性戀，你知道。英國人不像美國人，見面必握手，他只是點點頭，說了聲很高興見到你。我們交談了幾句

話。最後，我說：毛姆先生，別見怪，我還是在美國讀大學的時候讀過你的《人性的枷鎖》。他說：很遺憾。為什麼？我問。他說：我的短篇小說好得多。他叫我讀一讀他的一部短篇小說集，全是以亞洲為背景。他有名的短篇〈雨〉，就在那集子裡。我在艾澤讀了。

我們三人就在那樣的談話中，向著日光下若隱若現的阿爾卑斯山峰駛去。明亮的遠方。變幻的雲海。三三兩兩的紅頂小屋。兩旁起伏的山丘。修長的白楊，一棵棵，纖柔而孤傲地，在暖人的日光中隨風招展。

亞維儂（Avignon）

亞維儂（Avignon），古老的石頭城，從一三〇九至一三七六年，是羅馬天主教的聖地，一連九個教皇都在亞維儂。後來，天主教在此分裂，主教不在梵蒂崗屬下，一七九一年成為法國領土。

小巷，青石板路。小巷盡頭，突然閃出一片彩虹。一抹紅，一抹紫，一抹紅，一抹紫逐漸淡上去。小巷角上一棟石屋，樓上一扇窗子非常明亮，一個女孩站在窗口，背著光，女孩只是個年輕的影子。她依著窗口向外看，等待一個人吧。

古城在夕陽中一點一點暗下去了，餘輝忍不住在石頭城上逗留一下子。三兩個人坐在石頭上，仰望著頂上夕陽中的石像——十字架上的耶穌。

對面電影院牆上，貼著一幅巨大的廣告畫，正在放映電影《耶穌基督最後的誘惑》。

安全與核子的會議正在古城召開，討論如何阻止核子的災害。

我們和卜瑞邦就在那個充滿矛盾、既古典又現代的二十世紀的小城中遊蕩。

天逐漸暗下來了。總得找個歇腳的地方吧。旅館號稱主教城，一間間矮矮的石頭屋子，很可愛，立刻訂下房間，迫不急待地又去古城蹓躂。回來發現旅館老闆竟將房間給人了。跑到廣場上市政廳對面的旅館，也沒房間了，年輕的老闆終於為我們找到城外的旅館，不會露宿街頭了。驅車直奔旅館，一進房間，彷彿回到美國公路旁的車間旅館，簡陋的現代設備，但很乾淨。放下行裝，三人又驅車到古城，在小巷中隨意蹓躂，轉來轉去，終於轉到廣場，很像威尼斯水城，隨意左兜右轉，終歸回到廣場。

Paul 堅持去那市政廳對面的旅館吃晚餐。他說：那老闆對我們很好，為我們找到住處，我們就應該照應他。

在餐廳坐下，要了百根滴，點了菜。

卜瑞邦說：**Paul** 是個很有風度的人，他要回報對他好的人。

我點點頭：嗯，他是個好人，他說他這輩子受到很多人的特別照顧幫助，才有今天。現在他對人好，有時過分的好，甚至對陌生人也好，那也就是他對他們的回報。他對我很好，對我的女兒很好，對我的家人都很好。

也許是他愛妳吧。卜瑞邦笑著說。

是嗎？**Paul**。我摸摸他的頭。

我得考慮一下。**Paul** 故作嚴肅狀。

你們倆在一起很美。卜瑞邦說。

你和柯麗絲婷也一樣。我說。

我是被動的。她全心全意愛我，我接受了。開始的時候，我把她往外推……

為什麼？她很美，聰明，苦幹。你到哪兒去找這樣的妻子？

我要她去結婚生子，有個完整的家庭。她完全是為了我而生活。她離婚等了我十二年，我們一九八六年才在巴黎結婚。

我想起一九八七年在巴黎初次見到的柯麗絲婷。一個豔陽般溫暖的女子，亭亭身段，豐潤的臉，笑起來可真是芙容如面，整個人散發一股內斂的力量，是那種經過苦難而凝成的力量，你可以感覺到，但不耀眼。她本在羅馬尼亞一學院教心理學，為了卜瑞邦，來到巴黎，下定決心，從頭做起，找工作餬口，支持她心目中的天才丈夫寫作。終於找到一個畫廊書店的工作。捆紮大包大包的書和畫冊，一天下來，兩手出血。中午必回家和丈夫一道吃午飯。晚上將丈夫的小說譯成法文。見到她時，她已是畫廊書店的經理了。我們和他倆在塞納河邊散步，走著走著，他們就摟起來接吻。Paul 笑對我說：我們得盯著這對年輕夫婦，他們必須守規矩。

柯麗絲婷比你年輕得多嗎？我問卜瑞邦

嗯。年輕十二歲。現在，還可以。但是到我老了……

沒問題。Paul 比我大十七歲。

那就好。我第一個妻子很美，很聰明，有精神病，我不能離婚……

我和我前妻的情況，和你們完全一樣！Paul 說。

一九七四年，她上吊自殺了。卜瑞邦說。

啊，人的生活就是一連串的死亡。Paul 說。

人的生活是死亡的結果。夫妻關係是最根本的人的問題。我的小說寫夫妻關係而衍生的人的問題。

你離開羅馬尼亞，流放在巴黎，對你寫作有什麼關係嗎？我問卜瑞邦。

我活在過去，在哪兒寫都一樣。不寫的時候，我才活在現在。我若留在羅馬尼亞，準會坐牢。一九七二年，你們到瑪瑪亞海邊作家之家，我看到你們，沒打招呼，那時候許多人都擁護奧塞斯庫（Nicolae Ceausescu），我是批評他的…

有人監視你嗎？

當然！特務監視，許多人監視。我不願打擾你們。一九七七年你們邀請我去愛荷華，我很感激。六〇年代，奧塞斯庫很精采，他要爭取民心，開明了一陣子。他甚至譴責蘇聯一九六八年進攻捷克。後來他很糟糕，很糟糕。大概在一九七一年吧，他恢復了史達林的高壓政策，非常獨裁，知識分子首當其衝。奧塞斯庫個人崇拜到了瘋狂的地步。現在經濟非常糟糕，卻被歌頌為奧塞斯庫的黃金時代。他妻子艾琳娜（Elena）掌握黨政大權。兩人的生日都是全國的假日。看來艾琳娜是他的接班人了。我愛我的國家，但是，奧塞斯庫獨裁把國家搞成這個樣子！我只有到巴黎來了。至少我可以自由寫作，不受干擾。

你怎麼離開羅馬尼亞的？

我在一九八二年從布加勒斯特先到德國，我父親是羅馬尼亞人，一九六二年車禍死了。母親是德國人，住在德國。當年我去愛荷華也是那麼去的，否則，去不了。我前妻在一九七三年就過去了，我一九七四年認識柯麗絲婷，一九七七年去愛荷華。我和柯麗絲婷一九八六年在巴黎結婚後，她申請政治庇護，拿到法國永久居留。我現在是德國護照，因為母親的關係拿到的。

你沒在法國申請政治庇護嗎？我問。

我若有政治庇護，就回不了羅馬尼亞了。

你想念羅馬尼亞嗎？

現在不想。但是我終歸要回去的。現在，我正在寫七部長篇小說，各自成一體，但是一整套小說。只有在巴黎，我才能寫下去。

一九八七年法國的《世界報》（*Le Monde*）選出五十年來世界八十位最好的小說家，卜瑞邦是其中之一。

飯後已近午夜，三人又去小巷蹓躂。溶河、斷橋、石頭城牆、石砌教堂，朦朦朧朧的夜空滲著微光，那中古石城竟很柔美了。我想像福樓拜的包法利夫人頭髮披散在長袍上，就在那樣的夜光中，溜到小巷盡頭去幽會。

我們走到小巷盡頭，Paul 突然指著一棟屋子樓上的窗口大叫：看！那是誰？

畢卡索！他在窗口盯著我們！我說。

活脫兒的一個畢卡索！卜瑞邦說。

啊！原來是一幅有立體感的畢卡索畫像。

阿耳（Arles）——尋找梵谷

阿耳是西羅馬帝國遺留下來的廢墟。羅馬帝國的城牆，經過世世代代滄桑，斷斷續續，留念不捨地繞著阿耳。古城依山蜿蜒而上。建於紀元前一世紀的鬥獸場，半圓形，可容兩萬觀眾，現在是鬥牛場了。當年那鬥獸場是將基督徒扔進去，人和獸鬥，人終被獸吃掉。

現在可是人鬥人了。人也可以吃人的。Paul 說。

一點也不錯！卜瑞邦說。

我們一到阿耳，就尋找梵谷的故居。一條又一條小巷，兜來兜去。

Paul 說：梵谷有些重要作品是在阿耳期間畫的。這兒一定有他的博物館，一定可以找到他住過的地方。

卜瑞邦說：高更也在這兒住過一陣子。兩人鬧翻了，梵谷拿著剃鬍刀追，結果把自己左耳割了一半，據說他跑到妓院，把血淋淋的半隻耳朵給一個妓女，對她說：好好保存這東西。

我們三人大笑。

我說：藝術家的毛病發揮到了極致，就是自毀傾向，自我崇拜。

Paul 說：一點也不錯。梵谷那幅自畫像就是那個時期在這兒畫的。他後來進了瘋人院。他懷才不遇，死後才出名。卜瑞邦說。

現在他一幅小小的花卉畫，有個日本人出了三千八百萬美金買去了。Paul 說。

卜瑞邦逢人就用法文問：梵谷住在哪兒？

路人搖搖頭。

又問：梵谷博物館在哪兒？

路人搖搖頭。

我們只好走進又一條小巷。一個小店的櫥窗擺著梵谷畫冊。好，終於有人知道阿耳曾經有個梵谷。三人喜不自勝，走進小店。一個面貌清秀的女孩笑臉相迎。

我們找梵谷博物館。卜瑞邦用法文說。

現在還沒有，也許明年會建立梵谷博物館。

你是阿耳唯一的一個人，知道這兒曾經有個名叫梵谷的畫家。

我是畫家。

你在這兒一定很寂寞。梵谷在這兒被遺忘了。Paul 說的是英文。

我知道。這是沒辦法的事。女孩用英文回答。

梵谷的故居呢？

女孩用法文對卜瑞邦講了一下，一面用手比畫著。

卜瑞邦好像得到肯定的回答，只是對我們說：走吧！

Paul 伸手和女孩握手：我很佩服妳，寂寞的藝術家。

走出小店，卜瑞邦嘆息了一聲：他們忘記了梵谷，但是記得鬥獸場，恢復了，常常有鬥牛表演。

三人在依山小巷兜圈子，最後看到三個老人在路邊喝酒。

你們知道梵谷以前住的地方嗎？卜瑞邦問。

知道。

好，在哪兒？

一個老人指著小巷盡頭一棟黃色樓房說：梵谷就住在那兒，但在戰爭中毀掉了，樓房是以後蓋的。

我們三人都不願去面對那再造的歷史。信步蹓躂，突然發現褪色的梵谷那兩個字，原來是家餐館的招牌，隔著小巷，還有個叫高更的酒吧。木門，木板窗。

無論如何，阿耳還透著木料香，也沒有閃閃爍爍的霓虹燈。

艾克斯（Aix-en-Provence）

古羅馬的威力，公侯伯爵的榮耀，隱沒在艾克斯的廢墟中了。但是，走過那寂寂小巷，潔淨的庭院，石雕英雄的噴泉，杏黃泛黑的沉重樓房，你仍然沐浴在那盛年古風中。夾道高大葱翠的梧桐，婉婉向上結合成一溜新月。

早上一出門，就是一片鮮花，從來沒見過那麼大的花市。繁花似錦，老生常談的一句話，在這兒可真覺得真切。走過雜貨市場，只見一人，啪的一下，一手將一把大刀扔在身前的矮桌上，有腔有調地唱著，拿起一張紙，凌空嘩的一下，切了一條，又一條，大大小小的刀，一把一把啪啪扔在桌上，一張一張紙嘩嘩切成條，一面唱著：買一把，送一把。行人停下看著他耍刀，爭著買刀。他賣了一副刀，又接著耍下去。他那江湖氣派，撩起兒時記憶。正是小金童教我唱小白菜的時候，我怕看血，怕看槍，怕看一切殺人的武器，但是，看到江湖人耍刀，我就要看下去，坐在小金童肩上，一直看到散場，只因為江湖人耍刀耍得瀟灑，耍成了把戲，沒有殺氣。

艾克斯的人行道和馬路一樣寬敞。我們去「倆小子酒吧」吃午飯，只見梧桐樹拱下，一張張小桌，坐滿了人喝咖啡。走進酒吧，猛然一驚，不知哪個我才是真我。四面牆全是鏡子，一個一個幻影。侍者一抹小鬍子，招待我們坐下，遞給我們菜單。即令菜單也講著文化軼事：

一八三〇年代，兩個流浪漢到艾克斯就停下了，開了這個「倆小子酒吧」。你坐的地方，就是沙特，畢卡索，塞尚坐過的地方。他們常常在晚飯前四五點鐘來，逗留幾個鐘頭。這個歷史古蹟可用小說家莫里亞克（François Mauriac）的話來做見證：我每年到這兒來，坐在這廊下，只為要證實那一溜梧桐永遠在那兒，證實幸福仍然可求，只要青春延續下去。

教堂與妓女

離開艾克斯，竟有些不捨。開車七小時返抵巴黎。卜瑞邦住在公寓五樓。一層樓一層樓爬上去，就是那流放作家的家。小小兩間房。一進屋就看到一架大得出奇的打字機，很不相稱地放在長沙發前的小桌子上，桌子鋪著紅色繡花桌布，就是羅馬尼亞特有的那種手繡的豔麗紅花。架子上堆了一大疊稿子。

你在哪兒寫作？我問。

就在這兒！

這就是你正在寫的小說嗎？

嗯。已經有兩千多頁了，還要寫兩千頁。

牆上掛滿了速寫畫，都是和性有關的畫。

這都是一個流落在巴黎的羅馬尼亞畫家朋友畫的。他去年死了。卜瑞邦告訴我們。

牆上還掛了一張卜瑞邦和柯麗絲婷的照片。他倆在一大叢紅豔豔的玫瑰花前依偎著。

小小一間房一下子亮了，大了。

的古門之一。第二天下午，卜瑞邦開車來旅館，帶我們去聖心大教堂，駛向聖德尼門（Porte St. Denis），巴黎剩下

Paul 對我講聖德尼的故事：聖德尼在德修斯大帝（Emperor Decius, 249-251）統治下的羅馬帝國去高盧（Gaule）傳教，高盧包括今日的法國。在羅馬大帝法理若安（Emperor Valerian, 253-260）統治下，他遭砍頭而殉難。被砍斷的屍體，捧著自己的頭走向馬賽。

很對，他是巴黎第一個主教。卜瑞邦說。

沒有頭的屍體捧著頭。我自顧自說。

對。走出的那第一步最重要了。Paul 說。

我沒作聲。

怎麼妳沒有反應？Paul 笑問我。

沒有頭的屍體捧著頭走，我得想一想呀。假若我不同意，我會馬上說：不可能！不可能！

妳做個好事，好不好？

什麼事？

下一次，妳同意的話，就趕快說：好！好！

我笑說：人頭都沒有了，手還拿著走，我就不能那麼急急叫好了。我想那頭象徵一個人的信仰，人死了，信仰死不了。

看！看！卜瑞邦對我們大聲說。這兒是巴黎的紅燈區，叫豬仔巷（Pigalle），戰時美國大兵去的地方。妳看，夜總會紅磨坊（Moulin Rouge）上有個大風車。

啊，下雨了。我說。

所以街上沒見妓女。

卜瑞邦，停車等一等，好嗎？

很對。Paul說。

卜瑞邦笑望著我說：很有趣，妳對妓女這麼有興趣。

他也有興趣呀！我指著Paul。

細雨迷濛。紅磨坊夜總會頂上的大風車孤零零地等待著，等黑夜來了，燈火亮了，它才風光起來了。我們在小路旁停車等待妓女。一輛一輛車駛過去了，小雨空自下著，沒完沒了。等了好一會兒，沒見妓女，只好去朝拜聖心大教堂。

卜瑞邦開著車子在起伏彎曲的石板小路上盤旋而上。聖心大教堂巍然矗立在山頂，俯瞰巴黎的紛繁人世。巴黎煙霧迷濛。英法的百年之戰（一三三七—一四五三）中，巴黎最先的殉難志士就在那山上服刑。在聖靈感召下，領導法軍戰勝英軍的聖女貞德，於一四三一年就在那山上被英軍焚身而死。現在，我們站在山頂，遠望巴黎。艾菲爾鐵塔，先哲寺，車馬人流全在煙霧瀰漫中模糊了。我叫了一聲Paul，他回頭看我，只有那一眼是真實的。

雨仍下著。人們不斷在小路上朝山頂走來，甚至有婦女推著嬰兒車往上爬，嬰兒裹在很厚的毛毯裡，露著晶亮的小眼睛。

聖心大教堂有中古拜占庭式的堂皇和色彩。巨大的金色拱頂支著四周的小拱頂。頂上巨大的上帝，俯視眾天使，聖母瑪利亞突出其間。四壁描繪著彩色的聖徒。最下面是祈求的會眾。耶穌和聖母的故事穿插其中。那教堂就是神與人在整個宇宙的縮影。兩旁彩色玻璃窗。聖壇在永不熄滅的燭光中，供著荊藜的冠冕，那就是聖心，象徵主的光、力和愛。

連綿不斷的人流湧進教堂，卻是寂靜無聲。卜瑞邦一走進教堂，就神態肅穆，立刻進入另一境界，另一個他所神悟的境界。他離開我和Paul，獨自一人遊來晃去，流覽四壁的聖徒彩畫和細工鑲嵌的彩色圖案。我和Paul完全不存在了。

卜瑞邦呢？我轉頭沒看見他。

Paul也轉身找他，一面笑著說：溜回羅馬尼亞去了。

我就地轉了一圈，也沒看見他，一面說：奇怪。進了教堂，就不理我們了。

哪，他在那兒。Paul指著教堂盡頭一大叢燭光。卜瑞邦捧著一支燭光，神色肅穆地默禱著。然後將白燭插在那叢燭光中。

我們走向他。

走吧，Paul終於對卜瑞邦說。

走出教堂，他才說話：羅馬尼亞沒有教堂了。

你信羅馬正教，是嗎？我問。

嗯。我是在天主教家庭長大的。

我們坐進車中，卜瑞邦長長嘆息了一聲，才開動車子。

從教堂另一路下山，駛過聖德尼路（rue St. Denis）。就是那個被砍斷頭的聖徒，身子捧著自己的頭走向馬賽的聖德尼。

細雨。薄霧。黃昏。天色暗下來了。

華苓，看！看見了嗎？妓女！卜瑞邦說。

幾個年輕女人，穿著透明迷你裙衣，襯出纖巧的身段，黑色透明的襪子，隱約顯出線條細緻的腿，站在屋檐下，斜依著門抽菸，偶爾向兩邊望一眼。有的撐著雨傘站在雨中，互相說著話。人們匆匆走過，也沒看她們一眼，彷佛日常生活就是那樣子的。在聖德尼路上，教堂的聖母，通向街頭的妓女，還有那雨，那霧。天堂和人世，聖靈和人欲，在這兒竟相通了。

我究竟在哪裡呀？

南斯拉夫一九八八年在貝爾格來德舉行的三天國際作家會議，有六十八位作家，從世界不同的地區被邀參加，討論的主題是流放與文學。從美國去的，還有諾貝爾文學獎得主布羅茨基（Joseph Brodsky），美國桂冠詩人史傳德（Mark Strand）。

我被主席點名在開幕那天上午講話。我說二十世紀是流放人的世紀。我從中國歷史上流放的人物，到我自己的生活經歷，談到廣義的流放：隔離社會，或是家園，或是故土，或是政治主流，都是流放。坐牢是流放，離開家園是流放，甚至在自己的家園，也可能流放。還有被迫的流放，自我流放。屈原、李後主、蔡文姬，是被迫的流放。陶淵明，不見經傳的詩人寒山，是自我流放。現代中國作家，如沈從文、卞之琳、錢鍾書，他們後來都停止創作了，也是自我流放。

我自己呢？流放了一輩子。我是故鄉的日本租界的中國孩子，租界公園門口掛著**「狗與華人免進」**的牌子。抗戰時期，我是流亡學生，到處流浪。我在台灣是大陸人，在美國是中國人，在中國是華裔美國人。我在大會上講著講著，自己笑了起來：我究竟在哪裡呀？

會議上講話的作家多著重母語對作家是多麼重要。

一位南斯拉夫流放加拿大的作家說：當我離開南斯拉夫，我沒有背叛我的國家。我愛我的國家。我已入加拿大國籍。但那個不相干。我仍然愛我的國家。我常常夢想南斯拉夫的藍天和雲彩，聞到祖母烤出的熱麵包香，看到她在園子裡種玫瑰花的笑容，聽見……他說著說著就哽咽了。

布羅茨基說：……剛才有作家把流放稱為戲劇。流放可不像戲劇那樣有趣。不過，作家在異國的陌生人之中流放，比在自己國家流放好得多……當我初到美國的時候，很意外的收到流放美國的波蘭詩人米沃什（Czeslaw Milosz，一九八〇年諾貝爾文學獎得主）的信。他說：我知道你很害怕。你不知道能不能繼續寫作。假若你不能寫了，那也很好。你寫不出，不是因為你沒有才華。對於作家而言，流放是最正常的處境。

一九七五年左右，我和Paul曾邀請布羅茨基到愛荷華。他剛到美國不久，含蓄，沉靜，透著點兒憂鬱。一九八八年的今天，在貝爾格來德重見，他是個完全不同的人了，是一個打了場勝仗的戰士，有點兒疲倦吧，目光卻咄咄逼人，透著點兒狠，曾經拚過你死我活的那種狠。他就在一九八七年，獲得諾貝爾文學獎。

布羅茨基在貝爾格來德大劇院朗誦詩。劇院擠滿了聽眾。人人打扮得如赴盛宴，叫人感到塞爾維亞是注重詩的民族。布羅茨基先用俄語朗誦，再由當地人朗誦翻譯。俄語是男性的語言，鏗鏘有力，透著俄羅斯民族的悲愴。從布羅茨基朗誦的韻律和節奏中，可以感受到一股磅礡的氣勢，一股撼人的力量。

布羅茨基朗誦後，要聽眾隨便提問題。

他對各種問題回答直率：

我在我的國家生活了三十二年，絕不以遊客的身分回去……

我的國家沒有我可以幹得很好。我沒有我的國家也可以活下去……

人們有健忘的才能，忘記現實，忘記政治現實。人民有表示他們是犧牲者的自由……

我二十歲左右開始寫詩。有個詩人，比我大七歲，我把寫的詩給他看。他逐漸喜歡我的詩了。我從他那兒學到寫詩的祕訣：盡少的形容詞，盡多的名詞，名詞是具體事物……

我絕不會放棄我的母語。我的國家最好的東西，就是它的語言：俄羅斯語。

【外一章】追求流放的詩人——吉增剛造

一九六九年，Paul讀到日本詩人吉增剛造（Gozo Yoshimasu）一首詩〈清晨的瘋狂〉，就對我說：我們一定要邀請這位年輕詩人來愛荷華。

清晨的瘋狂

我大聲叫出第一行詩
寫下第一行詩
雕刻刀清晨猛地立起
這都是我的權利

晨光或女人的乳房並不一定美麗
美並不一定是最重要的
所有的音樂都是撒謊
啊！首先闔攏所有的花瓣，倒在地上！

今天清晨，一九六六年九月二十四日

給我最親愛的朋友寫信
談到原罪
談到無隙可襲的犯罪和毀滅罪證的智力

啊！好一滴清水在我淡紅手掌上滾動！
女人的乳房反映在咖啡碟上！
啊！我不能倒下！

一九七〇年吉增剛造來愛荷華，是作家之中最年輕的，我們叫他Gozo。他不多講話，羞澀地笑著。翩翩一少年。但他朗誦詩時，卻令人震撼。他朗誦日文，不要翻譯。用不著翻譯，他詩的意象和情感全在他朗誦聲中傳達給你了。

吉增剛造二十五歲出版第一本詩集《出發》後，就不停地演變，已出版三十多本詩集和散文集，是日本當代重要詩人之一。他用多樣藝術形式來創作詩——書寫，旅行，朗誦，攝影，銅版畫，書法，都是詩。即令已書寫的詩在朗誦中，由於他時而高昂時而低沉，有的重複，而重複之中又有不同的變調，那朗誦出來的詩，又演變成另一不同形式和含義的詩了。同一首詩在一次又一次不同的朗誦中，都表達了不同的形式和含義。對於吉增剛造，朗誦詩和寫詩同樣重要。詩人大岡信（Makoto Ooka）曾評論吉增剛造的詩：「強烈的肯定和強烈的否定一再重疊，同時，在詩句之內積蓄強烈的急速感覺，激昂之後又突然釋放，創造一種純粹的感覺。」他的日文朗誦就給你那種純粹的感覺。Paul 說：他的朗誦有電擊般的震撼力，在他朗誦聲中，他詩的意義觸動你心靈，用不著翻譯。

Gozo 不斷行走天南地北，不斷在詩中行到另一境界，另一意義，甚至同一首詩，在不同的朗誦中不斷地變化。在他雷霆萬鈞的朗誦中，悠悠低沉吟哦中變化。他雲遊四方，來去匆匆。他在生活中，在幾種藝術創作中，沒有定點，追求流放。

一九七〇年Gozo在愛荷華時，美麗的瑪瑞亞（Marilya Corbot）正在愛荷華大學讀書。瑪瑞亞巴西人，在美國生長，長髮披肩，身穿自己縫紉的瀟灑長袍。Gozo永遠溫潤地微笑著，到現在我也不知道他和瑪瑞亞在愛荷華時是否就已經「碰」上了。他們似乎是各自離開愛荷華，重逢於巴黎。金童玉女一九七一年秋天在日本結婚。Gozo對愛荷華很有情，回來多次，每次必定朗誦他的詩。每次以不同的方式朗誦。他仍然朗誦日文原詩，現在瑪瑞亞是伴奏他朗誦的音樂了。

一九九一年，Paul去後，我到洛杉磯藍藍家。瑪瑞亞那時也經常在洛杉磯。Gozo特地在那時從東京到洛杉磯，到藍藍家來看我。我和他倆一見面，他就遞給我一片銀白楓葉，一顆珍珠滴落葉心。

愛荷華秋天的楓葉很美。Gozo說。

他又給我看一封泛黃的信，一面說：這封信一直掛在我書房的牆上，是Mr. Engle在一九七〇年給我的邀請信。

二十一年了，此情此意，令我哽咽。

他們回愛荷華多次。Gozo說愛荷華是他第二家鄉，但是，每次都是行色匆匆。

二〇〇四年秋天，Gozo和瑪瑞亞又回愛荷華。他們帶著鮮花和我一道去Paul的墓園。Gozo默默蹲在墓前，在心裡和他說話，然後清洗墓碑，一搭一搭地，透著思念和緬想，讀著碑上Paul自畫像中的兩行詩：我不能移山，但我能發光。

Paul有個旅行小酒瓶，赭色皮套子，多年下來，已經舊了。去墓園那天，我在家灌滿了他每日黃昏在臨河窗前喝的威士忌。

我將威士忌一滴一滴灑在墳頭，一面對他說：Paul，Gozo回來了。他和瑪瑞亞將朗誦獻給你了。這次是瑪瑞亞朗誦他的詩，他蹲在一旁輕敲小鼓，偶爾低吟一下。這次的朗誦又不同了。

我在墳上灑了最後一滴威士忌，轉身將小酒瓶遞給Gozo說：你拿去吧！Paul每次旅行，必定帶著這個小酒瓶，裝滿了威士忌。他幾次到日本，就帶著這酒瓶。

不，不，太珍貴了！妳應該留著！Gozo一面說，一面後退。

就是因為它珍貴，才給你！我跟著他走。

不，不，你留著！

Paul一定要給你！

Gozo這才收下了，微笑著。

他舉瓶一仰而盡——空空的酒瓶。滿滿的回憶。

他們夫婦在愛荷華兩星期，常到我家來喝酒。他一進屋，就很興奮。沉靜的Gozo有時高興得昂頭大笑，有時細聲說幾句話，一手半蒙嘴，那是從心底說出來的，不容別人聽的話。他在Paul的書房中流連不捨。書房的一書一筆一影一箋，都是原貌，沒有任何變動。他啊——啊——地說不出話，不斷地拍照，要將那個充滿Paul音容想像的天地，整個映入他的記憶。

Mr. Engle就在家裡！Gozo說，盯著牆上照片裡憂慮深思的Paul。那兩道強烈的眼光也正盯著他。

對！他就在這裡！就在這裡！一定在這裡！Gozo堅決地說。

我知道，我說。

那條小船，我和Paul的那條小船，從那兒我們一同走過二十世紀的風景和人景，在愛荷華河上流走了。

河水依然流去。

我獨立河岸。

秋已深了。

（三）紅樓即景

一棵棵樹獨自挺立。一隻隻鹿獨自覓食。樹色從新綠變成赭黃，鹿色從嫩黃變成樹色。白雪中，鹿樹一色，互相呼應，順應自然。（潘耀明　攝影）

Paul在後園百年橡樹上，吊上一根粗繩，又在一塊厚實的橡木板上，用電鋸鑽兩個大洞，穿過繩子，做了鞦韆。完工那天，他要我坐上鞦韆，盪上天去，可以看到山下靜靜流去的愛荷華河。（1972）

在朋友酒會上，Paul對我說了什麼，我逗他說：真的嗎？（1974）

Paul在後園安置一個巨大的彈簧床，教我跳彈簧床。小Anthea來了，他要教她跳，對小Anthea說：跳！不要怕！藍藍在一旁看著，從心裡高興。（1976）

三位不同地區（南斯拉夫、印度、南非）的詩人，也是畫家，同時在愛荷華。畫展後，我和Paul在他們畫前留影。（1976）

Paul抓著我說：照相！我們要抓住共同生活的每一刻。徒然！（1978）

我們的生活充滿不同的人，不同的種族，不同的文化。牆上不同地區的面具，也就是我們生活的背景。Paul已去，面具猶在。我仍守著。面具已逐漸陳舊了，終究會消失的。（1979）

我終於看到愛琴海了，和Paul一同看到的。從沒見過那麼純淨又那麼深沉的藍。那樣藍的海水，叫你幻想特洛伊木馬和馬中埋伏的希臘士兵，幻想雙目失明的荷馬吟誦伊利亞特（Iliad）和奧德賽（Odyssey）史詩。（1979）

1979年，我第一次到牛津。Paul曾在牛津三年，1933至1936年，曾回去過幾次。他說：這次因為有妳，另有一番情意。Paul帶我去遊午夜的牛津。我們在雨中的小巷漫步。教堂塔尖頂住幽暗的天空。黑黑的靜。因為有Paul，黑暗也是美麗的。我們一同在那兒遊過中古，在20世紀更親了。

Paul說他在中國最喜歡兩個地方——蘇州、成都。我們去都江堰，中國戰國時期修建的一座大型水利工程，是至今全世界年代最久，唯一留存的無壩引水的宏大水利工程。Paul驚嘆不已。（1980）

1980年1月3日，卡特總統夫婦在白宮招待美國詩人。在那之前，1979年11月4日，激烈的伊朗學生占領德黑蘭美國大使館，扣下六十多名美國人質。卡特總統招待美國詩人那天，正是他焦頭爛額的時候。
Paul和他握手說：謝謝你在這麼多棘手問題之中，還加上詩人。
說得好，我會記住這句話。卡特總統笑著回答。（1980，白宮）

我們在石溪海濱華桐的家。枯樹，藍海，白鷗，很美，但畢竟有些蕭瑟，那豈非就是我倆的生活？（1981）

我和Paul在大西洋城，一同接受全美州長的文化貢獻獎。不知道他們笑什麼。我笑得很開心，因為有Paul在一起。（1982）

陽台上，一樹金黃。這次是我抓著Paul說：照張相吧！楓樹已倒。他也倒了。我從此不照相了。（1985，家中陽台上）

1986年，我和華桐一同返鄉，他要我在大江懸崖上照張相。弟媳蘇瑞儀送給我做生日禮物。照片放在臥室梳妝台上。Paul每早起床，走過照片，就會看一眼。他說：這相很可愛，害怕，可又高興。

我們每次去紐約，好友恩得森（Curt Anderson，右二）和美食家妻子必請我們到他們家去吃飯。小說家和電影劇作家安德森（Robert Anderson，右一），是我們好友。他編劇的《茶與同情》在60年代風靡一時。1986年吧，Paul請他一同去恩得森家晚餐。Paul後來在信中和他談到身後事，竟將我託付給他，我大叫荒謬。（1986，紐約）

1987年，在慶祝「國際寫作計畫」二十週年的宴會上，我和Paul宣布退休。在家照了這張相，結束生命中一個歷程。

我們每天下午在後園樹林中散步，有時在倒下的樹幹上坐下聊天，在小路上撿樹枝，拖著小樹回家，在壁爐裡燃起爐火，在爐前坐下喝酒聊天。（1988）

我和Paul從倫敦乘東方快車，去遊馬可波羅的威尼斯。當然，只剩下那個時代的廢墟了。在聖馬可廣場餵鴿子。尋找威尼斯最古老的大木橋日阿沱橋。在數不盡兜不完的小巷漫步。每一座橋，是一個驚喜，是一個引誘——引誘我們走下去，走過一座橋，又一座橋，又一座橋，彷彿就那樣子一同永生永世走下去。（1988）

1991年2月，又去石溪海濱華桐家。臨別時，華桐在大風中搶著為我們照相。Paul風中手按帽子，那就是他在芝加哥機場失而復得的愛爾蘭帽子。照片是我和Paul的最後合影了。1991年3月22日，從愛荷華飛芝加哥，轉機去法蘭克福，再去波蘭，接受波蘭文化部所頒國際文化貢獻獎。然而他卻在芝加哥機場倒下了。

Paul說：有一天，留下妳一個人，怎麼辦？我們仍然在一起。我說。

我不能移山，
但我能發光。

清秋。紅葉。落日。流水。

我和Paul走進屋後樹林。Paul在夏天一斧頭一斧頭劈出一條小路，掃不盡的落葉一路鋪去。寂靜無聲。突然，一聲清亮的鳥叫，卻沒看見鳥。

Paul停下了，吹了一聲短短的口哨。鳥回應叫了一聲，在林中深處。Paul長長吹了一聲，鳥也長長叫了一聲。Paul對我笑笑。他一長一短吹下去，鳥也一長一短叫著。Paul又吹出一短一長的哨子，鳥又是一短一長的哨子。在那寂靜的林中，人歡鳥喜，互相回應。人不知鳥在哪兒。鳥也不知人在哪兒。

太陽落下去了。林中有點兒涼意了。我們繼續在小路上走去。

Paul在後園餵了鹿，進屋給我倒了一杯雪梨酒，自己調了杯杜松子酒。

鹿一隻隻從林中昂首閒雅地走出來了。

我們在對河的長窗前坐下。那是晚飯前聊天的時刻。

我真喜歡我們的生活。Paul說。

你說過無數遍了。你滿足就好。

滿足？

你不滿足嗎？

不只滿足，很幸運。我們碰上了。

我和你在一起，每一刻都很滿足。我整個人全給了你。

我整個人給了Mary，結果很糟。我也是整個人都給妳了，這次很幸福。

里爾克說得很好，愛情的意義是兩份孤獨，相護，相撫，喜相逢。

很對。

怎麼我們突然這麼嚴肅起來了？

妳要我不嚴肅嗎？Paul調皮地向我伸出兩手，十指做野獸爪子狀。

每天早上醒來，都賴在床上胡思亂想一陣子，那是完全屬於我自己的一刻。每天早上，Paul都會探頭看一眼，看我是否醒來。這天他又在房門口探頭看。

妳醒啦？

早醒了。

咖啡做好了。我給妳端來吧。

我靠著床，喝著滾燙的咖啡。Paul坐在床沿談話。

Paul說：我正在構思一首長詩。要不要聽？

當然。

詩人要在詩裡表達一個信息，千山萬水，各種經驗，各種風景，到了目的地，卻忘了他的信息——那旅程本身就是信息。

好極了，Paul，好極了！寫！寫！

妳說好，我很高興。他眼睛閃著點兒淚光。

我笑了：Paul！怎麼你要流淚了？

別人不懂的，妳懂！我可以對妳談，妳完全了解，我就感動得要流淚。妳和我這般通情達意，是別人不知道的。

Paul在學校辦公室。我從家裡給他打電話。

喂！Paul像中國人一樣回應。

我大笑：你怎麼知道是我？

電話鈴的響聲不同，透著點兒溫柔。

Paul，你回家的時候，順便帶幾個信封回來。

我很失望，妳不是要我回家，只是要信封。Paul說完哈哈大笑。

我和Paul在臨河的陽台上喝咖啡。屋前水紅的木蘭花隱約閃著河上的水光。Paul從面前木桌上拿起詩人艾略特（T. S. Eliot）傳記。

我望著書面艾略特的照片說：Paul，艾略特很像你，線條分明的臉，細緻而挺拔。

他淡淡笑笑說：我們真有相似的地方。他第一個妻子費菲安，結婚十幾年以後，得了精神病，兩人分居了。費菲安死了多年以後，他才和斐樂瑞結婚，非常幸福。他那個人完全變了，明朗愉快，長年的扁桃腺炎也好了。他在美國聖路易市出生，後來在英國多年，入了英國籍，晚年卻對他祖國感到越來越親切。華苓，妳記得嗎？我們一九六五年在芝加哥歡迎他的宴會上見到他。Paul突然笑了起來：他坐在妻子旁邊，他的手一直放在她腿上。他是英美現代詩的鼻祖，一九四八年得諾貝爾文學獎。他享有許多詩人榮譽，但不在乎，直到他第二次結婚以後，他才認真。

榮譽不能彌補愛情。我說。

很對。有朋友說，我有了妳，人也變了。

我也變了。

艾略特生病了，斐樂瑞一直守著他，照顧他。

Paul，我要你記住，不論你多病，多老，我要守著你，照顧你，就在我們這個家裡。

他深情望著我，沉默了一會兒才說話：艾略特最後昏迷了，但又突然清醒了，只是叫了一聲斐樂瑞，人就完了。

Paul，你看，一隻紅鳥飛到楓樹梢上了。

臥房窗子罩著雙層窗簾，通宵幽黑，伸手不見五指。

我在睡夢中，突然有隻手在我臉上輕輕摸了一下，又縮了回去。我知道那是**Paul**，只聽他小聲說：我要知道妳確實在這兒。

我當然在這兒，半夜還會跑掉嗎？

沒有一點亮光，醒來迷迷糊糊，不知道自己在哪兒。妳在這兒，我就安心了。

我洗了澡，穿著白底撒粉紅碎花長長的睡衣。**Paul**正在起坐間看書，聽莫札特的《鮭魚頌》。

他說：我看著妳走來。好女人，好睡衣。好頭腦。好心腸。

我笑說：小心，以後你批評我，我可有話回答你了。

我在他身旁的沙發上坐下。

他到酒櫃斟了兩杯白蘭地，遞給我一杯說：在我見到妳之前，我不敢再結婚了。婚姻太難對付了。糟糕的婚姻，什麼都不對勁，妳半夜起來，一腳踩在老婆的鞋子上。

我倆哈哈大笑。

Paul從牙醫那兒回來，對我說：我的牙齦很糟糕，醫生要掏牙齦，問我要不要打局部麻醉藥。我說不要。他在我牙齒下面掏得咯吱咯吱響，可真痛呀。

我可不行，我一定要打麻醉藥。我說。

妳知道我怎麼解痛嗎？

不知道。

想妳，就不覺得痛了。

Paul，**Paul**。我說不出話。

我從沒對一個人有這樣刻骨的感情。

我一把抱住他。

我和**Paul**從歐洲回來，在芝加哥機場轉機回愛荷華，還得等兩三個鐘頭登機。兩人坐在一旁看來來往往的行人，評頭論足。

Paul說：瞧那個女人胖得……

像西瓜，中間肥，兩頭尖。我立刻回應。

那個中年男人和那個年輕女人……

是情人，不是夫妻。

對！在機場上也摟著。

夫妻就像妳和我，評論別人。情緒正常，頭腦冷靜。

妳看那個男人，西裝筆挺，旅行還打著領帶……

公司的一個主管。

那個女人，很憔悴，在機場上也在看手提電腦……

離婚的女人。

華苓，人類真是……

不美麗的動物。

那正是我要說的。

我笑說：我總是為你的話填空，尤其在你和別人談話的時候。

笨女人就愛為丈夫填空。Paul 得意大笑。

那個丈夫必定比那個女人更笨。

一九七八年，三十年後，我第一次回鄉。Paul 第一次到中國。三個星期以後，我們回到愛荷華。回家第二天，我和 Paul 開車去郵局取掛號信。迎面來了一輛敞篷車，開得非常快，超過了限定的速度，一夥年輕人在車內高聲談笑。

怎麼北京有這麼多美國年輕人呀。我說，一面開著車。

Paul 大笑：我們在愛荷華呀！

我笑說：回不來了。回頭還是你開車吧。

我從沒見妳這樣神魂顛倒。

我們到郵局取了信，到捷克人的小雜貨店買酒、牛奶、水果，為浣熊取過時的麵包。Paul 開車回家，轉彎就是我們山下那條渡埠客街。Paul 在路口呼的一下轉了彎。

紅燈！我大叫。

警車追上來了。

停車，Paul，你闖紅燈，警車來了。

我沒看見紅燈呀。

Paul停下車，警察走過來，看他的駕駛執照。

Paul說：對不起，我們昨天才從中國回來。我有些糊塗了，忘記了我們這兒有紅燈和綠燈。

警察笑笑，遞給Paul一張罰款單說：下次可不通融了。小心！我會盯著你的。

謝謝，謝謝。

回到家，電話鈴響了。

Paul拿起電話筒說：啊，曼琦，妳也來了嗎？我要華苓給妳訂北京飯店的房間。啊，原來妳在美國。

Paul哈哈大笑：我不知道我到底在哪兒，簡直沒有安全感了。

愛荷華的金秋。Paul用鋤頭在後園林中開了一條小路。我們踩著沙沙的落葉，在林中散步。隨手撿著樹枝，冬天可用來在壁爐裡燃起蓬勃跳躍的火。

一九六三年，我在台灣看到妳，沒想到我們會一起在這林中散步。Paul說。命裡注定了。有個滿足的丈夫，實在好。滿足？我很感激。我實在喜歡和妳在一起的生活。妳總是很有趣的，就是在妳發脾氣的時候，也和人不同，也很有趣。

那我就天天發脾氣！

我家後園的小浣熊冬眠去了。鹿從樹林裡出來了，一隻一隻，昂首緩緩地走出來了。鹿非常敏感，屋子裡一點動靜，就竄回林中。Paul每天下午將鹿食撒在山坡上。一溜彩色夕陽滲透天邊，鹿就出來了。一天傍晚，我們從外面回來，幾隻鹿正在園中閒逛，Paul啊了一聲：我還沒撒鹿食！他跑到園子去撒食，一開門，鹿就驚惶竄進樹林。Paul躲在屋內窗邊等待，兩眼盯著園子。

我說：鹿不會來啦。

他兩眼仍然盯著窗外，對我擺擺手，叫我別出聲。

那天，鹿一直沒來。

我和Paul去紐約，在愛荷華新落成的機場辦登機手續。兩人都不戴手錶，不知道上飛機的時間，看看四周。機場上，一個鐘也沒有。

他們早應該徵求你的意見。我和Paul一字不差地同聲對彼此說。

我們笑，航空公司的人也笑了。

我的書房和Paul的書房相鄰，對著愛荷華河。我在書房寫作，可以聽見他一根指頭敲打字機的聲音。

打字機突然停了。

他走進我書房，手搭在我肩上，兩眼盯著我說：我只是要知道妳在這兒，我就很安心了。

我笑說：我一直在這兒，在這兒好多年了。

他回到書房。

我突然要去看他，走進他的書房。他沒回頭。我湊上去，臉貼在他的臉上。

你怎麼突然友善起來了？Paul說。

我推開他說：你的鬍子該刮一下了。

我轉身回到書房。

一夜之間，屋前的木蘭花悄悄開滿了一樹。長窗映著朵朵嬌嫩欲滴的水紅。我和Paul在窗前喝咖啡。

謝謝妳，華苓，謝謝妳和我一起喝咖啡。

我們天天一起喝咖啡。為什麼今天要謝謝我？

我今天要進醫院了。誰知道會發生什麼事？

只是割腸子裡一個小瘤。明天你就回家了。

我真是喜歡和妳在一起的生活。

你只是離開一天呀。

沒有妳，還有什麼可活的？

我在醫院守著你，守到晚上。明天你也許就可以回家了。現在十點半了，十一點去醫院，好嗎？

只有半個鐘頭和妳在一起了。

你好像小孩子一樣。

今晚妳一個人。他頓了一下。有一天，留下妳一個人，怎麼辦？

Paul，我不要聽這樣的話。

這是現實。那一天終究會來的。

我不想這些事。

我要想。我不放心。

想也沒有用。

華苓。他兩眼盯著我。妳聽我說，我想到妳和另一個人一起生活，我就心痛，但是，有一天，妳不能一個人生活下去。

Paul，和你一起生活過了，我不可能再和任何人一起生活了。

妳回到家，空空的，一個人也沒有。**Paul**頓了一下：我再說一句話，妳肯定不喜歡。哪天我們去看看墓地，好不好？

我沒作聲。

妳要我在哪兒？父母那兒？還是這兒？

在這兒。我和你在一起。

我們沉默了一會兒。

走吧，時間到了，應該到醫院去了。我站起身說。

Paul在醫院見了醫生，護士推車送他去手術室。在他動手術之前，我可以在手術室守著他。打麻醉藥的醫生進來了，邊問邊記**Paul**的病歷。

以前動過手術沒有？醫生問。

一九三六年，割過盲腸。一九六四年，腹部開過刀。

最近吃過什麼藥？

只是止痛的泰諾。

有過抽筋現象嗎？

只是在我第一次見到華苓的時候。

我大笑。

醫生一愣，不知如何記載下來，只好笑笑。

我走出手術室，猶自笑個不停。

Paul第二天就回家了。

多年以前看過電影《茶與同情》，一個年輕大學生愛上老師的妻子，德博拉・蔻兒演那個欲說還休的女子。她終於忍不住接受了年輕人的愛，他們在一起時，她讓他解開她第一顆衣釦。

劇本的作者是安德森（Robert Anderson），清俊雅緻，言談風趣。他七〇年代在愛荷華教了一年小說創作，經常到我們家來，三人喝酒聊天。我們去紐約，也必見到他。我們成了好友。我在台灣看過他的劇本所拍的電影《茶與同情》，後來和Paul在紐約看到他的舞台劇：《從不歌頌我父親》、《你知道水流聲中我聽不見你》，前者得奧斯卡改編電影劇本獎，後者是詼諧的四幕短劇，在百老匯大大轟動。有一次，他請我們在一海鮮餐館吃晚飯，然後去林肯中心看契訶夫的《櫻桃園》。他當天就買到票，開車和我們一起去林肯中心。散場後又開車送我們回旅館。

你對紐約街道這麼熟悉。我對安德森說。

我喜歡女人和街道。

街道上的女人呢？我笑著問，指的是街頭的妓女。

Paul大笑，笑我對安德森出其不意的突擊。

我們三人在一起，總是有說有笑。

有天晚上，他在我們家喝酒。Paul談起他前妻祖母的死：她活到一百零五歲。一天，她在床上躺下。家人問她是否病了。她說：沒病，我只是活膩了。她用手絹蒙著臉，就死了。

安德森笑說：你上次對人講的不同，你說，她自己知道不行了，在床上躺下，家人問她是否病了。

我說：我聽他講過好幾次了，每一次都和前一次講的不同。

Paul大笑：所以，回憶不一定是真實的。

安德森說：但是，作家寫出的，即令是虛構的小說，別人也可能認為是作者的親身經驗。我和特麗薩的婚姻，就是那樣子破裂的。Paul，你談到你的第一次婚姻，你說瑪麗對你說：我恨你，因為我不能恨我自己。特麗薩就是如此。我寫了一個劇《獨腳終場》（*The Last Act Is A Solo*），寫一個過時的老演員，他接受一個榮譽獎，卻沒有片約了。她認為我寫的就是她。我們第一次見面我說過的一句話，後來我小說中的男主角對他愛戀的女人說了那句話。特麗薩把書一扔說：我不能和一個撒謊的人一起生活！她把我當作書中的男人。我們終於離婚了。

你年輕的時候，是不是喜歡比你年歲大的女人？我問安德森。

我的第一個妻子，比我大十歲，是個演員。她過世以後，我碰到特麗薩，她也比我大幾歲。所以《茶與同情》裡的年輕人對一個年長女人的愛戀，寫得那麼好！

安德森笑笑：也許吧。

安德森離開愛荷華以後，和**Paul**經常通信。我們去紐約，也必定和他吃飯或看劇。安德森是那種討女子喜歡的男子，見了面好像他要見的是你，你走出來，他微笑望著你說一句：你這裙子很好看。就夠了。男人能看出一個女人的裙子好看，大概不多，即令看出了，也不一定會對她說。一天，**Paul**看過他的來信，遞給我看，信上談到他和特麗薩仍然藕斷絲連，她雖是得過金像獎的名演員，毫沒生活能力，大事小事，全是他照顧，甚至水管壞了，她也不知道如何應付。他還得供給她生活費，她自己的錢也不知怎麼都花光了。他不可能再結婚了，他必須照顧特麗薩。**Paul**向他提到身後事，將我託付給他，他非常感激。

我大叫一聲：**Paul**！你怎麼幹這種事！簡直荒謬！我不是小孩子，你說給誰，就給誰嗎？

我不放心。他低聲說。

憶別

我和Paul守在家裡度過一九九〇年的除夕夜。在這冰雕玉琢的鹿園，只有我們倆。一爐亮紅爐火劈啪劈啪地歡蹦亂跳。我們坐在爐前，也沒說話，他看英文書，我看中文書，還有藍藍從香港回來送給「老爹」的XO白蘭地。

午夜，Paul為我斟了酒說：華苓，祝我們倆健康快活，我要再重複一次：和妳一起的生活，真是好，沒有多少人有我這樣的生活。還有，Paul未說先笑，他那特有捉弄人的調皮的笑：有一天，妳要記住我的話：妳的腦子很性感，妳的身子很聰明。

那是我們相守二十七年最後的一個除夕。

在那二十七年之中，Paul給我空間保留這個**我**。他時時刻刻要我知道：我們在一起，他是多麼心感心喜。二十四小時中，從來沒有一刻是沉悶的。我們有談不完的話，有共同做不完的事，有「大」事，也有「小」事。「大」事，如我們自己的寫作，共同創辦的「國際寫作計畫」。小事如買菜。Paul在三〇年代美國經濟不景氣的時候挨過餓，我這抗戰時期流亡學生也挨過餓，現在兩人看見市場裡一片五顏六色的新鮮蔬菜、水果、肉類就歡喜，一把一把，一包一包，隨手扔在推車裡，只有挨過餓的人才能領會那種灑脫。我們一同去郵局寄信，去時裝店買衣服，他喜歡好看的女裝，我們在紐約街上走著走著，常常兩人同時指著窗櫥內一件服裝叫好。我穿上，他付帳。去五金店買釘子錘子。Paul喜歡敲敲打打做木工，修陽台，修屋頂，做書架，修椅子。他為我做了一張奶黃長條書桌，現在，我就在這桌上寫下三生三世的回憶。我們也一同去花房買花，去捷克兄弟開的小店，買一兩瓶酒，取過期的麵包餵浣熊，買一份當天的《紐約時報》。他不肯訂閱郵寄到家的《紐約時報》，只為和他最喜歡的那種紮紮實實的人聊聊天。常常當我們開車轉上山坡小路，望著我們的紅樓，他就會說：多喜歡我們的家。

一九九一年三月二十二日，我們將去歐洲兩個月，先到波恩和薇薇一家人歡聚，**Paul** 最盼望見到的是七歲的小外孫 **Christoph**，我們也要看看統一後的柏林，也要去 **Paul** 祖先的黑森林。波蘭的作家朋友們正等著迎接我們，他們的新政府將頒給我們文化獎。捷克的朋友們也正等著我們，在布拉格我們將見到哈維爾總統。我們也準備去芬蘭，和幾位作家朋友去波羅的海國家。

中午正要出門，我望著攤在地板上的蔦蘿和泥土說：**Paul**，我們離家兩個月，還是把蔦蘿種上吧。他忙忙種了蔦蘿，我和他就離開家了。現在，那蔦蘿仍然纏纏綿綿攀在窗上。

我們從愛荷華滿心歡喜坐上飛機去芝加哥。

Paul 說：妳看上去有點兒累，靠在我肩上休息一下吧。

我依偎在他肩上，心想：真好，我可以靠著他，感到他的體溫，聞著他的呼吸。

那是我和 **Paul** 最後的息息相連的接觸。

我們到了芝加哥，還得走一段路到轉機室。在行色匆匆的人流中，**Paul** 突然發現手中拿著的愛爾蘭鴨嘴帽不見了。那是我幾年前給他的聖誕禮物，他一直想要的一個帽子，赭紅墨綠灰藍交織的格子呢，他斜斜戴著，自以為瀟灑不減當年。現在突然丟了，他來來回回地找，一面罵自己：笨蛋！笨蛋！我一定要找到！突然，一個行人走過來對他說：這是你的帽子嗎？他一把奪過帽子，熱烈握那人的手，連聲說：謝謝！謝謝！這個帽子對我很重要。那帽子至今放在我們臥室床邊。

到了轉機室，還有一刻鐘登機飛法蘭克福。

我去買份《新聞週刊》，就在那轉角的小店。**Paul** 對我說：

好，你去吧。快回來，馬上要上飛機了。旅行包、帽子、外衣，都給我吧。

妳坐下來休息一下吧。

用不著坐了，馬上就上飛機了。

他就那樣子走了。

登機時候到了，旅客都上了飛機，Paul還沒回來。我拖著大包小包去找他。找來找去，在買報紙雜誌小攤附近的啤酒店找到他。他已經躺在地上了。兩個行人正為他做人工呼吸，將他的身子遮住了。我一眼看見那赭色鞋子和灰藍褲子，就知道那是我的Paul。機場的救護人員趕來了，搶救了一陣子，沒有用。救護車來了，我跟著他到復活醫院。醫生對我說：一刻鐘以後，我可以告訴妳，是否可救，妳留在等待室吧。大約十分鐘，醫生和一位神父向我走來，不等他們開口，我知道Paul已去了。

那一刻，正是下午六點。愛荷華狂風暴雨。

我捧著透著他體溫的大衣，他在機場來回尋找的愛爾蘭鴨嘴帽，午夜獨自回到愛荷華。

Paul的一生就是永不休止的旅行，一站又一站，新的人景，新的風景。他在不同方向的交叉點，在形形色色的旅人中，沒有揮手，沒有告別，說走就走了。那充分象徵了他的一生。

一九九〇年十一月十六至十九日，就在他離我而去的四個月之前，Paul陪我去邁阿密領美國書卷獎（American Book Award）小說獎。我們來去乘不同的飛機，也是在芝加哥機場轉機。返回愛荷華時，我們一同去邁阿密機場，卻乘不同航空公司的飛機。Paul乘聯合航空公司國內班機起飛，在芝加哥國內機場降落。我乘美國航空公司的國際班機，在芝加哥國際機場降落。兩個機場距離很遠，步行得三、四十分鐘。

Paul的飛機先起飛。他登機前吻我。

我笑說：你好像要出遠門的樣子。愛荷華見吧。

好。我不到芝加哥國際機場接妳了，妳知道，我的腳趾有點疼。愛荷華見。

我的飛機到芝加哥誤點了。我的座位在最後一排，最後下飛機。

一走出飛機出口，**Paul** 迎面大叫：華苓！我怕妳出了事，又怕妳換了飛機，今天回不來了！一個一個人出來，沒看見妳！

我抱著他大叫：**Paul**！真高興見到你！沒想到！你怎麼在這兒？你要走那麼長一段路！背著這麼重的旅行包。可憐的**Paul**，你的腳痛嗎？

還好。我下了決心要見妳！見幾分鐘也好。我走一段，歇一下。妳總是行動很快的，不會誤飛機。到了這兒，沒看見妳，我非常失望，非常著急。一看到妳，真高興！

好！到酒吧去！我請你喝酒！

我們各要了一瓶英國黑啤酒。

我正要付錢，見他掏錢包。我連忙縮回手，笑著說：好！你請我喝酒吧！

Paul 大笑。

我買了一包玉米片下酒。邊喝，邊吃，邊談，邊笑。機場過客匆匆，那和我們毫不相干。我們倆快活得像一對久別的小夫妻。

Paul，我們在這酒吧已經一個鐘頭了，還是早點走吧！你還得找登機門。

妳會找到妳的登機門嗎？妳總是走錯方向。不知道妳一個人怎麼到了美國？走錯方向。

Paul 大笑。

我們仍依依不捨，又逗留了一會兒。

Paul！還是走吧！我陪你走一段路吧！

不，我送妳一程吧！

不，你的腳痛，就在這兒分手吧。在愛荷華見，只有五十分鐘，我先到，可以接你。

我們吻別，相背而行，我看著他背著旅行包，漸行漸遠。他不斷回頭看我，我不斷向他揮手。他最後揮揮手，轉彎不見了。

我本應在Paul之前到達愛荷華，但我的飛機誤點了。在愛荷華一走出飛機，Paul又在那兒迎我。

他很得意：啊哈！又是我先到！又是我接妳！沒料到吧！

我們歡歡喜喜一同回鹿園。

有一天，他又會揮手迎我說：又是我先到！又是我接妳！沒料到吧！

當我死的時候——一九九一，待續

安格爾（Paul Engle）

不要帶紙巾，
不要帶手絹，
不要哭泣。
在那一視同仁一塵不染的日子
放一把沖天炮，
衝向俯視的藍天，
大叫：Paul Engle上路啦。
邀請銅鈴叮噹的山羊，
那穀倉上的山羊，
搖著銅鈴翹著一把鬍子的山羊
捏著鼻子
咩咩地叫：
Paul，你真臭呀。
蒼蠅在暖和的空氣中，
閃閃地，聚攏了，
聽見Engle死了……

——待續

跋

《三輩子》寫到一九九一年為止。Paul的詩〈當我死的時候〉也未寫完。他一九九一年突然在去歐洲的旅途中倒下。天翻地覆，我也倒下了。二〇〇三年，他去了十二年以後，我居然寫出了《三生三世》，也是死裡求生掙扎過來的。

現在，這書內容大幅增加，編排也大加改動，還加上兩百八十四張人物照片，每張並附素描，擴大而形象地反映我生活中的人景，乃題為《三輩子》。

生活似乎是老樣子，很生動，很豐富。但是，沒有了Paul的日子，回想起來，只是一片空白。不寫也罷。

待續嗎？也許。那份情緣完不了。也許有來生，也許有天堂。聊以自慰吧。

二〇一一年三月
愛荷華鹿園

附錄

聶華苓作品及其他

1. 中文作品

翡翠貓（短篇小說集）——台北：明華書局，一九五九

一朵小白花（短篇小說集）——台北：文星書局，一九六三

失去的金鈴子（長篇小說）——台北：臺灣學生書局，一九六〇
台北：文星書局，一九六四第一版，一九六五第二版，一九七七第三版
北京，人民出版社，一九八〇
台北：林白出版社，一九八七

夢谷集（散文集）——香港：正文出版社，一九六三

沈從文評傳（英文著作）——紐約：Twyne Publishers，一九七二

桑青與桃紅（長篇小說）——香港：友聯出版社，一九七六
北京：青年出版社，一九八〇
香港：華夏出版社，一九八六
台北：漢藝色研，一九八八
北京：華夏出版社，一九九六
台北：時報出版公司，一九九七
太原：北岳文藝出版社，二〇〇四

王大年的幾件喜事（短篇小說集）——香港：三聯書店，一九八〇

台灣軼事（短篇小說集）——北京：北京出版社，一九八〇

三十年後（散文集）——湖北：湖北人民出版社，一九八〇

愛荷華札記（散文集）——香港：三聯書店，一九八三

黑色，黑色，最美麗的顏色（散文集）——香港，三聯書店，一九八三
廣州：花城出版社，一九八六
台北：林白出版社，一九八六

千山外，水長流（長篇小說）——成都：四川文藝出版社，一九八四
香港：三聯書店，一九八五
石家莊：河北教育出版社，一九九六

人，在二十世紀（散文集）——新加坡：八方文化企業公司，一九九〇

鹿園情事（散文集）——台北：時報出版公司，一九九七
上海：上海文藝出版社，一九九七

三生三世（回憶錄）——天津：百花文藝出版社，二〇〇四
台北：皇冠文化出版公司，二〇〇五

三生影像（影文回憶錄）——北京：生活•讀書•新知三聯書店，二〇〇七

三輩子——台北：聯經出版公司

2. 被翻譯成其他語言作品

李環的皮包（短篇小說集，英文）——香港：Heritage Press，一九五九

李環的皮包（短篇小說集，葡萄牙文）——智利：Editora Globo，一九六五
桑青與桃紅（英文）——北京：新世界出版社，一九八一
桑青與桃紅（南斯拉夫文）——南斯拉夫，一九八五
桑青與桃紅（英文）——倫敦，一九八六
桑青與桃紅（荷蘭文）——荷蘭，一九八八
桑青與桃紅（英文）——波士頓：Beacon Press，一九八九。獲美國書卷獎，一九九〇
桑青與桃紅（韓文）——南韓，一九九一
桑青與桃紅（英文）——紐約：Feminist Press，一九九八

3. 聶華苓翻譯作品（英譯中）

德莫福夫人（Henry James）——台北：文學雜誌，一九五九
美國小說選——台北：明華書局，一九六〇
德莫福夫人（Henry James）——上海：上海譯文出版社，一九八〇
美國小說選——北京：北京出版社，一九八一

4. 聶華苓翻譯作品（中譯英）

中國女作家小說選——香港：Heritage Press，一九六三
毛澤東詩詞（與Paul Engle合譯，詳細歷史註解）——紐約：Simon and Schuster，一九七二
倫敦：Wildwood House，一九七四
巴黎：Editions Pierre Seghers，一九七四

百花齊放文集（兩卷）（*Literature of the Hundred Flowers*）——紐約：哥倫比亞大學出版社，一九八一

5. 編輯世界文學作品（和Paul Engle合編）共十二集，愛荷華大學出版社（University of Iowa Press）出版，包括：

現代南韓詩選
現代中國詩選
現代俄羅斯詩選
當代南斯拉夫詩選
現代保加利亞詩選
戰後日本詩選
世界文選

6. 其他

美國三個大學榮譽博士學位（University of Colorado，University of Dubuque，Coe College）
美國五十州州長所頒文學藝術傑出貢獻獎，一九八二
美國哥倫比亞大學翻譯顧問委員會委員，一九八〇年代
北京廣播學院榮譽教授，一九八六
美國紐斯塔國際文學獎（Pegasus International Literary Prize）顧問（一九八七—一九八八）
上海復旦大學顧問教授，一九八八
匈牙利政府所頒文化貢獻獎，一九八九

波蘭文化部所頒國際文化交流貢獻獎，一九九一
台灣馬英九總統授勛，二〇〇九
香港浸會大學榮譽博士，二〇〇九
花蹤世界文學獎，二〇〇九
愛荷華州婦女名人堂，二〇〇九

中文作家——「愛荷華大學國際寫作計畫」和「作家工作坊」（一九六一—二〇一〇）

丁玲　艾青　王蒙　吳祖光
余光中　白先勇　葉維廉
林懷民　聶華苓　蕭乾　楊牧
戴天　歐陽子　瘂弦　水晶
王文興　王玫（新加坡）　汪曾祺　舒巷城
王禎和　古蒼梧　鄭愁予
商禽　李怡　蔣勳　陳映真
吳晟　向陽　茹志鵑
王安憶　劉賓雁　潘耀明
諶容　阿城　邵燕祥　王拓
七等生　何達　李昂　宋澤萊
東年　季季　白樺
胡梅子　姚一葦　柏楊
烏熱爾圖　秦松　畢朔望
徐遲　北島　陳白塵
高信疆　高准　古華

張一弓　張大春　張錯
馮驥才　張賢亮　尉天驄
張香華　李昂　方梓　楊逵
蓉子　羅門　王潤華（新加坡）　淡瑩（新加坡）
陳蘊文　夏易　溫健騮　黃凡
黃孟文（新加坡）　楊青矗　管管　袁瓊瓊
謝馨（菲律賓）　鍾曉陽　蕭颯　藍菱（菲律賓）
劉索拉　殘雪　蘇童　李銳
西川　蔣韻　孟京輝
廖一梅　余華　嚴力　莫言
陳丹燕　唐穎　張獻　劉恆
遲子建　畢飛宇　婁燁
駱以軍
潘國靈
司馬桑敦
格非　董啟章　韓博
徐則臣　金仁順　應鳳凰　韓麗珠

放眼世界文學心——專訪名作家聶華苓女士

姚嘉為

華苓是個精緻的小錶，細緻又明確。

——保羅・安格爾

終於如願去愛荷華拜訪聶華苓了。多年來，她深居簡出，很少接受採訪，電話中她問：「為什麼要來？」我囁囁地說，來鹿園訪問，聽她談文學與人生，國際寫作計畫，參觀愛荷華大學，是許多文學愛好者的願望，我也不例外。她開始心軟了。

二〇〇八年五月去愛荷華之前，我先在加州聖芭芭拉見到了她。那是一場慶祝白先勇七十歲大壽的學術會議，平日不愛開會的聶華苓特地來了。我趨前自我介紹，她笑了：「讓妳跑那麼遠，當晚就住我家吧！」那三天，她興致很好，會場中不時傳來她輕快的笑聲。在台上她暢談主編《自由中國》半月刊文藝欄的往事，並把白先勇和她多年的通信交還給他。生日晚宴中，白先勇風度優雅的請她跳第一支舞，她舞姿輕盈，衣裙飄飄，滿臉的笑，吸引了全場的目光。

兩星期後，我前往愛荷華，轉了兩趟飛機，再搭車行過空曠的田野，時值早春，未能看見玉米纍纍的景象。車子經過一塊刻著「愛荷華城」的石碑，河面寬闊，水量豐沛的愛荷華河緩緩流著。爬上小坡，高處的樹林間閃過一抹紅色，露出屋宇一角，鹿園到了！

門開處，聶華苓一身水藍衣裙，外罩同色薄外套，領口別了胸針，神清氣爽。她招呼我在壁爐前的黑漆圓桌旁坐下，壁爐右方牆上掛著黃永玉的贈畫，桌上的鼎是雷震送給她和安格爾的結婚禮物。牆上，屋梁上，掛滿了世界各地的面具。落地窗外，胭脂紅的陽台上，一溜木凳，足可容納二、三十人。

坐在黑漆圓桌前，響亮的名字飛過腦際——瘂弦、鄭愁予、陳映真、王安憶、莫言……，都曾在此把盞言歡吧！聶華苓娓娓談著文學心路，豐富的三生三世，國際寫作計畫的今昔，不覺間日影西斜，她建議去愛荷華大學走走。八十多歲的她動作敏捷，開車駛下小坡，左右稍加環視，便直衝過街，十分神勇，五分鐘就到了校園。

愛荷華城是大學城，聶華苓一九六四年剛來時，人口兩、三萬，現在六萬多。這裡文化集中，思想開放，每天有各種演講與文化活動，如普立茲獎得獎人演講系列，諾貝爾獎得獎人演講系列等。二〇〇八年它被聯合國教科文組織（UNESCO）命名為文學城。

聶華苓在一棟大樓前停下，以前瘂弦、鄭愁予和陳映真時代，國際寫作計畫的辦公室就在這棟大樓裡。我們經過現在的辦公室，一棟白色的木屋，大門深鎖，廊上鞦韆靜止不動，學期剛結束，主任Christopher Merrill出城去了。聶華苓已退休二十年，仍是國際寫作計畫仰仗的顧問，Merrill不時向她當面請益。

天黑了，聶華苓在廚房裡把草莓切片，倒入酒和楓汁攪拌，將獨家祕方雞湯在爐上加熱，這是她出名的兩道拿手菜。從前她在廚房裡做飯，安格爾總在一旁看報聊天，她燒中國菜，和女兒，中國朋友講中國話，他從不抱怨，「總是讓我很自在，大家都喜歡他，提起他還會掉眼淚。」

坐在餐桌前喝紅酒，吃晚餐，那時柏楊剛去世，她談起柏楊夫婦一九八四年來愛荷華的情景，談她與柏楊之間肝膽相照的情誼。一九八三年最熱鬧，茹志鵑與王安憶母女、陳映真、吳祖光、七等生和潘耀明都來了，住在附近的五月花公寓，常來鹿園聚餐談天。還有一九七九年舉行的「中國週末」，兩岸三地華文作家第一次交流的盛況。這張餐桌前曾有多少世界的名家雲集，多少的談笑風生，如今一室蕭然，只有咬著筆桿的安格爾，從相框中調皮地望著她。

後院的坡地上，不見鹿的蹤影，近年牠們不常來了。陽台上，愛荷華河的波光依然穿過樹林閃爍，角落裡鄭愁予送的烤肉架已冷落多年。聶華苓婉拒了妹妹邀她搬去加州的好意，情願守著鹿園度日，「這裡充滿我和安格爾的生活，支持我活下去。」

在充滿半生美好回憶的屋裡，她日夜在電腦前寫作，近年問世的回憶錄《三輩子》，不僅是她個人的生命歷程，也呈現了三個歷史時空中，她所親聞目睹的，人的處境與時代的記憶。

《自由中國》半月刊

一九二五年聶華苓在湖北武漢出生，十一歲時，任貴州平越行政專員的父親被紅軍殺害，由寡母撫養她和弟妹們長大。一九四八年畢業於南京中央大學外文系，一九四九年輾轉來台，同年進入《自由中國》半月刊工作，擔任編輯，一年後被邀參加編輯委員會，是編輯委員中最年輕的，是唯一的女性。

《自由中國》半月刊創刊於一九四九年十一月，胡適為名義上的發行人，雷震是實際的主持人，創辦時編輯委員有國民黨的雷震，教育部長杭立武，學者毛子水、張佛泉，血氣方剛的殷海光，文人戴杜衡，經濟學者夏道平，台銀總經理瞿荊州，宋文明是後來加入的。這個「界乎國民黨的開明人士和自由主義知識分子之間的刊物」，書生論政，督促政府邁向民主與自由。然而日益尖銳的社論終究不能見容於當局，一九六〇年九月雷震等四人被捕，《自由中國》停刊。聶華苓失去了工作，也處於孤立狀態，在家中埋頭寫作和翻譯。

在《自由中國》十一年，聶華苓深受自由主義知識分子的感染，「他們做人的風骨，獨立的風格，幾十年來影響我的為人處世。」回憶錄《三輩子》第二部，主要是寫她在《自由中國》半月刊的經歷和見聞，書中附有雷震的十封信，她是為那段歷史做見證吧！「我寫的是人物。那段歷史很重要，我一定要根據事實來寫人物，這事實不能錯。有那樣的時局在，有那樣的情況，才能襯托出這些人物，雷震，殷海光是那樣的挺立，一定要有時空襯托出來，這是必然的，是我生活過的。」

最好的文藝編輯

一九五〇年聶華苓接掌《自由中國》文藝欄時，反共文學當道，她堅持以純文學的標準取捨稿件，為非反共文學作品提供了一個發表的園地。「凡是有政治意識，反共八股的，我都是退！退！退！」

正是這樣的堅持，文藝欄刊出一流的純文學創作，如梁實秋的〈雅舍小品〉、林海音〈城南舊事〉、徐訏〈江湖行〉、吳魯芹〈雞尾酒會〉、陳之藩〈旅美小簡〉、余光中的詩、思果、琦君、張秀亞、徐鍾珮、鍾梅音的散文，潘人木和孟瑤的長篇小說。聶華苓被譽為最好的文藝編輯之一。

陳芳明在〈台灣新文學史〉中指出，聶華苓主編《自由中國》文藝欄後，豐富了自由主義傳統的內涵，邀請作家的多元，造成散文的大量出現，內容上增添了異國想像，對情感與情緒的細緻掌握，作家的「創作技巧完全異於制式、僵化的文藝教條」。

應鳳凰分析《自由中國》文藝欄十年的作品，指出它的文學類型與題材多元，作家多且質精，女作家輩出，散文成就引人注目，認為五〇年代的文學被概括為「反共文學」，有待商榷。文藝欄的內容也提醒我們，五〇年代台灣文學與五四新文學傳統間的關係。

五〇年代的文壇身影

五〇年代台灣的文藝團體，如文藝協會、青年作家協會、婦女作家協會，均為黨政主導的機構，聶華苓「一概不參加，我不愛開會，尤其是政治性的會議，所以我很孤立，來往的作家只有孟瑤，琦君這幾個人」。

聶華苓與梁實秋、柏楊的交往，可謂肝膽相照。她在回憶錄中有專文寫他們之間的情誼。《自由中國》停刊後，聶華苓陷於孤立，梁實秋不時請她和林海音、孟瑤去家裡打麻將，梁師母以拿手好菜款待，梁實秋扮小丑說笑話，惹得她們開懷大笑。一九六四年她離台赴美，梁實秋主動借路費給她，後來她申請到研究費還給他。

五〇年代初聶華苓已認識柏楊，那時他是郭衣洞，在《自由中國》發表了小說〈幸運的石頭〉和其他小說。他在救國團工作，又辦中國青年寫作協會，「我不太理他，覺得純文學不該和政治搞在一起。」後來柏楊被捕，坐了幾年牢，出獄多年後，一九八四年終於來到愛荷華，兩人成了很好的朋友。一九八八年聶華苓得到余紀忠的邀請，終於走出了黑名單，重回台灣訪問，柏楊的四處奔走起了很大的作用。

穿旗袍教西洋文學

一九六二年臺靜農教授登門邀聶華苓到台大教小說創作課，等於給她開了禁。接著徐復觀請她去東海大學，教「現代小說」，余光中教「Modern Poems」（現代詩），課在星期五晚上，他們當天一起結伴從台北坐火車去台中，再搭車上大度山。

東海大學外文系畢業的作家陳少聰回憶當年上聶華苓小說課的情景，「和當時其他的洋老師比起來，她的教學方法很新穎。她用二十世紀的西洋名家作品為教材，介紹敘述者的人稱，作者如何使用意象來描述內在的心理真相。當時這些對我都是新觀念，我從聶老師那裡學到很多。她曾經要我們交一篇短篇小說，她給我的評語是，敘述人稱好像『出了軌』，給我很深的印象。此後，我寫短篇小說一定先仔細思考所要使用的敘述人稱。」

她形容聶華苓當年的穿著和風采，「總是一身旗袍，看起來很傳統，很中國味道，氣質舉止優雅。看到她踏著細碎的步子走進教室，開始講解那奧祕又遼闊的西方文學，我總感到驚奇又有趣。」

創辦國際寫作計畫

一九六三年是聶華苓人生一個極重要的轉折點。美國詩人安格爾獲得洛克斐勒基金會贊助，訪問亞洲作家，來台灣時，結識了聶華苓。次年聶華苓應邀到愛荷華，擔任作家創作坊顧問，一九六七年她與安格爾創辦國際寫作計畫，一九七一年兩人結為連理。

「國際寫作計畫」與「作家創作坊」是愛荷華大學兩個不同的文學計畫，對象與目標都不一樣。

一九四一年安格爾接掌「作家創作坊」一直到一九六六年，二十五年間發展為美國文學重鎮，主要對象為美國年輕作家，修完兩年文學創作課後，獲得碩士學位。也有外國作家參加，余光中、葉維廉、白先勇、王文興和歐陽子都獲得創作坊的學位。一九六七年創立的「國際寫作計畫」，是聶華苓向安格爾提出的建議，每年邀請外國優秀作家到愛荷華來訪問交流數個月，寫作、討論、朗讀、旅行。他們是駐校作家。

來訪作家由國際寫作計畫挑選，四十年來，已有一千兩百多位作家，從世界各地區來愛荷華。譬如諾貝爾文學獎得主Czeslaw Milosz推薦了不少很有分量的東歐作家，二〇〇六年獲諾貝爾文學獎的土耳其作家Orhan Pamuk，一九八五年也是國際寫作計畫的駐校作家。

台港大陸作家參加者逾百人，如台灣的瘂弦、鄭愁予、商禽、陳映真、柏楊、張香華、張大春、高信疆、楊逵、楊青矗、王拓、七等生、李昂、駱以軍等，大陸的王蒙、吳祖光、丁玲、艾青、汪曾祺、徐遲、古華、張賢亮、諶容、阿城、白樺、劉賓雁、北島、李銳、莫言、余華、茹志鵑、王安憶、劉索拉、殘雪、遲子建、蘇童、畢飛宇等，香港的戴天、李怡、潘耀明等，均為當代文壇之佼佼者。

一九七八年聶華苓第一次回大陸，拜訪了夏衍、曹禺、冰心等名家。一九七九年中美建交。三岸作家首次在愛荷華「中國週末」相聚，二十多位台港大陸和美國作家應邀參加，開啟了兩岸三地作家在海外交流的先河。

「國際寫作計畫」在華人世界享有極高的聲譽，是台港大陸作家與國際文壇接軌的平台。一九七六年安格爾與聶華苓被三百多位世界作家推薦為諾貝爾和平獎候選人，一九八二年同獲美國五十州州長所頒之文學藝術貢獻獎。聶華苓多次擔任國際文學獎評審。二〇〇八年，聶華苓被選入愛荷華州婦女名人堂。

這個計畫帶給聶華苓最大的滿足是，「接觸面廣了，看的人多了，寫作視野變得更廣闊。我不只看中國人的處境，而是人的處境。作家在一起，談的都是人的問題。」

時空環境與政治解讀

自稱「我不要政治，政治偏要纏我」的聶華苓，始終堅持純文學不該牽涉政治。然而幾十年來，「政治偏要纏我」。我們看到了時空環境與作家作品之間的弔詭關係。

六〇年代經歷過白色恐怖後離台赴美，她在一九七〇年代發表的小說〈桑青與桃紅〉，因為以精神分裂的人物象徵中國的分裂，在聯合副刊連載時被腰斬。一九七四年她回台探視出獄後的雷震而被監視，七〇年代翻譯毛澤東詩詞，一九七八年去大陸探親訪問，一九七九年舉辦「中國週末」，邀請兩岸三地華人作家交流，都引起了台北的關注，而被列入台灣的黑名單。一九八〇年代後期，政治氛圍開始鬆動，由於余紀忠的奔走說服和邀請，聶華苓終於在一九八八年重訪台灣，走出了黑名單的陰影。

談到翻譯毛澤東詩詞，聶華苓說「是偶爾談起的，是我和Paul茶餘飯後的消遣。那天我在做晚飯，安格爾在一旁閒聊，說起毛澤東的詩詞寫得不錯，要我譯給他看，他自己是詩人嘛。我譯了一兩首，他覺得不錯，我們就一起翻譯起來了。不知怎麼傳出去了。紐約的出版公司向我們要稿。就這麼簡單，沒有任何政治目的，那時我真是反共的。」

媒體說她「左右不討好」，面對這些政治性的解讀與干擾，她一貫是「你罵我，禁我，批判我，我問心無愧。久而久之，他們也沒勁了。時代不斷變化，當年罵我『親匪』的人，現在也『通匪』了。」

創作求新求變

聶華苓著作等身，有長篇小說《失去的金鈴子》、《桑青與桃紅》、《千山外，水長流》，短篇小說集《翡翠貓》、《一朵小白花》、《聶華苓短篇小說集》、《王大年的幾件喜事》、《台灣軼事》，散文集《夢谷集》、《黑色，黑色，最美麗的顏色》、《三十年後：歸人札記》、《鹿園情事》，英文《沈從文評傳》、《三生三世》、《三生影像》等。

成名作〈失去的金鈴子〉一九六一年在聯合副刊發表，不僅是一個愛情故事，也是一個女孩的成長過程，引起了熱烈的討論。一九六四年葉維廉以新批評的手法評論此書，指出聶華苓「能活用中國文字去構成相當精采，準確的意象，意念，情緒和事件，語言上能藉高度的印象主義之筆觸，與『萬物有靈論』之神祕結合，而深入心理深處」。聶華苓說，「我這本小說的創作手法確實受到現代主義相當大的影響。」

代表作〈桑青與桃紅〉，以精神分裂的女孩，象徵分裂的中國，有大量的性描寫，在當時的台灣文壇引起爭議。一九七〇年在聯合副刊連載被腰斬後，在香港《明報》刊登，一九八八年才在台灣出版。目前坊間有七個華文版本，第八個華文版本即將在香港和新加坡出版。英文版在一九九〇年獲美國國家書卷獎，譯成多國文字，是漢學界研究亞裔漂泊文學的讀本。

這本小說醞釀的過程很久。她說：「我寫了厚厚一本細節、事件、人物、特點、結構等等。開始寫了，一邊寫一邊變。後來看了心理分析家 **Karl Menninger** 的書 *Man Against Himself*，分析精神分裂不同程度的個別病例，不同的輕重病徵。簡直就是一個個人心理變態的故事，我讀得著迷，邊看邊做眉批，突然領悟：每個人都有或輕或重的精神分裂。中國也是分裂的。我的生活歷程也是分裂的。中國人一直處在分裂狀態中。我用一個人物的分裂，象徵二十世紀人的處境。那麼好的小女孩，演變到分裂狀態很厲害的時候，變成了性變態。」

這本書在海內外遭遇的不同，她認為「主要是政治因素，我寫的是人。二十世紀的人的處境。這種小說不容易看，不是暢銷書，年輕的讀者不看，覺得格格不入。我寫的是另一個時代，在文化上，歷史上，年輕的一代根本接不上。」

二〇〇四年，回憶錄《三生三世》在台灣和大陸出版。二〇〇八年，《三生影像》在香港和大陸出版，扉頁上寫著「我是一棵樹。根在大陸。幹在台灣。枝葉在愛荷華」，是包容更廣的「三生三世」，有二百八十四張照片，每張照片附加速寫。增加了寫沈從文、梁實秋、艾青、柏楊、茹志鵑和王安憶母女、楊逵的文章。「流放吟」一集寫的是蘇聯控制下的東歐作家，和其他地區的作家。她要呈現的是「二十世紀人的處境：逃與困」。

寫作與翻譯

聶華苓自幼喜歡寫作，一九四八年在南京，以筆名發表處女作〈變形蟲〉，至今依然寫作不輟。她想寫時就寫，從來不規定每天要寫多少，也完全沒有市場壓力。寫作對她是樂事，苦的只是生活細節上，寫長篇小說時，「整天在寫，吃飯有一餐沒一餐的，情節發展不下去了，睡不好，這種苦其實也是樂，心甘情願！」

定稿前，她最少要改寫三遍，以前用手寫，現在用電腦，「手寫有感覺，有感情。現在用電腦寫，沒有精雕細琢的味道，但容易改，乾乾淨淨，不需要重謄。」手稿都捐給了愛荷華大學特別收藏部。

在台灣時，她翻譯了亨利・詹姆斯的〈德莫福夫人〉，曼殊菲爾的作品，福克納的〈熊〉，這些小說對她都有影響。福克納的〈喧嘩與騷動〉對她寫〈桑青與桃紅〉影響很大，不只是意識流的手法，還有整個小說的敘述觀點和語言。年輕的桑青和後來的桃紅，兩個完全不同人物的敘述觀點和語言，就是受到福克納的影響。她以英文寫《沈從文評傳》，和安格爾合譯《毛澤東詩詞》。

她覺得兩岸三地年輕作家的語言都不如上一代的作家精緻。「大陸有些作家的語言受到壞翻譯的影響。他們受到文革的摧殘，都是靠自己磨練。但他們在本土生長，生活在本土文化中，整個生活經驗厚實，語言差一點，但還是本土的語言，現在台灣作家的語言，我總覺得有點格格不入。」大陸成名的作家壓力很大，一定要出書，每天都要努力寫。不像她那一代，想寫才寫，沒有成名的壓力。

異鄉與故鄉

初來美國時，她曾有過疏離感，現在沒有了。汪曾祺曾說：「聶華苓比中國人還中國。」她覺得自己很中國，但也很美國，並不衝突。她和中國人一起吃喝談笑，和美國人一起也很自在。「我在美國、大陸、台灣，就像一個女人穿衣服，什麼式樣都很合身。我已經融入美國社會了，不是努力的要融入，而是工作、婚姻、個人的交往，很自然的融入了。」在國際寫作計畫慶祝四十週年紀念會上，主持人要她第一個上台講話，她講得全場大笑，「我很自在，他們也很欣賞。」

她和安格爾「性格很合得來，在一起經常大笑」。語言跟文化的差異從來不是問題。只有兩件事有差異。一是政治，聶華苓批評美國，安格爾一定維護美國，他批評中國，她一定維護中國，「我們不翻臉，只是辯論。」二是翻譯，他們一起翻譯毛澤東詩，詩中有很多革命的歷史，共產黨的歷史，為了四行詩，常要寫兩頁註釋，要看很多歷史資料。安格爾也看參考書，但不像她感受那樣深。翻譯時有些想法不同，兩人會經常辯論，「翻譯時是兩個文化歷史的區別。」

回憶錄中寫的三個地區在她心中都有分量。但城市在變，以前在大陸和台灣的家不在了，成了另一個世界。「故鄉在回憶裡。我在美國生活比其他兩地久。愛荷華就是我的家。」

離開鹿園前，我請求去安格爾墓前憑弔，她爽快的答應了。車子轉進一條磚頭路，她指著一棟屋子說：「這是白先勇在愛荷華念書時的住處。」愛荷華城裡處處有作家昔日的步履，也只有聶華苓能一一指認吧！

車子進入綠草如茵的墓園，一片靜謐，偶爾從林木間傳來風的嘆息，和清亮的鳥鳴。小徑蜿蜒，我們來到安格爾墓前，一面黑亮的大理石碑上刻著他的名字，還有她的。碑上有一道雨漬，她連忙趨前細細擦拭，我繞到墓碑背面，上面是安格爾的詩句：「I can't move mountains, but I can make light.」（我不能移山，但我能發光。）

二〇〇八年初夏

姚嘉為，台大外文系畢業，曾獲梁實秋文學獎，著有《湖畔秋深了》、《深情不留白》、《放風箏的手》等。

中國歷史・美國愛情・世界文學——聶華苓印象記

劉　俊

中國歷史

從某種意義上講，聶華苓那一代人所經受的那段歷史注定了他們的人生遭際會帶有一定的傳奇性。雖然每個人都是歷史的承載體，但對於聶華苓而言，她與歷史的關係似乎更加親近，由此，她對歷史的承載，也就更加直接和典型。聶華苓的父親是桂系幹部，在與長征的紅軍作戰時陣亡——那是北伐後的國共內戰給她的家庭帶來的歷史後果；她的母親是經受了新文化洗禮的知識女性，懵懂中卻成了父親的偏房——那是「五四」以後新舊交替時代特有的社會形態對她家庭的歷史形塑；幼年的聶華苓在寡母的拉扯下逐漸長成，終於上了中學、大學。學生生活當然充滿了青春的快樂，可是也有痛苦，因為抗戰正在進行，與聶華苓美好的青年時代相伴成行的是戰爭引發的遷徙和動蕩——那是民族遭遇災難時她親身經歷的歷史體驗和感受；抗戰勝利後的國共內戰，使她的新婚生活充滿了驚恐和不安，並最終再次踏上遷徙之路——那是民族命運面臨抉擇時對她個人命運所產生的直接歷史推動；到了台灣後，聶華苓參與了雷震主辦的《自由中國》雜誌，《自由中國》以及與之相關的胡適、雷震、殷海光，還有聶華苓自己在當時政治格局下的表現和命運，顯示了自由主義知識分子在強權政治面前的抗爭、脆弱和無奈——那是現代中國知識分子為了民主再次奮起和跌落刻寫在她身上的歷史見證；七〇年代後期，聶華苓和她的作品成為在大陸「登陸」的第一波台灣（海外）作家，通過她以及白先勇等作家，大陸文學界開始了解到一個新的文學天地——那是兩岸文學在分離三十年後經由她（們）「血脈」重新打通的歷史印記。綜觀聶華苓的一生，她經歷的固然是她個人的人生軌跡，可二十世紀中國歷史的波譎雲詭和種種「傳奇」，又分明盡隱其中。在聶華苓的個人史中，承載著的其實是一部中國現代史。

美國愛情

聶華苓一生經歷過兩次愛情。第一次愛情曾給她重慶時期的大學生活帶來過歡樂，也令她有了北平大家庭生活不愉快的經驗和衝出「圍城」（北平）的歷險。後來爭吵、分居終至離婚的結局，肯定使聶華苓的情感世界受到了一定的傷害。曾經有研究者在文章中為聶華苓從不提她的第一次愛情（婚姻）頗感疑惑，其實這種「不提」正表明了聶華苓對這段愛情、婚姻的態度。

聶華苓的真正愛情是從一九六三年開始的，那一年她遇到了Paul Engle。在華人世界，聶華苓與Paul的愛情既是傳奇，更是經典。Paul不但對聶華苓一見鍾情，而且對她摯愛終身，而聶華苓也在與Paul的愛情中，真正享受到了愛情的滋潤。不論是他們無時無刻的相思相念，還是為了走到一起共同進行的一場「戰爭」；無論是在木屋中的相敬如賓，還是在鹿園中的隨意漫步；也不論是在世界各地演講、旅遊，還是泛舟愛荷華河上，人生的點點滴滴，都在Paul的相伴相隨中流入歲月的長河。Paul對聶華苓的依戀和呵護溢於言表，在他的書信中，在他對聶華苓細緻的體貼中，在他對聶華苓祖國（中國）和親人、朋友的廣泛熱愛中，愛的渴望、激情、包容和平淡中的長久，都在Paul對聶華苓的深情中近乎完美地體現了出來。在聶華苓這一邊，她在享受Paul對她那不竭的愛情的同時，也在回饋著同樣深摯的愛，她對Paul與她相遇時的細節的深刻記憶，她對Paul漫長的人生經歷的濃厚興趣，她對Paul文學成就的推崇和肯定，她對Paul在愛荷華主持的「作家工作坊」的參與和支持，無不是聶華苓愛的表現——愛一個人才會在乎他的一切並融入他的生命。里爾克說，愛情的意義是兩份孤獨，相護，相撫，喜相逢。聶華苓和Paul這兩個分屬東、西方的靈魂在彼此的世界裡尋找到了情感的歸屬和幸福的真意，他們的這種超越了國度、種族的愛情正應了張愛玲的那句話「於千萬人之中遇見你所要遇見的人，於千萬年之中，時間的無涯的荒野裡，沒有早一步，也沒有晚一步，剛巧趕上了。」對於聶華苓的愛情，蘇童說得好：「聶華苓擁有過一個女人最豐盛的愛，即使她忘記了整個世界，愛對她來說也是不可忘記的。」

世界文學

聶華苓的文學生涯開始於《自由中國》時期，她的許多重要作品都創作於隨後的歲月，如《葛藤》（中篇小說）、《翡翠貓》（短篇小說集）、《一朵小白花》（短篇小說集）、《失去的金玲子》（長篇小說）等。出國以後她還創作了《桑青與桃紅》（長篇小說）、《千山外，水長流》（長篇小說）以及散文集多種，此外，聶華苓還有翻譯著作和用英文寫的研究論著（《沈從文評傳》）問世。

聶華苓在她的文學世界裡，融進了她的許多個人生活經歷，並由此折射出二十世紀中國人的一個重要側面——漂泊。這種漂泊既有因內亂和外族入侵而導致的流浪，也有從祖國來到異域的遷徙。在聶華苓的〈珊珊，你在哪兒?〉、《桑青與桃紅》等作品中，與漂泊連接在一起的是從大陸到台灣、又從台灣到美國的辛酸經歷。對二十世紀中國人的這種漂泊命運，聶華苓感同身受，並把這種外在的事實和內在的體驗，寫進了自己的作品中。

除了以書寫作品的方式耕耘文學，聶華苓還和Paul合作，在愛荷華大學創辦「國際寫作計畫」，為人類文學的繁榮，貢獻才智和心力。該計畫自一九六七年創辦至聶華苓一九八八年退休，共邀請了數百位世界各地的作家到愛荷華大學進行寫作和交流，特別是由於聶華苓的努力，眾多用漢語寫作的華文作家受邀來到愛荷華大學「國際寫作計畫」，借助這一國際性的文學舞台向世界展示華文作家的成就和丰采，其中光是華文作家（包括中國大陸、台灣、香港）就有八十餘位。由於聶華苓和Paul通過「國際寫作計畫」對人類的文學事業做出的傑出貢獻，一九七七年，三百多位世界作家聯名推薦聶華苓和Paul為諾貝爾和平獎候選人。

聶華苓自己說：「我這輩子恍如三生三世——大陸、台灣、愛荷華，幾乎全是在水上度過的。」確實，就時空的轉換而言，大陸、台灣、愛荷華代表了聶華苓人生長河的三個不同階段。不過，要是以生命經歷中的重要性來說，歷史、愛情、文學，未必不可視為是聶華苓這輩子經歷過的另一種三生三世。

聶華苓印象記

聶華苓畢業於南京大學的前身中央大學，是我的前輩校友。我第一次見到她，是在二〇〇二年南京大學百年校慶慶典活動中，那次她作為傑出校友重返南大，和著名歌唱家騰格爾在南大一起登台，聶華苓用語言而騰格爾用他蒼涼醇厚的歌喉，向南大學子演繹了他們對中國人命運中流浪、遠行和回家的感受。聶華苓和騰格爾是好朋友，當他們用語言和歌聲進行各自詮釋的時候，彼此之間有一種感同身受的默契。那次，我被這位前輩校友的睿智、豁達和從容深深地感動了。

二〇〇五年，經過學校選拔，我有機會去美國格林乃爾學院（Grinnell College）做短期訪問學者，格林乃爾學院離聶華苓居住的愛荷華城不遠，只有一個小時車程的距離，當時主持南大和格林乃爾學院交流專案的謝正光教授和聶華苓是好朋友，他知道我的研究方向是台港暨海外華文文學，於是向學校建議，請學校派車讓我去愛荷華城訪問聶華苓——這使我在那半年裡，有機會數次去聶華苓的家裡向她請教有關她個人創作的問題。

在南大的舞台上，我感受到了聶華苓的睿智、豁達和從容，在愛荷華她的家裡，我感受到的是聶華苓的堅強。在聶華苓的一生中，曾多次面對死亡：弟弟飛行失事、母親肺癌離世、殷海光病故、雷震亡去……特別是，Paul在芝加哥機場突然倒下，給聶華苓的打擊，可想而知，可是，面對死亡的一再降臨，聶華苓堅強地面對，她用寫作的方式，把這些親人和密友交織在自己的文字裡，讓他們在文字裡永生。她已經經歷了二十世紀的中國歷史，她已經享受了純美至真的愛情，她已經書寫了那麼多中國人的命運，這些讓她足以強大到毫無畏懼地面對人生的任何艱難困苦，包括死亡。

二〇〇八年，美國加州大學為慶祝白先勇七十華誕，以「白先勇與台灣現代主義文學」為題召開了一個國際學術研討會，那次來了許多與台灣現代主義文學有關的重要作家：除了白先勇之外，聶華苓、施叔青、葉維廉、李渝、杜國清、張錯……都來了，簡直就是台灣現代主義作家的一次重大聚會。在會上，聶華苓深情追憶了她參與《自由中國》編輯工作的往事——《自由中國》也是聶華苓人生經歷和精神世界中至為重要的一部分，她對雷震和殷海光的推崇和尊重，她對胡適的微詞，都源於她對這些中國現代思想史和政治史上重要人物的人格判斷，而這種判斷的基礎，則是中國文化傳統中對知識人「寧折不屈」的道德推許。雖然聶華苓在自己編的文藝欄中發表了許多具有西方現代主義文學色彩的作品，但從對為人的道德要求上看，聶華苓是非常中國徹底中國的。

那次會議結束的當晚，我要去洛杉磯，在旅店走廊和聶華苓告別的時候，我提議和她「hug」一下，在我們相擁而別之際，我感受到了八十歲的聶華苓那來自內心的強大力量——在去洛杉磯的路上，我一直在想，是什麼使聶華苓具有如此強大的精神力量，我的答案是：二十世紀的中國歷史和五千年的中國文化，磨練和陶冶出了這種力量。

當然，愛情應該也是這種力量的源泉之一。在聶華苓的家裡，到處都能感受到Paul的存在，他的照片，他心愛的飾品——那一牆的面具，保持著他生前原樣的書房……Paul不單在鹿園中無處不在，而且也滿滿地占據了聶華苓的情感世界，那是聶華苓永恆的精神支持，用聶華苓自己的話說，「這裡充滿我和安格爾的生活，支持我活下去」。在聶華苓的心裡，Paul其實一天也沒有離開過這個家。當我去洗手間的時候——那是Paul生前使用的洗手間，牆上的毛巾，靜靜地掛在那裡，就像Paul剛剛用它洗過臉，打開水龍頭，流淌的清水也似乎剛剛洗過Paul的手……鹿園的靈魂，無疑是屬於Paul的。

Paul去世後，聶華苓以整理Paul文稿的方式來寄託哀思。她把Paul的散文結集成冊——這是一本關於Paul童年的書——*A Lucky American Childhood*。在聶華苓看來，詩人散文寫得好的不多，因為詩人要把散文寫好，需要語言的敏感和細緻，而Paul的那些散文在聶華苓的眼裡堪稱經典。編輯的過程其實也是聶華苓和Paul進行精神交流的過程，在這個過程中，「我會常常想起他，既欣慰也難過」，聶華苓說。

Paul就是愛荷華本地人，因為愛荷華盛產玉米，所以聶華苓在書中把Paul稱為「從玉米田來的人」，因為愛Paul，聶華苓也愛上了愛荷華——因為，愛荷華是Paul出生和長眠的地方。如果說中國歷史和中國文化培育了聶華苓強大的精神力量，那麼來自美國的Paul的愛情，則滋潤了聶華苓情感世界，因為有這份令人迷醉的感情，聶華苓的心靈得以闊達、安寧、幸福、滿足，它在使聶華苓成為一個擁有過迷人愛情的幸福的人的同時，也成為她擁有強大精神力量的另一個重要源泉。

在我和聶華苓交談的時候，她最喜歡談論的話題是Paul、寫作，還有「國際寫作計畫」。寫作是聶華苓永不枯竭的創造衝動的源泉，是她為二十世紀中國人穿越歷史和行走世界留下印痕的方式，她筆下的世界由中國大陸擴展到台灣然後又延伸到美國，這其中各種形形色色的中國人，從中國走向了世界——他們的坎坷經歷、心路歷程，正體現了二十世紀中國人被迫流浪、被迫放逐並在其中重新尋找自己塑造自己的艱難過程。從某種意義上講，聶華苓的文學世界就是中國人如何走向世界的過程。

聶華苓不但以自己的創作把自己的眼界和筆觸從中國擴展到世界，而且還以文學組織和文學機構的形態，將世界文學聚攏到自己的身邊，並結構出一種新的「世界文學」。聶華苓和Paul居住的鹿園，大概是全世界文學圈裡最著名的當代作家住所之一，由於Paul和聶華苓主持「國際寫作計畫」的關係，世界範圍內的眾多作家（共計一千兩百多位，包括一百多位華人作家）都曾來到位於愛荷華河邊半山坡上的這座兩層紅樓，談文論藝，交流寫作經驗和人生感受。由於**Paul**和聶華苓在創辦「國際寫作計畫」時的基本理念，是要讓更多的不太有機會來美國的作家有機會得到「國際寫作計畫」的資助來愛荷華安心寫作，所以，**Paul**和聶華苓在組織世界範圍內的作家來愛荷華的時候，無形中是在塑造一種新的「世界文學」——讓那些位於邊緣但卻是「好作家」的作家得以彰顯，當然，對於自己祖國（包括大陸、台灣、香港）的作家，聶華苓更是不遺餘力地予以幫助。從楊逵、蕭乾、丁玲、陳白塵、王蒙、張賢亮，到瘂弦、陳映真、柏楊，再到張大春、遲子建、蘇童、畢飛宇……，這些二十世紀中國文學史上閃光的名字，都曾來到愛荷華河畔，感受過寫作環境的寧靜和聶華苓的熱情。這使我每次坐在鹿園二樓壁爐邊的沙發上，和聶華苓面對面交談的時候，我就彷佛置身一個無形的世界文學磁場，在和一位世界文學的組織者對話——那真是一種奇異的感受和經驗：「世界文學」的重要一翼，原來就在這裡。

二〇〇九年年末，我來到加拿大的滑鐵盧大學，將在這裡的孔子學院工作兩年。來到後我給聶華苓發電郵告知我的近況，她給我發來了她最近的新作，分別是她在獲得香港浸會大學榮譽博士學位、花蹤文學獎和在馬英九總統授勛典禮上的致辭，三篇文章的名字分別是：〈今天，我回來了〉、〈浪子歸宗〉、〈個人創作與世界文學〉。

在〈今天，我回來了〉中，聶華苓說：「殷（海光）先生和雷（震）先生是五〇年代和六〇年代對台灣民主思想影響巨大的人物，我在他們身上看到的，是為人的嶙峋風格，和做人的尊嚴。影響了我大半輩子。」

在〈浪子歸宗〉中，聶華苓說：「我的母語就是我的根，是我可以抓得住的根。這些年，小說，散文，翻譯，出版了二十四本書。都是用母語寫出的。」

在〈個人創作與世界文學〉中，聶華苓說：「我和許多地區的作家認識以後，讀到他們的作品，發現中國人的命運，也就是二十世紀的人的命運。我和世界文學接觸所得到的這份感受，擴大了我的視野，影響了我的創作。」

這三篇文章，是體現在聶華苓身上的中國歷史和世界文學的最好總結，而她的美國愛情，最好的體現就是曾經集聚過世界各地作家的鹿園。

Paul在詩中說：「「I can't move mountains, but I can make light.」（我不能移山，但我能發光。）聶華苓卻用她的一生，和Paul一起，不但發了光——寫了那麼多作品，擁有了那麼美好的愛情；而且移了山——創辦了「國際寫作計畫」，形成了一種新的「世界文學」的格局。

八十四歲的聶華苓，現在依然每天寫作！

愛荷華河畔半山坡上的紅樓鹿園，依然吸引著世界各地的作家！

劉俊，南京大學文學博士。現為南京大學文學院教授，博士生導師。

蒼勁美麗，有情的樹——評聶華苓自傳文集《三生三世》

向　陽

傳記不容易寫，尤其自傳，寫他人的傳記，通常需要對於傳記主有深厚的認識和了解，同時也得移情入境，充分掌握並且領會傳記主走過的年代與社會，來呈現在時空不斷轉移的情境條件下主人翁的生命旅程；自傳看起來儉省了對傳主背景、心路探討的繁瑣過程，應該好寫，但實際上，由於書寫者本身就是傳主，有著對個人生命紀錄的某些執著，對記憶中某些畫面、圖像的難捨，以及對人生旅途上出現的相關人物的好惡，因此往往容易流於個人事蹟的強化，而隱去了個人所處時空的印痕，甚至流於自吹自擂，可能具有參考價值，卻不必然是一本可靠的、精確的回憶錄或自傳。

但是，捧讀聶華苓的這本自傳，卻不讓人有作者誇大個人事功、吹噓往事的感覺；正好相反，在這本以流利順暢且帶感情的文學之筆寫出的回憶錄中，我們很清楚可以看到從聶華苓出生迄於一九九一年（一九二五—一九九一）七十多年間一個大時代的重重疊影和繁複圖像，從聶華苓的故園、到青年時期暫寓的台灣，以至於中年至今落腳的美國，聶華苓寫下三個人生階段、三個年代和三個活動空間中的記憶，這些記憶如此明晰，彷似昨日，且將動亂的中國、反共時期的台灣和她在美國愛荷華與詩人夫婿安格爾（**Paul Engle**）的家居圖像，生動地勾勒出來，讓讀者看到一位作家曲折動人的一生，以及站在她背後沉默不語的大時代的布紋。個人記憶和大年代的集體記憶，因此互動，且留下渺小的個人與時代相映的倒影，這樣的功力，就不是一般自傳（或回憶錄）所能達到的。

本書的另一個值得重視之處，在於這不只是聶華苓文學創作生涯的回顧，同時還是一個有情的作家與大時代交會、與她所摯愛的親人、師友、丈夫深情相繫的故事。其中諸如對母親的懷念與刻畫、對《自由中國》半月刊創辦人雷震、發行人胡適、主筆殷海光的追憶和點描，還有對詩人夫婿安格爾的追憶和繫情，讀來都令人動容——部分原因來自聶華苓不但具有小說家說故事的長才，還擁有詩人一般的敏銳感應和抓攫意象的能力，全書流露出微帶感傷、卻又輕快明亮的書寫魅力，讀者一路細讀，而不覺澀滯，很快就會融入聶華苓鋪設的書寫情境之中，分享她瑰麗而多彩的人生經驗、她走過的山河歲月，宛然圖畫，全都來到眼前。

一如聶華苓寫於本書扉頁的話：「我是一棵樹。根在大陸。幹在台灣。枝葉在愛荷華。」這本書也可以說是一棵流浪之樹的告白。童年與青少年時代的中國戰亂與逃亡經驗、來到台灣之後在面對威權統治下的文學生涯、以及赴美之後和夫婿共同從事國際文學交流的愛情歲月，交織出聶華苓作為當代海外傑出華人作家的清晰圖像：在狂雨中、在暴雨下、在愛荷華美麗的深秋之前，漂流的歲月畢竟都已歷盡，留下的是一棵有情的樹的蒼勁與美麗。

原載《中國時報・開卷周報》，二〇〇四年四月十二日

向陽，本名林淇瀁，政治大學新聞研究所博士。現任國立台北教育大學台灣文化研究所副教授兼所長。

個人創作與世界文學

聶華苓

我流亡了三輩子

我流亡了三輩子。軍閥內戰、抗日戰爭、中日戰爭、國共內戰。逃，逃，逃。最後，逃到台灣。逃到愛荷華。

小時候，因為父親的桂系關係，逃避蔣系的暗殺，躲在漢口的日租界。我們就在那兒住下了。一九三六年，父親在貴州專員任內被紅軍殺害。一九三七年，抗日戰爭爆發，我十四歲，就成了流亡學生，當時我們中學生就唱流亡歌曲：

流亡三部曲之三——〈離家〉

泣別了白山黑水，
走遍了黃河長江，
流浪，逃亡，逃亡，流浪，
流浪到哪裡？逃亡到何方？
我們的祖國，整個在動蕩，
我們已無處流浪，已無處逃亡。

這樣逃，逃，逃，逃了敵人，逃不了國民黨，逃不了共產黨。一九四九年我二十四歲帶著家人從大陸逃到台灣，立刻參加了雷震先生和胡適先生創辦的《自由中國》。逐漸地，因為《自由中國》對台灣的社會問題、政治問題的尖銳批評，鋒利的駁析，十一年以後，在一九六〇年被政府封閉，雷震、傅正、馬之驌、劉子英被捕，《自由中國》被封。

雷震等被捕後，我住屋附近總有人來回徘徊。警總藉口查戶口，深夜搜查我家好幾次。據說殷海光本來也在被捕的名單上，警總動手抓人的前一刻，才把他的名字取消了。當時我們並不知道。我和母親非常擔心他的安全，每天早上，一打開報紙，就看有沒有殷海光的名字。沒料他和夏道平、宋文明突然在報上發表公開聲明，宣稱他們在《自由中國》寫的文章，自負文責。殷海光寫的許多篇社論幾乎都是雷案中「鼓動暴動」、「動搖人心」的文章。一九六〇年九月，最後一期《自由中國》社論〈大江東流擋不住〉，就是殷海光寫的。

殷海光在一九六〇年雷案發生以後，殷宅附近日夜有人監視，不斷受到特務騷擾，後來特務竟明目張膽到他家裡去，精神折磨得他拍桌大吼：你們要抓人，槍斃人，我殷海光在這兒！

一九六四年我終於到了愛荷華大學做駐校作家，已在台灣出版七本書了。當時，作為一個作家，我還是困在自己的處境中：中國人，中國人，你到底犯了什麼罪？

波蘭小說家 Julian Stryjkowski

愛荷華大學一九六七年創辦「國際寫作計畫」（IWP），我開始接觸到世界其他地區的作家。當時的世界正是冷戰時期，東歐的國家在蘇聯控制下，中國大陸已在一九六六年發動了文化大革命。台灣那個時候一九四九至一九八七年正在戒嚴時期。一九六八年，陳映真接到我們邀請，卻被當局逮捕了，捷克發動人權運動的哈維爾，接到我們的邀請，蘇聯坦克車衝進布拉格，哈維爾流亡地下了。他一再被捕。終於在一九八九年，被選為捷克總統。

從一九四五至一九九一年，歐洲被鐵幕分隔成截然兩個不同的世界。IWP就在那樣的世界局面下，吸收了一些很優秀的東歐作家。

我和東歐的作家特別接近。他們對我訴苦，我懂。例如，波蘭小說家Julian Stryjkowski。IWP一再邀請，他終於在一九六九年到了愛荷華。那時候，作家在IWP八個月，他們在愛荷華度過寒冷的冬天。一天，大雪紛紛，只見Julian捧著一束鮮花，走進我辦公室，一面說：我可以和妳談談嗎？我說：當然可以。他說：可不可以關上門。我說可以。預感他有重要的話要談了。一九四九至一九五二年，他是波蘭駐羅馬的新聞社長，因為他出版了一本小說，寫義大利沒有田地的農民，被義大利政府驅逐出境。回國後，他在一份現代文學的雜誌工作。他原本強烈擁護共產主義，一九六六年，他退出波蘭聯合工人黨，和其他一些當年著名作家，抗議共產黨政府對文學、藝術、文化的迫害。從那以後，一直至一九七八年，他的作品才能發表，但必須通過檢查單位批准。

那天他要和我談談，也正是他在波蘭受壓制的時候。他關上我辦公室的門，給我一束鮮花，坐下後，對我談到他當時困難的處境。他和一名中年女人要好，有幾年了，她有個兒子，母子都對他很好。他們想結婚，但他考慮到自己的處境會影響他們，尤其會影響兒子的未來。他不知如何是好。那豈不就是文革時期中國人的處境？他不知道是和她結婚呢？還是不結婚？甚至不知道是回波蘭呢？還是不回去？若不回去，也就因為那個原因，那母子倆也不可能從波蘭出境到美國。

其實，他知道我也沒辦法。但他要找個人，吐吐苦水。他離開我辦公室的時候，我一再要他回去後，告訴我他們是否結婚了。好久以後，我才接到他一張明信片。只有一句話：我回來了。

伊朗詩人臺海瑞

伊朗的詩人臺海瑞（Tahareh Saffarzadeh）一九六七年到愛荷華，正是伊朗巴拉維國王專政的時代，對異議分子採取高壓手段。她不敢回伊朗，在愛荷華又留了一年，最後，不得不回國了。我和Paul送她上飛機，她上了飛機，又跑下來，抱著我大哭。她在愛荷華寫了一首詩：

我的錶騙我

啄木鳥知道
我住在光禿禿的樹枝上
何必在印滿足跡的壁上
展現我不盡的語言
我必須走了
我的錶永遠騙我
交通指標也是
停止—等待—不轉彎—左轉—右轉
有個永遠思念我的人
不知道如何握我的手
如何撒謊
總是缺點兒什麼

我總是和當時有點兒什麼搭配不上
今天黎明我在灰色柏油馬路上閒逛
我不該穿緞子鞋，也許

聶華苓／譯自英文翻譯

匈牙利詩人戈艾姬

戈艾姬（Agnes Gegely, 1974 IWP）出生在匈牙利東南部平原上一個小村裡的猶太家族，後隨從事新聞記者的父親移居山巒地帶。她慶幸從小就浸潤在山水之中。二次世界大戰，匈牙利參加軸心國，納粹被蘇聯襲敗。她父親在戰俘營中死於傷寒。一九四四年納粹占領匈牙利，迫害猶太人，戈艾姬母女被囚在布達佩斯獄中。一九四五年一月戰爭一結束，她母女在冰天雪地中，步行一百六十公里回小村老家。雪深及膝，紙板靴底，走了七天。到了老家，她已癱瘓，兩腿必須鋸掉，但一位年老農婦用肥油按摩她兩腿，三個月後，她終於又能行走。戰爭結束，蘇聯進入匈牙利。

她掙扎多年，終於在一九五三年進入布達佩斯文理大學，後來教過中學，任文學雜誌、出版社編輯、電台工作，一九七五年開始在賽格德大學教美國詩史，年近六十，還在布達佩斯大學做研究並得博士學位，專長葉慈（W. B. Yeats）的詩和詩的翻譯。從一九六三年起，出版幾本詩集，四部小說，翻譯喬哀思以及湯瑪斯（Dylan Thomas）和狄金生（Emily Dickinson）的作品。所寫的詩和小說，涉及甚廣——歐洲、美國、亞洲、非洲。三部小說在瑞典和德國出版，得過匈牙利文學大獎，被選為匈牙利國家院士。一九六一年結婚，次年離婚。後與一位美國文學翻譯家相愛，她一九八四年心臟病突發而死。一九八八年，相依為命的母親逝世。

她說：我到今天，驅使我的不是成功，而是生命中的喪失感。了解如何哀痛的人，知道如何活下去。

我深有同感。一九三六年，我十一歲，大年初三，滿屋紅豔豔的喜氣，母親突然看到《武漢日報》頭條新聞：貴州平越專員聶怒夫殉難。他被紅軍殺害。一九五一年，大弟漢仲空軍飛行失事。我忍著淚瞞著母親六個月，她終於自己察覺了。一九六二年，醫生診斷她得了肺癌，我又瞞著她，告訴她是氣管炎。五個月以後，在兒女圍繞的幻覺中，在我緊握的手中閉了眼，停止呼吸。一九九一年，安格爾和我去波蘭領國際文化貢獻獎，他突然在芝加哥機場倒下。現在，我仍然在這愛荷華河上，寫，寫，寫……驅使我的不是成功，而是生命中一次又一次的喪失感。

傳記家

而我沒有鞋子。
我父親是搬運工人，
他也沒有鞋子
我父親的父親是牧羊人
趕著羊從一個穀場到另一個穀場，
在睡夢中，他也沒有鞋子；
我愛的一個有肺癆的歌唱隊女孩，
啊，吟唱死亡！戰爭；
復興；當然，我犯過錯誤；
然而，在一個十月的早上

我全看到了；從此
我不斷對自己說「我沒有鞋子」
此外，我隱藏過幾個猶太人
而且大詩人尤塞夫是我的朋友
在幾個場合。
為什麼嗎，我甚至借給他我的鞋子。

詩／戈艾姬　聶華苓／譯自英文翻譯

我和許多地區的作家認識以後，讀到他們的作品，發現中國人的命運，也就是二十世紀的人的命運。我和世界文學接觸所得到的這份感受，擴大了我的視野，影響了我的創作。

本文為作者接受香港浸會大學　榮譽博士座談會致辭

當代名家・聶華苓作品集

三輩子

2011年5月初版　　定價：新臺幣600元
2013年3月初版第四刷
2017年9月二版
2020年8月二版三刷

著者	聶華苓	
叢書主編	胡金倫	
封面設計	蔡南昇	

出版者	聯經出版事業股份有限公司	副總編輯	陳逸華
地址	新北市汐止區大同路一段369號1樓	總編輯	涂豐恩
叢書主編電話	(02)86925588轉5305	總經理	陳芝宇
台北聯經書房	台北市新生南路三段94號	社長	羅國俊
電話	(02)23620308	發行人	林載爵
台中分公司	台中市北區崇德路一段198號		
暨門市電話	(04)22312023		
郵政劃撥帳戶第0100559-3號			
郵撥電話	(02)23620308		
印刷者	世和印製企業有限公司		
總經銷	聯合發行股份有限公司		
發行所	新北市新店區寶橋路235巷6弄6號2F		
電話	(02)29178022		

行政院新聞局出版事業登記證局版臺業字第0130號

本書如有缺頁，破損，倒裝請寄回台北聯經書房更換。　ISBN 978-957-08-5003-1 (平裝)
聯經網址 http://www.linkingbooks.com.tw
電子信箱 e-mail:linking@udngroup.com

國家圖書館出版品預行編目資料

三輩子/聶華苓著．二版．新北市．聯經．
2017.09．636面．16×23公分
（當代名家·聶華苓作品集）
ISBN　978-957-08-5003-1（平裝）
[2020年8月二版三刷]

1.聶華苓　2.傳記

783.3886　　　　106015619